AU-DEVANT
DES ENNUIS

Virginia Cowles

AU-DEVANT DES ENNUIS

Traduit de l'anglais (États-Unis)
par Paule de Beaumont et Manon Malais

Préface de Nicole Bacharan

CALMANN LEVY

Malgré tous ses efforts, l'éditeur n'a pas été en mesure de contacter tous les ayants droit de la présente traduction. Toutefois, ces personnes sont invitées à se mettre en contact avec l'éditeur afin de régulariser la situation.

CALMANN LÉVY

ÉDITEUR DEPUIS 1836

Titre original :
LOOKING FOR TROUBLE

Première publication : Faber & Faber Ltd., Londres, 2021. La première édition en langue anglaise a paru en 1941 chez Harper & Brothers, New York.

Carte : Martin Lubikowski, ML Design, Londres

La première édition en langue française a paru en 1945.

COUVERTURE
Maquette : Alistair Marca
Photographie : © David E. Scherman / The LIFE Picture Collection / Shutterstock
Virginia Cowles en Angleterre après le *Blitz*, 1941.

ISBN 978-2-7021-8829-3

PRÉFACE

Comme elle nous paraît proche, comme elle nous semble familière – oserais-je dire « contemporaine » ? – cette jeune femme en quête d'aventure, qui, un jour de 1936, quitta New York et sa vie confortable, et embarqua pour la vieille Europe tourmentée, à la veille du cataclysme, un continent dont elle ignorait presque tout ! Virginia Cowles, dont ces pages racontent la fascinante aventure, nous vient d'un autre temps, d'une époque où le monde bascula dans le chaos, et pourtant, elle nous parle d'aujourd'hui, peut-être même de ce qui nous attend.

Elle a alors vingt-six ans, une furieuse envie de voyager, de découvrir le monde et surtout, de le raconter. Elle rêve de journalisme, du vrai, celui qui s'écrit au plus près de l'événement, sur le vif, parfois dans le tumulte, mais jusque-là, elle s'est vue cantonnée à la rubrique mondaine et aux pages de mode des magazines. Elle, elle veut voir, écouter, sentir, parcourir les routes, faire des rencontres, témoigner… Bref, elle veut être là où ça se passe. Ce sera d'abord Londres, où elle convainc le *Daily Telegraph* et le *Sunday Times* de l'envoyer en reportage dans une Espagne qui se déchire dans l'affrontement meurtrier entre nationalistes et républicains. Elle a dû se montrer éloquente, cette jeune Virginia en robe droite, talons hauts et petit chapeau, pour réussir à persuader de vénérables directeurs de journaux qu'elle a l'étoffe d'une correspondante de guerre, elle qui, elle l'avoue elle-même, n'a aucune expérience « de terrain », aucune qualification, ne connaît personne et ne parle pas l'espagnol. Elle ne sait même pas « comment s'habiller » pour remplir ses nouvelles fonctions. Mais elle a une ambition, déjà presque une éthique, qui n'est pas si largement partagée dans les rédactions : décrire le conflit des deux côtés, rencontrer acteurs et témoins de part et d'autre de la ligne de front. Leur donner la parole, rapporter ce qu'elle voit. En un mot : informer avec honnêteté.

La voilà donc partie pour Barcelone, et bientôt, Madrid. Ce sera le début de son « éducation européenne ». Virginia comprend vite. Elle intègre d'abord le petit troupeau bruyant, agité, souvent solidaire, parfois « vachard » des correspondants étrangers. Beaucoup d'Anglais et d'Américains, qui se disputent les rares téléphones au moment de dicter leurs articles à une lointaine rédaction, alors que les lignes grésillent et que, tout près d'eux, retentissent les tirs d'obus et de mortier. Virginia se fait des amis de choix, telle la célèbre Martha Gellhorn, et les rejoint le soir dans les sous-sols d'hôtels internationaux chancelants, sous la menace du prochain bombardement. Passionnés, portés par l'adrénaline, ils refont le monde jusqu'au petit matin, en vidant les bouteilles de bière et de whisky rassemblées par « Pop », la star Ernest Hemingway.

Les articles de Virginia sont appréciés, et ses collègues apprennent à la respecter. Témoin candide et scrupuleux, elle va partout, sur le front, dans les tranchées, mais aussi dans les ambassades, dans les dîners mondains. Elle est à Madrid et à Valence avec les républicains, à San Sebastián et Salamanque avec les nationalistes. Elle assiste à la chute de Santander et visite Guernica en ruines. Bouleversée, d'une plume claire et sensible, elle décrit une apocalypse.

Sa fraîcheur, son absence d'idées préconçues, son désir de garder simplement les yeux grands ouverts révèlent sa force et son talent le plus sûr. Elle n'est pas de ceux qui ont déjà une idée de la vérité des faits, qui les ont déjà imaginés et jugés. Elle, elle ne sait pas ce qu'elle va trouver, elle ne choisit pas son camp, elle est toujours ouverte à la surprise, à la découverte. Ce qui la passionne, c'est l'expérience humaine, le quotidien des habitants, des réfugiés, des soldats, des chefs politiques et des gradés qu'elle interviewe sans agressivité mais sans faiblesse. « J'écrivais tout ce que j'avais vu et entendu, sans chercher à donner aucune interprétation aux faits », nous dit-elle. À chacun d'apprécier. On le verra au fil des pages : les hommes et les femmes qu'elle rencontre se dégagent du brouillard du passé. Sous nos yeux, ils reprennent couleur et relief, ils s'animent, retrouvent la vie et nous interpellent.

Au jour le jour, la guerre d'Espagne aiguise son regard et sa conscience politique. Lucide, Virginia Cowles n'idéalise pas les Brigades internationales, elle y note la présence de ceux qu'elle caractérise comme des « déclassés » ou des exaltés un peu perdus. Les républicains se méfient d'elle, la prennent volontiers pour une espionne, car elle avoue franchement ne pas être communiste, et n'avoir aucun désir de se « convertir ». Mais ses contacts avec les nationalistes de Franco suscitent bien davantage son effroi. Elle comprend que leur haine ne se limite pas aux « rouges », mais inclut tous les libéraux et les démocrates, qu'ils viennent d'Espagne ou de l'étranger. C'est dans la virulence de ce fiel qu'elle ressent la vraie nature du fascisme. Elle observe les troupes italiennes sur place, et plus encore les militaires allemands, omniprésents, quoique toujours qualifiés de simples « techniciens ». Ceux-là, très clairement, s'entraînent pour la prochaine guerre, celle qui partira à la conquête de l'Europe. Au fil de ses reportages, Virginia acquiert la conviction qu'aucun des deux camps, en cas de victoire, ne pourrait apporter la démocratie, mais que le fascisme est bien la grande menace qui pèse sur tout le Vieux Continent. Et elle découvre son propre attachement, viscéral, à la liberté. Les franquistes perçoivent son hostilité muette, et la soupçonnent, à leur tour, d'espionnage. Cette fois-là, elle échappera *in extremis* aux geôles de Franco, en franchissant en toute illégalité la frontière française, sans le permis de sortie du territoire alors requis.

Comme pour tout reporter de guerre en mission, la course aux permis d'entrée et de sortie, aux visas, aux autorisations, aux laissez-passer, à un ultime tampon, est devenue le quotidien de Virginia. Elle réussira à revenir plusieurs fois en Espagne, avant de sillonner l'Europe entière. Mais que de fouilles interminables, d'interrogatoires hostiles, de vérifications tatillonnes pour franchir une frontière, se rapprocher du front, obtenir un rendez-vous… Et que de condescendance à l'égard de cette jeune femme importune ! On la regarde de haut, on lui oppose sa fragilité supposée, on lui reproche cette sensibilité qui lui met parfois les larmes aux yeux. Elle ne serait qu'une faible créature ! Une femme, en somme… Mais elle est tenace, elle s'accroche… Pourtant, il serait faux de dire qu'elle n'a peur de rien. Elle a peur. Mais elle a du courage, qui est précisément la volonté de surmonter sa peur. Un courage impressionnant dont font preuve encore aujourd'hui nombre de femmes, et d'hommes, qui font le métier de reporter.

Virginia Cowles ne va pas simplement au-devant des ennuis : elle fonce dans l'œil du cyclone. En avion, en train, en voiture, en camion, à pied et même à skis pendant la guerre russo-finlandaise, elle arpente l'Europe, chargée de son inévitable sac de couchage et de sa machine à écrire. Elle est montée en grade, désormais « correspondante itinérante permanente » pour le *Sunday Times*. On la retrouve en France, en Italie, en URSS, en Ukraine, en Pologne, en Roumanie, en Tchécoslovaquie, en Scandinavie, en Belgique, aux Pays-Bas, en Finlande… Partout, elle observe, et elle raconte. Et à chaque étape, son inquiétude augmente.

Virginia mesure en effet à quel point les plans de l'Allemagne nazie sont arrêtés, inexorables, et elle voit s'effriter chaque jour un peu plus les chances d'échapper à la guerre. Elle décrit de manière saisissante les grands-messes nazies à Nuremberg. Là, dans cette atmosphère médiévale, au milieu des fanatiques à croix gammée en transe, elle ressent la haine brute, palpable, et elle est envahie par une véritable attaque de claustrophobie, l'une des rares fois où on la perçoit proche de la panique. Mais elle ne baisse pas les bras. Elle poursuit son voyage en Allemagne. À Berlin, elle se heurte à Goebbels dans un couloir du grand hôtel où elle assiste à une réception donnée en l'honneur de Hitler. La voici au cœur de l'appareil nazi. Elle observe le comportement du Führer, cherche à appréhender les ressorts qui l'animent. Une Anglaise présente (et pronazie) lui confie : « Il aime voir les gens trembler devant lui […] sinon, il s'ennuie… »

À Rome, elle rencontre Mussolini et son gendre, le cynique Ciano qui, à sa grande surprise, parlent fort bien l'anglais. À Moscou, elle n'hésite pas à envoyer un télégramme à Staline pour le convaincre qu'un entretien avec *une* journaliste serait conforme à la doctrine soviétique d'égalité entre hommes et femmes ! En vain, on s'en doute. Pour autant, elle n'est pas dupe de la façade impeccable que l'URSS sait offrir aux journalistes étrangers. Elle relève les indices, les attitudes, les silences, réussit parfois à fausser compagnie à sa pesante escorte de « sécurité ». Et elle débusque l'omniprésence de la misère, la décrépitude de l'agriculture, la désorganisation de l'armée, la terreur des disparitions soudaines, le règne tout-puissant de la police politique. Elle décrit la tristesse générale, la « mentalité stagnante » de ce pays où « toute pensée critique » est éliminée, « comme en Allemagne ». Singulière lucidité, qui lui fait déjà ressentir le caractère totalitaire du régime soviétique.

Elle est à Prague quand tombe le couperet des accords de Munich, et partage le désespoir des Tchèques abandonnés, trahis par la France et la Grande-Bretagne. Quand elle repasse par Paris et Londres, elle est consternée par le soulagement qui semble dominer. Elle épingle au passage Joseph Kennedy (père du futur président), alors ambassadeur des États-Unis, qui plastronne : « C'est merveilleux Munich ! Je vais pouvoir aller à Palm Beach, finalement ! » La question que lui glisse le Premier ministre britannique, Neville Chamberlain, lors d'un dîner mondain, lui fait entrevoir l'incompréhension abyssale de certaines élites au pouvoir. « Croyez-vous que les Tchèques conservent une certaine amertume envers la Grande-Bretagne ? », s'interroge le premier ministre. Lorsque les blindés nazis déferlent soudain à travers l'Europe du Nord, les Pays-Bas, la Belgique, et enfin pénètrent en France en quelques jours, Virginia, par tous les moyens, veut revenir encore une fois à Paris. La débâcle de la France la laisse stupéfaite. Elle n'arrive pas à croire que Paris ne sera pas défendu. La demande d'armistice l'accable. Elle fuit parmi le flot des réfugiés, et embarque à Bordeaux à bord d'un cargo britannique.

Londres devient son port d'attache, sa seconde patrie. La voilà maintenant une familière de la famille Churchill, toujours réconfortée par la chaleureuse affection qui unit Winston, Clementine, et leurs enfants. Elle admire de plus en plus celui qui, promettant « du sang et des larmes », soulèvera bientôt tout un peuple, dernier rempart de la démocratie. Car maintenant que la France a déposé les armes, que les ténèbres se sont abattues sur tout un continent, la Grande Bretagne est seule, désespérément seule. Elle attend le déferlement des hordes nazies sur ses côtes. Et Virginia nous raconte ce peuple anglais tel qu'il se révèle, tel que l'histoire l'a façonné, un peuple qui a la liberté chevillée au corps et qui se dresse alors tout entier : « Les fermiers chargèrent leurs fusils de chasse, les soldats barricadèrent les grandes routes, les ouvriers arrachèrent les poteaux indicateurs, les villageois surveillèrent les routes des campagne, des volontaires affluèrent à la Home Guard, dans les équipes de pompiers et les services d'ambulance. Tous les yeux se tournèrent vers le ciel ; la nation attendit que l'aviation allemande attaque avec toute la furie dont elle était capable. L'Angleterre continuait la lutte. » Cette Angleterre qu'elle admire, et « qui ne sait jamais quand elle est vaincue ».

L'invasion par la mer n'aura pas lieu, mais bientôt les bombardiers allemands pilonnent pendant des mois, nuit après nuit, sans répit, les ports, les aérodromes, les usines, les routes, les ponts, les villes et leurs habitants. Cette terrible bataille d'Angleterre, Virginia la relate au jour le jour, depuis Douvres, depuis la Manche où on la voit même patrouiller avec une escadrille en hydravion, et bien sûr depuis Londres où, à l'instar des habitants imperturbables, elle dort « dans son lit », espérant que « si la mort doit frapper, elle soit rapide ». On songe aux phrases sublimes que l'écrivain Albert Cohen, saisi par la même admiration pour l'Angleterre, rédigeait alors à quelques rues de là (*Écrits d'Angleterre*[1]) : « Chaque nuit, pendant des mois, les hommes de Londres tenaient ferme, sans rhétorique, en toute quotidienneté. Ils ne parlaient jamais de la liberté. Ils la défendaient. [...] Le matin, après une nuit passée à faire le guet dans la rue ou sur les toits, à éteindre des bombes, à soigner des blessés ou à porter des morts, les jeunes filles, rafraîchies de thé et d'une douche sous laquelle elles avaient sifflé, allaient au travail... »

Virginia continue de fournir régulièrement ses articles au *Sunday Times*, dont certains paraissent dans le *New York Times*, elle enregistre même un discours à la BBC destiné aux auditeurs américains. Mais elle veut faire davantage. Pendant toute l'année 1941, elle travaille à ce livre, qui deviendra *Au-devant des ennuis*. Elle y rassemble ses souvenirs encore tout récents pour raconter ce que, depuis cinq ans, elle a observé et compris en Europe. Inlassablement, elle plaide pour la liberté et la démocratie. « J'avais vu des extrémistes des deux camps pendant la guerre d'Espagne, le nazisme en Allemagne, le communisme en Russie. Et j'étais certaine, plus que jamais, de croire à la démocratie. »

Forte de ce qu'elle a vu et vécu comme reporter, elle sait désormais qu'elle doit aller au-delà du témoignage. Elle se donne une nouvelle mission : alerter les États-Unis, les pousser à s'engager pour sauver l'Europe, réveiller les consciences de ce pays où les isolationnistes tiennent encore le haut du pavé. Elle fait appel aux grandes valeurs, et aux grands intérêts. « Les tyrans de notre époque ont emprunté leurs croyances à l'âge de la barbarie. Ils tuent, ils pillent, torturent et refusent à l'homme le droit d'avoir une âme. » Les États-Unis ne veulent pas « comprendre que le malheur de notre voisin est notre propre malheur. [...] Divisés,

1. Albert Cohen, « Angleterre », in *Écrits d'Angleterre*, p.14-15, Paris, © éditions Les Belles Lettres, 2002.

nous tomberons. Unis, nous tiendrons. Avec une conviction désespérée, je dis : [...] combattons côte à côte avec la Grande-Bretagne, jusqu'à une victoire totale, afin que la liberté règne à travers les siècles. »

Virginia Cowles a été lue. A-t-elle été entendue ? On sait que le président américain, Franklin Roosevelt, était lui aussi conscient que l'engagement des États-Unis était inévitable, que son pays ne pourrait pas se tenir loin de l'horreur européenne. Mais il fallut l'attaque japonaise sur Pearl Harbor pour venir à bout des dernières illusions américaines et pour lui permettre d'agir. Ce soir-là, il dira au téléphone à Churchill : « Winston, maintenant, nous sommes tous dans le même bateau ! »

Et nous, aujourd'hui ? Entendons-nous la voix de cette jeune femme d'autrefois ? Quand Virginia Cowles décrit la redoutable efficacité de la propagande de l'Allemagne nazie qui offre à chacun un ennemi à haïr – les capitalistes, les libéraux, les élites, la presse étrangère, et toujours, les Juifs –, ne reconnaissons-nous pas les campagnes populistes un peu partout, sur les places des grandes capitales, sur nos réseaux sociaux, qui agrègent colères et ressentiments à travers les différentes couches de la société ? Quand elle nous rappelle qu'« à toutes les époques des tyrans se sont élevés, convoitant le pouvoir, essayant de l'obtenir en réduisant leurs contemporains en esclavage. À toutes les époques des hommes ont lutté pour secouer le joug qui pesait sur eux », ne reconnaissons-nous pas les combats de notre temps, le retour de la guerre en Europe, d'une sauvagerie peu différente des guerres d'autrefois ?

Virginia Cowles... Son nom s'était perdu parmi les héros et les héroïnes des grands récits de guerre, parmi les Hemingway, Martha Gellhorn, Lee Miller et tant d'autres, dont elle a pourtant partagé le quotidien, la passion de l'enquête et de l'écriture, le goût de l'aventure. Il est grand temps de faire connaissance. Lisez ses mots, lisez ce livre. Cette nouvelle édition la remet à la place qu'elle aurait dû occuper depuis longtemps, parmi les femmes d'exception, celles qui ont fait preuve d'un courage inouï au nom de la vérité et de la liberté, celle qui ont contribué, par leur témoignage, à infléchir un peu le cours des événements. Elle trouve aussi sa place dans l'histoire de ces nombreuses femmes grands reporters qui aujourd'hui encore, sur les théâtres d'opérations en Europe ou ailleurs, dans les tranchées d'Ukraine, sous les bombardements en Syrie, sous la terreur en Iran, en Afghanistan, au Soudan, sous la répression en Russie, en Chine et dans tant d'autres pays, vont elles aussi « au-devant des ennuis », ces femmes qui risquent encore et toujours leur vie pour nous dire, par leurs images et leurs écrits, la réalité d'un monde qui, comme Sisyphe, semble condamné à revivre sans fin le même calvaire et à réinventer sans cesse la liberté.

Nicole Bacharan, 2023

Pour ma sœur Mary,
avec tout mon amour

L'EUROPE EN 1938
Océan Atlantique
NORVÈGE
SUÈDE
ROYAUME-UNI
Newcastle
Mer du Nord
IRLANDE
Leeds
Sheffield
Birmingham
DANEMARK
PAYS-BAS
ALLEMAGNE
Londres
Berlin
BELGIQUE
Carlsbad
LUX.
Asch
Paris
SARRE
Nuremberg
Prague
Budweiser
TCHÉ
Tours
Oberplan
FRANCE
SUISSE
AUTRICHE
Oviedo
Bordeaux
Guernica
Santander
Saint-Jean-de-Luz
Bilbao
León
Saint-Sébastien
ITALIE
PORTUGAL
Salamanque
Madrid
Guadalajara
Barcelone
Rome
ESPAGNE
Valence
TANGER
GIBRALTAR
PROTECTORAT ESPAGNOL AU MAROC
Mer Méditerranéenne
MAROC
ALGÉRIE
TUNISIE

Ⓐ Rhénanie, remilitarisée par l'Allemagne, 1936
Ⓑ Région des Sudètes, annexée par l'Allemagne, 1938
Ⓒ Autriche annexée par l'Allemagne après l'Anschluss de 1938
Ⓓ Ligne Mannerheim
Ⓔ Passage du Nord-Ouest
0 100 200 300 400 500 miles
0 200 400 600 800 kilomètres
Rovaniemi
Kajaani
FINLANDE
Sortavala
Turku
Helsinki
Hanko
Leningrad
Stockholm
ESTONIE
Mer Baltique
LETTONIE
Moscou
LITUANIE
DANTZIG
ALLEMAGNE
UNION DES RÉPUBLIQUES SOCIALISTES SOVIÉTIQUES
Varsovie
POLOGNE
Kiev
COSLOVAQUIE
HONGRIE
Odessa
ROUMANIE
Bucarest
Mer Noire
ROYAUME DE YOUGOSLAVIE
BULGARIE
ALBANIE
TURQUIE
GRÈCE
IRAK
SYRIE

PROLOGUE

> « En cette soirée de novembre (la nuit de l'Armistice), les trois hommes qui se trouvaient à la tête de la Grande-Bretagne, des États-Unis et de la France semblaient être les maîtres du monde. Derrière eux, de vastes empires au plus haut point d'organisation se réjouissaient dans la victoire commune et étaient remplis de confiance et de gratitude envers les chefs qui les avaient menés jusque-là.
> Ils disposaient d'armes d'une puissance irrésistible et de flottes sans le consentement desquelles aucun bateau ne pouvait croiser en surface ou sous les flots.
> Il n'y avait rien de grave, d'équitable et de nécessaire qu'ils ne pussent décréter d'un commun accord. Et ces trois hommes avaient marché ensemble, malgré les différences de nationalité, à travers les longues distances de terres et de mers, unis dans la camaraderie de la lutte contre un ennemi détesté. Ensemble, ils avaient atteint le but ; une victoire absolue, sans précédent, était entre leurs mains. Qu'allaient-ils en faire ? »
>
> Winston Churchill,
> *The World Crisis. The Aftermath*,
> mars 1929

Londres baigne dans la clarté de la lune. Dans le ciel ronflent les bombardiers allemands. Les rues sont désertes. De temps à autre, l'explosion des obus rompt le silence de la nuit.

En des moments pareils, on se demande comment les historiens de l'avenir pourront évoquer la majesté de cette grandiose capitale : l'étrange beauté des monuments aux lumières voilées sous le clair de lune, le bruissement du vent, le sifflement des bombes, les longs faisceaux lumineux des projecteurs antiaériens, le gémissement des projectiles allant à la rencontre des étoiles. Percevront-ils ce que fut, en ces heures-là, le choc brutal de la mort, ce que fut la sérénité de la vie ?

Les Anglais, il y a fort longtemps, partirent à la conquête des mers, de crainte d'être emprisonnés dans leur île. Aujourd'hui, cette même mer les protège de leurs ennemis, et tant qu'elle restera sous leur contrôle, leur territoire n'est vulnérable qu'aux seules attaques aériennes.

Jusqu'ici, l'efficacité de ces attaques n'est pas prouvée. Le solide moral du peuple réagit contre la terreur des bombardements nocturnes, et, quant aux bombardements diurnes, leur précision est réduite à néant.

Les combats aériens au-dessus des côtes anglaises ont été plus spectaculaires que toutes les autres batailles relatées par l'Histoire.

Lorsque, en formations massives, les avions allemands approchaient des falaises de Douvres, ils se heurtaient à l'intense crépitement du tir antiaérien et à la furie des vrombissants chasseurs. La plupart de ces rencontres avaient lieu au-dessus de la mer. Souvent, je me suis installée en haut de la falaise de Shakespeare, à une lieue de la ville, et j'ai regardé, avec une impression d'irréel, ces avions qui tournaient, virevoltaient, tourbillonnaient. On avait peine à concevoir que le sort de la civilisation dépendait de ces combats ; les armées modernes se dénombraient par millions de soldats, mais la mer les avait immobilisées, et l'issue décisive était entre les mains d'une poignée d'hommes, au-dessus de nos têtes.

De toutes les journées passées à Douvres, je me souviens plus particulièrement de celle du 15 août. Ce jour-là, la Royal Air Force battit son record en abattant cent quatre-vingts appareils. J'étais arrivée de Londres avec Vincent Sheean et, du haut de la falaise, nous tâchions de reconstituer tout ce drame comme l'on ferait d'un casse-tête. Le ciel tout entier semblait en mouvement. À droite, un avion tombait comme une pierre dans les flots, laissant une longue traînée de fumée noire ; à gauche, un des grands ballons argentés flambait ; au-dessus de nous un chasseur piquait sur un des bombardiers ; puis, soudain, le vol d'un minuscule parachute… et, tout le temps, les crépitements de la défense aérienne et dans le ciel des flocons de fumée blanche.

Pendant une de ces batailles, j'examinais à la jumelle un petit chalutier ancré dans le port, en bas de la falaise. L'équipage avait évidemment admis ces combats furieux, au-dessus de lui, comme une partie de sa routine journalière, car personne ne semblait s'en préoccuper. L'un des hommes dormait profondément sur le pont, un autre lavait son linge, et le troisième lisait un journal. Quelques heures plus tard, le petit chalutier hissa son pavillon, la vapeur s'échappant de la cheminée, et vogua nonchalamment à travers la Manche. Il avait un air arrogant. « Bas les pattes ! semblait-il dire. Cette mer est à nous. »

Nous regardâmes la bataille pendant quelque temps, puis Vincent se tourna vers moi.

— C'est drôle de penser que tout ce grabuge a commencé là-bas.

De la tête, il montrait l'horizon.

— Là-bas ?

— Oui, en Espagne.

Les historiens, sans aucun doute, seront intrigués par le fait que les expériences de la Première Guerre n'ont servi à personne.

Ils hocheront la tête en pensant que les trois grandes démocraties ont refusé de s'unir et de prendre leurs responsabilités pour sauvegarder la paix mondiale.

Ils chercheront les causes de l'actuel conflit dans l'échec de la Société des Nations lors des affaires de Mandchourie en 1931, et d'Abyssinie en 1935. Mais ils devront se tourner vers l'Espagne de 1936, pour entendre le premier grondement de canons qui troubla la tranquillité du continent européen. Et c'est en Espagne que commence mon histoire.

J'ai vu flamber les villages espagnols, et j'ai suivi ces flammes à travers la carte de l'Europe. Elles se sont étendues vers le nord, roussissant les forêts de Bohême, ravageant les plaines de Pologne, brûlant jusqu'aux extrêmes limites forestières de la région arctique. Puis le vent néfaste de la conquête les a poussées en Norvège. Elles ont balayé la Hollande et la Belgique et brûlé les riches contrées de France.

Ce que j'ai vu représente une faible partie de ce que racontera l'historien, mais j'ai pu me rendre compte ainsi qu'aujourd'hui la guerre n'est pas seulement un règlement de comptes entre les nations. C'est une lutte pour sauvegarder la justice et la pitié sur la Terre, et pour préserver jusqu'à la dignité même de l'homme.

Virginia Cowles, Londres, mai 1941

Première partie

L'ESPAGNE RÉPUBLICAINE

1

DÉPART POUR LA GUERRE

Si vous relisez les journaux de mars 1937, vous remarquerez que le *Normandie* battit le record de la traversée de l'Atlantique, que le roi Léopold visita Londres, que Neville Chamberlain succéda à Baldwin comme Premier ministre d'Angleterre, que l'on retrouva le journal de Samuel Johnson, que la reine Marie de Roumanie tomba gravement malade, et que Noël Coward se reposait.

Vous lirez aussi que le général Franco lança une offensive. Le 10 mars, les journaux annonçaient qu'il avait enfoncé les défenses de Madrid, et le jour suivant le correspondant du *Daily Telegraph* écrivit :

> Les nationalistes ont avancé de vingt-neuf kilomètres en deux jours. Ils sont actuellement à vingt-quatre kilomètres de Guadalajara. Les défenseurs de Madrid se rendent compte que le sort de la capitale dépend de la bataille de Guadalajara.

Quelques jours plus tard, la vérité commença à se faire jour, l'univers apprit que non seulement Madrid tenait toujours, mais que les légions italiennes de Franco avaient battu en retraite et que l'offensive nationaliste était devenue la première et la plus importante des victoires républicaines, la dernière aussi.

Je partis pour l'Espagne huit jours après la bataille de Guadalajara.

Par une nuit noire et un froid intense, j'attendais, sur l'aérodrome de Toulouse, à 5 h 30 du matin, l'avion qui devait m'emmener à Valence.

La gelée sur le sol brillait dans l'obscurité comme un linceul fantomatique, et les petits feux rouges de l'aérodrome jetaient des lueurs étranges. Mon cœur se serra soudain à la perspective de ce voyage.

Je n'avais d'autre aptitude pour être correspondante de guerre que ma curiosité. Tout en ayant voyagé pas mal en Europe et en Extrême-Orient et écrit un grand nombre d'articles, principalement pour la rubrique « L'Actualité » dans les journaux de Hearst, mes aventures avaient été de caractère pacifique. En fait, après une tournée d'un an de Londres à Tokyo en 1934, j'avais écrit un article pour *Harper's Bazaar* qui bientôt sonna faux. Il était intitulé : « L'infaillible stabilité du monde ».

Lorsque la guerre d'Espagne éclata, je vis là une occasion de faire des reportages plus sérieux et plus solides. Je pensais qu'il serait intéressant d'écrire une série d'articles concernant les deux partis opposés.

Je persuadai T.V. Ranck d'accepter cette proposition, et finalement m'embarquai pour l'Europe. Je ne connaissais pas âme qui vive en Espagne et n'avais aucune idée sur la façon d'atteindre mon but. J'attendis donc d'être à Paris avant d'établir un plan de campagne. C'est alors qu'eut lieu la bataille de Guadalajara.

L'héroïque résistance de Madrid assiégée et ce que j'en lus me décidèrent à y aller. Mes amis parisiens ne m'y encourageaient guère. Ils me prévinrent que si je n'étais pas habillée misérablement, on me houspillerait dans la rue ; quelqu'un me conseillait de mettre des vêtements masculins, d'autres de me mettre en haillons. J'emportai finalement trois robes de laine et un paletot de fourrure. Ils me racontèrent aussi une série d'atrocités et me prédirent, avec des accents lugubres, que si je n'étais pas abattue pendant le trajet aérien jusqu'à Valence, je serais sûrement bombardée sur la route de Madrid.

Je n'avais prêté aucune attention à leurs présages, mais maintenant que j'étais seule sur l'aérodrome, une succession d'images atroces se présentaient à mon esprit. J'allai dans la salle d'attente prendre une tasse de café et me réconforter, car personne ne semblait impressionné par l'imminent départ d'un avion vers les périls d'une Espagne « déchirée » par la guerre. Il n'y avait qu'une demi-douzaine de personnes. Quelques-unes lisaient les journaux de la veille au soir, d'autres dormaient la tête sur une table.

Le froid était si intense que les mécaniciens français marchaient de long en large, s'arrêtant de temps en temps pour se réchauffer les mains contre un petit poêle.

Enfin la porte s'ouvrit, un homme annonça que l'avion était prêt à partir. Je payai mon addition ; au moment de me lever, un vieux monsieur à béret noir, qui jusque-là était resté assis tranquillement près du feu, vint à moi, me prit les mains et me dit d'une voix tremblante d'émotion :

— *Bonne chance, mademoiselle ! Bonne chance*[1] !

Je montai dans l'avion avec les sentiments d'une condamnée.

En une heure, nous atteignîmes Barcelone. Nous avions survolé les Pyrénées la plupart du temps. Les montagnes couvertes de neige avaient d'abord été grises, estompées dans le lointain, mais au lever du jour elles étaient devenues d'un rose ardent.

Je me souviens de mon ahurissement devant ma première vision de l'Espagne. Ce fut lorsque, après l'atterrissage, j'entrai dans la salle d'attente. La scène était si pacifique qu'elle en était presque inconvenante. Une femme, assise derrière le comptoir, tricotait un chandail ; deux vieux messieurs en velours noir côtelé, attablés, buvaient du cognac, et une petite fille étendue sur le plancher jouait avec un chat. Ils saluèrent cordialement les pilotes français, mais lorsque ceux-ci s'informèrent de la guerre et demandèrent les dernières nouvelles, un des vieux messieurs haussa les épaules avec indifférence en disant :

— La Catalogne n'a rien à voir avec la guerre. Nous ne voulons pas nous mêler de ça. Tout ce que nous désirons, c'est qu'on nous laisse tranquilles.

Nous bûmes une tasse de café. Impassible, un officier de la douane contrôla nos bagages. Et, une heure plus tard, nous arrivions à Valence.

Valence, véritable fourmilière humaine, était le siège provisoire du gouvernement ; sa population était passée de quatre cent mille habitants à plus d'un million. Les gens se répandaient dans les rues, envahissaient les places, s'amassaient sous les portes cochères, s'attroupaient sur les plages et submergeaient à l'infini les marchés, les magasins et les cafés. Tout n'était que bruit et confusion. Des charrettes attelées cahotaient sur le pavé et les automobiles, avec un laissez-passer officiel sur le pare-brise, circulaient à toute allure dans les rues principales, klaxonnant furieusement.

Des affiches extravagantes tapissaient les immeubles, montrant des corps d'enfants et de femmes déchiquetés, avec un seul mot : *Fascisme*. Dans la rue, un gramophone en joie beuglait : *I can't give you anything but love, baby*[2].

On m'emmena au bureau d'Air France, dans la rue principale, et je regardai alentour avec ahurissement. Je demandai l'adresse du

1. En français dans le texte.
2. *I Can't Give You Anything but Love*, 1928, composée par Jimmy McHugh, avec des paroles de Dorothy Fields.

meilleur hôtel. L'employé me l'indiqua vaguement, à un kilomètre ou deux, « au bas de la rue ». Il était impossible de trouver un porteur ou un taxi. N'ayant qu'une mallette et une machine à écrire, je partis à pied. Tout le monde, dans la rue, appartenait à la classe ouvrière et était uniformément habillé en noir ; les femmes portaient des costumes noirs et des bérets. Quelques-unes s'arrêtaient pour me regarder d'un œil sombre. Je pensais que c'était à cause de mon chapeau, car j'étais la seule à en porter. Mais je me rendis compte tout à coup que les raies rouges et jaunes peintes inconsidérément sur ma valise étaient les couleurs de Franco.

Un autobus passa. Je sautai dedans. Mais il me fallut descendre à la station suivante, car je n'avais pas un sou d'argent espagnol et ne pouvais faire comprendre au conducteur qu'en acceptant un billet de dix francs il faisait une bonne affaire. J'atteignis finalement l'hôtel Bristol, qui était bondé. Les gens dormaient même dans les fauteuils du vestibule. Je me débarrassai de mes bagages et allai dans la salle à manger pour déjeuner. Un étrange rassemblement d'individus peuplait le restaurant. Peu d'entre eux semblaient être espagnols, et j'appris plus tard que c'était la pègre de Valence. Des hommes d'affaires, des *agents provocateurs*[1], des espions, des gangsters. Ayant demandé au maître d'hôtel si quelque journaliste anglais ou américain logeait dans son établissement, il me désigna M. Kennedy, de l'Associated Press, assis à une table de l'autre côté de la salle. Je lui envoyai un billet lui expliquant ma situation et lui demandant s'il pouvait me venir en aide.

M. Kennedy était un jeune et robuste reporter américain, un garçon très débrouillard. Je lui fus profondément reconnaissante, car en moins d'une heure il avait persuadé le gérant de l'hôtel de me trouver une chambre et m'avait présentée au directeur de la presse étrangère, qui organisa mon voyage pour Madrid en auto, quarante-huit heures plus tard.

Je me souviens d'avoir pressé Kennedy de questions au sujet de la guerre et, afin de pouvoir parler librement, nous prîmes une voiture en très piteux état pour faire une promenade autour de la ville.

Les faubourgs étaient pittoresques, la foule moins dense ; la Méditerranée s'étendait, calme, devant nous et, dans les champs, de longues files d'orangers brillaient au soleil. Je me demandais à quoi

1. En français dans le texte.

il fallait attribuer tout le désordre qui régnait dans Valence. Était-ce à la guerre, à la révolution, ou à l'Espagne tout simplement ?

— À tout cela à la fois, me répondit Kennedy. Bon Dieu ! combien j'aimerais être de retour aux États-Unis !

Je lui dis que je trouvais la question espagnole passionnante. Il me sourit d'un air morose.

— Écoutez, ma petite, j'ai tellement soupé de toute cette paperasserie et de ces batailles avec la censure que je ne peux y penser autrement qu'à une aventure folle… Et pas même une bonne cigarette américaine et une jolie femme à sortir le soir. Vous verrez ça.

Je devais avoir l'air complètement désespérée, car quelques instants plus tard il ajouta :

— Oh ! bien sûr, Madrid est intéressante : on est bombardés tous les jours, et la nourriture est détestable. Mais au moins il y a autre chose à faire que de discuter toute la journée avec une poignée de gens qui savent seulement dire : « *Mañana*[1] ». Il y a des quantités de journalistes, on peut aller sur le front quand on veut, et prendre part à quelque activité. Ce n'est pas comme ici. La plupart des gens ne savent même pas qu'il y a la guerre.

J'avais en effet remarqué que beaucoup de jeunes gens mobilisables remplissaient les squares de Valence et semblaient n'avoir qu'à se chauffer au soleil en se curant les dents. Comme la guerre était arrivée à un point crucial, cela pouvait paraître étrange. Kennedy m'expliqua que Valence n'ayant pas encore été attaquée – seul le port avait été bombardé de la mer –, la plupart de ses habitants considéraient la guerre comme une affaire locale confinée exclusivement à Madrid.

Nous longions la plage ; trois gendarmes se frayaient un passage à travers la foule. De temps à autre, ils arrêtaient un groupe de gens, les questionnaient, puis griffonnaient sur leur calepin.

Kennedy m'expliqua que c'était la méthode habituelle de recrutement pour l'armée.

Ce soir-là nous dînâmes avec le capitaine « Pinky » Griffiss, l'attaché de l'Air américain, et deux aviateurs français connus sous le nom de Jean et Henri. Ils étaient les brebis galeuses de très respectables familles françaises. Les pilotes professionnels étant extrêmement bien payés par le gouvernement espagnol, ils s'étaient engagés afin de rembourser leurs dettes de jeu. Toute la soirée, ils nous racontèrent leurs exploits à la

1. « Demain ».

bataille de Guadalajara. J'appris plus tard que leur activité se bornait à patrouiller au-dessus de Valence et que toutes leurs histoires étaient inventées. Malgré tout, ils formaient une agréable compagnie, et le lendemain nous allâmes tous ensemble aux courses de taureaux.

L'arène se trouvait au centre de la ville. Elle étincelait au soleil comme une énorme moitié de pamplemousse. C'était plein à craquer et bruyant, et l'air lourd sentait la sueur et le tabac. L'élégance pittoresque de naguère avait complètement disparu. La foule formait une énorme tache noire et morne que parsemait le kaki de la Milicia. Le matador, toutefois, portait le tricorne traditionnel, les bas roses et les souliers à boucles, et un uniforme en brocart bleu brodé, mais râpé. Il fut chaudement acclamé et le spectacle commença.

Je n'avais jamais assisté à une corrida, et la vue du taureau trépignant sur le sol, ruisselant de sang, me souleva le cœur. La plupart du temps, je devais fermer les yeux. Mon voisin, un petit Espagnol brun, se plaignait bruyamment, mais pour d'autres raisons. Il expliquait que cette course ne valait rien parce que les bons taureaux étaient élevés dans le Sud de l'Espagne, et que cette région appartenait à Franco.

— Maudite guerre ! dit-il en bougonnant. Regardez-moi le matador, il serait tout juste bon pour combattre une vache !

Le matador était maladroit et le public fulminait. Chapeaux et pelures d'oranges pleuvaient dans l'arène. Un milicien ivre enjamba la balustrade, s'élança dans l'arène et saisit la cape du matador. Ce dernier protesta énergiquement, et des employés, indignés, se précipitèrent pour ramener le milicien. Mais, avant qu'ils aient pu l'atteindre, celui-ci fit une ou deux passes avec sa cape, afin que le taureau charge dans leur direction. Ils coururent se protéger derrière la barrière, tandis que la foule hurlait de plaisir. Pendant vingt minutes, le milicien combattit le taureau. Cinq fois les employés essayèrent de le ramener, cinq fois il dirigea l'animal contre eux. Soudain le taureau l'attaqua. Sa corne droite accrocha la ceinture du soldat et le souleva dans l'air. La foule se dressa, haletante. Mais l'homme était indemne. Sa ceinture se rompit et il s'étala sur le sol pendant que le taureau grondait autour de l'arène. Ce fut pour les employés une occasion de ramener à sa place le torero amateur. Il retenait son pantalon d'une main et, de l'autre, protestait comiquement tout en regagnant sa place au milieu des applaudissements déchaînés. Même mon voisin, tout grognon qu'il était, sentait qu'il en avait pour son argent.

De bonne heure, le lundi matin, je partis pour Madrid dans une petite voiture pleine de boîtes de ravitaillement, de bonbons et de cigarettes. Le chauffeur était un anarchiste espagnol et les autres passagers se composaient d'une Américaine, Mellie Bennett (qui travaillait à la Propagande) et d'un prêtre catholique. La présence d'un prêtre dans une collectivité si hostile à l'Église m'étonnait, et je me demandais par quel hasard il était en liberté. C'était un vieil homme avec une figure mince et les doigts tachés de nicotine. Au bout de très peu de temps, il entama une conversation dans un mauvais français :

— Vous êtes une anarchiste, je pense ?

— Non, répondis-je.

— Une communiste ?

— Non.

— Une trotskiste ?

Mellie Bennett intervint :

— Dites-lui de se taire, à ce vieux bougre-là.

Je craignais qu'il ne comprît, mais elle me dit qu'elle l'avait déjà rencontré, et qu'il ne parlait pas un mot d'anglais.

— Je connais cette vieille baderne, c'est une pièce d'exposition. Il fait des conférences de propagande en France, pour expliquer que les prêtres sont très bien traités dans l'Espagne républicaine. Il ne perd pas son temps, je vous prie de le croire.

Mellie Bennett avait des traits durs et portait d'épaisses lunettes cerclées d'écaille. Sa forte personnalité, un peu provocante, me plut tout de suite. Elle venait de Moscou, où elle avait travaillé pendant plusieurs années au *Moscow Daily News*. Elle avait des idées de gauche, mais ce matin-là, pleine d'amertume, elle ne se gênait pas pour critiquer la situation.

— Voyez cette route, dit-elle, elle devrait être encombrée de convois de ravitaillement pour Madrid. Mais les politiciens s'en fichent.

L'étroite route asphaltée traversait pendant des kilomètres une campagne stérile. Les voies ferrées qui allaient de la côte à Madrid avaient été toutes bombardées, et la capitale n'était plus reliée au reste du monde que par cette seule voie de communication. Il n'y avait pour ainsi dire pas de voitures sur la route et, pendant les trois cent-vingt kilomètres, nous ne vîmes que vingt camions. C'était en partie dû au manque d'essence et aussi, comme je l'appris plus tard, au manque d'organisation.

À cent soixante kilomètres de Valence, nous nous arrêtâmes dans un petit village pour déjeuner. Le restaurant était sombre et une souillon en robe bleue époussetait avec un torchon les miettes de pain et les mouches mortes. Elle nous donna une omelette, du pain et du vin. Le chauffeur anarchiste s'assit à la même table que nous ; le prêtre lui tapotait le dos en lui disant qu'il était un brave garçon. Il avait été blessé à la cuisse en combattant sur le front d'Aragon, et cette blessure n'était pas encore cicatrisée. Il avait l'intention de rejoindre le front dès qu'il serait rétabli.

Mellie Bennett expliqua en anglais – langue que ni l'un ni l'autre ne comprenaient – qu'il avait combattu dans un régiment anarchiste parti pour la guerre sans officiers, la plupart d'entre eux ayant été tués. Les anarchistes étaient opposés à toutes formes d'organisation, quelles qu'elles fussent. Ils étaient convaincus que les gens laissés à eux-mêmes sont instinctivement bons, tandis qu'une société organisée devient automatiquement mauvaise. Ils étaient donc partis à la guerre sans chefs. Nous allions bientôt voir nous-mêmes un exemple de ce système idéaliste, mais impraticable.

Quelques kilomètres plus loin, nous croisâmes une voiture immobilisée, faute d'essence. Notre chauffeur s'arrêta et, obéissant à ses bons instincts, donna une partie de notre essence. Le résultat fut qu'une heure plus tard notre voiture haleta péniblement et que nous fûmes à notre tour dans la même situation.

— Comprenez-vous, maintenant, dit Mellie, la morale de cette histoire ? Nous allons tout simplement attendre qu'un autre anarchiste veuille nous venir en aide.

Nous attendîmes sur le bord de la route, en plein soleil, à peu près une heure. Un « camarade » parut enfin, qui nous donna de l'essence, et nous pûmes continuer notre chemin.

Le prêtre, qui brûlait de savoir quelle était mon orientation politique, essaya une fois encore, enjôleur, de connaître mon point de vue.

— Peut-être avez-vous… comment dirais-je ? des tendances trotskistes ? Il est impossible de ne croire à rien. Personne ne vient en Espagne sans une *idée fixe*[1].

Mellie interrompit une fois de plus cette conversation et, finalement, il se rencogna dans son silence.

1. En français dans le texte.

Près de soixante kilomètres avant Madrid, nous fûmes arrêtés par des sentinelles qui nous expliquèrent qu'il nous faudrait faire un détour par Alcala de Henarès, la grande route étant, jusqu'à Madrid, sous le feu de l'ennemi. La nuit tombait, et on nous conseilla de faire attention à nos phares. Les petites routes étaient mauvaises, mais heureusement la pleine lune nous vint en aide. À 21 heures, nous étions dans la Gran Via, la rue principale de Madrid.

Le black-out régnait sur les rues désertes et silencieuses. L'atmosphère était comme lourde de présages, et le silence même nous oppressait. Soudain, le calme fut interrompu par le roulement lointain de l'artillerie. C'était la première fois que j'entendais le son de la guerre. Mon cœur se mit à battre. Mes compagnons de voyage demeuraient impassibles.

Lorsque nous atteignîmes l'hôtel Florida, Mellie alla demander un porteur pour transporter le ravitaillement. En son absence, le prêtre se pencha rapidement, ouvrit un des colis avec son canif et vola trois paquets de cigarettes. Il me sourit et mit son doigt jauni sur ses lèvres en disant :

— Chut !

2
EXPLOSIFS

Ma chambre, au cinquième étage de l'hôtel Florida, me fit classer parmi les « amateurs ». Les gens bien informés habitaient aussi près que possible du sol, précaution utile contre les bombardements aériens. L'hôtel était bondé et tout ce que put faire le gérant, ce fut de me transférer dans une grande chambre, au quatrième étage. Cela, toutefois, avait ses désavantages. La pièce donnait sur une grande place et surplombait une masse confuse de toits gris qui s'estompaient en un paysage de collines verdoyantes occupées par l'ennemi. Je me trouvais donc placée sous le feu direct de l'artillerie. Mais l'employé à l'accueil refusa de me changer de chambre. Il m'expliqua que celles ouvrant sur la cour étaient étouffantes et sombres ; que de toute façon l'hôtel n'était pas un objectif militaire et que, si un obus traversait ma chambre, ça ne serait en tout cas qu'une erreur.

Madrid, obscure et triste la nuit, devenait un monde nouveau pendant la journée. Le soleil brillait et les charrettes faisaient retentir l'air de leur fracas. En me penchant par la fenêtre, je m'aperçus qu'une foule dense envahissait la place.

Des soldats en kaki et cravates rouges tâchaient de se faufiler pour gagner un café de l'autre côté de la rue, tandis que des ouvrières en châles noirs, traînant leurs enfants derrière elles, se dirigeaient en hâte vers le marché.

Un trio de blondes décolorées, juchées sur de hauts talons, allaient et venaient sur les pavés rugueux, au grand intérêt d'un groupe de jeunes gens en bérets bleu marine qui, debout dans le soleil, se curaient les dents.

Les charrettes à ânes cahotaient sur les pavés, les crieurs de journaux tentaient de vendre leur marchandise et un haut-parleur, devant un cinéma, hurlait une mélodie entraînante d'Al Jolson, *Casino de Paris*. Pour une ville soumise à des bombardements quotidiens,

Madrid semblait aussi loin de la réalité qu'un immense studio de cinéma envahi d'acteurs attendant pour jouer leur rôle.

Sefton « Tom » Delmer, du *Daily Express* de Londres, m'appela au téléphone pour me proposer de me faire visiter Madrid. J'avais souvent entendu parler de Tom Delmer, bien connu pour son esprit vif et ayant la réputation d'être un des journalistes les plus rusés d'Europe. C'était un homme volumineux avec une figure souriante. Il m'accueillit en me demandant si j'avais apporté du ravitaillement de France. Je compris tout de suite que le fait d'être arrivée les mains vides était une impardonnable erreur.

Nous déambulâmes le long des rues, et Tom me raconta qu'il avait été du côté des nationalistes jusqu'au moment où il avait relaté l'histoire du voyage de Knickerbocker à Burgos. L'avion de ce dernier avait été pris pour un appareil ennemi et la défense aérienne avait tiré. Tom raconta dans son article que Knickerbocker ne s'en était pas aperçu et l'avait appris par les autorités de l'aérodrome. Les nationalistes protestèrent que c'était une attaque directe contre la défense aérienne, et Tom fut remercié. Depuis ce temps-là, il écrivait des articles sur Madrid.

— Tous les Espagnols sont fous, dit-il, mais ceux d'ici sont moins dangereux pour l'Angleterre.

Nous longeâmes les rues principales parsemées de trous d'obus. Beaucoup d'immeubles avaient été endommagés et, sur la Castellana, un énorme lion en pierre fixait tristement l'horizon, comme s'il savait que son nez avait été tranché par un shrapnell. Il y avait pas mal de circulation dans les rues. Nous croisions des voitures du ministère de la Guerre, des camions d'évacués, des bicyclettes et des ambulances, une fois même, un agent de liaison regagnant le front sur une motocyclette.

Parqué dans une des petites rues transversales, un camion camouflé en vert et marron arborait fièrement en lettres blanches l'inscription : *Pris à l'ennemi à Guadalajara.* Des barricades de pierres obstruaient nombre de carrefours. Elles avaient été construites en novembre, lorsque Franco avait annoncé que ses généraux trinqueraient bientôt à la Puerta del Sol.

— Si Franco prend Madrid, avait dit le peuple, on se battra maison par maison, et il n'avancera que centimètre par centimètre.

Cependant l'atmosphère de la ville n'était certes pas celle de la guerre ; quoique la capitale eût été transformée en une sorte de village derrière la ligne de front, les bombes et les obus n'avaient pu transformer la routine de la vie quotidienne. Les tramways jaune vif circulaient pacifiquement dans les avenues. Les parfums de Schiaparelli, des manteaux de fourrure, des bijoux, des gants et des souliers sur mesure étaient exposés dans les devantures des magasins. Les cinémas annonçaient Greta Garbo dans *Anna Karénine*, et les Marx Brothers dans *Une nuit à l'opéra.* Un des grands magasins de la Gran Via avait organisé une exposition d'affiches de guerre. C'étaient des affiches ultramodernes, réclamant à grands cris, en rouge, orange et bleu, que le peuple d'Espagne défendît la République contre le fascisme. Une pancarte, collée à côté d'un trou d'obus dans le plafond, portait l'inscription : *L'art comme le conçoit le général Franco.* Les trous d'obus dans le plafond, les camions camouflés, les barricades de pierres, tout avait plutôt l'air d'une mise en scène. Le soleil était trop chaud et le peuple trop nonchalant pour la guerre. Seules les interminables queues évoquaient un sentiment de tragédie. Dans une rue transversale, une longue file de femmes et d'enfants attendaient, devant une épicerie, avec des paniers vides à leurs bras. Épuisés, quelques-uns s'appuyaient contre les murs; d'autres, assis sur des pliants, fixaient le vide avec une étrange passivité. Dans toutes les rues de Madrid, il y avait des queues semblables. Le ravitaillement se composait essentiellement de haricots, de pain et de riz, mais la nourriture était si rare que seul un nombre limité de personnes pouvaient être servies. Tom m'expliqua que l'attente durait souvent d'un jour à l'autre, de minuit à midi. Nous traversâmes la Puerta del Sol, et Tom s'arrêta à un petit magasin pour examiner des manteaux de cavalier qu'il pensait rapporter en Angleterre comme cadeaux. Il nous fallut enjamber une vieille mendiante qui vendait des cravates aux couleurs anarchistes rouge et noir et de petits objets en fer représentant des tanks et des aéroplanes, qu'elle avait soigneusement exposés sur le trottoir. Le propriétaire du magasin accueillit Tom chaleureusement et lui montra un assortiment de capes de coupes diverses et de différentes tailles, doublées de couleurs vives. Ils discutèrent un certain temps; finalement Tom décida de revenir. En partant, il demanda au propriétaire comment allaient les affaires. L'homme soupira en secouant la tête.

— C'est bien difficile, señor, il n'y a presque plus de gentlemen à Madrid.

— Il est facile de voir où vont ses préférences, me dit Tom, dans la rue.

En regagnant l'hôtel par la Gran Via, je demandai à mon compagnon combien de fois par jour la ville était bombardée. Il s'arrêta et regarda sa montre d'un air pensif.

— Midi déjà. Ils bombardent généralement un peu avant le déjeuner.

À peine quelques secondes plus tard, j'entendis comme le son d'un bruissement d'étoffe. Ce fut d'abord très doux, et devint bientôt un véritable sifflement, suivi d'un instant de silence, puis le bruit de l'obus qui éclatait en heurtant le Centre téléphonique, au bout de la rue. Des briques et des poutres s'effondrèrent sur le sol dans un nuage de fumée. Un deuxième obus éclata sur la chaussée, une trentaine de mètres plus loin, et un troisième heurta un bloc d'immeubles en bois. Tout le monde se mit à courir, s'éparpillant dans les vestibules ou sous les portes cochères, comme des petits morceaux de papier balayés par une soudaine rafale de vent. Tom et moi, nous nous abritâmes dans une parfumerie, tandis que les explosions se succédaient de minute en minute. Mon cœur battait. Le bruit des briques, du verre cassé, l'épaisse fumée qui obscurcissait le soleil paraissaient être comme un fléau biblique adapté au XXe siècle. La propriétaire du magasin semblait être bien plus préoccupée par la préservation de ses biens que par l'idée d'une mort possible. Elle transportait hâtivement les bouteilles de parfum de la fenêtre pour les ranger par terre. À chaque explosion, elle se lançait dans une série de mots sans suite. Tom expliquait qu'elle craignait que les fenêtres ne fussent brisées, car le verre coûtait très cher.

Le bombardement dura à peu près une demi-heure. Quand il fut terminé, nous descendîmes dans la rue. Les pavés étaient couverts de briques et de shrapnells et un poteau téléphonique s'appuyait comme ivre mort contre un des monuments, les fils pendant jusqu'à terre.

Le second étage d'une modiste n'était plus qu'un trou béant et, à un croisement de rues, une masse de fer tordue était tout ce qui restait d'une automobile. À quelques pas de là, la chaussée était tachée de sang, deux femmes ayant été tuées.

Tout n'était que désolation, et cependant le haut-parleur hurlait toujours l'air du *Casino de Paris*.

Des camions arrivèrent et des hommes commencèrent à nettoyer les décombres, la musique tintant à leurs oreilles pendant leur travail. Des gens se précipitaient ainsi que des petits garçons pour ramasser des éclats comme souvenirs. Les marchands de journaux rejoignaient leurs kiosques. Les cireurs de souliers racolaient les clients et les commerçants réinstallaient leurs devantures. Deux heures plus tard, les rues étaient déblayées, les automobiles recommençaient à circuler et les gens flânaient bras dessus bras dessous au soleil. Je compris que c'était ça, Madrid.

M. Hyde avait disparu, et le docteur Jekyll, une fois de plus, gouvernait la ville. Je n'avais jusqu'alors jamais ressenti cette espèce d'angoisse qui active le sang dans les veines. Si intense fût-elle, j'étais surprise de me rendre compte qu'une fois le danger passé cette impression disparaissait si complètement qu'il était même difficile d'en évoquer la sensation. Fait plus curieux encore, elle ne laissait aucune trace d'appréhension. Pendant les intermittences des bombardements, on oubliait tout l'effet des bombes. Comment cela pouvait-il s'expliquer ? Je n'en sais rien. C'était la nature, je pense, qui reprenait le dessus. De toute façon, le sifflement d'un obus était toujours une surprise et, de mon point de vue, une très désagréable surprise. J'admirais profondément l'indifférence, presque la nonchalance, avec laquelle les Espagnols acceptaient ces bombardements.

Stratégiquement, Madrid était la troisième ligne de front et la population était entraînée. Les oreilles civiles avaient atteint un tel degré d'acuité que le premier venu était capable de juger de la proximité d'un obus d'après le sifflement. Quand les obus étaient espacés de cinq à six minutes, cela indiquait le tir d'une seule batterie, et il y avait toujours un « côté abrité » dans la rue. Mais si les explosions étaient rapides, c'était un tir croisé, et il n'y avait rien à faire d'autre que s'en remettre au destin et chercher un abri. Pendant ces innombrables bombardements, je n'ai jamais vu le moindre signe de panique. Les gens réagissaient comme des soldats de métier. Avoir vu la mort de près était une chose si quotidienne que ce n'était même plus un sujet de conversation. Je découvris rapidement que le ravitaillement préoccupait beaucoup plus tout le monde que les bombardements. Quand, de temps à autre, une charrette remplie de laitues ou de pain passait dans les rues, une foule dense se précipitait. Malgré la terrible rareté des denrées de première nécessité, le cognac et le gin coulaient à flots, et chaque après-midi les cafés étaient envahis. L'un des plus populaires était sur la Puerta del Sol. Une bombe avait traversé le toit, et on pouvait voir des parcelles de ciel à travers le plafond, mais tout le rez-de-chaussée grouillait d'activité. Toutefois, les deux établissements les plus animés étaient Chicote, naguère à la mode, et Molinero. Quoique ces cafés fussent sur la Gran Via, constamment bombardée, ils étaient bondés de soldats, le fusil en bandoulière, et de blondes platinées dont les cheveux noircissaient rapidement aux racines, toute l'eau oxygénée ayant été réquisitionnée par les hôpitaux. Chez Molinero, on rencontrait encore les derniers vestiges de l'ancienne Espagne d'avant la Révolution. Les garçons étaient les mêmes que ceux qui avaient servi les anciens riches madrilènes et revêtaient le vieil habit traditionnel. Quelques-uns circulaient parmi la foule bruyante et bigarrée avec un dédain évident. D'autres s'étaient adaptés à l'esprit « camarade » et vous servaient avec une barbe vieille de deux jours et un mégot entre les lèvres.

Les propriétaires du Chicote et du Molinero, ainsi que ceux de la plupart des magasins et des hôtels, avaient été fusillés ou bien étaient emprisonnés, ou encore avaient fui la capitale. Ils avaient été expropriés et les syndicats ou leurs employés faisaient marcher leurs affaires. Les palaces et les villas de campagne servaient de ministères et de quartier général. Souvent les journalistes allaient demander leurs laissez-passer à quelques officiels en chandail ou en veste de cuir assis dans des fauteuils du XVIe siècle, au milieu de pièces aux boiseries anciennes et aux tapisseries de prix. Plus d'une fois, les interviews étaient interrompues par le « camarade » qui insistait fièrement pour que son interlocuteur visitât les bibliothèques ou les galeries de tableaux, ou s'arrêtât même devant les statues du jardin.

Ces quelques jours passés à Madrid me semblaient être des journées de carnaval. Ce n'était que pendant la nuit, lorsque la capitale sombrait dans une obscurité profonde, suffocante, que l'atmosphère prenait alors un air de réalité austère. Les immeubles se découpaient en masses si sombres que le ciel semblait presque blanc. Et lorsque l'on allait à tâtons par les rues, des sentinelles surgissaient silencieusement des portes cochères pour vous demander vos pièces d'identité. Tout était complètement désert et muet. Le seul bruit, lointain, était celui de la bataille sur Casa del Campo, à plus de deux kilomètres. On pouvait entendre le bruit sourd des mortiers, comme un grondement de tonnerre éloigné, et le claquement sec des mitraillettes, semblable au claquement des voiles dans le vent.

En marchant dans la nuit, en trébuchant sur les trous d'obus, on se demandait si tout cela n'était qu'un commencement, et dans combien de temps les lumières s'éteindraient ailleurs.

3

LA PRESSE

Les journalistes étrangers se réunissaient pour déjeuner et dîner dans un restaurant en sous-sol, sur la Gran Via, le seul établissement ouvert dans Madrid.

Il était tenu aux frais du gouvernement et n'avait qu'une clientèle restreinte de fonctionnaires, d'agents de police, d'officiers et de prostituées. La salle était toujours bruyante, encombrée et voilée de fumée. Un jour, pendant un bombardement, des militaires trinquèrent à chaque grondement de canon, avec des hurlements et des chansons. Une autre fois, le gérant s'attira un tonnerre d'applaudissements en offrant à boire à chacun après qu'un obus de quinze centimètres eut éclaté sur l'asphalte devant l'entrée et tordu le cadre d'acier de l'auvent. La porte du restaurant était sévèrement gardée par des sentinelles armées, et j'ai souvent vu des femmes crier et pleurer pour entrer, mais on ne faisait aucune exception, personne ne pouvait pénétrer sans un laissez-passer officiel. La nourriture était insuffisante et souvent immangeable. Le menu ordinaire était : un salami, une assiette de riz, encore du salami et un plat de haricots pour dîner.

Exceptionnellement, nous avons eu des œufs pendant trois jours, ils avaient un drôle de goût, et bientôt l'histoire se répandit que c'étaient des œufs bombardés de Cordoue. Je n'ai jamais pu découvrir quelle était la forme exacte d'un œuf bombardé ! Nous quittions le restaurant en ayant encore faim, et bien que je n'eusse jamais connu jusqu'alors le désagrément de manquer de nourriture, la petite minorité que nous représentions était tellement mieux lotie que la moyenne des Espagnols que nous franchissions rarement le seuil de cette porte si bien gardée sans une impression de culpabilité, comme si nous n'avions aucun droit d'être là.

Quelques journalistes avaient réussi à apporter du ravitaillement de France, et le salon de Tom Delmer, à l'hôtel Florida, devint vite très populaire. Tom y avait installé des réchauds électriques et des chauffe-plats ; un jambon était suspendu à un portemanteau derrière la porte et, en pagaille, des boîtes de sardines et des paquets de biscuits jonchaient la table.

Chaque nuit, après 23 heures, les journalistes se réunissaient. Il y avait Herbert Matthews, du *New York Times* ; Ernest Hemingway, du *North American Newspaper Alliance* ; Henry « Hank » Gorrell, de l'United Press ; Thomas Loyetha, de l'*International News Service* ; Martha Gellhorn, du *Collier's* ; George et Helen Seldes, Josephine Herbst et bien d'autres. Et, quoique la nourriture fût distribuée parcimonieusement, il y avait toute la bière et le whisky que l'on voulait, et ces réunions duraient la plupart du temps jusqu'au petit matin. Quand la pièce commençait à être surchauffée, Tom éteignait les lumières et ouvrait les fenêtres. Souvent, il mettait le disque de la *Cinquième Symphonie* de Beethoven. Entre les accords de la musique, nous entendions la rumeur lointaine de l'artillerie. Cela formait un mélange qui résonnait toujours étrangement.

Les réunions de Tom se terminèrent brusquement, car un obus tomba dans sa chambre, pulvérisant les réchauds et le mobilier. Heureusement, la pièce était vide à ce moment-là. Je pénétrai dans le vestibule de l'hôtel quelques instants après et trouvai le gérant assis à son bureau, comme si rien ne s'était passé. Quand je lui demandai quels étaient les dégâts, il me regarda froidement et contesta que l'hôtel eût été touché. Un tuyau à gaz, seul, avait éclaté, me dit-il. Quelques trous d'obus dans la chambre de Tom prouvaient tout le contraire. Le gérant s'entêtait à nier, de crainte que ses clients ne s'alarment et quittent l'hôtel. Un seul client partit. C'était un aviateur américain anonyme, venu à Madrid pour quelques jours, en permission. Il était dans le corridor, près de la porte, quand l'obus éclata, et fut renversé par la déflagration. De toute façon, il était déjà un peu ivre. Il dégringola l'escalier en criant :

— Quel excellent exercice de détente nerveuse ; histoire de rire, je me bombarderais bien moi-même !

Les journalistes transmettaient leurs articles, chaque nuit, du Centre téléphonique, sur la Gran Via. C'était le plus grand immeuble de Madrid et, du dernier étage, l'on pouvait voir la Casa del Campo et le champ de bataille de la Cité universitaire.

On s'en servait souvent comme poste d'observation, et l'endroit était considéré comme un objectif militaire ; pendant mon séjour à Madrid, il fut atteint plus de quatre-vingts fois. L'immeuble était construit en ciment armé et les murs prouvèrent leur solidité, car il n'y eut presque aucun dégât. Un petit obus perça une fois le toit juste au-dessus de la pièce du téléphone, mais aucun des opérateurs ne fut atteint.

Tous les articles étaient téléphonés à Londres et à Paris et de là câblés dans les différentes parties du monde. Entre les correspondants, c'était à qui aurait la première communication. Comme il n'y avait que deux lignes interurbaines, l'attente durait quelquefois quatre ou cinq heures. La majorité des envoyés spéciaux travaillaient pour les journaux du matin, et la bousculade commençait donc à partir de 21 heures. Il y avait des petits divans dans le standard téléphonique et quelques correspondants s'endormaient là, en attendant leurs communications « urgentes ». Chaque article devait être soumis à la censure, et chaque page ne pouvait être publiée qu'après apposition d'un tampon officiel. Quand on les dictait par téléphone, un opérateur s'asseyait auprès du journaliste, prêt à couper la communication si la moindre chose était ajoutée, non conforme à la copie visée par la censure. Il y avait de fréquents essais pour « rouler » la censure, en employant une expression d'argot américain, mais ce fut terminé lorsqu'une Canadienne se joignit à l'état-major des censeurs. On n'avait le droit de rien publier sur les brigades internationales, ni de faire aucune allusion aux armements russes, ni de donner aucune indication sur les immeubles et les rues qui avaient été bombardés.

On ne laissait pleine liberté aux journalistes que dans le domaine purement humain. Ils pouvaient décrire les bombardements à cœur joie.

C'était vraiment dramatique de rester assis presque toute la nuit, dans cette pièce aux lumières camouflées, et d'entendre les versions des nouvelles quotidiennes télégraphiées en allemand, en français, en espagnol et en anglais, afin qu'elles pussent être transmises jusqu'aux coins les plus retirés du monde.

Les termes des dépêches étaient toujours différents, car les uns décrivaient les bombardements froidement, avec indifférence, d'autres avec un intérêt passionné. Je m'aperçus que tout dépendait plus ou moins de l'endroit où se trouvait le reporter au moment de la chute des bombes.

Dans l'obscurité de cette capitale assiégée, il était étrange de penser à tous ces messages qui franchissaient la misère de l'Espagne vers les campagnes libres de France, et à travers la Manche, vers la calme sérénité de Londres. Après avoir écouté quelques témoignages particulièrement émouvants, j'étais généralement ramenée brusquement à la réalité par les hurlements d'un journaliste :

— Ne coupez pas, *madame*[1] ! Écoute, Eddie, peux-tu encore m'envoyer des biscuits ?

Comme je ne travaillais pas pour un quotidien, j'ébauchais un projet en vue d'une série d'articles. Une des premières choses que je désirais faire était d'aller sur le front. Ce n'était pas difficile. Bien que les journalistes fussent, en principe, obligés d'avoir une autorisation en bonne et due forme, la plupart des sentinelles espagnoles ne sachant pas lire, n'importe quel bout de papier griffonné faisait l'affaire. Quand on désirait aller sur le front, on prenait une voiture et on partait, sans plus de formalités.

Le front le plus proche et le plus pratique était celui de la Casa del Campo et de la Cité universitaire, à trois kilomètres du quartier le plus commerçant de Madrid. Un tramway vous menait jusqu'à mi-chemin et vous faisiez le reste à pied. Les deux armées y étaient immobilisées depuis le début de novembre, lorsque les brigades internationales de la République avaient stoppé l'avance franquiste et sauvé Madrid au dernier moment. Aucune des deux n'avait été capable de déloger l'autre et, depuis cinq mois, les soldats s'étaient installés dans les tranchées vis-à-vis, rompant la monotonie par quelques tirs d'artillerie, des lancements de grenades et de mortiers.

J'eus bientôt l'occasion de visiter la Casa del Campo. Quelques jours après mon arrivée à Madrid, je rencontrai le professeur J.B.S. Haldane, savant anglais et une autorité à l'université de Cambridge. Il déjeunait au restaurant de la Gran Via.

— Je crois que je vais aller faire un tour sur le front, dit-il incidemment. Voulez-vous venir avec moi ?

Une heure plus tard, je déambulais dans les faubourgs de la ville.

Le professeur avait un accoutrement des plus extravagants : une paire de culottes collantes, trop serrées, et un casque datant de la guerre de 1914, avec une jugulaire cassée, qu'il avait apporté d'Angleterre.

Comme c'était le seul casque de toute l'Espagne républicaine, il attirait l'attention, et par deux fois les sentinelles se mirent au garde-à-vous respectueusement, indéniablement très impressionnées.

1. En français dans le texte.

Haldane était venu en Espagne comme conseiller technique du gouvernement pour des antidotes contre les gaz, mais il aimait à se faire passer pour un excentrique. Quand quelqu'un lui demandait ce qu'il faisait à Madrid, il répondait invariablement :

— Je suis venu d'Angleterre en spectateur. Je me suis tellement amusé pendant la dernière guerre que je viens passer des vacances en Espagne.

Nous longeâmes une grande avenue barricadée dans tous les sens, et des sentinelles en chandail et en pantalon de velours côtelé, leur fusil posé à côté d'elles, nous demandèrent nos laissez-passer, en disant : « *Salud.* » Quelques-unes tenaient les papiers à l'envers, mais toutes les examinèrent soigneusement, les sourcils froncés. Après un salut, le poing levé, à la manière du Front populaire, elles nous firent signe de passer.

Au bout de l'avenue, les rues prenaient un aspect désolé. Les maisons étaient abandonnées et dévastées. Il ne restait parfois que les quatre murs, quand une bombe avait éclaté au milieu. D'autres montraient leurs étages à nu, la façade ayant été détruite. À l'un des étages supérieurs, on apercevait une table dressée pour le dîner. Les chaises étaient même en place, mais un morceau de ciel remplaçait le mur absent. Le vent tournoyait, sifflait à travers les cadres des fenêtres ; les portes battaient entre des pièces sans planchers ni plafonds.

C'était une vision navrante, mais le professeur était d'une excellente humeur. Au moment précis où il remarquait combien il faisait beau, un sifflement aigu se fit entendre. Un obus atteignit la maison de briques de coin, et un autre éclata sur le trottoir. Nous nous précipitâmes sous une porte cochère, debout contre un mur sombre, tandis que d'autres obus passaient au-dessus de nos têtes. Au bout de quelques minutes, le professeur estima que nous pouvions continuer sans danger.

— De toute façon, ajouta-t-il, avec tout le dédain d'un vétéran de l'ancienne guerre, ce ne sont que des petits obus. Allons-y.

Ma confiance dans le professeur n'était pas absolue. Je pensais qu'il prenait la situation un peu à la légère, et la perspective du front devenait à chaque instant plus alarmante. Mais il n'y avait pas d'autre parti que de le suivre. Les boyaux de liaison menant aux premières lignes commençaient dans le parc public, au bout de la rue. Ils étaient étroits et embourbés, abrités par des rangées de sacs de sable. Comme ils faisaient moins d'un mètre de haut, nous dûmes nous courber en deux pour rester à l'abri. Ils zigzaguaient à travers champs et, à mesure que nous avancions péniblement, les pieds enfoncés dans la boue, le bruit du canon s'intensifiait.

Les obus passaient nombreux au-dessus de notre tête, quelques-uns butant contre le parapet avec un claquement sec.

On entendait à droite le grondement de l'artillerie et le bruit sourd des mortiers. Le professeur m'interpella gaiement et me demanda comment j'appréciais tout ça. Comme je lui répondais sans enthousiasme, il sembla en éprouver un certain ressentiment et m'apprit que, pendant la dernière guerre, les femmes n'avaient pas le droit de venir à moins de dix kilomètres des premières lignes.

— Vous devriez être reconnaissante de ce privilège ! me cria-t-il.

La tranchée tourna brusquement, et nous nous trouvâmes dans les premières lignes. De longues rangées de soldats tiraient dans les créneaux, entre les sacs de sable. Ils n'étaient pas rasés et leurs vestons et leurs pantalons kakis étaient couverts de graisse et de boue. Quelques-uns avaient à peine seize ou dix-sept ans.

Nous devions former un couple étrange. Mais ils n'en paraissaient pas surpris. Ils nous sourirent chaleureusement et nous accueillirent avec leur « *salud* » habituel, qui résonna dans toute la tranchée. L'un d'eux abandonna son fusil pour tirer vers moi une caisse en bois sur laquelle m'asseoir. Un autre, la main entourée d'un bandage sale, nous offrit un paquet de cigarettes brunes. Puis ils se mirent à parler tous ensemble, avec véhémence, en espagnol.

Je ne pouvais comprendre, mais cela n'avait aucune importance, car au moment même, le tir d'une mitrailleuse m'assourdit. Je me bouchais les oreilles, me demandant comment on pouvait s'habituer à un tel bruit.

L'un des soldats me tendit un fusil me demandant si je voulais tirer sur *los facciosos*, et un tout jeune homme aux joues roses et aux grands yeux bruns se leva et installa un périscope sur le bord de la tranchée afin que je puisse voir les lignes ennemies : un fatras de pierres et d'herbes, à une cinquantaine de mètres au-delà.

Dans le no man's land, trois corps complètement tordus étaient étendus.

— *Los muertos nuestros*[1], dit le jeune homme tout doucement.

Le professeur jeta un coup d'œil à travers les sacs de sable, déclara qu'il n'aimait pas ça, et expliqua qu'il désirait voir le Clinico, un immeuble dans lequel s'était retranché l'ennemi et que nous verrions probablement mieux d'un autre endroit.

1. « Nos morts ».

Ce qui signifie que nous repartîmes nous traîner à travers les lignes. Il y avait des bifurcations à gauche et à droite, et il se retourna vers moi pour me dire qu'il n'avait pas la moindre idée de l'endroit où nous étions.

— Espérons, dit-il, que nous n'allons pas arriver chez les fascistes.

La tranchée s'arrêtait brusquement à cet endroit. Juste devant nous s'étendait une petite prairie en pente.

Haldane se gratta la tête, disant qu'à son avis l'autre côté de la colline serait plus favorable comme observatoire. Mais l'autre côté de la colline, il n'avait aucune idée de ce qui s'y trouvait.

Des obus égarés passaient au-dessus de nos têtes, et je refusai de faire un pas de plus jusqu'à ce qu'il trouve notre but. Comme il n'y avait personne en vue, c'était évidemment un problème difficile. Toutefois je ne m'attendais pas à la rapide solution du professeur.

— Attendez-moi là, dit-il, et avant que je puisse répondre, il se précipita de l'autre côté de la colline.

Je restai assise dans la tranchée, me demandant quel mauvais instinct m'avait poussée à venir en Espagne. J'entendais toujours le sifflement des obus au-dessus de ma tête et leurs explosions dans le lointain. Je ne pouvais m'empêcher chaque fois de courber la tête, tout en sachant parfaitement que, lorsqu'on entend le bruit, le danger est passé.

Le soleil s'était caché et il commençait à faire froid. Je regardais la tranchée, avec toutes ses bifurcations, et me demandais si le professeur pourrait jamais s'y retrouver. Tout d'un coup, une explosion à vingt mètres de moi fit jaillir la terre. Je m'accroupis au sol, pendant que gravats et boue m'éclaboussaient et se répandaient alentour. Quand je découvris que j'étais toujours en vie, je me levai et essayai d'enlever la saleté de mes vêtements avec un mouchoir. À ce moment, j'entendis quelqu'un siffler derrière moi. Un officier approchait. C'était un charmant petit bonhomme avec un calot enfoncé sur l'oreille. Il parlait en espagnol. Lorsque je lui dis que je ne comprenais pas un mot, il m'interpella dans un mauvais français.

— Il ne faut pas rester ici, mademoiselle, ils font une attaque au mortier.

Je lui dis qu'il n'avait certainement jamais parlé plus sagement, ni mieux deviné ma pensée. Il se mit à rire et me pria de le suivre.

— Ne vous inquiétez pas, dit-il, je retrouverai votre ami, mort ou vivant.

Très chevaleresque, il m'aida dans les endroits boueux et me prit la main pour ramper à travers deux tunnels sombres. Enfin, nous atteignîmes une clairière. À droite, à l'abri d'une petite colline, se trouvait une grange entourée d'arbres et de haies. L'intérieur était rempli de soldats et faiblement éclairé par une toute petite lampe ronde suspendue au plafond, tous volets tirés. L'officier expliqua que j'étais une écrivaine américaine égarée dans les tranchées, et il me confia à ses hommes pendant qu'il allait à la recherche de mon ami.

Les soldats sourirent et se mirent à parler tous à la fois en espagnol. Je ne comprenais pas un mot. Il y avait un petit poêle au milieu de la pièce. L'un d'eux me montra une chaise et me fit signe de me sécher près du feu. J'enlevai mes souliers, qu'un des soldats essuya avec un chiffon. Un autre se faufila jusqu'à moi pour m'offrir un morceau de pain rassis. Les autres se mirent à rire et m'expliquèrent à force de signes que c'était tout ce qu'ils avaient à me proposer. Une demi-heure plus tard, l'officier réapparut, disant qu'il avait retrouvé le professeur. Pendant que je donnais des poignées de main à la ronde, ils lui demandèrent de les excuser auprès de moi de leur mauvaise hospitalité. L'un des hommes demanda si j'allais écrire un article sur eux. Comme j'acquiesçais, un grand soldat debout devant la porte, évidemment le plaisantin du groupe, dit qu'il fallait absolument expliquer qu'il aimait sûrement mieux se battre contre les fascistes que leurs grands-pères n'avaient aimé se battre contre les Américains. Il me demanda enfin si je croyais que les États-Unis allaient envoyer des aéroplanes et des canons pour sceller cette amitié américano-espagnole. Tout le monde se mit à rire, et je suivis l'officier, acclamée par de chaleureux *« salud »*.

Nous voilà donc repartis le long des tranchées, pour échouer finalement à un petit refuge. Là, deux soldats étendus sur un lit de camp mangeaient du riz dans une gamelle, et un radiotéléphoniste était assis à une table en bois avec des écouteurs à chaque oreille. Au beau milieu, le professeur, accroupi sur un petit tabouret de bois, buvait une bouteille de vin.

— Hello ! dit-il, affable. Où diable vous étiez-vous cachée ?

Il lui paraissait normal de me retrouver, et il racontait avec enthousiasme ses impressions sur le Clinico. De toute évidence, à son point de vue, l'expédition avait été une réussite.

L'officier nous guida à travers les boyaux qui menaient à l'arrière et, finalement, nous conduisit à l'entrée de l'avenue. Au moment de nous dire au revoir, il tira de sa poche une bouteille de gin, en versa une goutte au professeur et en but lui-même une gorgée. Puis il nous salua et disparut dans les tranchées en sifflotant.

4

LA VIE À MADRID

Avec du recul, Madrid me semble avoir été, en ce mois d'avril, « plus gaie » qu'à toute autre période de la guerre civile. Les républicains étaient gonflés par leur victoire de Guadalajara et regardaient l'avenir avec optimisme. Ils parlaient tout le temps d'offensives massives et du traité de paix qu'ils imposeraient après la guerre.

Même pour quelqu'un d'aussi inexpérimenté que moi, cela semblait prématuré, mais la foi en la victoire finale était une nécessité vitale, aussi bien pour le militaire que pour le civil qui avait tant souffert durant l'hiver si rigoureux. Maintenant que le printemps avait séché la terre et réchauffé les maisons, les gens avaient repris courage. Plus personne n'attachait d'importance aux bombardements quotidiens de Madrid. C'était devenu une habitude. Ils n'avaient jamais lieu ni la nuit ni au moment de la sieste. Pour quelque raison inconnue, après les sept ou huit premiers mois de la guerre, Madrid, à proprement parler, ne subit plus d'attaques aériennes. Sur un million d'habitants, il y avait une moyenne de cinquante à soixante sinistrés par jour, la proportion était minime. Comme je l'ai déjà dit, la plus grande misère de Madrid était le manque de vivres. Les villages alentour étaient très bien approvisionnés en légumes, œufs et lait. Mais il n'existait aucune organisation pour transporter le ravitaillement vers la capitale. Plusieurs fois, je vis des foules de gens courant après les camions de vivres, suppliant les chauffeurs de s'arrêter, et plus d'une fois la foule essaya d'enfoncer la porte du restaurant de la Gran Via, cependant bien gardé.

Lorsque la duchesse d'Atholl, membre de la Chambre des communes, visita Madrid, le gérant du restaurant s'était arrangé pour avoir un poulet à lui servir. Après son départ, un des anarchistes l'interpella sur son esprit de caste. Un groupe se forma et la discussion s'engagea.

— Pendant que le pauvre crève de faim, la duchesse mange du poulet !

— Mais, *camarada*, elle est influente en Angleterre, et c'est une amie de la République.

— Raison de plus pour la laisser avoir faim et qu'elle se rende compte de notre façon de vivre. Si elle n'était pas duchesse, vous lui auriez donné du riz.

Le gérant risquait d'être dénoncé comme « cinquième colonne ». Il tint tête courageusement.

— Il m'est complètement égal, dit-il, qu'elle soit duchesse. C'est simplement une amie, et il n'y a pas de mal à faire bonne impression pour le bien de la cause.

La discussion continua jusqu'au moment où un journaliste s'interposa comme médiateur, et le groupe se dispersa. Mais, au dîner, la duchesse mangea du salami et du riz.

Pour le nouvel arrivant, l'atmosphère de Madrid était plutôt déconcertante. La propagande se concentrait uniquement sur l'invasion du territoire national par les troupes allemandes et italiennes et ne parlait jamais de la lutte des classes. Malgré tout, Madrid était une ville révolutionnaire, avec un peuple assoiffé de vengeance, et quelques fonctionnaires gouvernementaux au-dessus de la mêlée.

La bourgeoisie et l'aristocratie, pour ainsi dire sans exception, s'étaient rangées aux côtés de Franco. Tous n'avaient pu quitter le territoire républicain, beaucoup se cachaient – d'autres étaient en prison, ou avaient été fusillés. Les cafés et les hôtels étaient gérés par les employés et les maîtres d'hôtels. Les grosses affaires et les magasins étaient nationalisés et les bénéfices confisqués en vue de la continuation de la guerre.

Seuls quelques rares propriétaires avaient obtenu le droit de diriger leurs firmes, mais ils étaient à la solde de l'État et payés à la semaine.

De grosses perturbations résultaient de ce bouleversement, et le problème de la réorganisation intérieure était presque aussi grave que celui des crédits militaires et de la guerre.

Le parti communiste était de beaucoup le parti le plus puissamment organisé d'Espagne, et l'on sentait partout son influence. Les communistes déclaraient avec véhémence qu'ils combattaient pour rétablir une Espagne républicaine ; j'en étais difficilement convaincue.

Quiconque était foncièrement républicain, tout en n'admettant pas une dictature du prolétariat, était automatiquement catalogué comme fasciste. Puisque je n'étais pas communiste, j'étais suspecte. Les ordres de Moscou, à ce moment-là, étaient de défendre les démocraties contre le fascisme, mais les communistes cependant passaient leur temps à propager les doctrines marxistes ; c'est pourquoi ils demandaient avec insistance que des commissaires politiques fussent incorporés à l'armée, afin de convertir les soldats à leurs idées. Il est certain que beaucoup d'Espagnols n'étaient pas d'accord avec les partis d'extrême gauche, et que les *petits-bourgeois*[1], dont les avoirs avaient été confisqués, ne pouvaient pas être comptés parmi les adeptes loyaux. Ceux qui avaient une foi religieuse profonde, même parmi les miséreux, ne pouvaient l'être davantage.

Je me souviens que Thomas Loyetha – le correspondant de l'*International News Service* – nous emmena, Tom Delmer et moi, déjeuner dans un petit appartement tenu par une Espagnole entre deux âges, qui était entremetteuse avant la guerre. Depuis que la jeunesse dorée s'était rangée aux côtés de Franco, son standard de vie avait chuté, et elle gagnait péniblement quelques pesetas comme cuisinière. Elle se débrouillait toujours pour avoir de rares poulets et, une fois par semaine, Loyetha allait faire un bon repas chez elle. Pendant le déjeuner, elle nous montra des crucifix cachés dans un petit placard, disant qu'au moment des bombardements elle les sortait de là et priait. Il n'y avait aucun doute à avoir sur ses idées, ni à quel parti allaient ses sympathies. Si les crucifix avaient été découverts par la police, elle aurait été emprisonnée, si ce n'est fusillée.

Je me rappelle également la surprise que j'ai eue, en visitant des monastères de Madrid hâtivement transformés en prisons. En entrant, je trouvai le gardien anarchiste assis devant un immense bureau en chêne ; des tableaux de la Vierge étaient suspendus aux murs, tapissés d'étoffe rouge. Il me conduisit à travers de longs corridors, avec de petites cellules de chaque côté, remplies d'hommes. Quelques prisonniers frottaient les parquets, d'autres erraient oisivement le long des corridors, d'autres encore fumaient et discutaient en groupes. La plupart appartenaient à la classe ouvrière, et c'est alors que je me rendis compte combien la politique avait divisé profondément toutes les classes de la société. En effet, outre les ouvriers, la plupart

1. En français dans le texte.

de ceux qui étaient en prison appartenaient à la classe moyenne, car l'aristocratie – grâce à l'argent et au réseau – avait réussi à se tirer d'affaire, et la plupart avaient pu fuir.

Pour cette raison, la propagande républicaine se concentrait surtout sur l'invasion étrangère, et beaucoup d'Espagnols, en désaccord sur la question de la lutte des classes, se ralliaient à la cause républicaine, impressionnés par les grandes affiches représentant un paysan qui piétinait le svastika et criait : « Madrid sera la tombe du fascisme. »

Malgré la loi martiale qui régnait à Madrid, la vie y était à peu près normale. De temps à autre, l'air résonnait de coups de revolver tirés au hasard par quelque soldat ivre sortant du café de Chicote. La police, parfois, rappelait énergiquement aux gens les restrictions du black-out, en tirant dans les fenêtres éclairées. Martha Gellhorn trouva, une nuit, la fenêtre de sa chambre d'hôtel brisée par une balle, simplement parce que la femme de chambre avait oublié de tirer les rideaux. La nuit, les rues étaient désertes, les barricades et les carrefours gardés par les sentinelles. L'on pouvait se promener tranquillement sans ennui, mais si vous étiez en voiture, il vous fallait connaître le mot de passe. Une nuit que Tom Delmer, récemment arrivé à Madrid, et n'étant au courant d'aucun de ces règlements, traversait la ville en auto avec un autre journaliste, une sentinelle leur cria :

— Halte ! Qui va là ?

Puis elle demanda le mot de passe avec cette phrase :

— Où allons-nous ?

La réponse était : « À la victoire. » Mais Tom répliqua :

— À l'ambassade d'Angleterre.

Il s'ensuivit que la randonnée nocturne se termina dans les bureaux de l'état-major, par un interrogatoire en règle.

Les républicains avaient une police secrète très importante pour lutter contre la cinquième colonne et contre les espions qui encombraient Madrid. Il y avait des milliers de dossiers sur les suspects, comprenant entre autres certains membres de la presse étrangère, et d'extravagantes affiches étaient placardées sur les immeubles pour prévenir la population du danger d'espionnage, même parmi ses amis. Une des plus populaires représentait un homme au visage livide écoutant, la main derrière l'oreille, et devant lui une *señorita*, le doigt sur les lèvres, avec cette légende : « Chut, camarades ! Pas un mot à vos frères, ni à vos amis ni à vos amoureux ! »

Aucun de nous n'était au courant des moyens d'action de la police secrète, ni de ce qui se passait derrière les murs des prisons de Madrid. Ce qui était certain, c'est que le gouvernement luttait désespérément contre la cinquième colonne, qui informait activement l'ennemi soit par radio, soit par courrier ; il n'était pas moins certain, d'ailleurs, que beaucoup de personnes parfaitement innocentes étaient tirées de leur lit et fusillées sans jugement.

Je n'ai jamais été témoin d'aucune atrocité, mais un épisode de mon séjour m'est resté gravé dans la mémoire. Un jour, pendant que je déjeunais au restaurant de la Gran Via, avec Ernest Hemingway et Josephine Herbst, un bombardement commença. Nous continuâmes à boire tranquillement notre café, car les bombes tombaient tout autour du restaurant, et il était impossible de sortir. Je remarquai alors, à la table voisine, un homme aux airs dédaigneux, habillé des pieds à la tête en gris perle. Il avait le front haut et les longs doigts d'un intellectuel. Une paire de lunettes cerclées de galalithe accentuait son attitude pensive.

— Ça, dit Hemingway, c'est le chef bourreau de Madrid.

Ernest l'invita à notre table. Il accepta à condition de nous payer une bouteille de vin. Il avait des façons si insinuantes qu'il en était presque obséquieux, mais je n'oublierai jamais le dur regard de ses yeux bruns et brillants. C'était peut-être mon imagination, mais ils semblaient contenir tout le sadisme que la tradition attribue à l'Espagne. Hemingway était passionnément intéressé par tous les détails concernant les mourants, et il pressait notre homme de questions.

— Y a-t-il eu beaucoup de morts à Madrid ? lui demanda-t-il.

— Oh ! une révolution, ça se fait toujours un peu à la va-vite !

— Y a-t-il eu beaucoup d'erreurs ?

— Des erreurs ! C'est humain de se tromper !

— Et ces erreurs… Comment sont-ils morts ?

— Dans l'ensemble, si l'on considère que c'étaient des erreurs, dit pensivement l'homme, ils sont morts très bien, même *magnifico*.

La façon dont il le dit me fit frissonner. Ses yeux semblaient briller de convoitise, et le dernier mot fut presque un cri de joie. Il prit la bouteille de vin et me versa à boire. Une vision de sang passa devant mon esprit, en voyant couler ce liquide rouge et épais.

— Ça, c'est un chic type, me dit Hemingway, en sortant du restaurant. Souvenez-vous qu'il est à moi, maintenant.

Quelques mois plus tard, en lisant sa pièce, *La Cinquième Colonne*, je ne fus pas surprise d'y lire les lignes suivantes :

> PHILIPPE – Eh ! Antonio ! quelquefois, il a dû y avoir des erreurs, quand vous travailliez précipitamment, peut-être, ou bien simplement des erreurs, nous pouvons tous nous tromper. Cela m'est arrivé hier. Dis-moi, Antonio, il y a vraiment eu des erreurs ?
>
> ANTONIO – Oh ! oui, pour sûr. Des erreurs ? Mais oui ! des erreurs ! oui, oui, bien regrettables, d'ailleurs, mais très peu.
>
> PHILIPPE – Comment mouraient les erreurs ?
>
> ANTONIO, fièrement – Toutes très bien, toutes très bien[1] !

Hemingway était très admiré, en Espagne. On le connaissait sous le nom de « Pop ». C'était un personnage massif aux joues rouges, qui déambulait dans Madrid avec un pantalon marron dégoûtant et une chemise bleue déchirée.

— C'est tout ce que j'ai apporté, grommelait-il, en guise d'excuse. Même les anarchistes me regardent d'un air dédaigneux.

Les tranchées avaient pour lui un extraordinaire attrait, malgré ses quatre blessures, souvenir de la Grande Guerre. Les jours de tranquillité, sur le front, il errait par là, essayant de chiper quelques cartouches pour aller tirer des lapins dans la plaine.

Sa chambre, au second étage du Florida, aussi populaire que celle de Tom Delmer, était un lieu de rendez-vous pour les individus les plus étranges. Je ne crois pas qu'aucun hôtel du monde ait jamais attiré un ensemble d'étrangers plus disparate. Ils venaient de toutes les parties du monde, et leurs antécédents étaient une série d'événements invraisemblables, comme tirés d'un livre d'aventures. C'étaient des mercenaires ou des idéalistes, des escrocs ou des martyrs, des aventuriers ou des embusqués, des fanatiques ou des traîtres, ou encore de simples déclassés. C'était comme un assemblage de perles aux couleurs différentes, réunies par un même lien : l'intérêt de la guerre. Vous pouviez les rencontrer tous les soirs, au Florida, ces photographes hollandais, ces pilotes américains, ces réfugiés allemands, ces conducteurs d'ambulances anglais, ces picadors espagnols

1. Ernest Hemingway, *Paradis perdu suivi de La Cinquième Colonne*, Gallimard, 1972, traduit par Marcel Duhamel et Henri Robillot.

et ces communistes de toutes extractions et nationalités. Un jeune et vigoureux Américain, Sidney Franklin, présidait les réunions chez Hemingway. Il était torero et avait souvent pris part à des courses de taureaux dans les arènes espagnoles, comme semblait le prouver sa collection de bagues et d'étuis à cigarettes ciselés, dons de belles spectatrices. Je lui demandai comment et pourquoi il était à Madrid.

— Eh bien ! voilà ! m'expliqua-t-il. Un jour, Ernest me téléphone et me dit : « Dis donc, vieux ! Veux-tu aller voir la guerre d'Espagne ? – Bien sûr, Pop, que je réponds. De quel côté va-t-on ? Côté républicain, ou côté franquiste ? »

Il y avait aussi une prostituée espagnole, Lolita, aux joues rondes et au visage pur. Elle était, provisoirement du moins, la maîtresse d'un membre de la police secrète. Chaque fois qu'il se disputait avec elle, il la faisait mettre en prison pour quelques jours et se perdait ensuite en des agitations fébriles pour la faire sortir. Kajsa était une jeune Suédoise qui portait des vêtements d'homme et se coiffait comme Greta Garbo. Elle avait parcouru l'Europe entière, faisant tous les métiers, depuis la gouvernante jusqu'au guide touristique, pour finir à Barcelone, comme participante d'un marathon de danse. La guerre éclata le douzième jour du marathon, et Kajsa partit pour le front comme infirmière ; elle fut finalement employée au bureau de presse comme interprète semi-officielle auprès des journalistes étrangers, car elle parlait couramment sept langues.

Ces personnalités extraordinaires, que nous côtoyions quotidiennement, avaient des opinions bien déterminées, et il y avait des discussions sans fin sur les conséquences de cette guerre. Les communistes intellectuels, qui ne limitaient pas leurs activités à l'Espagne, créaient une atmosphère cosmopolite. Le monde entier était leur champ de bataille et les évolutions politiques de Léon Blum, de Neville Chamberlain, de Franklin Roosevelt, les intéressaient plus que le cas particulier de Francisco Largo Caballero. Claud Cockburn, qui écrivait sous le nom de Frank Pitcairn, pour le *Daily Worker* de Londres, était le meilleur « raconteur » parmi les communistes. Il avait tout un stock d'histoires secrètes concernant les scandales bancaires, la conspiration internationale et les politiciens corrompus. Le monde, que j'avais toujours imaginé si innocent, se transformait à mes yeux en un hideux mélodrame et pendant des heures, malgré moi, j'écoutais, fascinée. Bien entendu, la fameuse théorie du matérialisme dialectique résolvait tout.

Comme je m'étonnais qu'un si fervent adepte du marxisme n'eût jamais visité l'Union soviétique, Claud m'expliqua que la Russie était déjà organisée.

— Cela ne m'intéresse absolument pas de regarder les révolutions, disait-il. Mon travail est de les faire.

La plupart des communistes étaient convaincus que la révolution mondiale approchait. Le fascisme, déclaraient-ils, allait être le point final d'une expérience, et le monde ouvrier sortirait vainqueur d'un chaos créé par la guerre mondiale.

Nous nous couchions presque tous aux premières heures du matin. Nous nous levions tard et nous vaquions à nos occupations dans l'après-midi. Comme Martha Gellhorn écrivait des articles pour le *Collier's*, nous visitions souvent les prisons et les hôpitaux ensemble, amassant les renseignements et interviewant les officiels. J'ai trouvé, en feuilletant les quelques rares notes prises à cette époque, quelques paragraphes datés du dimanche 11 avril. C'était peut-être un jour comme les autres.

> Réveillée à 8 heures du matin, mourante de faim, par manque de nourriture, descendue dans le hall, trouvé George et Helen Seldes parlant avec un journaliste arrivé depuis quelques jours, qui venait de recevoir un paquet de beurre et de miel. George avait du thé. Je décide de ne plus quitter le groupe. Nous montons dans nos chambres prendre un luxueux petit déjeuner. À 11 heures, je suis allée à la Puerta del Sol, avec Tom Delmer, qui voulait acheter du vin. Le vin a été remplacé par un terrible bombardement. Je crus d'abord que c'étaient les républicains qui tiraient, jusqu'à ce que tout le monde se précipite dans les abris. Seules les femmes qui faisaient la queue devant les boulangeries n'ont pas bougé. Je suppose qu'une mort rapide est préférable aux affres de la faim. Mon soulier me faisait mal, et, au lieu de rentrer par le chemin le plus long, nous sommes passés par la Gran Via, ce qui était complètement ridicule, car les obus sifflaient dans tous les sens. Tom faisait de l'esprit en disant qu'il avait si souvent écrit sur l'inefficacité de l'artillerie rebelle que ce serait assez drôle qu'un de leurs obus mît fin à sa carrière pleine d'avenir.
>
> En rentrant à l'hôtel, nous sommes tombés sur Martha Gellhorn et Hemingway et nous avons pris rendez-vous pour midi, afin d'assister à un festival au bénéfice de la FAI et entendre chanter Pastora. Pastora n'a pas chanté, et la représentation a été

mauvaise. Un danseur à claquettes, en habit et chapeau haut de forme, un très vieux chanteur de flamenco et une bouffonnerie entre un prêtre et sa gouvernante dont aucun spectateur n'a pu saisir un mot, car les acteurs tournaient le dos au public. Ce fut tout de même un très grand succès, à en juger par un tonnerre d'applaudissements.

Dans l'après-midi, ai rejoint Herbert Matthews et Hemingway au Vieux Manoir pour regarder la bataille sur la Casa del Campo. Les républicains attaquent trois maisons dans lesquelles les rebelles étaient retranchés. On les voyait bombarder les maisons. Puis deux tanks sont arrivés par une petite rue – l'un d'eux a pris feu et bientôt n'a plus été qu'un brasier. Sur quoi l'autre a rebroussé chemin. Herbert avait espéré assister à une grosse offensive, mais... pas question. Finalement, nous sommes retournés à l'hôtel.

La bataille à laquelle nous assistâmes fut vraiment une grande offensive des républicains. Elle s'étendait de Las Rozas, sur la route de l'Escurial, à travers la Casa del Campo, jusqu'à Carabanchel. Elle dura trois jours et fut repoussée avec de lourdes pertes. Le Vieux Manoir était une maison découverte par Hemingway, dans les faubourgs de la capitale. La façade avait été arrachée par une bombe, ce qui en faisait un excellent observatoire. Je trouvais qu'une guerre vue de loin était une chose banale. Dans l'immense panorama des collines ondulées, les flocons de fumée devenaient des bouts de coton et les tanks des jouets d'enfants. Quand l'un d'eux éclatait, ce n'était guère plus gros qu'une flamme d'allumette. Devant l'imposant déploiement de la nature, les efforts de l'homme semblaient si mesquins qu'ils en étaient absurdes. Hemingway, néanmoins, s'y intéressait passionnément.

— C'est la plus horrible chose que les humains peuvent se faire les uns aux autres, prononça-t-il solennellement, et c'est la plus palpitante.

Quelqu'un montait l'escalier. En nous retournant, nous aperçûmes le professeur J.B.S. Haldane. Il nous salua avec sa cordialité habituelle et chercha une place pour s'asseoir. La maison était encombrée de meubles pulvérisés, de vieux bahuts et de tableaux déchiquetés. Il découvrit dans les décombres un vieux fauteuil en peluche rouge, l'installa au milieu de la pièce et s'assit dedans, face à la bataille. Il s'accouda sur ses genoux pour mieux regarder à travers ses jumelles. Hemingway le prévint qu'il était dangereux de rester ainsi exposé. Haldane lui fit signe de se mettre de côté et lui signifia de s'occuper de ses affaires. Quelques minutes plus tard, Hemingway l'interpella de nouveau :

— Vos jumelles brillent dans le soleil; ils vont croire que nous sommes des observateurs militaires.

— Mon cher ami, je peux vous assurer qu'il n'y a aucun danger dans cette maison.

Dix minutes plus tard, un obus éclata dans un appartement voisin. Deux autres sifflèrent au-dessus de nos têtes, nous forçant à nous aplatir sur le plancher, tandis qu'Haldane se précipitait dans l'escalier et disparaissait. Nous fûmes bombardés pendant quinze minutes, et, quand enfin nous regagnâmes le Florida, Haldane était tranquillement assis dans le hall et buvait de la bière.

— Hello ! dit-il aimablement. Venez prendre un verre.

Ce que nous fîmes. Et nous en bûmes plus d'un.

Les républicains subirent de grosses pertes dans cette bataille, trois mille morts ou blessés. Les deux grands hôtels de Madrid, le Palace et le Ritz, transformés en hôpitaux, étaient bondés. Je n'oublierai jamais le Palace. Les marches étaient souillées de sang, et dans le hall une multitude de blessés, sur des brancards, attendaient leur tour. Par mégarde, je poussai la porte de la salle d'opération. Les infirmières n'avaient pas d'uniformes; elles allaient et venaient, laissant toutes les portes ouvertes, comme elles auraient fait d'un fumoir. La plupart étaient des blondes platinées, aux ongles sales, mais d'un rouge vif. J'appris que, jusqu'alors, la profession d'infirmière avait été réservée aux religieuses; depuis qu'elles avaient rejoint Franco, les médecins prenaient, pour les aider, n'importe qui.

N'allez pas vous imaginer que la souffrance et les privations eussent dompté et amoindri le moral des Espagnols. Les épreuves les avaient au contraire rapprochés les uns des autres, et l'atmosphère de Madrid était amicale et basée sur une grande solidarité. Tout le monde était *camarada* et tous combattaient le fascisme. Je commençai à beaucoup aimer les Espagnols. Ils avaient un tempérament aux changements brusques, comme leur pays, avec ses hautes montagnes et ses plateaux arides, son froid intense et sa chaleur torride. S'ils pleuraient un jour, ils riaient le lendemain.

Ils gardaient toujours, même aux heures les plus sombres, leur sens de l'humour et leur joie de vivre. Quiconque voyageait dans les campagnes ne pouvait qu'être profondément ému par les misérables conditions de vie des villageois. Les maisons, sans aucune installation sanitaire, tombaient en ruines le plus souvent et étaient d'une saleté repoussante. Les enfants, la figure et le corps couverts de plaies, se traînaient dans la poussière comme de jeunes animaux. Je compris bientôt leurs griefs contre le clergé, car dans beaucoup de ces villages, des flèches dignes de cathédrales surmontaient des églises bâties avec l'argent du contribuable rural et semblaient dédaigner orgueilleusement des scènes d'une misère indélébile.

L'hospitalité des pauvres était touchante. Ils accueillaient les visiteurs avec empressement et insistaient pour partager avec eux le peu de nourriture et de vin qu'ils avaient. Vous les offensiez en leur proposant de l'argent. Ils étaient gais et exubérants et s'intéressaient passionnément à toutes les futilités de la vie. En compagnie de Sidney Franklin, le torero américain, je visitai un jour certain village situé à une soixantaine de kilomètres de Madrid. Un des paysans l'avait vu combattre, dans les arènes de Séville, et son anonymat ne dura pas longtemps dans le village. Les gens le regardaient avec admiration ; les enfants étaient à ses trousses et ne le quittaient pas d'une semelle pendant qu'il se promenait sur la route. Le maire vint lui serrer la main et lui extorqua la promesse de venir organiser, après la guerre, une course de taureaux dans leur village. Je crois que cette naturelle légèreté d'esprit explique l'étonnant moral de Madrid, durant ces longs mois de bombardements et de famine. Le courage ne consiste pas à supporter patiemment les peines, mais à les ignorer. L'indifférence devant le danger était presque une question d'honneur pour un peuple qui, si longtemps, avait rendu hommage au courage du torero.

J'étais assise un jour à la terrasse d'un café, pendant un gros bombardement. Un journaliste avait laissé sa voiture et son chauffeur stationner devant la porte. Après l'alerte, en sortant, nous trouvâmes le chauffeur affalé sur le volant ; nous nous précipitâmes, croyant qu'il avait été blessé, mais il se redressa, se frotta les yeux, s'excusant de s'être endormi. Pour l'Espagnol moyen, la lutte en vue du pain quotidien était beaucoup plus angoissante que les bombardements.

Quelques jours après qu'un obus fut tombé dans la chambre de Tom Delmer, l'hôtel Florida fut à nouveau bombardé. Cette fois-ci, je trouvai le directeur piquant une crise de nerfs dans le hall, niant énergiquement l'évidence.

— Mensonge ! Mensonge ! Mensonge ! hurlait-il. Vous allez faire une si mauvaise réputation à mon hôtel que mon affaire sera en faillite.

Pauvre cher homme, la fatalité en avait décidé ainsi, en effet, car, après que j'eus quitté l'Espagne, j'appris que le Florida avait été bombardé une fois de plus, et lorsqu'on allait à Madrid, il fallait habiter à l'Hôpital Palace.

5
UNE ARMÉE DE CIVILS

Pendant le mois de mai 1937, les deux armées adverses furent immobilisées sur un front vaguement délimité de mille quatre cents kilomètres. La défense énergique des républicains avait forcé Franco à abandonner son avance vers la capitale, et il préparait maintenant une offensive massive vers le nord.

En plusieurs points sur le front nord, des bataillons se faisaient face dans des tranchées éloignées seulement de quelques centaines de mètres. Pendant les périodes calmes, grenades et mortiers croisaient leur feu, et les soldats s'insultaient furieusement à travers l'étroit no man's land. À d'autres moments, ils chantaient des chants d'amour ; des flamencos, et parfois, dans le calme de la nuit, l'ennemi reprenait en chœur le refrain.

Personne ne pouvait rester insensible aux difficultés contre lesquelles les troupes républicaines avaient à lutter. Il y avait là six cent mille hommes déguenillés, formant un ensemble disparate. Quelques-uns seulement avaient une préparation militaire. Parmi ces hommes sans entraînement, insuffisamment nourris, non équipés, beaucoup avaient appris à manier le fusil en première ligne et bon nombre avaient payé cette expérience de leur vie. Très peu portaient un uniforme ; la plupart du temps, leur accoutrement bizarre consistait en un chandail, un veston, un pantalon de velours côtelé et des souliers à semelles de caoutchouc. C'étaient des paysans espagnols arrachés à leurs villages pour faire la première guerre européenne contre le totalitarisme.

Je suis allée sur le front. J'ai vu des soldats dans les tranchées de l'Escurial, dans les montagnes de Guadarrama, dans les plaines de Guadalajara. Le nombre d'officiers était si restreint qu'il devenait nécessaire d'en recruter parmi les hommes de troupe. La plupart des paysans ne sachant ni écrire ni même lire, ce qui semblait indispensable pour des officiers, des écoles furent ouvertes dans les quartiers généraux, et l'éducation scolaire prit une place importante dans la vie militaire.

Dans une des baraques, à la Casa del Campo, j'ai vu une salle pleine d'adultes qui déchiffraient péniblement un poème enfantin *Canuto, el soldado bruto* (Canuto, le soldat stupide). Des inscriptions sur le mur les incitaient à travailler : « Apprenez à lire et à écrire, pour vaincre le fascisme. »

Malgré toutes leurs épreuves, les troupes républicaines conservaient un moral excellent. Les étrangers qui visitaient le front étaient reçus chaleureusement, et les soldats exhibaient leurs canons et leurs tanks avec une joie enfantine. Le malheureux visiteur était quelquefois l'objet d'expériences terrifiantes. Lorsque je visitai le front avec Ernest Hemingway, il était considéré comme amical de vous emmener faire un bout de route en voiture blindée, sous le feu de l'artillerie ennemie, afin d'entendre les obus éclater contre les parois d'acier.

Le front consistait alors en une série de points d'appui éparpillés à travers les montagnes et les bois. L'une des positions était au sommet d'une colline, et je n'oublierai jamais la scène qui m'accueillit. Un groupe de soldats déguenillés se tenaient derrière un rocher escarpé qui se profilait sur le ciel ; l'un d'eux, assis sur une caisse en bois, jouait de la guitare, tandis que les autres rythmaient la mesure, en tapant dans leurs mains ; le joueur de guitare rejeta la tête en arrière et entonna une chanson d'amour espagnole ; sa voix résonnait, mélancolique et passionnée, dans l'air de l'après-midi. Soudain, le canon se mit à tonner, quelques obus éclatèrent contre le rocher ; d'autres sifflèrent au-dessus des têtes. Les soldats continuèrent tranquillement à taper dans leurs mains, au son de la musique. Quand nous atteignîmes le haut de la colline, ils nous serrèrent la main avec effusion et nous offrirent du vin et du fromage. À travers les meurtrières, entre les sacs de sable, ils nous montrèrent une maison blanche, à soixante mètres de là, aux mains de l'ennemi. Plus loin, à droite, une autre maison appartenait, celle-là, au colonel de la brigade républicaine. Puis l'un des soldats déclara que la « dame » aimerait certainement voir un de leurs mortiers à l'œuvre. Il fut impossible de l'en dissuader, et aussitôt plusieurs d'entre eux commencèrent une petite offensive contre les positions ennemies. J'attendis, terrifiée, que les positions adverses répondent à notre attaque, ce qui semblait logique. En effet, quelques secondes plus tard, l'artillerie ennemie se mit en batterie ; toutefois, le tir n'était pas dirigé contre nous, mais contre la maison du colonel. Sans doute s'étaient-ils trompés sur notre position. Cette méprise enchanta les soldats, et beaucoup riaient à s'en tenir les côtes.

Le commandant du bataillon, en bottes et culotte de cheval, portait un sweater vert pomme, avec un col roulé, un chapeau de paille rabattu gaillardement sur un œil. Avant la guerre, il était simple conducteur de camions à Madrid. Ses fanfaronnades et sa crânerie lui avaient valu le nom de « El Guerrero ». Il avait combattu tout l'hiver dans les défilés des montagnes de Guadarrama ; bien que son bataillon eût été décimé plusieurs fois, il avait toujours réussi à le reconstituer et, luttant désespérément, à force de harceler les colonnes ennemies, il était parvenu à les empêcher d'avancer à travers les routes étroites de la région.

Au quartier général, il nous présenta une jeune fille qui avait combattu avec eux pendant tout l'hiver ; elle portait un uniforme masculin, mais avait les sourcils épilés et du rouge sur les lèvres. El Guerrero nous dit fièrement que sa femme aussi avait combattu à ses côtés, mais qu'il avait dû la renvoyer à Madrid quelques semaines auparavant, car elle attendait un enfant. Les hommes d'El Guerrero étaient les plus rudes parmi les rudes ; ils n'étaient que quelques-uns à lutter contre un grand nombre d'adversaires, et leur chance de s'en tirer était restreinte. Leur travail consistait à surprendre les positions ennemies pendant la nuit. En plus du danger de la guerre proprement dite, ils avaient à endurer les rigueurs du climat montagnard, mal équipés et mal nourris. Sachant tout cela, j'étais surprise de découvrir parmi cette bande d'énergumènes endurcis quelques garçons au visage doux et au regard mélancolique. Un jeune paysan de dix-neuf ans, qui avait jeté une grenade sur douze hommes endormis, la nuit d'avant, rougissait comme une adolescente en me tendant un bouquet de fleurs sauvages. Un autre, qui avait tenu à lui seul, pendant quarante-huit heures, une position d'artillerie, me montra un poème qu'il avait écrit, où il exaltait les beautés de la nature.

Ils étaient tous très optimistes sur l'issue de la guerre. Ils comptaient que leur armée serait bientôt suffisamment forte pour prendre l'offensive et qu'avant Noël le drapeau de la République flotterait dans tous les villages espagnols.

De brillantes visions de victoire et la conviction qu'une paix finale régnerait bientôt, et pour longtemps, avaient conservé le moral espagnol durant les longs mois d'hiver. Je quittai ces hommes en songeant aux émotions si diverses que provoque la guerre ; plus l'idéal des hommes est exalté, plus la lutte entre eux devient farouche.

Mon expédition sur le front où combattaient les brigades internationales fut parmi les plus intéressantes. C'était sur le front Morata ; ces hommes défendaient la route Madrid-Valence, dernier lien entre la capitale et le reste du monde. Malgré les attaques répétées et forcenées de Franco, malgré les pertes républicaines, le front avait tenu. En mai, c'était le secteur le plus important d'Espagne, et il était commandé par un général soviétique.

Tout le monde savait bien que les Russes avaient envoyé près de deux mille officiers d'état-major, techniciens, pilotes, conducteurs de tanks pour entraîner l'armée républicaine, mais le sujet était tabou... Les journalistes n'étaient pas autorisés à entrer en contact avec eux, et les emplacements des quartiers généraux étaient soigneusement tenus secrets. Ayant par accident visité le quartier général du front de Morata, je fus « détenue » pendant trois jours par le général soviétique.

Cela arriva d'une drôle de façon. Un après-midi, je partis pour Morata en auto avec Kajsa, la jeune Suédoise, et Jerome Willis, de l'Agence d'Espagne. Nous nous perdîmes et, au lieu d'atteindre le quartier général de brigade, nous atteignîmes un vieux moulin délabré qui se révéla être le quartier général de la division. La sentinelle nous mena à un jardin, où un officier supérieur nous interpella. C'était un homme entre deux âges, au visage de type slave accusé, avec des yeux verts, un regard morne. Un interprète l'accompagnait. Il parlait une langue que je pris pour du hongrois. Il était glacial et hostile et coupait court à tout essai de conversation.

— Y a-t-il eu beaucoup d'avions fascistes par ici, demanda Jerome ?

— Ils volent.

— Croyez-vous que l'ennemi va bientôt tenter une autre offensive ?

— Qui sait ?

Un refus sec fut opposé à notre demande de discuter avec des Anglais et des Américains qui combattaient dans la brigade internationale.

— Aucun visiteur n'a le droit d'aller sur le front, nous répondit-on.

Nous tâchâmes de plaider notre cause, en affirmant que plusieurs journalistes avaient parcouru le front quelques jours auparavant. Sans succès. Au moment de notre départ, il me tendit une poignée de roses, qu'il avait arrachées à un rosier voisin, et son ironie perça même à travers les paroles de l'interprète.

— Vous pourrez, dit-il, écrire votre article vu du jardin. Personne n'y verra aucune différence, et voici en tout cas un souvenir de vos aventures sur le front.

Pour toute réponse, je tendis le bouquet à la sentinelle ahurie et gagnai rapidement notre voiture.

Sur le chemin du retour, je demandai à Kajsa si l'officier que nous venions de voir était hongrois. D'un mouvement de tête, elle me fit signe que oui, et à partir de ce moment-là, se rencogna dans un silence qui ne lui était pas habituel.

J'avais déjà oublié cet incident quand, une semaine plus tard, en déjeunant au restaurant de la Gran Via, un grand soldat au visage grave m'interpella en anglais, se présentant à moi sous le nom de Santiago, et me demanda si j'avais été à Morata, quelques jours auparavant. Sur ma réponse affirmative, il ajouta :

— L'officier supérieur désire s'excuser de la façon dont il vous a reçue et serait heureux si vous veniez déjeuner avec lui un de ces jours.

L'invitation me surprit, et je me demandai quelle était la cause de ce changement soudain d'attitude envers moi. Je n'avais guère envie d'accepter, mais c'était ma seule chance de pouvoir visiter le front de la brigade internationale.

L'après-midi suivant, Santiago vint me chercher en auto, sous une pluie torrentielle. Hongrois tranquille et mélancolique, il était la brebis galeuse, comme je l'appris plus tard, d'une puissante famille qui l'avait déshérité quand il avait pris part à la révolution de Béla Kun. Depuis ce temps-là, il errait pitoyablement à travers le monde comme agitateur communiste. Pendant le trajet, il m'apprit que si l'officier supérieur était également hongrois, il avait passé toute son enfance en Russie. Il avait pris une part active à la révolution, avait fait une carrière militaire et était maintenant général dans l'armée soviétique. Il était arrivé au mois de janvier en Espagne et, quoique non officiellement reconnu, il commandait en chef.

J'avouai à Santiago qu'il m'avait profondément déplu.

— Vous ne devez pas le juger trop vite, rétorqua-t-il. C'est la première fois qu'il quitte la Russie. Il a des manières rudes, mais c'est un bon soldat.

L'accueil du général fut à peine plus cordial que la première fois. Il me reçut avec un sourire poli et me conduisit au mess. La pièce était misérable, et la peinture se détachait des murs. Il y avait une fuite dans le plafond et la pluie tombait goutte à goutte, doucement, dans un seau posé sur le plancher. Une dizaine de personnes se tenaient debout autour d'une table, au milieu de la pièce : huit officiers d'état-major russes et blonds, deux Hongrois, deux Espagnols et un Russe né en Amérique, David Jarrett, qui servait d'interprète. Il nous présenta à la ronde, et comme seul Santiago et lui parlaient l'anglais, la conversation fut restreinte.

Le déjeuner se composait de perdreaux, de légumes frais, de pain, de beurre et de groseilles sauvages. Le tout était extraordinairement formel. J'eus l'impression que chaque chose avait été convenue d'avance, jusqu'au vase de fleurs au milieu de la table. J'étais à côté de David Jarrett, petit homme propre et bien tenu, avec un sourire agréable. Il parlait couramment huit langues et avait quitté sa carrière d'interprète juridique à New York pour venir en Espagne. Le général Gal (je ne sais si c'était un pseudonyme) ne m'adressa la parole qu'à la fin du repas, par l'intermédiaire de Jarrett.

— Peut-être vous emmènerai-je sur le front, cet après-midi, mais auparavant vous devrez enlever ces bracelets d'or. L'ennemi les remarquerait sûrement.

Tout le monde se mit à rire, mais je saisis l'opportunité pour mettre au point la question de la visite du front.

— Vous êtes trop fragile, dit-il.

Puis, regardant d'un air désapprobateur mes souliers de suède noire.

— Vous vous fatigueriez et auriez besoin de quelqu'un pour vous porter.

Il était délibérément provocant, mais je réussis à garder mon calme. Une heure plus tard, à ma grande surprise, ma requête était agréée. Le général, David et moi, nous montâmes en voiture. Le front était à cinq kilomètres de là. Il pleuvait à torrents et, en approchant des lignes, les bois des deux côtés de la route s'animaient de tanks à moitié cachés sous les arbres mouillés. Des cuisines de campagne, des ambulances de première ligne étaient installées dans les clairières.

À un tournant, nous croisâmes un immense camion qui ressemblait à un tank transportant de l'essence. C'était le camion des bains, qui allait une fois par semaine sur le front porter des litres d'eau chaude.

Le bruit de l'artillerie s'intensifiait et, de temps à autre, un éclair traversait le ciel gris : un obus qui voyageait à travers la pluie quelque part dans le lointain.

Après une longue descente, la voiture s'arrêta. La ligne du front s'étendait sur le haut d'une colline, et le terrain était labouré de trous d'obus et de puits de mortiers. On entendait le bruit constant des mitrailleuses, et les balles bourdonnaient au-dessus de nos têtes comme des guêpes furieuses. Le général nous expliqua qu'il était dangereux de monter sur la colline et nous conseilla de le faire le plus rapidement possible. C'est certainement l'expérience la plus désagréable que j'aie jamais faite. Les obus éclataient autour de nous, et la seule chose qui m'empêcha de revenir sur mes pas fut le mépris du général.

Nous atteignîmes enfin les tranchées enfouies dans la boue. Elles étaient profondes, soigneusement construites, zigzaguant sur plus de six kilomètres à travers les prairies et les collines. Les soldats se tenaient à intervalles réguliers, tirant entre les sacs de sable. Aucun d'eux n'avait d'imperméable ou de casquette; ils portaient des chandails et des vestons, avec des cache-nez autour du cou. La plupart étaient trempés jusqu'aux os. Le général prit un chemin à travers la boue. Nous croisions des soldats de toutes religions et de toutes nationalités, des Allemands, des Slaves, des Juifs, des Français, des Italiens, des Anglais et des Américains, ayant chacun son unité propre. En traversant les lignes, le général leur serrait la main, leur tapait dans le dos, faisait quelques remarques que David traduisait en une demi-douzaine de langues différentes.

Les hommes avaient l'air éreintés, voire malades. J'appris qu'ils étaient en première ligne depuis soixante-dix jours sans interruption. La plupart avaient été recrutés dans le parti communiste, à travers le monde entier. Pour moi, ils formaient un groupe pathétique; ils ne montraient pas la crânerie traditionnelle du légionnaire, qui se bat pour la joie de l'aventure. C'étaient simplement des idéalistes et des déclassés. Beaucoup d'entre eux étaient impropres au métier de soldats. Ils s'étaient battus bravement, mais déjà quinze mille, sur les trente mille du début, étaient enterrés dans les plaines et les plateaux de Castille.

Je fus accueillie avec enthousiasme par la section américaine, qui me pressa de questions sur les États-Unis. L'un des hommes était un noir arrivé sur le front un ou deux jours auparavant. Le général lui demanda comment il aimait la guerre. Sa figure s'éclaira d'un large sourire.

— Ah ! j'apprécie la gloire, bien sûr ! répondit-il, mais, à dire vrai, j'étais parfaitement satisfait à l'arrière.

On trouvait là des ouvriers d'usine du Massachusetts, des mineurs de Pennsylvanie, des fermiers du Mississippi. Ils avaient l'air gai, mais leurs traits étaient tirés et leur visage las.

— Vous pourriez peut-être demander au général qu'il nous envoie en permission, dit l'un d'eux. Ce n'est pas que nous ayons à nous plaindre du voisinage, mais vraiment, ici, ça devient monotone.

Je les quittai, me demandant s'ils reverraient jamais le continent américain.

Quelques semaines plus tard, j'appris que les trois quarts d'entre eux avaient été balayés par une nouvelle attaque.

En rejoignant le quartier général, je tâchai de sécher mes souliers, d'enlever la boue de mes vêtements et d'organiser un retour à Madrid avec Santiago. Il parut embarrassé et me dit :

— Je ne crois pas que vous pourrez rentrer ce soir.

J'eus beau lui expliquer que je devais repartir pour Valence dans quelques jours, le général avait donné des ordres pour que l'on me fît rester. Il n'y avait rien à faire. Je crus que c'était une politesse de sa part de prolonger ainsi l'invitation, mais Santiago m'expliqua :

— Quand vous êtes venue ici, l'autre jour, avec Kajsa et Willis, les autorités ont téléphoné de Madrid que vous aviez l'intention de visiter la brigade internationale, et qu'il fallait faire attention à ce qu'on allait vous montrer. Vous n'êtes pas une communiste, et vous êtes suspecte. C'est la raison pour laquelle le général vous avait reçu de cette façon. Maintenant que vous êtes ici, il trouve que vous devez y rester trois jours, afin de comprendre les raisons pour lesquelles nous combattons.

Je protestai de toutes mes forces, mais Santiago m'opposa un refus formel, car le général était absolument décidé à me « convertir », disait-il. Comme je n'avais aucun moyen de contacter quiconque à Madrid, j'acceptai la décision avec la meilleure grâce possible. On m'installa dans une pièce minuscule, sans fenêtre, avec pour tout mobilier un divan et des couvertures infectes. David m'apporta du dentifrice, et Santiago un peigne et une bouteille d'eau de Cologne. J'avais quitté Madrid précipitamment sans prévenir personne, et je me demandais ce qu'on allait penser de ma soudaine disparition.

Mon éducation commença pendant le dîner. C'était une étrange assemblée de convives, avec des bougies sur une longue table de bois qui découpaient des ombres chinoises sur le mur délabré. On entendait baragouiner quatre langues différentes à la fois. Les officiers me lorgnaient avec curiosité, se demandant évidemment combien de temps j'allais rester. Quant au général, il appréciait beaucoup la situation. Une ou deux fois, je le surpris me regardant fixement, et David m'expliqua que j'étais la première Américaine qu'il rencontrait.

À la moitié du dîner, un mot qu'il dit au serveur produisit un certain remue-ménage. Tout le monde sembla très ému à la vue de gros verres, et enfin de trois bouteilles de champagne. Quand les verres furent remplis, le général porta un toast.

— Je bois à la bourgeoisie, dit-il. Puissions-nous leur couper la tête et vivre comme ils le font.

Il me regarda quand David traduisit ses paroles et eut l'air complètement désappointé quand je trinquai avec les autres.

Puis, avec une soudaineté puérile, il me demanda :

— Avez-vous jamais pensé que vous boiriez un jour du champagne avec un général de l'Armée rouge ?

Comme je secouais la tête négativement, il ajouta :

— Je suppose que vous autres, dans votre monde bourgeois, vous pensiez que les bolcheviks n'avaient aucune culture. C'est absolument faux. Nous buvons très souvent du champagne, à Moscou.

Un des officiers russes sourit, puis risqua une remarque qui fit rire tout le monde. David m'expliqua :

— Il dit que le champagne est bon, mais que la vodka fait plus d'effet.

Quand le café fut servi, le général fit signe au serveur de prendre une chaise et de se joindre à nous. Il remplit son verre de champagne et se tourna vers moi.

— Dans l'armée soviétique, dit-il, tout le monde est égal ; il n'y a pas de hiérarchie. Le camarade que voilà ne nous est pas inférieur, simplement du fait qu'il n'a pas de grade. Nous ne croyons pas au système hiérarchique que les démocraties imposent dans leurs forces combattantes.

Les officiers russes approuvèrent et David m'expliqua que deux d'entre eux étaient des commissaires politiques, dont la fonction était de transmettre les ordres des officiers aux soldats.

C'étaient des jeunes gens de vingt ans, blonds et bien en chair ; après le dîner, l'un d'eux tira de sa poche, pour me la montrer, la photographie d'une femme étendue sur un divan, une rose dans la bouche, avec d'épaisses boucles brunes et une jupe aux genoux. C'était une telle caricature de la vamp des années vingt que je crus à une farce, mais David m'expliqua qu'il s'agissait de la femme de ce commissaire. Le général examina la photographie par-dessus mon épaule et dit que l'Union soviétique pouvait être fière de ses femmes. Le jeune homme eut l'air satisfait et remit la photo dans sa poche. Après le dîner, nous nous installâmes dans le jardin. Il faisait chaud, et l'air était lourd du parfum des fleurs. Un des soldats joua du ukulélé, et les Russes, étendus sous les arbres, chantonnèrent doucement. De temps à autre, le ciel s'illuminait, et le grondement de l'artillerie troublait la quiétude. Quelquefois, nous entendions les obus comme un lointain et profond soupir. Des bruits de pas se firent entendre dans le jardin. Un soldat se détacha dans l'ombre et salua le général. Il parlait en espagnol et quand David eut traduit ce qu'il disait, tout le monde éclata de rire.

— L'ennemi, déclara-t-il, demande qu'on lui prête des livres et des magazines.

Le général refusa, et David expliqua qu'aucune requête n'était admise la nuit, car on pouvait craindre un guet-apens. Pendant la journée, en revanche, ils avaient souvent envoyé des journaux et des livres de l'autre côté des lignes. On agitait un drapeau blanc pendant qu'un officier et un soldat des deux côtés adverses se rencontraient dans le centre du no man's land. Quelquefois, ils bavardaient pendant dix à quinze minutes, mais cela se terminait généralement par des insultes réciproques. La dernière fois, le soldat républicain avait tendu un billet de cinquante pesetas au rebelle, lui demandant d'acheter de la nourriture pour ses frères à demi morts de faim, qui combattaient afin de maintenir le reste de l'Espagne dans la même condition misérable.

Pendant les deux jours suivants, je passai mon temps sur le terrain de tir où les hommes s'exerçaient, ou bien j'allais parler aux soldats de la brigade cantonnée dans le moulin. Un de ces soldats était un Anglais qui avait travaillé dans les docks de Newcastle ; il m'avoua que la raison principale pour laquelle il était venu en Espagne était son amour des voyages.

— J'en avais marre des demoiselles de chez nous ! disait-il en riant.

Il avait une grande admiration pour les Espagnols. Depuis son arrivée, il tenait son journal. L'incident qui l'avait le plus impressionné était quand il avait vu un Espagnol rester tranquillement au milieu de la rue à se curer les dents pendant un bombardement intense.

L'après-midi, j'allais au village, pendant que Santiago commandait le ravitaillement pour le mess. La localité bourdonnait d'activité : ce n'était qu'allées et venues de soldats, de camions, de charrettes. Le dépôt du ravitaillement se trouvait dans une grande église, au centre de l'agglomération. Le sol était jonché de boîtes de conserve, de sucre, de farine, d'oranges et d'énormes paniers de pain. Les murs étaient dénudés, les peintures avaient été arrachées et les statues délogées de leurs niches. Quant à l'autel, sur lequel on pesait le beurre, il avait gardé son brocart blanc et or.

La nuit, le général aimait à bavarder ; quand les autres avaient quitté la table, David et moi restions avec lui. Il remplissait nos verres de champagne et me donnait des leçons sur le marxisme. Il m'avoua que, jusqu'alors, il avait considéré comme un péché de parler à quelqu'un qui ne partageait pas ses croyances. Dans mon cas, il avait l'impression que mon éducation bourgeoise m'avait induite en erreur et que je pouvais être convertie. Il aimait les phrases alambiquées et me dit qu'il avait juré une éternelle inimitié aux classes privilégiées du monde entier.

— Ma vie, dit-il, est dévouée entièrement à la cause révolutionnaire, et ma destinée m'entraînera jusqu'aux extrémités du monde. Je le verrai s'éveiller pour le règne des classes ouvrières.

Lorsqu'il me demanda si j'avais lu des livres russes et que je mentionnai Tolstoï, Dostoïevski et Tchekhov, il répliqua, indigné :

— Pas nos vieux écrivains passés de mode ! Nos grands écrivains révolutionnaires...

Il me cita toute une série de journalistes bolcheviques dont je n'avais jamais entendu parler. Quand il me dit fièrement qu'« une voiture était constamment à sa disposition », je découvris qu'il devait avoir, à Moscou, une vie assez confortable. Sa famille s'était installée en Ukraine quand il était enfant, et il avait été élevé dans la misère. Quand il se remémorait l'époque prérévolutionnaire : « Je vivais comme un animal, disait-il avec aigreur. Maintenant, je vis comme un être humain. »

Il ne perdait jamais une occasion d'essayer de m'impressionner, de me convaincre de ses idées, de me prophétiser que l'idée révolutionnaire s'étendrait si rapidement qu'en moins d'un an elle gagnerait l'Amérique. Il me conseilla d'être du bon côté à ce moment-là. David interprétait consciencieusement ces longues conversations. Mais il m'abandonna une fois pendant une demi-heure, et je restai seule avec le général, à le fixer stupidement et silencieusement. Comme le silence devenait insupportable, je tirai de mon sac un petit éléphant d'ivoire, incarnation de Ganesh, le dieu de la chance, que j'avais rapporté d'Inde, et auquel je tenais beaucoup. Je le montrai au général, pensant que cela l'amuserait. Il sourit et le mit dans sa poche. Je compris qu'il croyait que je lui en faisais cadeau. Plus tard, je parlais à David de l'incident. Il me dit qu'il essaierait de le récupérer. Il chercha le général et le trouva qui montrait fièrement mon éléphant à tous ses officiers, si bien qu'il n'eut pas le courage de lui expliquer la méprise. Je pense que le général garde encore aujourd'hui mon petit dieu d'ivoire.

Il dut penser que les cours sur le marxisme avaient été efficaces car, en me disant au revoir, le troisième jour, il me donna un ultime conseil :

— Lisez les œuvres de Lénine, les trente-sept volumes. Quand vous serez bien instruite, inscrivez-vous au parti, mais n'en parlez pas à votre famille. Vous serez très utile comme agent secret.

Il prit une rose rouge dans un vase et me la donna.

— Cette fleur a été tachée du sang de la révolution. Soyez-lui fidèle.

Je le remerciai ; il me fit dire par David qu'il était navré de mon départ, et que je pourrais revenir quand je le voudrais. Comme je m'en allais et que je descendais les marches, il interpella David, qui se mit à rire.

— Il dit qu'il connaît les femmes, que vous ne reviendrez pas, mais que vous expliquerez à vos amis qu'un général de l'Armée rouge a eu un faible pour vous.

Quelques mois plus tard, j'appris qu'il était retourné à Moscou. Je n'ai jamais su s'il avait échappé aux nombreuses épurations de l'armée soviétique.

6

VISA DE SORTIE

Ma disparition de Madrid avait causé une grosse émotion. Le bureau de presse avait été incapable de retrouver ma trace, lorsque, quelques heures avant mon retour, quelqu'un avait fait remarquer que la dernière fois qu'on m'avait aperçue j'étais en voiture avec Santiago et que je semblais quitter Madrid. Comme le quartier général soviétique était absolument interdit aux journalistes, l'inquiétude s'était transformée en suspicion. Quand j'arrivai à l'hôtel, je trouvai un message me demandant d'appeler immédiatement Ilse Kulczak, un des censeurs. Elle me demanda d'où je venais et, à ma réponse, sa voix devint menaçante.

— Les autorités sont extrêmement mécontentes. Vous allez entendre parler de nous.

Il y eut un déclic à l'autre bout du fil.

Comme je relatais cette brève conversation à Tom Delmer, je fus surprise de voir qu'il prenait l'incident au sérieux.

— Quoi que vous fassiez, me conseilla-t-il, n'allez pas à Valence toute seule dans une voiture. J'ai l'impression qu'ils vous prennent pour une espionne et qu'ils n'hésiteront devant aucun acte brutal. Les accidents de la route sont souvent la meilleure façon de régler une affaire.

Le pessimisme de Tom me parut excessif, et comme, d'autre part, j'avais décidé d'aller à Valence avec Sidney Franklin, je n'y pensai bientôt plus. Le jour de notre départ, un journaliste danois nous demanda de l'emmener. Nous partîmes tous les trois. Je ne sus jamais le nom exact de ce journaliste, que l'on avait surnommé à Madrid le « Danois tremblant ». Il n'était dans la capitale que depuis trois jours, mais les bombardements l'avaient déjà complètement déstabilisé. Il n'avait pas de chance. Partout où il allait, les obus semblaient le poursuivre. Une dizaine de personnes avaient été tuées à quelques mètres de lui, sur une des places principales. Il s'était enfermé à double tour dans sa chambre du Florida et avait refusé de sortir, jusqu'à ce que Kajsa le persuade que ce n'était pas si grave que cela. Je l'emmenai au Chicote pour lui remonter le moral mais, au bout de dix minutes, deux soldats se disputèrent et l'un d'eux abattit l'autre. Après cet incident, notre Danois n'eut plus qu'une seule idée : quitter Madrid le plus vite possible. En approchant de Valence, il soupirait d'aise à la pensée d'une nuit tranquille. Pour nous prouver sa reconnaissance, il m'offrit d'arranger une interview avec Julio Álvarez del Vayo, ministre des Affaires étrangères. Je ne me rappelle plus les détails de l'interview. Elle eut lieu à 20 heures au ministère de la Guerre, et del Vayo fit son appel habituel en vue d'une aide plus grande de la part des démocraties.

Après avoir quitté le ministre, alors que nous descendions les marches de pierre, nous entendîmes soudain un sifflement puis une explosion. Tout l'édifice fut ébranlé. Les lumières s'éteignirent et les vitres éclatèrent en morceaux. Il y eut plusieurs autres explosions, et tout le monde se précipita dans l'escalier, abandonnant les bureaux. Tout d'abord, je ne compris rien à ce qui arrivait, mais le Danois agrippa mon bras en criant :

— *Les avions*[1] *!*

Sa voix résonnait dans le hall, en causant une panique considérable. J'essayai de le calmer, mais il continuait à hurler en français : « Où est la cave ? » en essayant de se frayer un passage à travers la foule qui se pressait dans l'escalier.

C'était le premier raid sérieux sur Valence. Il n'y avait d'abri nulle part, et personne ne savait où se réfugier. La plupart des gens se groupèrent au rez-de-chaussée et restèrent silencieusement dans le hall. Le Danois tremblant se blottit dans un coin et, quand il alluma sa cigarette, je vis que son visage ruisselait de sueur. Le bombardement dura seulement sept ou huit minutes. Il y eut encore quelques bruits sourds, puis ce fut le silence. Je proposai au Danois de retourner au bureau, quelques mètres plus bas dans la rue. Mais il semblait collé au mur et refusa de quitter l'immeuble. Finalement, je partis seule.

Dehors, une scène de cauchemar : des formes sombres groupées sous les portes cochères, des cris de femmes épouvantées, un nuage de poussière s'élevant dans l'obscurité, une bombe avait éclaté devant

1. En français dans le texte.

l'ambassade d'Angleterre, deux immeubles plus bas. Les sirènes des ambulances et des véhicules de la police résonnaient à travers les rues désertes, tandis que des hommes arrivaient déjà, avec des torches, pour dégager les corps gisant sous les décombres.

Malgré la terreur et la destruction, la vie reprit vite son cours normal. Comme je trébuchais le long des rues désolées, un petit Espagnol m'accosta, plein d'espoir :

— Bonsoir, *señorita*, dit-il, vous ne voudriez pas un petit ami ?

Il soupira tristement quand je lui répondis que j'avais un *amigo* qui m'attendait au bureau de la presse ; mais il m'escorta fort galamment, s'inclina profondément en me prenant la main et me dit au revoir dans un langage fleuri.

Nous apprîmes, le lendemain, qu'il y avait plus de cent victimes, morts et blessés. Valence avait enfin eu sa part de la guerre qui balayait l'Espagne. Le Danois tremblant vint, dans la matinée, me dire adieu. Il semblait en piteux état, après être resté toute la nuit dans le hall d'entrée du ministère de la Guerre.

Mon avion ne devait partir que le lendemain et, au milieu de tous ces événements, j'avais complètement oublié les conseils de Tom Delmer. Cet après-midi-là, on m'annonça qu'un homme m'attendait dans le hall de l'hôtel. C'était un communiste allemand de la police secrète que je n'avais jamais rencontré. Il me pria de le suivre dans un café, en face, pour boire un verre. J'obéis, la mort dans l'âme, me demandant si mon arrestation s'ensuivrait. Ce fut une conversation décousue, il m'annonça que mon dossier était arrivé de Madrid le matin même et que je semblais avoir fait pas mal de visites sur tous les fronts, ainsi que dans différents quartiers généraux.

— Je voudrais bien savoir, dit-il, pourquoi vous quittez l'Espagne si précipitamment ?

Je tâchai de lui expliquer que mon intention n'avait jamais été de prolonger mon séjour à Madrid plus de deux mois, car j'avais une série d'articles à écrire à Paris.

— Nous avons une jolie prison toute neuve, à Albacete, dit-il, et son sourire découvrit une rangée de dents éclatantes. Vous pourriez très bien y écrire vos articles.

Je répondis en riant, pour lui donner l'impression que je croyais à une plaisanterie. Quand je me levai et m'en allai, il ne fit pas un geste pour me suivre. Le lendemain, je partais pour la France.

Ce ne fut qu'un an plus tard, quand je fus revenue à Barcelone, qu'Ilse Kulczak m'apprit que mon arrestation avait été décidée, puis qu'on y avait finalement renoncé. Pendant que les autorités discutaient sur mon cas, la police secrète était chargée de me surveiller à Valence.

Le bureau de presse était convaincu que j'étais une espionne, mais il avait jugé finalement que la publicité faite autour de l'arrestation d'une journaliste américaine ferait plus de mal que de bien. Je ne me doutais de rien à l'époque, néanmoins ce fut avec un soupir de soulagement que je mis pied à terre, sur l'aérodrome de Toulouse, et que je respirai l'air d'un pays en paix.

Deuxième partie

L'ESPAGNE NATIONALISTE

1

INTERMÈDE FRONTALIER

J'ai souvent constaté que notre subconscient réagit au danger quand celui-ci est déjà loin. Pendant des semaines, à Paris, le bruit des pots d'échappement des automobiles, le ronronnement d'un aspirateur me faisaient sursauter d'une façon ridicule. J'ai écrit mes articles chez la baronne X, une Française que je connaissais depuis longtemps et qui demeurait avenue des Champs-Élysées. L'endroit était tranquille. Le soleil donnait à travers les fenêtres du balcon, et le bavardage matinal de la concierge, discutant avec le boulanger, était à peu près le seul bruit qu'on y entendait.

L'Espagne m'avait plus profondément marquée que je ne le croyais. Vue de loin, la guerre semblait plus tragique que lorsque j'en partageais les dangers. À Madrid, la vie passait si vite qu'il restait peu de temps pour réfléchir. Maintenant, mes souvenirs étaient plus vivants que la réalité même. Des scènes brèves, à moitié oubliées, me revenaient à la mémoire : une certaine expression de physionomie, l'intonation d'une voix, une phrase accidentelle, mille choses qui, à l'époque, étaient passées inaperçues.

Personnellement, je n'avais pas d'opinion sur la question espagnole ; ce n'était pas encore pour moi une affaire politique. Le côté humain m'intéressait infiniment plus : les forces intérieures qui donnaient au peuple son étonnante endurance, ce mélange paradoxal de rudesse et de douceur créé par la souffrance. Le côté impersonnel de la guerre continuait à m'étonner. Tous les vieux clichés sur la guerre commençant par un roulement de tambour, suivi de l'enthousiasme d'un peuple pour les couleurs patriotiques, dans un sursaut de haine collective, me paraissaient complètement faux. Les hommes tuent, non par passion, mais par conviction. Même en Espagne, un homme abattra son frère non pas parce qu'il le hait, mais parce qu'il est en désaccord avec lui.

J'écrivais tout ce que j'avais vu et entendu, sans chercher à donner aucune interprétation aux faits. Quoique ce ne fût pas ma guerre, l'idée de visiter le front de Franco et de me plonger dans une atmosphère où les victoires étaient synonymes de désastres pour le peuple que je venais de quitter m'était extrêmement désagréable. Cependant, j'étais curieuse de connaître le point de vue des nationalistes, et je sentais que c'était indispensable pour avoir une notion exacte de la situation. On me disait de tous côtés que je n'avais aucune chance d'obtenir un visa pour l'Espagne nationaliste. La censure de la presse était sévère et aucun journaliste n'avait jusqu'alors obtenu l'autorisation de se rendre du côté de Franco. Je décidai néanmoins de risquer une tentative à la frontière française, seul endroit, paraît-il, où j'avais une petite chance de réussir. Ma sœur était venue passer l'été en Europe. Après avoir fait un voyage à travers la Hollande, l'Allemagne et la Tchécoslovaquie, elle vint me rejoindre et nous allâmes passer quelques semaines en Italie, puis à Saint-Jean-de-Luz. L'ambassadeur d'Angleterre en Espagne, Sir Henry Chilton, habitait à quelques lieues de là. Je connaissais sa fille Anne, que j'avais rencontrée à New York; ils me présentèrent à l'agent de Franco, le comte de Mamblas. En y réfléchissant maintenant, je crains de n'avoir pas été très loyale à l'égard du comte. C'était un aristocrate de la vieille école; selon lui, les femmes du monde et les hommes de son bord soutenaient le général Franco; c'était à peu près l'unique point de vue qu'il avait sur la guerre. M'ayant rencontrée sous les auspices de l'ambassadeur, il m'avait certainement cataloguée comme « sûre ». Sans refuser nettement d'accéder à ma requête, il me dit d'un air pensif :

— Après le chaos de l'Espagne rouge, le contraste vous donnerait certainement des sujets intéressants pour vos articles.

Il ajouta que j'aurais la réponse une quinzaine de jours plus tard. Nous décidâmes, ma sœur et moi, de mener joyeuse vie en attendant.

Bien que Saint-Jean-de-Luz eût été un endroit fort mondain, en cet été de 1937, la frontière espagnole était trop proche et la ville semblait désertée. Les amateurs de plaisirs étaient partis ailleurs, les hôtels étaient à moitié vides, et les magasins de luxe fermés. Quelques rares baigneurs se promenaient sur la plage, couverte auparavant de tentes aux couleurs vives. L'atmosphère de frivolité estivale était remplacée par la présence d'une douzaine de cuirassés anglais ancrés dans le port et qui patrouillaient le long des côtes espagnoles.

Malgré l'atmosphère tranquille, la vie n'était pas ennuyeuse. Le Bar Basque, un petit restaurant dans la rue principale, était un agréable lieu de rendez-vous ; il était envahi tous les après-midi et tous les soirs par des journalistes, des officiers de marine, des diplomates, des partisans espagnols et des aristocrates, qui soupiraient après la restauration de l'ancien régime.

Nous fîmes connaissance, ma sœur et moi, de Geoffrey « Tommy » Thompson, premier secrétaire à l'ambassade ; nous rencontrions souvent, au Bar Basque, Anne Chilton et son fiancé Tom Duprée, attaché honoraire à l'ambassade. Il y avait un petit orchestre tous les samedis soir, et l'on dansait dans les pièces bondées de monde jusque fort tard dans la nuit. À minuit, on écoutait les nouvelles, et un Espagnol à voix aiguë criait dans le vacarme : *« Arriba España ! »* Suivait le communiqué, composé toujours de brillants succès remportés par *« nuestros gloriosos soldados »*. À la fin des nouvelles, on entonnait l'hymne nationaliste. Les partisans de Franco se levaient et saluaient, le bras tendu, à la fasciste. Une nuit, après le communiqué, un des journalistes demanda à l'orchestre français de jouer *Valencia* ; les musiciens commencèrent à jouer avec enthousiasme ; la moitié des clients se levèrent et se trémoussèrent autour de la pièce, pendant que l'autre moitié montrait le poing et protestait vigoureusement. Finalement, le gérant arrêta la musique. Quelqu'un l'accusa d'être franquiste. Il répliqua que la guerre ne l'intéressait nullement.

— Tout ce que je veux, dit-il, c'est garder ma clientèle : l'opinion des gens ne me regarde pas.

C'était d'ailleurs l'attitude générale, pendant cet été de 1937. À part les extrémistes, les partisans du bolchevisme ou du fascisme, la plupart des gens refusaient de prendre parti dans un conflit qui leur paraissait une affaire de politique purement intérieure. En général, on résumait la question en disant qu'il s'agissait simplement « d'une poignée de maudits Espagnols qui s'entr'égorgeaient ». Le fait que l'Allemagne aiguisait ses ongles sur le sol espagnol n'avait pas alarmé beaucoup d'Anglais, ni de Français, qui considéraient l'affaire comme une croisade contre la menace bolcheviste. Tommy Thompson faisait exception. Je crois qu'à l'origine son antipathie pour les partisans de Franco vint de cette répugnance bien anglaise pour les uniformes et le déploiement militaire. Le claquement des talons, le salut fasciste de l'Espagne nationaliste, les affiches de Hitler, de Mussolini et de Franco placardées un peu partout, l'irritaient considérablement, sans parler des propos tenus sur les conquêtes futures. Bien avant tout le monde, il avait vu la gravité de la situation et en avertissait son gouvernement. Pour lui, la guerre civile d'Espagne, peu à peu, se transformait en lutte ouverte contre la Grande-Bretagne.

La chancellerie de l'ambassade d'Angleterre était installée dans une petite épicerie de Hendaye, à proximité du pont international. Le drapeau tricolore français flottait dans la brise à une extrémité du pont, et à l'autre bout était hissé le drapeau rouge et jaune de l'Espagne franquiste. Les barrières étaient fermées des deux côtés, et fort peu de voitures avaient le droit de passer. Toutefois l'atmosphère était assez dramatique. Les sentinelles françaises marchaient de long en large, à grandes enjambées, pendant que les hommes de la Guardia Civil espagnole, avec leurs fameux chapeaux en cuir verni, se tenaient en groupes, fumant des cigarettes, dévisageant les étrangers avec curiosité. J'éprouvai une singulière impression à voir les soldats de l'armée franquiste. Je les avais considérés pendant trois mois comme l'ennemi. Nous nous étions aplatis par terre sous le feu de leur artillerie ; nous avions maudit leurs obus ; nous nous étions enfuis devant leurs avions.

Les ambassades française et américaine étaient aussi, en France, près de la frontière. Elles avaient suivi l'ambassade d'Angleterre. Toutes trois se trouvaient dans la curieuse situation d'être accréditées auprès de l'Espagne républicaine, mais solidement installées en France, avec le parti de l'opposition comme principale source d'information. J'ignore jusqu'à quel point le fait que les trois grandes démocraties n'aient jamais eu de contact diplomatique direct avec l'Espagne républicaine a influé sur l'évolution de la guerre. Le travail des ambassadeurs, pendant deux ans, a consisté surtout à faire des rapports sur la non-intervention et à essayer, sans succès d'ailleurs, de conclure des ententes en vue d'échanger des prisonniers.

Tommy Thompson ne se laissa pas abattre par les difficultés. Il se débrouillait toujours pour avoir des renseignements par des journalistes de retour du front. Malgré les obstacles auxquels il se heurtait, il jugeait la situation avec clairvoyance et adressait à son gouvernement des prédictions qui allaient se révéler exactes.

Pendant les trois semaines suivantes, je ne reçus aucun message du quartier général de Franco. L'offensive du Nord était en cours ; les troupes de Franco avaient percé la défense de Bilbao en juin, et, selon la rumeur, elles allaient tenter de prendre Santander. La marine britannique avait évacué des milliers de réfugiés, et les officiers faisaient des récits émouvants sur la misère et la confusion générales. L'un des cuirassés avait recueilli un homme trouvé dans une barque à rames ; cet homme s'était caché dans les montagnes pendant plus d'un an et avait construit son bateau lui-même, afin de pouvoir gagner les territoires de l'Espagne nationaliste. Les marins nous expliquèrent qu'ils l'avaient gardé à bord, jusqu'au moment où ils avaient rencontré le *Jupiter*, un bateau de guerre nationaliste, auquel ils l'avaient confié.

L'équipage des navires avait généralement des nouvelles du front en interceptant les dépêches des journalistes radiotélégraphiées d'Espagne à Londres. Les marins du *Royal Oak*, coulé depuis par les Allemands, étaient indignés parce que le reporter du *Daily Express* les avait décrits comme les infirmières des réfugiés.

Je commençais à craindre de ne jamais obtenir mon visa. J'allai un soir dîner à Biarritz avec Tommy Thompson. Pendant que nous prenions un cocktail au Sonny's Bar, un jeune Anglais, Rupert Bellville, vint nous rejoindre. Rupert avait passé plusieurs années en Espagne, où il s'était intéressé aux courses de taureaux. Il avait rejoint l'armée de Franco au début de la guerre et avait combattu pendant quelques mois dans un régiment phalangiste. Je l'avais rencontré à Londres, et, comme je lui faisais part de mes ennuis et de mes difficultés pour aller en Espagne, il me proposa de l'accompagner. Il avait son avion personnel et partait pour Saint-Sébastien le lendemain. Il m'assura qu'il connaissait toutes les autorités et que je n'aurais aucun ennui. Il me fit même miroiter que nous pourrions survoler différentes parties du pays ; je pourrais ainsi me rendre compte de tout ce que faisaient les Italiens et les Allemands, en matière de construction d'aérodromes.

Sa proposition semblait un peu folle. On pouvait trouver bizarre qu'un avion privé survolât sans encombre un territoire en guerre. Mais, d'autre part, l'Espagne n'était-elle pas elle-même atteinte de folie ? Ayant renoncé à tout espoir d'obtenir mon visa, je jugeai que c'était mon unique chance de visiter l'Espagne nationaliste. Malgré les conseils de sir Henry Chilton et de Tommy Thompson, je décidai de partir.

Le lendemain après-midi, nous quittions Biarritz, avec Tony Mackeson, un homme d'affaires anglais, ami de Rupert. Au moment de décoller et de pointer vers Saint-Sébastien, Rupert but un grand coup de gin.

— Nous risquons d'être visés par la défense aérienne, dit-il. Allons-nous voler à haute ou à basse altitude ?

À quoi Tony répliqua :

— Vole bas ! La chute sera moins longue !

Malgré ces prévisions, tout se passa tranquillement, et le trajet dura vingt minutes. Rupert, excellent pilote, survola seulement de quelques centaines de mètres le cirque de montagnes qui entoure Saint-Sébastien. Ne voulant pas attirer l'attention de la défense anti-aérienne en tournant autour de l'aérodrome, il coupa les gaz et fit un remarquable atterrissage. Tony et moi, nous poussâmes un soupir de soulagement. À notre sortie de l'appareil, une douzaine de fonctionnaires se précipitèrent à notre rencontre. Rupert s'avança, montra ses papiers, mais, au lieu d'être accueillis par le *Ruperto mi amigo* qu'il escomptait, on lui annonça que son appareil allait être confisqué, et que nous étions tous trois sous mandat d'arrêt. L'officier de l'aérodrome nous expliqua que nous n'avions aucun droit d'entrer sur un terrain militaire, sans avoir des papiers en règle, et que notre cas méritait de plus amples investigations.

Rupert finit par le persuader de nous laisser habiter au Maria-Cristina, jusqu'à ce que l'affaire fût éclaircie. Je ne peux pas dire que j'étais très à mon aise. Je n'avais sur mon passeport que des visas de Madrid, de Valence et de Barcelone, et me rendais très bien compte qu'une fois en prison j'aurais de grandes difficultés à m'expliquer. Rupert allait au Chicote's Bar discuter avec des toréadors et semblait s'amuser beaucoup. Je n'avais personnellement aucune envie de quitter l'hôtel. Le peu que je vis de Saint-Sébastien contrastait étrangement avec la misère de Valence. L'hôtel Maria-Cristina était rempli d'Espagnols huppés, de jeunes filles accompagnées de leurs *duennas*, d'officiers souriants, aux uniformes impeccables, aux chaussures bien cirées. Des voitures de luxe circulaient dans les rues, et les restaurants étaient bondés de femmes élégantes. Le portrait du général Franco, surmonté de drapeaux monarchistes croisés, était accroché dans tous les cafés. Le clergé avait interdit la musique et la danse, aussi n'y avait-il guère autre chose à faire que de discuter. Il me sembla que l'on n'avait imposé aucune restriction alimentaire car, exception faite de deux jours sans viande par semaine, les menus dans l'hôtel étaient copieux et savamment combinés.

La plupart du temps, j'étais beaucoup trop tourmentée pour m'intéresser à mon entourage, et quand enfin le portier m'annonça que *señor* Thompson m'attendait dans le hall, j'étais comme une condamnée qui voit luire devant elle un espoir de salut.

M. Goodman, le vice-consul anglais de Saint-Jean-de-Luz, accompagnait Tommy, qui était de très mauvaise humeur, et marmonna quelque chose comme Dieu merci ! l'Europe n'était pas remplie de femmes journalistes. Il m'expliqua que M. Goodman et lui-même avaient passé une demi-heure fort désagréable avec le gouverneur militaire d'Irun avant de le persuader de nous relâcher. Rupert gardait toujours son imperturbable optimisme et décida qu'il ne quitterait pas Saint-Sébastien sans avoir récupéré son avion. Tony voulut rester avec lui. Ceci rendit l'humeur de Thompson plus exécrable que jamais. Rentrée à Saint-Jean-de-Luz, je voulus raconter à ma sœur les aventures de mon voyage. Elle n'était pas d'humeur à m'écouter. Elle revenait d'une course de taureaux à Bayonne, avec le major Yeats-Brown, l'auteur des *Trois Lanciers du Bengale*. Elle en était sortie en très mauvais état, s'était couchée avec trois cachets d'aspirine... Les chevaux n'avaient pas été pansés, et ils avaient traîné leurs boyaux derrière eux.

— Et vous ne savez pas ce que le major ne cessait de dire ? ajouta-t-elle avec indignation. Ne vous tracassez pas, ma chère, ces bêtes-là ne souffrent pas. Voyez, elles ont les oreilles droites !

Quelques jours plus tard, ma sœur partit pour l'Amérique, et moi pour l'Espagne. Cette fois-ci, j'étais parfaitement en règle. Au pont d'Irun, les officiers de la douane examinèrent longuement mes papiers, prirent des photos et mes empreintes digitales. À 10 heures, j'étais dans un sleeping en partance pour Salamanque.

2

LA CHUTE DE SANTANDER

Les drapeaux allemands et italiens flottaient d'un bout à l'autre de l'Espagne nationaliste. Quoiqu'il fût évident que les échanges de notes entre Londres, Berlin et Rome au sujet de la non-intervention étaient un mythe, je ne m'attendais pas à un tel étalage de l'alliance fasciste. Dans Salamanque, la vieille ville universitaire choisie par Franco pour établir son quartier général, le svastika nazi et les couleurs de Savoie flottaient sur tous les hôtels, bars et restaurants. L'inscription : *Man spricht deutsch* était placardée derrière les vitrines de beaucoup de magasins, et sur le mur de beaucoup d'immeubles les mots *Viva il Duce* étaient griffonnés. Des affiches représentant les dictateurs offraient aux regards, dans le Grand Hôtel, un curieux contraste : Mussolini, avec son casque d'acier proéminent, était pompeux et belliqueux, tandis que Hitler, le regard perdu dans le lointain, semblait prévenir l'Europe des dangers bolcheviques.

L'atmosphère du hall de l'hôtel était cosmopolite. Des colonels allemands buvaient solennellement du *café au lait*[1], tandis que les officiers d'état-major espagnols, une large ceinture bleue autour de la taille, marchaient à grands pas sur les dalles de marbre. Les Italiens, bottés, éperonnés, une fille à chaque bras, faisaient entendre un bruit de métal en descendant les escaliers. Les hommes de la Légion étrangère, en chemise verte, le calot gaiement enfoncé sur l'œil, discutaient avec l'hôtelier pour obtenir des chambres. Il y avait, en effet, peu de chambres libres à l'hôtel; elles étaient toutes occupées par les Allemands. L'étage supérieur était le quartier général allemand, gardé par la Guardia Civil, aux chapeaux luisants, armée de mitraillettes. Je m'égarai jusqu'au dernier étage, mais un officier allemand me fit

1. En français dans le texte.

prestement redescendre l'escalier, en me disant que ma présence était absolument *verboten.*

L'hôtel était un lieu de surveillance et de suspicion réciproques. Les nouveaux arrivants étaient examinés soigneusement et les murs étaient couverts d'écriteaux où l'on lisait : *Chut!... Espions!* L'inscription ajoutait que quiconque discutait de la situation militaire devait être dénoncé et que, en agissant ainsi, vous travailleriez à sauver votre patrie. La situation militaire était néanmoins discutée vingt-quatre heures sur vingt-quatre, avec passion par les Espagnols, avec ostentation par les Italiens, avec pondération par les Allemands. Toutes les nuits, à minuit, la foule envahissait la grande place, afin d'écouter les haut-parleurs qui diffusaient les nouvelles en douze langues différentes. On y voyait des *requetés* avec leur béret rouge vif, des phalangistes en uniforme bleu marine avec leur calot à pompon rouge, des Maures, les uns avec des turbans sales et des bandes molletières, les autres avec leur fez rouge et leur cape bleu pâle qui balayait le sol à chaque pas.

Tout le monde restait silencieux pendant la lecture du communiqué puis, tandis que la musique jouait l'hymne nationaliste, la foule entière se tenait debout, la main levée, faisant le salut fasciste. On avait une confiance entière en la victoire de Franco, à tel point qu'une information ayant annoncé, dans un journal anglais, que les événements semblaient être « un peu » en faveur de Franco, tout le monde en fit des gorges chaudes. À cette époque-là, en août 1937, les nationalistes n'avaient que des raisons de se réjouir. La campagne du Nord était une réussite; elle devait libérer cent mille hommes, ainsi qu'une grosse force d'artillerie, de tanks et d'avions, qui soutiendraient ensuite l'armée d'Aragon. Avec ces nouvelles forces, il était probable que l'armée de Franco pourrait traverser la Catalogne, séparer Barcelone de Valence et terminer la guerre pour le printemps. Les armées italiennes, l'aviation et l'état-major allemands demeuraient néanmoins indispensables aux nationalistes. C'est pourquoi la politique de non-intervention de l'Angleterre était considérée comme une traîtrise. Par un curieux paradoxe, les Espagnols aimaient à ironiser sur les facultés combatives des Italiens. C'étaient cependant bel et bien les Italiens et l'aviation allemande qui avaient forcé la défense de Bilbao, et trois divisions italiennes faisaient actuellement l'effort final de l'offensive du Nord. Le général Franco se rendait bien compte de la situation, et les diplomates italiens et allemands étaient respectés et estimés.

J'arrivai à Salamanque le jour où un nouvel ambassadeur italien présentait ses lettres de créance. Ce fut l'occasion d'une grande manifestation sur la place principale. Les immeubles étaient illuminés avec des torches, comme sur la piazza Venezia de Rome, et un cordon de centaines de phalangistes à chemise bleue contenait la foule.

L'ambassadeur, en uniforme fasciste, un pompon sur son képi, fit un discours du haut d'un balcon central. Une charge de cavaliers maures, leurs longs burnous blancs flottant derrière eux dans le clair de lune, traversa la place.

L'offensive des Italiens sur Santander était leur première grande action depuis leur honteuse défaite de Guadalajara, aussi étaient-ils tout fiers de leur succès. Trois jours après mon arrivée à Salamanque, Pablo Merry del Val, le directeur du bureau de presse étrangère, m'annonça au téléphone que Santander se rendrait dans les quarante-huit heures. La plupart des journalistes étaient déjà dans le Nord, il s'était arrangé pour que je puisse les rejoindre et assister ainsi à l'entrée triomphale.

Dans l'après-midi, je quittai Salamanque en voiture, conduite par Ignacio Rosalles, un millionnaire de Barcelone, qui s'était proposé comme volontaire à titre d'officier de presse, et qui parlait couramment l'anglais. Nous espérions atteindre Santander de bonne heure dans la matinée, mais des sentinelles nous arrêtèrent une centaine de kilomètres plus loin et nous annoncèrent que, d'après un rapport non encore confirmé, l'on se battait encore sur la grand-route, à proximité de Reinosa. Ils nous conseillèrent de prendre la route de Bilbao et de longer la côte. Nous ne pouvions atteindre Santander que le lendemain dans l'après-midi.

Je proposai à Rosalles de courir notre chance ; il refusa, ne voulant pas mettre ma vie en danger. Comme je discutais avec lui, il se retourna vers moi, d'un air accusateur.

— Voilà bien ce qui est ennuyeux, dit-il, avec vous autres, journalistes américains : vous ne risquez rien si vous êtes pris, tandis que moi je serai fusillé !

Il m'était difficile de le contredire.

Nous arrivâmes à Bilbao le lendemain matin, quelques heures après le départ des voitures de la presse pour Santander. Personne n'avait le droit de nous donner le sauf-conduit nécessaire pour continuer notre route, mais la police, après de longs pourparlers, nous laissa espérer qu'on nous délivrerait nos papiers une ou deux heures plus tard.

Des minutes précieuses passaient. Je connaissais suffisamment la bureaucratie espagnole pour savoir qu'il n'y avait rien d'autre à faire que d'attendre. Rosalles était bouleversé. C'était sa première affectation comme officier de presse ; il craignait que ce début ne fût un échec.

Il se torturait l'esprit pour me trouver des sujets d'articles. Finalement, il décida de m'emmener à Guernica, à quelques kilomètres de Bilbao. La ville avait été détruite plusieurs mois auparavant, et cette destruction était l'objet d'âpres controverses : les républicains accusaient les nationalistes de l'avoir bombardée et les nationalistes accusaient les républicains de l'avoir incendiée. Chacun montait la chose en épingle, comme une des plus grandes atrocités de la guerre. Rosalles me demanda si la propagande mensongère de Valence m'avait impressionnée, et ajouta :

— Maintenant, vous pourrez vous rendre compte par vous-même.

Guernica était un chaos de poutres, de briques, comme une ville de l'antiquité où l'on eût fait des fouilles. Il n'y avait que trois ou quatre personnes dans les rues. Un vieil homme était debout dans un immeuble, dont seuls les quatre murs tenaient encore. L'intérieur était une mer de décombres. Le vieillard avait pour tâche d'ôter les débris, ce qui semblait devoir être le travail d'une vie entière, car à chaque brique qu'il soulevait il s'essuyait le front d'un geste exténué. Je lui demandai s'il avait assisté à la destruction de la ville. Comme il faisait signe que oui, je voulus avoir des détails. Il leva les bras déclarant que le ciel avait été noir d'avions.

— *Aviones*, dit-il, *italianos y alemanes*.

Rosalles parut étonné.

— Guernica a été incendiée, expliqua-t-il avec indignation.

Le vieil homme persévéra dans son affirmation, et ajouta qu'après un bombardement de quatre heures, il restait peu à brûler. Rosalles m'entraîna plus loin.

— C'est un Rouge, dit-il, outré.

De retour à Bilbao, nous eûmes l'agréable surprise de trouver nos laissez-passer. Nous apprîmes que les troupes de Franco entraient à Santander, précisément à cet instant-là. La ville n'était qu'à cent dix kilomètres et, avec un peu de chance, nous pouvions arriver à temps pour la manifestation. Trente mille hommes composaient l'armée du

Nord. Trois divisions italiennes, soit dix-huit mille hommes environ – les Flammes noires, les Flèches noires et la 23e Division de marche – formaient les premières lignes ; deux bataillons de Maures, deux bataillons de *requetés* et six ou sept escadrons mixtes d'Espagnols et de cavaliers maures constituaient le reste de l'armée. La majorité des troupes avait pénétré dans Santander par le sud, aussi notre route ne fut-elle guère encombrée pendant toute la première partie du trajet. L'armée en déroute avait fait sauter la plupart des ponts, et nous eûmes à traverser des passerelles précaires, bâties rapidement au-dessus des rivières. La campagne environnante était abandonnée et désolée. Nous passâmes devant d'innombrables fermes anéanties par les bombes et les obus et des bandes de réfugiés égarés, se dirigeant vers une destination inconnue. Une famille avait empilé tout ce qu'elle avait au monde sur le dos d'une vache. D'autres se servaient de brouettes et de charrettes à ânes, d'autres encore se traînaient péniblement, portant leurs fardeaux au bout d'un bâton, sur leurs épaules. Beaucoup de villages avaient été abandonnés. Les portes étaient verrouillées, les volets tirés, et quelques chiens affamés étaient le seul vestige de vie qui restât encore.

Rosalles m'expliqua que les Rouges forçaient le peuple à évacuer les villages, afin de faire le vide devant les troupes nationalistes. Je l'écoutais avec scepticisme : je connaissais trop bien la mentalité des Espagnols républicains et la terreur du peuple devant une occupation fasciste ou maure. Plus loin, nous eûmes un exemple de la discipline qui régnait chez ces derniers : en traversant un petit village par une voie détournée, nous aperçûmes trente ou quarante d'entre eux fort occupés à piller un village abandonné. Ils sortaient des maisons, les bras remplis de babioles : un soldat avait un tabouret de cuisine sur son épaule et un fouet à œuf dans sa poche ; un autre tenait à la main une poupée d'enfant et une vieille paire de souliers. Quelques-uns, assis sur le trottoir, examinaient un paquet de cartes à jouer, admirant les reines et les rois brillamment coloriés.

La grand-route devint plus encombrée. Nous dépassâmes un convoi de camions italiens et un tank démoli, renversé, les roues en l'air. L'un des conducteurs, debout sur un marchepied, vidait une bouteille de vin qu'il leva à notre vue en criant :

— *Viva il Duce !*

Rosalles rougit et m'expliqua d'un air pincé :

— Il n'a pas souvent l'occasion de se réjouir.

À une trentaine de kilomètres de Santander, après un virage, nous tombâmes sur plusieurs centaines de prisonniers de l'armée républicaine dans une clairière longeant la route ; ils étaient en loques, pas rasés, crasseux, l'air famélique ; beaucoup d'entre eux avaient les bras et les jambes entourés de pansements sales. Un camion fasciste rempli de conserves de viande et de farine était sur le bord de la route, et les officiers faisaient une distribution aux prisonniers. Ils se précipitaient tous sur la nourriture et mangeaient avec voracité. Les malheureux contrastaient d'une façon navrante avec les derniers soldats républicains que j'avais rencontrés. Leur bel enthousiasme et leur haine virile du fascisme étaient loin. Il n'y avait plus qu'épuisement et servilité chez ces hommes qui entrevoyaient déjà pour l'avenir les horreurs des camps de prisonniers.

Nous arrivâmes enfin à Santander, au moment du défilé des Italiens. Ce défilé durait déjà depuis trois heures et était à peu près terminé, mais des tanks, des camions et des voitures blindées circulaient encore à grand fracas sur les places. Une population complètement déconcertée stationnait sur les trottoirs et regardait avec des yeux ahuris les affiches de Mussolini que l'on collait sur les immeubles, et les motocyclistes italiens empanachés qui dévalaient dans les rues, suivis de quelques bataillons, casqués d'acier.

Le spectacle de Santander était inouï. Les carrefours principaux avaient été violemment bombardés, et les amas de décombres transformaient les rues en vastes dépôts. La sécheresse était intense, la chaleur torride ; les camions soulevaient des nuages de poussière qui recouvraient la foule d'un linceul gris. Toutes les émotions humaines semblaient réunies là pour former un ensemble affolant. Il y avait des réfugiés à moitié morts de faim, des Italiens qui vociféraient, des prisonniers dans la détresse, des « cinquième colonne » tout réjouis, des enfants qui se démenaient, des femmes qui sanglotaient. La ville était dans un état pitoyable. Les conduites d'eau avaient été détruites et la nourriture manquait depuis une dizaine de jours. Les magasins et les restaurants étaient fermés. Une ration très réduite de riz avait été distribuée à la population. L'arrivée de l'armée conquérante, avec ses motocyclettes et ses canons couverts de fleurs et de guirlandes, accentuait encore l'aspect sinistre de Santander.

À chaque coin de rue apparaissait le contraste tragique entre les deux Espagnes. Les troupes de Franco arrachaient déjà les drapeaux républicains ; des centaines de partisans nationalistes, traqués depuis plus d'un an, criaient et pleuraient de joie dans les rues. Des mantilles aux couleurs monarchistes décoraient des balcons. Des affiches avec *Viva Franco !* se substituaient à l'affiche périmée appelant les républicains aux armes. Des groupes de jeunes filles se précipitaient dans les rues et s'agrippaient aux officiers nationalistes. Des bandes de gamins interpellaient les passants et faisaient le salut fasciste.

L'autre aspect de la vie était navrant. Vous n'aviez qu'à vous promener le long des quais pour voir des milliers de réfugiés assis dans de véritables litières de décombres. Leurs sacs et leurs paquets empilés à côté d'eux, ils regardaient la parade militaire, et des larmes roulaient sur leurs joues. Plus loin, dans les marchés déserts et les hôtels abandonnés, le regard hostile des vendeurs et des filles de service ne pouvait vous laisser insensible. Pas davantage les longues files de femmes et d'enfants attendant, devant les geôles, des nouvelles de leurs prisonniers. Derrière les fenêtres de l'hôpital, sur la grand-place, les soldats républicains blessés, aux premières loges, regardaient passer le défilé. N'était-ce pas une ironie du destin ?

Je pense qu'il y avait des centaines de gens qui ne désiraient qu'une chose : qu'on les laissât en paix. Ils étaient tout prêts à changer d'opinion, selon ceux qui occupaient le pouvoir.

Pendant que nous étions au milieu de la foule, sur le trottoir, à regarder le défilé, Rosalles me quitta pour aller parler à un de ses amis. J'en profitai pour interpeller un Espagnol à mes côtés, qui acclamait chaleureusement les troupes.

— *Cómo le gustan los italianos*[1] *?* lui demandai-je.

— Oh ! nous les aimons, répliqua-t-il.

Puis, clignant de l'œil, il ajouta :

— *De otra manera*[2]...

Et, du doigt, il fit le geste de se couper la gorge.

Autre trait du même genre : au garage où nous étions allés chercher de l'essence, le garagiste distrait, après avoir rempli le réservoir, nous salua à la façon du Front populaire, en levant le poing ; au beau milieu de son geste, il rougit, étendit le bras en avant et ouvrit largement la main pour faire le salut fasciste.

Rosalles avait, dans les faubourgs de Santander, une villa qu'il n'avait pas vue depuis un an. Après avoir erré dans la ville pendant

1. « Que pensez-vous des Italiens ? »
2. « Sinon... »

quelques heures, il me proposa d'y aller afin d'essayer de trouver quelque ravitaillement. C'était une grande villa à côté de la mer. La gardienne, ayant reconnu Rosalles, appela son mari à grands cris. Tous deux l'accueillirent avec exubérance et l'étreignirent à bras-le-corps. La maison, dirent-ils, avait été occupée pendant les derniers mois par Aguirre, le président basque, qui en avait fait son état-major. Il avait quitté Santander la veille, dans son avion particulier et, douze heures après, le général Davila, commandant l'armée du Nord, s'y était installé avec ses officiers. Il ne restait dans la maison qu'une demi-miche de pain et quelques boîtes de conserve russes laissées par Aguirre.

Pendant que la gardienne préparait le ravitaillement, nous entrâmes bavarder avec les officiers de l'état-major de Davila. C'étaient de grands et beaux Espagnols, enthousiasmés par la victoire. Ils prédisaient la fin de la guerre pour le printemps. L'un d'eux, qui avait entendu dire que l'Amérique était antifranquiste, m'annonça que si les États-Unis ne réformaient pas leur point de vue, ils verraient bientôt la faucille et le marteau flotter sur la Maison-Blanche.

— Il n'y a qu'une seule façon de traiter un Rouge, dit-il. Il faut le tuer.

Rosalles décrivit notre randonnée le long de la côte et l'incident de Guernica.

— La ville était pleine de Rouges, dit-il. Ils ont essayé de nous faire entendre que Guernica avait été bombardée et non incendiée.

Le grand officier d'état-major répliqua :

— Mais naturellement qu'elle a été bombardée ! Nous l'avons bombardée et bombardée ! Et *bueno* ! Et pourquoi pas ?

Rosalles parut étonné et, dans la voiture, sur le chemin du retour vers Bilbao, il dit :

— Je crois que vous feriez mieux de ne pas parler de cet incident dans vos articles.

Pour rentrer, il nous fallut faire un nombre de détours considérable, tellement la route était encombrée. Nous fûmes arrêtés pendant plus d'une heure à l'un des ponts. Le pont principal, à cet endroit, avait été démoli, et la route étroite conduisant à la passerelle provisoire se trouvait bloquée par un gros camion. Le conducteur, dans l'impossibilité de faire demi-tour faute de place, n'avait d'autre ressource que de remonter la colline en marche arrière, car devant lui se trouvait une falaise à pic. Une équipe de prisonniers lui fut envoyée, mais les roues dérapaient dans la boue, et le seul résultat obtenu fut une bordée de jurons.

Au bout d'une vingtaine de minutes, une longue voiture noire, escortée de motocyclettes, s'arrêta à côté de nous, et l'ambassadeur d'Italie en sortit pour voir ce qui se passait. Il portait un magnifique uniforme noir, avec d'innombrables décorations sur la poitrine. À sa vue, les Espagnols, très énervés, se mirent à jurer de plus belle. Mais les roues patinaient toujours dans la boue. Faire attendre l'ambassadeur d'Italie leur parut un tel manque de courtoisie que l'officier résolut le problème en ordonnant de pousser le camion par-dessus la falaise. L'équipe de prisonniers se mit donc à pousser le camion, tandis que le moteur marchait encore, et le véhicule tomba finalement avec un bruit assourdissant dans le ravin, trois cents mètres plus bas.

L'ambassadeur fit le salut fasciste et remonta dans sa voiture. Un petit Espagnol à côté de moi pâlit d'indignation.

— Cent mille pesetas ! grommela-t-il. Qui gouverne ce pays, d'ailleurs ?

C'était là, en effet, la question qui se posait.

Quand nous eûmes rejoint la grand-route, Rosalles, une fois encore, me conseilla de ne pas faire d'article là-dessus.

Mais le plus beau, ce jour-là, ce fut à l'heure du dîner, dans un café, à Bilbao. Rosalles y rencontra un ami qui venait d'entendre raconter une histoire très amusante. Il riait tellement qu'il avait peine à la répéter lui-même. C'était celle de deux Anglais, arrivés à Santander dans un avion particulier, pour acclamer l'armée victorieuse. Ils étaient arrivés trop tôt, cependant, et les officiers rouges de l'aérodrome les avaient arrêtés au moment où ils descendaient d'avion en criant :

— *Viva Franco ! Arriba España !*

Le propriétaire de l'avion fut forcé d'emmener plusieurs fonctionnaires du gouvernement jusqu'à Gijon, où il fut emprisonné.

— Comment s'appelait votre Anglais ? demandai-je.

L'Espagnol secoua la tête. Il ignorait le nom de son héros.

Quant à moi, je le connaissais déjà : c'était Rupert Bellville.

3

SALAMANQUE

Dans le hall du Grand Hôtel de Salamanque, une vieille affiche touristique : *Allez visiter Madrid*, demeurait accrochée au-dessus du bureau du concierge. Il était curieux que personne ne l'eût encore arrachée, car tout le monde parlait des atrocités rouges, et la haine contre les Madrilènes tenait du fanatisme. Le bruit se répandit bien vite que j'avais « visité Madrid », et beaucoup d'inconnus m'interpellaient dans le hall, anxieux d'avoir des nouvelles de leurs familles qu'ils croyaient en prison. Chacun avait sa vision personnelle sur les conditions de vie dans l'Espagne rouge, et je pensais qu'il était dangereux de les contredire. La femme d'un fonctionnaire des Affaires étrangères me demanda comment j'avais osé me promener dans les rues de Madrid. Elle avait entendu dire qu'il y avait tant de mitraillades à travers les fenêtres que les cadavres étaient empilés dans les encoignures des rues et pourrissaient dans les égouts. Son ton devint hostile, quand je lui expliquai le contraire, et j'ai appris par la suite qu'elle m'avait dénoncée comme suspecte.

Un autre me demanda si j'avais vu les Rouges nourrissant les animaux du jardin zoologique avec les corps des prisonniers. Comme je lui dis que le zoo était vide depuis des mois, son ton devint glacial. Pablo Merry del Val, le directeur de la presse étrangère, admirait mon bracelet d'or.

— Je ne pense pas que vous le portiez à Madrid, me dit-il en souriant.

Comme je lui répliquais que je l'avais acheté à Madrid, il parut offusqué et, à partir de ce moment-là, ne me salua plus qu'à distance.

Si j'avais été espagnole, ces quelques réponses m'auraient conduite en prison. On ne tolérait pas l'objectivité.

Pendant les semaines que je passai à Salamanque, la manie de dénigrer l'ennemi, même chez les fonctionnaires responsables, était presque devenue une folie collective. Je pouvais comprendre et même sympathiser avec les Espagnols qui avaient traversé des expériences tragiques. Beaucoup n'avaient pu s'échapper de l'Espagne républicaine qu'après de longs jours de détresse et de misère. D'autres étaient en deuil. Mais je ne pouvais comprendre que tout le monde semblât avoir oublié que le général Franco avait le premier déclenché la guerre. On arguait que Franco y avait été contraint afin de prévenir une révolution bolchevique décidée pour une quinzaine de jours plus tard. Cela ne semblait guère logique, en considérant que le parti communiste ne comptait qu'un millier de membres au début de la guerre et que l'armement et l'équipement de l'armée républicaine étaient encore loin d'être au point. On affirma aussi que, si les élections de 1936 n'avaient pas été truquées, le parti de droite aurait submergé tout le pays. Mais, si l'on considère que le général Franco, pour réussir, allait avoir à lutter plutôt pendant deux ans que pendant deux semaines, il est difficile d'admettre que la résistance des républicains n'ait pas été spontanée.

La propagande nationaliste se concentrait exclusivement sur la lutte contre le bolchevisme. Si du côté républicain on faisait appel au peuple pour résister à l'invasion étrangère, de même, du côté nationaliste, on ralliait les paysans pour combattre la domination de Moscou. Je pensais néanmoins que le mot « bolchevisme » était élastique, car il englobait les démocraties aussi bien que le communisme. En fait, quiconque n'était pas un partisan du régime totalitaire était considéré comme Rouge.

Cette haine du libéralisme me fit comprendre les difficultés au milieu desquelles s'était débattue la République. En beaucoup de cas, l'affirmation que la République n'avait pu maintenir la discipline était vraie et, d'autre part, il était également vrai que, depuis l'établissement de la République en 1931, les partis de droite avaient conspiré pour sa chute. Beaucoup d'entre eux avaient inspiré des actes terroristes en Espagne, et n'avaient jamais soutenu le gouvernement légitime. La preuve en était que nombre de fonctionnaires, qui n'avaient pas démissionné au moment de la République et avaient conservé certaines relations amicales, même durant une période limitée, étaient considérés comme suspects.

Le comte Florida, un important fonctionnaire de Salamanque, me résuma la situation en ces termes :

— En Espagne, dit-il, pas un gentleman ne penserait une seconde à soutenir la République.

La propagande de Franco attirait l'attention sur l'étrange assemblage qui constituait l'armée républicaine. L'impossibilité d'accorder les anarchistes, les républicains, les communistes et les socialistes pour former un Front populaire était montée en épingle. Je trouvais, quant à moi, que les discordes au sein du parti franquiste étaient tout aussi âpres et tout aussi profondes.

D'un bout à l'autre du pays, deux uniformes prédominaient, sur le territoire nationaliste : celui des carlistes ou *requetés* – chemise kaki et béret rouge – et celui des fascistes ou phalangistes – uniforme bleu marine avec calot à pompon rouge.

Ces deux groupes, tout en formant un parti unique dont le but était la victoire finale, et tout en nourrissant une haine commune du parlementarisme, avaient des opinions tranchées et inébranlablement opposées.

Le parti carliste – fondé en 1830, et partisan de don Carlos, alors prétendant au trône d'Espagne – représentait maintenant ce qu'on appelait le « traditionalisme » espagnol ; soutenu par le clergé et l'aristocratie, il formait une véritable force politique ; son but n'était rien de moins que le retour au vieux système féodal. Les carlistes considéraient le fascisme comme une organisation dangereuse et trop radicale – opinion compréhensible, car le programme fasciste menaçait le pouvoir des prélats et de la noblesse. Il préconisait un gouvernement central et se prononçait pour la réforme agraire et la séparation de l'Église et de l'État. J'ai entendu des carlistes déclarer que les paysans devaient rester sur le morceau de sol où ils étaient nés, et que leur bonheur ne dépendait pas de leur instruction, mais de la sécurité garantie par le grand propriétaire foncier.

Un des chefs fascistes, discutant de cette déclaration, secoua la tête.

— C'est bien là leur façon de parler, dit-il, mais, quand la guerre sera finie, il n'y aura plus de grands propriétaires fonciers.

Les carlistes étaient intraitables dans leur attitude envers les prisonniers républicains : ils voulaient les organiser en équipes pour restaurer les routes, les ponts et les villes qu'ils avaient détruits. Les fascistes voulaient au contraire essayer de les convertir et de les amener à partager leur point de vue. Je me souvenais des camions fascistes chargés de vivres que j'avais vus sur la route de Santander, destinés à assurer la nourriture des prisonniers. J'ai appris plus tard que des milliers d'entre eux avaient reçu des uniformes et avaient été incorporés dans l'armée nationaliste. En dehors du côté strictement humanitaire, cela faisait partie du programme de la propagande fasciste. Comme j'en parlais, un jour, avec le comte Florida, il déclara avec véhémence que la moitié des fascistes n'étaient que des Rouges et, soulevé d'indignation, il ajouta que, dans le Nord, beaucoup d'entre eux saluaient le poing levé et parlaient de leurs frères d'armes qui étaient à Barcelone.

Malgré les efforts persistants de Franco pour réaliser l'entente des deux partis, ils avaient chacun son drapeau et son hymne national, parfois même l'hostilité alla jusqu'à des rixes dans les rues, comme à Saragosse et à Saint-Sébastien. Dès cette époque, il était facile de voir que les fascistes avaient la majorité. Ils étaient trois millions contre huit cent mille traditionalistes.

Inutile de dire que les affaires intérieures d'Espagne étaient minutieusement ordonnées par les nazis, avec une méthode connue maintenant du monde entier. Si les Italiens jouaient un rôle plus actif dans la guerre proprement dite, il y avait d'autre part une dizaine de milliers d'Allemands en Espagne présentés comme d'innocents « techniciens ». Leur but, sous le couvert d'antibolchevisme, était de créer un parti fasciste qui pourrait, un jour, soutenir les plans grandioses de Hitler pour la conquête du monde. Ces Allemands étaient soit des pilotes, soit des officiers d'artillerie, soit des ingénieurs, d'autres dirigeaient les chemins de fer, la radio et le télégraphe, et administraient les terrains conquis.

Le plus notable était l'infiltration allemande dans la plupart des bureaux d'administration gouvernementale. Grâce à leur influence, des partisans fascistes occupaient tous les postes importants. Des hommes sûrs étaient ainsi placés dans tous les rouages de l'administration gouvernementale.

La propagande des Allemands contre les démocraties était extrêmement violente : ils s'attaquaient surtout à l'Angleterre et à la France, plus encore qu'à l'Espagne républicaine. La politique de non-intervention de l'Angleterre avait été condamnée à Madrid par les communistes comme une aide apportée au fascisme pour empêcher les armements d'arriver en Espagne républicaine. À Salamanque, cette même politique anglaise était considérée comme un complot communiste en vue d'affaiblir les troupes nationalistes en excluant l'aide étrangère. L'Angleterre était la seule grande puissance qui s'intéressait d'une façon active à l'aspect humanitaire de cette guerre, mais on ne lui en gardait aucune reconnaissance.

La marine anglaise avait évacué des centaines de milliers de réfugiés, aussi bien républicains que nationalistes, et l'ambassade avait travaillé infatigablement à effectuer des échanges de prisonniers. Mais l'amirauté comme l'ambassade n'avaient réussi qu'à faire naître la haine des deux partis, car quiconque n'était pas pour eux était contre eux.

À Salamanque et à Burgos, les orateurs fascistes dénonçaient les démocraties comme des nations corrompues et décadentes et annonçaient que les puissances de l'Axe allaient instaurer un ordre nouveau dans le monde entier. De toute évidence, le fascisme n'était pas seulement une idéologie de politique intérieure ; j'ai entendu un orateur, à Salamanque, proclamer que l'Espagne fasciste retrouverait toute son ancienne gloire. Gibraltar et l'Afrique du Nord n'étaient qu'un début. L'Amérique du Sud serait la récompense éblouissante.

Quant aux conditions de vie à l'intérieur du pays, il était difficile de faire une comparaison objective entre le territoire nationaliste et le territoire républicain. J'ai fait bon nombre de voyages en territoire nationaliste : à Ávila, Talavera, Tolède, jusqu'aux faubourgs de Madrid, où j'ai été ahurie de voir du haut d'une colline combien l'immeuble du centre téléphonique était imposant, et combien les rues dans lesquelles je m'étais promenée si inconsidérément étaient des buts faciles à atteindre.

Hors de la zone militaire, les villages avaient subi peu de changement. Dans beaucoup d'entre eux, les gens paraissaient à peine savoir qu'il y avait la guerre. La nourriture ne manquait pas. Les places des marchés étaient bondées et les prêtres se promenaient librement dans les rues étroites encombrées de charrettes, ne semblant pas se douter que leur sort se jouait sur les champs de bataille.

Comme les riches contrées agricoles étaient sous le contrôle de Franco et qu'il n'avait aucune grande cité à nourrir, rien d'étonnant que la nourriture fût abondante. L'aviation républicaine était si réduite que l'on avait peu à craindre les raids aériens. Aussi la vie civile n'était-elle pas désorganisée sur le territoire nationaliste. Burgos, quartier général de Franco, n'a jamais été bombardé pendant toute la durée de la guerre. Salamanque, Valladolid, Séville et d'autres villes nationalistes l'ont été très rarement. Quant à la brutalité des mœurs, il y avait peu de différence entre les deux partis, mais l'esprit de revanche était manifestement plus déchaîné à Salamanque qu'à Madrid. La délation avait atteint un tel degré que la plus innocente remarque finissait par être retournée contre vous et par être considérée comme un aveu. Les microphones et les espions faisaient régner une atmosphère de crainte, et les conversations se limitaient à des banalités. Les prisons étaient encombrées, et les exécutions capitales atteignaient des chiffres invraisemblables. Des tribunaux militaires étaient installés dès l'arrivée des nationalistes dans une ville et les jugements commençaient aussitôt. J'eus une petite idée de la situation quand, revenant à Santander quelques semaines plus tard, après l'occupation nationaliste, je visitai un des tribunaux. Il y avait cinq juges. J'avais rencontré l'un d'eux à Bilbao, c'était un jeune capitaine de l'armée nommé Seraglio. J'assistai, ce jour-là, au palais de justice, en compagnie d'un officier de presse, à un procès où quatre hommes étaient jugés ensemble.

C'étaient des officiers de l'armée, deux lieutenants et un colonel. Le quatrième était un civil, le secrétaire du trésorier municipal.

Le jugement dura une quinzaine de minutes. L'avocat général requit la peine de mort pour crime de haute trahison. La défense demanda l'indulgence du tribunal, en faisant valoir que les militaires avaient été enrôlés dans l'armée, et que le fonctionnaire civil n'avait pas commis, dans l'exercice de ses fonctions, le crime qui lui était reproché. La salle fut évacuée au moment du verdict. Pendant le déjeuner, je demandai au capitaine rencontré dans la galerie du tribunal quelle avait été la sentence finale. Il me dit :

— La condamnation à mort.

Comme je lui demandais sur quel article de loi on s'était fondé, il me répondit :

— Sont passibles de la peine de mort tous les officiers, tous les fonctionnaires du gouvernement, tout homme et toute femme qui ont dénoncé des Blancs.

Il ajouta que les juges avaient vu ce matin-là seize accusés et que quatorze avaient été condamnés à la peine capitale. Un bulletin officiel publié quelques semaines plus tard à Salamanque annonçait que, sur quatre mille prisonniers passés en jugement, trente-cinq seulement avaient été fusillés.

J'avais peine à croire, toutefois, que j'avais choisi la seule matinée pendant laquelle presque la moitié de ces verdicts avaient été prononcés.

En descendant les marches du Palais de justice, nous vîmes, le capitaine et moi, les prisonniers qui venaient d'être jugés, debout, dans un camion découvert. J'oublierai difficilement cette scène. Le ciel était si bleu et les rayons du soleil si étincelants que la condamnation à mort semblait plus atroce encore. Les prisonniers baissaient la tête mais, ayant reconnu un de leurs juges en la personne du jeune capitaine, un vague espoir leur traversa sans doute l'esprit pendant une seconde : ils le regardèrent comme des animaux traqués, se mirent au garde-à-vous et saluèrent. C'était pathétique et atroce. Mais le jeune capitaine leur rendit leur salut le plus naturellement du monde, respira profondément l'air pur et me dit gaiement :

— Allons boire un café. Vous verrez que la vie est plus facile maintenant que lorsque vous êtes venue la dernière fois.

En descendant de la colline, j'entendis le camion démarrer, je me demandai s'il partait pour le terrain d'exécution. Il nous dépassa brusquement et le capitaine se retourna vers moi.

— Quelle sale ville. Vous ferez bien de revenir en Espagne après la guerre, et nous vous ferons mener une joyeuse vie !

Il y avait des tribunaux partout en Espagne. Même à Salamanque, en dehors de la zone militaire, la petite prison était remplie de prisonniers attendant d'être jugés. La nouvelle se répandit, un jour, qu'une centaine de prisonniers russes venaient d'arriver. Cela paraissait incroyable, mais j'entrepris un Russe blanc, un certain Pétrof, que j'avais rencontré à l'hôtel, et je le persuadai de m'accompagner à la prison.

Après une longue discussion avec le gardien, le capitaine Costello, nous eûmes la permission d'aller parler aux Russes.

Ils étaient trois en tout et pour tout, trois aviateurs dont l'appareil avait été abattu pendant la bataille de Brunete. Je ne parlai qu'avec deux d'entre eux. Le premier était un homme d'une trentaine d'années, aux yeux mélancoliques, maigre et étroit de poitrine ; il était venu en Espagne parce qu'on lui avait offert quinze cents roubles par mois, six fois plus que son salaire normal ; il n'avait aucune idée des buts de cette guerre, mais il avait toujours eu envie de voyager, et c'était sa seule chance de pouvoir le faire. Il n'avait que six mois de pilotage, et la bataille de Brunete était sa première expérience de guerre.

Aussi bien mentalement que physiquement, il ne paraissait pas avoir l'étoffe d'un pilote de guerre. Il était impossible de savoir s'il disait la vérité, mais il y avait quelque chose de parfaitement authentique dans la naïveté de ses réponses. Il n'avait jamais quitté la Russie, et comme je lui demandais ce qui l'avait le plus frappé, il répondit :

— C'est de voir les gens sourire. On nous avait dit que le monde, hors des frontières russes, était triste et terrible. Les gens riaient pourtant en France : je crois bien qu'on nous a trompés.

Il avait été fortement impressionné par la France.

— En Russie, me dit-il encore, tout le monde jette ses mégots sur le plancher, tandis qu'à Paris on nous a donné une petite soucoupe de porcelaine pour nos cendres.

Je lui demandai si son salaire en Russie était assez élevé pour lui permettre quelque luxe.

— Oh ! non, dit-il mélancoliquement. J'ai toujours voulu avoir une bicyclette, et je n'ai jamais pu me la payer.

C'était vraiment quelque chose d'absurde que de voir un pilote de bombardier désirer aussi ardemment une bicyclette.

Le second Russe était à l'hôpital. Il s'était cassé une jambe en atterrissant en parachute. Toute l'attention s'était concentrée sur lui, et sa blessure lui paraissait indifférente. C'était un gros paysan blond, sans énergie, qui parlait et riait tout le temps. Lui aussi était venu en Espagne pour gagner de l'argent, mais il avait le mal du pays et voulait retourner à Moscou. Il déclarait que la Russie était le plus beau pays du monde. Il avait l'air tout à fait à son aise, et le capitaine m'expliqua qu'il était devenu, en quelque sorte, un article d'exposition. Les infirmières espagnoles n'avaient jamais vu de Russe, et elles passaient leurs journées dans sa chambre, au pied du lit, à le regarder avec curiosité.

J'ai appris, quelques mois plus tard, que les Russes avaient été relâchés. Je n'ai jamais su si cette rumeur était fondée, ni ce qui leur arriva.

Pendant les deux semaines suivantes passées à Salamanque, j'ai bavardé avec tous les gens que je rencontrais, pour tâcher de réunir les éléments nécessaires à un tableau d'ensemble de cette folie collective. Je comprenais bien la mentalité de l'aristocratie, qui combattait pour ses maisons, ses propriétés et ses anciens privilèges. Je comprenais aussi les paysans, qui avaient rejoint Franco parce que leurs maîtres les en avaient priés, et même les Allemands, qui obéissaient sans chercher plus loin aux ordres sacro-saints de leur *Führer*. Mais les Italiens ? Se demandaient-ils pourquoi Mussolini les avait envoyés en Espagne ?

J'interrogeai quelques Italiens de l'ambassade et du bureau de la presse, mais ils ne pouvaient parler librement, et j'étais anxieuse de connaître le point de vue de quelques soldats. J'en eus l'occasion, un jour, en attendant un ami dans un café. Un aviateur italien vint s'asseoir à ma table ; il avait à peu près vingt-cinq ans et était couvert de décorations gagnées en Abyssinie. Il entama la conversation et, quand je lui eus dit que j'étais Américaine, il me sourit avec une vive sympathie en disant :

— J'adore le jazz américain.

J'eus beaucoup de difficulté à lui faire changer de sujet pour parler de la guerre. Je lui demandai pourquoi les Italiens se battaient en Espagne. Il me répondit gaiement :

— Nous devons détruire les bolcheviks !

— C'est la vraie raison ?

— Mais oui, les deux choses se tiennent. L'Italie, voyez-vous, est un pays pauvre. Si nous pouvons exterminer les Rouges, et par la même occasion obtenir des matières premières, c'est une très bonne combinaison. Nous sommes au siècle de l'expansion.

— Mais l'Italie ne pourrait-elle pas s'arranger autrement qu'en faisant la guerre ?

— La guerre, ce n'est pas si mal que ça, c'est même quelquefois amusant de lâcher des bombes. L'ennui, avec vous autres Américains, c'est que vous êtes trop sentimentaux, et vous êtes sentimentaux parce que vous êtes trop coquets. Vous avez tout ce que vous voulez. Peut-être que nous ne ferions pas la guerre s'il y avait encore des terres inconnues à découvrir. Maintenant, évidemment, si Christophe Colomb s'était accroché à l'Amérique…

Mon ami arriva à ce moment-là, et je n'ai jamais eu l'occasion d'entendre cet Italien développer sa thèse.

4
L'AVANCE À TRAVERS LE NORD

Pendant le mois de septembre, l'armée de Franco avança à travers la farouche province des Asturies, terminant son offensive du Nord avec un plein succès. Les troupes républicaines, quoique condamnées irrémédiablement, opposaient une résistance opiniâtre et forcenée.

J'étais à Santander à cette époque, et un officier espagnol, le capitaine Aguilera, onzième comte de Alba de Yeltes, proposa de me conduire à León, où commençait l'attaque.

Le capitaine Aguilera, qui parlait couramment l'anglais – botté et éperonné, un pompon bleu à son calot – avait une Mercédès jaune pâle, deux carabines à répétition sur le siège arrière et un chauffeur qui conduisait si mal qu'on l'encourageait fortement à dormir.

Nous prîmes la route de la côte. Elle était encombrée de soldats, de camions de l'armée italienne et de longues files de réfugiés. Ils s'étaient enfuis devant l'avance nationaliste, mais coupés de l'autre côté, ils retournaient maintenant chez eux.

Aguilera aimait à conduire vite et jurait contre les charrettes et les animaux.

— On ne voit jamais de jolies filles, dit-il. À moins qu'elles ne soient laides comme des poux, il y a toujours une place pour elles dans les camions italiens.

Cependant, quelques minutes plus tard, deux jeunes filles, avec des mouchoirs rouge et bleu autour de la tête, firent des signes frénétiques et nous nous arrêtâmes au bord de la route. Elles nous expliquèrent en espagnol, dans un flot de paroles, que l'armée en retraite avait emporté leurs vaches. Quelques-unes s'étaient échappées, elles les avaient cherchées désespérément, et maintenant voulaient retourner à la maison, parce qu'elles étaient éreintées.

Nous les conduisîmes quelques kilomètres plus loin et continuâmes notre route vers Llames. Llames regorgeait d'uniformes.

Les soldats italiens envahissaient les trottoirs ; quelques-uns, accroupis sur les côtés de la route, ouvraient des boîtes de conserve avec leur baïonnette, d'autres mangeaient du pain et du fromage. La rue principale était bloquée par des camions-citernes qui faisaient le plein d'essence. Plus loin, une foule d'enfants et de ménagères examinaient avec curiosité un tank russe capturé deux jours auparavant.

En sortant de la ville, nous croisâmes un gros canon tiré par une équipe de mules. Le capitaine interpella un des soldats, lui demandant si la route vers Infiesto était libre. L'un d'eux répondit :

— *Ich weiss nicht. Ich bin hier fremd*[1].

Même en cette occasion, le mot « étranger » sonnait faux. Aguilera me dit :

— Des braves types, ces Allemands, mais un peu trop sérieux ; ils se désintéressent complètement des femmes. Évidemment, ils ne sont pas venus pour ça. Mais ils tuent beaucoup de Rouges, on peut tout leur pardonner.

Au fur et à mesure que nous avancions, le froid devenait plus vif. Nous étions au pied des pics d'Europe, qui comptent parmi les plus hautes montagnes d'Europe. Les montagnes sombres semblaient se resserrer sur nous, à mesure que la route se rétrécissait et serpentait à travers les gorges. Il commença de pleuvoir. Mais le capitaine conduisait de plus en plus vite ; il semblait certain que nous finirions par déraper et tomber dans le précipice. Après un tournant, nous croisâmes une longue et silencieuse procession de soldats à dos de mulets, qui serpentait à travers les montagnes ; on n'entendait que le bruit des sabots pataugeant dans la boue et le cliquetis de l'artillerie légère et des canons de défense aérienne, traînés par une équipe de soldats, en tête de la colonne.

Le front se rapprochait. On se battait dans la montagne, à un kilomètre de là. De temps à autre, on entendait un bruit sourd et prolongé que nous aurions aussi bien pu prendre pour le tonnerre. Trois gros canons, la gueule enveloppée de tissu noir, barraient l'entrée d'un village. Le drapeau aux couleurs royales, encadré des drapeaux allemand et italien, flottait au-dessus de la porte d'une forge délabrée, tandis que plus haut, sur le mur, une affiche : *Votez pour le Front populaire*, était presque effacée par la pluie.

1. « Je ne sais pas, je suis un étranger ici. »

Des enfants crasseux, sur le bord de la route, regardaient la scène avec ahurissement, tandis qu'à travers la fenêtre d'un chalet tout démoli une vieille femme nous lorgnait timidement, mais avec des yeux brillant d'intérêt.

C'était un hasard extraordinaire que ce hameau, isolé du monde par cette grande barrière montagneuse, eût été traversé à la fois par l'armée en retraite et par l'armée victorieuse. Je demandai à une jeune fille en robe de calicot, qui portait un seau d'eau, ce qu'elle en pensait.

— Ce que j'en pense, dit-elle, interloquée, ce que je pense de quoi ?

— Des armées. Une armée qui s'en va, une autre armée qui arrive.

— Oh ! dit-elle, ça ! Ma foi ! nous n'avons pas eu beaucoup à manger.

Manger. C'était là la signification de la guerre. Le manque de nourriture, des vaches égarées, des maisons bombardées...

Aguilera sortit de la voiture pour voir ce qui se passait et revint au bout de quelques minutes annonçant que le pont avait sauté et ne serait réparé que deux jours plus tard.

— Il va falloir retourner à Torrelavega et essayer de trouver une autre route, dit-il.

Il faisait froid et sombre. Torrelavega, tombée quelques jours auparavant, était étrangement silencieuse. Le petit hôtel, sur la place principale, était désert. Dans la salle à manger vide, éclairée par une lampe blafarde, des nappes jonchaient le plancher. Aux cris et aux hurlements d'Aguilera, une imposante Espagnole arriva tout essoufflée, en trébuchant sur des marches. Quand nous lui demandâmes à dîner, elle leva les bras en l'air et se lança dans des explications véhémentes. Il ne lui restait rien, disait-elle, l'armée lui avait tout pris, jusqu'à son moulin à café ! Un moulin à café qui arrivait en ligne directe d'Amérique ! Pourquoi le lui avait-on pris ? Elle comprenait à la rigueur qu'on lui eût pris la nourriture, mais le moulin à café !

Nous partîmes pour Los Corrales, où nous pûmes enfin trouver à dîner. Le concierge d'un hôtel refusa, au début, de nous servir, mais Aguilera ayant discuté, il nous prépara un dîner des plus copieux : soupe, poisson, viande et légumes. La salle à manger était envahie d'officiers allemands et italiens. Ces derniers, bruyants et vociférants, entonnaient des chansons à tout instant, tandis que les Allemands étaient solennels et polis. Les uns et les autres furent exactement comme ils devaient être, et nous partîmes très satisfaits.

Il s'agissait, maintenant, de trouver un endroit pour dormir. Nous roulions à travers la campagne. Les routes étaient mauvaises, et le capitaine conduisait si rapidement que tous les ressorts semblaient cassés. Nous stoppâmes devant l'hôtel de la première petite ville et frappâmes à la porte. Tout était silencieux, mais les fenêtres s'ouvrirent au bruit de la voiture, de nos hurlements et de nos coups.

— Impossible de vous loger ! cria le concierge. Les troupes du gouvernement ont emporté tous les matelas.

Il nous conseilla d'aller au prochain village, trente kilomètres plus loin. Là, plus de quatre-vingts personnes avaient été renvoyées de la seule auberge, qui grouillait d'officiers dormant même dans les fauteuils du vestibule.

Il était presque minuit, et le capitaine commençait à être de mauvaise humeur. Les ornières de la route l'obligeaient à ralentir son allure. Un camion de l'armée, embourbé, nous arrêta pendant à peu près une demi-heure avant une des passerelles qui servaient de pont. Plus de cinq cents hommes, éclairés par des torches aux lueurs vacillantes, travaillaient à la reconstruction du pont principal, détruit par l'armée des Asturies en retraite. Des ingénieurs allemands, en uniforme kaki et en cravate noire, dirigeaient les ouvriers, à peu près tous des prisonniers capturés à Santander.

— *Bueno !* dit Aguilera. Ça fait plaisir de les voir reconstruire ce qu'ils ont détruit. Les Rouges n'aiment qu'à détruire. Vous devriez faire ressortir ça dans un de vos articles : la joie de la destruction.

— Oui, répondis-je, mais l'armée était en déroute. Ça ralentit l'avance ennemie de faire sauter les ponts, n'est-ce pas ?

Aguilera me regarda avec hostilité.

— Vous parlez comme un Rouge, dit-il.

Les rapports entre nous furent tendus à partir de ce moment-là. Grâce à Dieu, le trajet ne fut pas long, car, une demi-heure plus tard, nous trouvions des chambres dans un village, Aguilar de Campoo.

Le soleil se leva le lendemain matin sur une campagne sereine. Nous étions en dehors de la zone militaire, et les soldats, les canons, les camions, toute la confusion générale, semblaient s'être évanouis avec l'obscurité, comme un rêve étrange. En direction de León, plus rien ne nous rappelait la guerre : ni drapeaux ni uniformes. Rien que des ânes trottinant le long des routes, des paysans allant à la moisson, des enfants déguenillés jouant dans la poussière, des hameaux tranquilles.

— Au diable les Rouges ! dit soudainement Aguilera. Qu'est-ce qui leur a pris de bourrer le crâne du peuple ? Tout le monde sait bien que le peuple est idiot et qu'il est bien plus heureux si on le dirige que s'il se gouverne lui-même. L'enfer n'est pas assez dur pour les Rouges. Je voudrais tous les empaler et les voir se tortiller sur des pieux, comme des papillons sur une épingle…

Le capitaine s'interrompit pour voir ma réaction. Comme je restais silencieuse, il éclata :

— Il n'y a qu'une seule chose au monde que je déteste plus qu'un Rouge !

— Et qu'est-ce que c'est ?

— Une journaliste qui a la larme à l'œil.

Les troupes de Franco resserraient leur étreinte sur l'armée républicaine, comme prise dans un casse-noisettes. La campagne du Nord allait se terminer par la capitulation de Gijon, le dernier grand port de la côte. Quinze ou vingt journalistes habitaient à l'Hôtel de León et visitaient le front quotidiennement. Il y avait des Américains et des Anglais, dont Richard Sheepshanks, de Reuters, Reynolds Packard, de l'United Press et, si ma mémoire est bonne, William Carney, du *New York Times* ; Harold Cardozo, du *Daily Mail*, et « Kim » Philby, du *Times* de Londres.

Les voyages au front ressemblaient à des pique-niques insensés qu'on eût dit extraits de quelque belliqueux *Alice au pays des merveilles*. Le directeur de la presse, le commandant Lombarri, en temps de paix un artiste du périodique *Vogue*, se démenait pour assembler les voitures de la presse, les journalistes et les boîtes de pique-nique… L'hôtel remplissait ces boîtes d'omelette aux pommes de terre, de viande froide, de fromage, de fruits et de bouteilles de vin rouge. Tout le monde partait pour ces expéditions comme pour une journée de vacances.

Je fis mon premier voyage dans la même voiture que Dick Sheepshanks ; nous suivîmes le commandant Lombarri pendant plus d'une heure sur des routes de montagne, jusqu'à une clairière où deux batteries d'artillerie étaient en action.

Le commandant décida que l'on déjeunerait sur un versant de colline, à quelques pas d'une trentaine de mulets bâtés attachés par la bride à des piquets, et d'une centaine de soldats qui faisaient la sieste, étendus sur l'herbe. Il se démenait dans tous les sens, étendait des couvertures, ouvrait les boîtes de pique-nique... et disait aimablement :

— Maintenant, installez-vous et amusez-vous.

L'endroit ne s'y prêtait guère. Les canons, en action, crachaient une flamme bleue, et pendant que leurs obus traversaient l'air avec un bruit plaintif, les officiers de la presse mangeaient leur omelette aux pommes de terre et buvaient leur vin rouge. Les obus mettaient vingt-cinq secondes pour atteindre les positions des républicains, au sommet d'une montagne, à trois kilomètres de là, et les shrapnells aspergeaient alors toute la colline comme d'une suie noire. Les mulets se mettaient à braire, affolés, à chaque coup de canon, mais tout ce vacarme ne dérangeait personne. Les soldats continuaient à dormir et les officiers de la presse à plaisanter, tout en buvant leur vin, sur les plaisirs de Paris après la guerre. Je ne pouvais rester insensible comme eux, et je comptais automatiquement jusqu'à vingt-cinq entre le tir et la chute des obus, songeant à ceux qui allaient être atteints. Il y avait à peu près un millier d'hommes sur la colline, de l'autre côté, d'après ce que nous avait dit un des officiers; leur reddition n'était plus qu'une question de temps, s'ils n'étaient pas tous exterminés, car ils n'avaient plus de munitions depuis déjà quelques jours.

Le contraste entre les deux armées était frappant. Les troupes de Franco n'étaient pas seulement mieux équipées, mais aussi mieux organisées et plus disciplinées. Moins de quatre mille probablement, sur les six cent mille hommes de l'armée républicaine, avaient un entraînement militaire. La majorité des vingt mille volontaires de la brigade internationale appartenaient à la classe ouvrière des partis communistes du monde entier. On estimait l'apport russe à deux mille hommes : des pilotes, des officiers d'état-major, des artilleurs et des techniciens. Comment avaient-ils pu résister si longtemps aux troupes nationalistes ?

Outre les hommes recrutés par la conscription, Franco disposait de quatre-vingt mille Italiens, dont trois divisions régulières, d'une Légion étrangère expérimentée, de bons régiments maures, de la Guardia Civil, de l'armée active espagnole et de dix mille techniciens et pilotes allemands.

Je me demandais, tandis que j'étais assise au sommet de la colline, quelle était l'opinion de tous ces Espagnols à l'égard des étrangers qui massacraient leurs compatriotes. Un élégant officier italien, en chandail gris perle, aux bottes bien cirées, commandait le tir de l'artillerie avec une canne, aussi harmonieusement qu'il aurait dirigé un orchestre symphonique. Il vint nous parler et fit des commentaires sur l'ennemi.

— Ils sont diablement obstinés. Ils ne savent jamais quand ils sont vaincus.

— Mais naturellement, répliqua le commandant Lombarri. Ce sont des Espagnols !

Il y avait de quoi être un peu déconcerté.

Une longue file d'hommes avec des piques et des pelles sur l'épaule parut à l'horizon. Le capitaine Aguilera nous interrompit, en proie à une vive agitation.

— Voilà les prisonniers rouges de Santander, dit-il. Il paraît qu'ils ont construit une route de montagne en huit jours ! Ils n'ont pas grande chance de beaucoup dormir, n'est-ce pas ? C'est la bonne façon de les traiter. Si les routes n'étaient pas indispensables, j'aimerais bien en descendre quelques-uns avec un bon fusil.

Après le déjeuner, le commandant Lombarri ramassa les boîtes de pique-nique... et les jeta dans le ravin. Il nous emmena ensuite dans sa voiture – le capitaine Aguilera, Dick Sheepshanks et moi – à travers une route en corniche, dans la montagne, pendant plusieurs kilomètres, pour aller voir le commandant qui dirigeait les opérations. Pendant le trajet, le chauffeur cornait bruyamment à chaque tournant. Mais il dut s'arrêter brusquement devant un gros camion italien. Tout le monde descendit pour discuter si l'on avait ou non la place de passer. Les Italiens, en avançant, accrochèrent notre garde-boue et, comme nous étions à l'extérieur de la route, notre roue arrière passa par-dessus bord. La voiture heureusement se remit d'aplomb, le chauffeur ayant fortement appuyé sur l'accélérateur. Lombarri était furieux et interpellait les Italiens.

— Essayez donc de tuer quelques ennemis, plutôt, dit-il, cela vous changera !

Après avoir abandonné la voiture dans une clairière, nous fîmes le reste du trajet à pied. Des centaines de soldats étendus par terre encombraient le sentier. Quelques-uns réparaient leurs fusils, d'autres dormaient, d'autres pansaient leurs mulets. Le commandant déjeunait avec deux autres officiers, dans un trou creusé dans la terre, tout en haut de la colline. C'était un homme d'un certain âge, qui nous salua, fort empressé, et voulut à tout prix nous faire entrer dans son terrier. Il nous donna une bouteille de malaga, du chocolat et une assiettée d'ananas en conserve, venus d'Amérique. Il avoua, en clignant de l'œil, sa sympathie pour les Américains. Il ne pouvait oublier, disait-il, qu'une bonne partie de l'Amérique avait été possession espagnole.

Il s'appelait Pablo – c'est-à-dire Paul – et voulut savoir mon nom. En apprenant que je m'appelais Virginia, il se montra enchanté.

— Paul et Virginie ! répéta-t-il. Avez-vous lu le livre ?

Un soldat s'avança à ce moment-là, disant qu'une escadrille d'avions passait pour aller bombarder les positions ennemies. Nous sortîmes pour voir six minuscules points noirs piquant sur la montagne comme des oiseaux de proie. Ils tourbillonnèrent pendant plus d'une heure et, à bon vent, on entendait l'explosion des bombes.

Sur le trajet du retour, en descendant la montagne, comme nous croisions des mulets, des soldats, de l'artillerie, je demandai au commandant Lombarri ce que le simple soldat pensait de cette guerre et s'il savait pourquoi il se battait.

— Oh ! ils le savent très bien, dit-il. Nous allons nous arrêter pour en interroger un.

Un jeune soldat de dix-neuf ans, paysan de la région de Séville, était étendu sur l'herbe et grignotait du pain et du fromage. Le commandant lui posa ma question.

— Mais nous combattons contre les Rouges ! répondit-il.

Je lui demandai ce que signifiait « les Rouges ».

— Ce sont, dit-il, les gens qui ont été trompés par Moscou !

— Et pourquoi ont-ils été trompés par Moscou ?

— Ils sont très pauvres en Espagne, ce n'est pas difficile de tromper le monde.

Le capitaine Aguilera, debout à côté de moi, l'interrompit :

— Alors vous croyez que le peuple est malheureux ?

Le jeune soldat regarda craintivement l'officier.

— Mais je n'ai pas dit cela, *señor* !

— Vous avez dit qu'ils étaient pauvres ! Vous me semblez avoir vous-même des opinions rouges !

Dick et moi étions partis en avant. Le capitaine Aguilera et le commandant Lombarri nous rejoignirent.

— Voilà le genre d'opinions qu'il faut absolument supprimer, dit Aguilera.

— Oh ! soupira le commandant, tout cela est bien difficile et déconcertant. Après la guerre, je retournerai travailler à *Vogue*.

Je décidai de quitter l'Espagne. Je demandai une voiture au commandant Lombarri, pour retourner à Salamanque mais, comme il n'y en avait aucune de disponible avant quelques jours, il me proposa d'aller à Oviedo, ville des Asturies prise par le général Franco tout au début de la guerre. Oviedo était depuis un an sous le feu continuel de l'artillerie et du bombardement aérien, car les républicains tenaient encore les montagnes d'alentour. Une comparaison avec Madrid m'intéressait.

Mais le capitaine Aguilera dirigeait l'expédition composée de deux photographes, un Allemand et un Russe, et j'hésitais. Depuis ma réponse inconsidérée au sujet des ponts détruits par les républicains peut-être non seulement pour la joie de détruire, mais aussi pour empêcher l'avance ennemie, Aguilera me considérait comme une Rouge, et nos relations étaient tout sauf amicales. Je décidai néanmoins d'essayer de m'entendre avec lui, trouvant qu'il était ridicule qu'une animosité personnelle entravât mes projets. J'allais me rendre compte de mon erreur avant la fin du voyage.

Il nous fallait cinq ou six heures pour atteindre Oviedo. Il n'y avait qu'une seule route à travers la montagne pour arriver à la vieille ville, et cette route était continuellement bombardée. Les camions de ravitaillement, aussi bien que les voitures officielles, étaient quotidiennement forcés de s'exposer au danger d'être canonnés. Notre chauffeur, lui, accéléra pendant la descente, et je pensai à part moi qu'il risquait beaucoup plus de casser les ressorts que d'être touché par les obus.

En entrant dans Oviedo, qui, vu du haut de la montagne, présentait un aspect normal, on se demandait comment la vie pouvait y continuer son cours. Il semblait qu'un ouragan l'eût ravagée. Chaque maison et chaque immeuble étaient endommagés. C'était comme une scène de théâtre dont les portants auraient été arrachés.

Trente mille personnes avaient été évacuées, mais quinze cents civils restaient encore là, fidèles à leur foyer. Ils vivaient dans les caves des maisons délabrées, allant et venant précipitamment, comme s'ils avaient vécu ainsi toute leur vie. Les clients dans le café principal buvaient leurs consommations, le col du pardessus relevé, car toutes les vitres étaient brisées et le vent entrait par rafales dans la salle.

Personne n'attachait d'importance au bruit continuel des obus tombant un peu partout sur la ville : des bandes d'enfants déguenillés jouaient dans le milieu des rues, un cireur appelait des clients, une vieille dame discutait avec le boucher sur le poids de sa viande. L'hôtel où j'habitais, dans la rue principale, dont j'ai oublié le nom, avait été bombardé seize fois. Il ne restait plus que trois chambres. Le propriétaire, un aimable petit bonhomme, insista pour que la dame eût la « meilleure chambre ». Il continuait, paraît-il, à faire de bonnes affaires. Il s'excusa pour le trou d'obus au-dessus de mon lit, me donna une bougie, car il n'y avait plus d'électricité, et me conseilla de descendre dans la cave si, durant la nuit, le bombardement devenait trop intense. Il ajouta qu'après la guerre il construirait un plus bel hôtel, qu'il n'avait pas d'argent, mais qu'après la paix tout s'arrangerait. J'apprenais ainsi, peu à peu, que pour la population civile d'un pays, la guerre n'était pas une question de stratégie ou de grands mots en « isme », mais que cela signifiait la hausse des prix, le manque de nourriture et les maisons bombardées. L'opinion des civils sur la guerre dépendait surtout de ses effets sur leur vie privée. Les fonctionnaires du gouvernement la jugeaient au point de vue politique, les militaires au point de vue stratégique et les civils d'après leurs ennuis personnels.

Nous restâmes une nuit à Oviedo. Le capitaine Aguilera nous emmena dîner avec le colonel dans une pièce aux volets clos, éclairée seulement par deux bougies clignotantes, et où un trou d'obus dans le mur avait été recouvert de papier marron. Le colonel semblait ravi d'avoir des visites et nous donna un excellent dîner. C'était comme un rêve étrange que ce festin, avec le vent qui soufflait à travers le trou dans le mur et les explosions de bombes que l'on entendait au-dehors.

Je n'avais pas encore parlé avec Aguilera depuis le début du voyage, mais le lendemain matin je reçus un message me demandant d'être prête à 8 h 30. Nous montâmes dans la voiture, après un triste petit déjeuner de café et de pain sec, et nous nous dirigeâmes vers les faubourgs de la ville. Au coin d'une petite rue commerçante, non loin des premiers boyaux de communication, qui marquaient le commencement des tranchées nationalistes, le chauffeur arrêta la voiture. Aguilera me dit qu'il reviendrait dix minutes plus tard, car les photographes désiraient prendre quelques vues. Il revint deux heures après. La rue était déserte, seule une épicerie et une petite pâtisserie étaient ouvertes et semblaient ne faire aucune affaire. La ville fut bombardée toute la matinée. Tout le monde se hâtait dans les rues et se précipitait sous les portes cochères pour s'abriter. À mesure que les minutes passaient, je suspectais fortement Aguilera de m'avoir laissée dans la voiture en guise de représailles. Il ne me fit aucune excuse en revenant, mais dit simplement :

— Maintenant, nous allons dire au revoir au colonel, et retourner à León.

Je demandai à Aguilera, en arrivant devant la maison du colonel, de lui transmettre mes adieux. Il aurait été évidemment à son avantage d'amener un groupe de sympathisants à son officier supérieur, et il fut indigné de mon refus d'entrer. Je tins bon, néanmoins. En sortant de la maison, il était encore rouge de colère.

— Vous avez insulté la cause nationaliste, dit-il. Voilà une affaire qui n'est pas terminée.

Je me rendis compte que notre querelle avait atteint son apogée, et je savais qu'il n'était pas un ennemi à dédaigner. Je ne me tracassais guère, toutefois, car mon projet était de retourner en France. Mais, lors de mon arrivée à Salamanque, Pablo Merry del Val, à qui je demandai mon permis pour quitter l'Espagne, me répondit froidement qu'il n'y avait pas de voiture pour la presse et qu'il était impossible de m'obtenir une autorisation de prendre le train.

— Vous resterez ici, dit-il, jusqu'à ce que vous entendiez parler de nous.

Aguilera sans doute avait déjà envoyé un rapport contre moi. Je savais qu'il n'hésiterait devant aucune accusation, si grave fût-elle. Je savais que, si les autorités décidaient de me considérer comme espionne, en faisant ressortir que j'étais allée en Espagne républicaine, mon passeport américain ne me serait d'aucun secours – d'autant plus que deux correspondants américains, Knickerbocker et Webb Miller, avaient déjà connu les charmes d'une geôle espagnole.

Je résolus donc de me débrouiller pour gagner Burgos et, de là, Saint-Sébastien. C'était une entreprise hasardeuse, car il était impossible de voyager sur le territoire nationaliste sans une autorisation gouvernementale. Je rencontrai, heureusement, le duc de Montellano, un ami de Rupert Bellville, dont j'avais fait la connaissance à Saint-Sébastien. Sa femme et sa belle-sœur partaient en auto pour Burgos une heure plus tard et elles auraient, me dit-il, une place pour moi.

La duchesse était une petite femme charmante. Elle me raconta que sa maison de Madrid avait été louée, avant la guerre, à Claude Bowers, l'ambassadeur des États-Unis. Elle était ravie parce que sa maison était encore considérée comme une ambassade, bien qu'il n'y eût plus aucun diplomate à Madrid, et parce que ses peintures et son mobilier étaient intacts. Nous arrivâmes à Burgos dans l'après-midi, après avoir été souvent arrêtées par des sentinelles qui, à la vue des laissez-passer, nous avaient fait signe de continuer notre route.

Je quittai la duchesse à l'hôtel Norte-y-Grande. Je me souviens d'une grande affiche annonçant une course de taureaux « au bénéfice de la Croix-Rouge » et représentant Domingo Ortega, le fameux matador, au moment de tuer un taureau particulièrement ensanglanté.

Il ne restait plus une chambre de libre dans toute la ville. Il n'y avait pas de consulat américain ou anglais, et je ne connaissais personne. J'allai réfléchir dans un café. Il me sembla, en creusant ma mémoire, que quelqu'un avait vaguement dit devant moi que le comte Cosme Churrucca, un Espagnol que j'avais rencontré aux Philippines quelques années auparavant, faisait partie de l'état-major de Burgos. Je lui envoyai un petit mot au ministère de la Guerre, par le portier de l'hôtel. Je n'attendais aucun résultat de ma démarche et cherchais à élaborer un autre plan quand, à ma grande stupéfaction, il poussa la porte et s'avança vers moi, tout souriant.

Comme je lui expliquais que j'étais coincée, il me proposa de m'emmener à Saint-Sébastien le lendemain matin et de me loger dans l'appartement de sa belle-sœur pour la nuit.

Jusqu'alors, la chance avait été de mon côté. Mais je savais bien que d'autres difficultés m'attendaient à Saint-Sébastien. J'envoyai un télégramme à Tommy Thompson, lui proposant de déjeuner avec moi, espérant qu'il comprendrait l'allusion et traverserait la frontière pour venir à ma rencontre. Cosme Churrucca était un homme aimable et libéral, vivant agréablement à Manille, quand je l'avais vu quelques années auparavant. Il s'était transformé en un fasciste fervent et forcené. Il parlait de la décadence des démocraties et assurait qu'après la guerre l'Allemagne, l'Italie et l'Espagne partageraient la France en trois parts égales : le Nord irait à l'Allemagne, la Riviera à l'Italie et la côte basque à l'Espagne. On laisserait Paris aux Français parce qu'ils l'administraient très bien.

À Saint-Sébastien, j'allai directement à l'hôtel Marie-Cristine. La chance m'y fit rencontrer Eddie Neil, de l'Associated Press – il fut tué sur le front quelques semaines plus tard, avec Dick Sheepshanks, par un obus qui tomba sur leur voiture. Il m'emmena prendre un cocktail au Chicote's Bar. Je commençais déjà à croire que mes ennuis à Salamanque n'étaient qu'imaginaires, tant la guerre ici semblait lointaine, tant l'atmosphère était bruyante et gaie, quand un journaliste hollandais se précipita vers moi, en disant :

— Quelle bonne surprise ! Je croyais que vous étiez en prison.

Le bruit avait couru à Saint-Jean-de-Luz que j'avais été arrêtée.

Je ne dormis pas très bien cette nuit-là. Je m'attendais tout le temps à entendre un bruit de pas le long du corridor, des coups frappés à ma porte et la voix de la police.

Le lendemain survint sans ennui, et j'eus la joie, à midi et demi, d'apprendre que Tommy était en bas. Il avait lui aussi appris par Philby, du *Times*, le bruit de mon arrestation. À la réception de mon télégramme, il avait téléphoné au gouverneur militaire d'Irun ; on lui avait répondu que je pouvais quitter l'Espagne avec un laissez-passer du Grand Quartier général. C'était bien là le problème ! Il préféra ne pas demander d'autorisation, ce qui aurait pu attirer l'attention sur ma présence à Saint-Sébastien, sans permis officiel. La frontière était encore fermée et, après maintes réflexions, Tom décida que l'unique solution était de risquer de passer avec sa voiture sans que les sentinelles nous fissent d'ennuis. Je n'oublierai jamais le Pont international. Le drapeau de l'Union Jack flottait bravement sur le radiateur de la voiture. Tommy tendit son *salvo conducto* aux douaniers espagnols et, pendant qu'ils l'examinaient, j'attendis anxieusement le moment où ils me demanderaient mes papiers. Ce moment n'arriva pas. Ils approuvèrent en inclinant la tête d'un air satisfait, rendirent le papier et saluèrent. La barrière se souleva lentement. Tommy accéléra et nous traversâmes le pont, vers la liberté.

Je ne suis jamais retournée en Espagne nationaliste et me suis souvent demandé si ma soudaine disparition avait intrigué Pablo Merry del Val. Avais-je vraiment échappé aux mains de la police ? Je ne l'ai jamais su. Mais je savourai d'autant plus un bon cocktail au Bar Basque.

Cette vie calme de France, ces villages pacifiques étaient un monde nouveau après le chaos de l'Espagne. C'est à Saint-Jean-de-Luz que j'eus des détails sur l'histoire de Rupert Bellville. Il était parti en avion pour Santander avec un tout jeune Espagnol, Ricardo Gonzalez. Des officiers républicains commandant encore l'aérodrome les avaient donc arrêtés au moment où ils criaient : *Viva Franco !* en descendant de l'avion. La ville allait capituler, et Rupert fut obligé de piloter deux fonctionnaires jusqu'à Gijon, où il fut emprisonné. Pendant ce temps-là, son ami Ricardo avait été confié à la surveillance de deux jeunes officiers. Il se fit passer pour un Anglais ne comprenant pas un mot d'espagnol et fit la désagréable expérience d'entendre débattre si on allait ou non le fusiller. D'après lui, la discussion durait toujours quand un motocycliste annonça que l'avant-garde des troupes de Franco entrait dans la ville. Un des officiers se tourna alors vers lui, arracha l'insigne de son propre uniforme et s'écria :

— Ce n'est pas vous qui allez mourir aujourd'hui !

Puis, prenant son revolver, il passa de l'autre côté de la colline et se tua.

L'ambassade d'Angleterre à Hendaye intervint en faveur de Rupert Bellville, et finalement, après d'âpres discussions, le gouvernement anarchiste de Gijon accepta de le relâcher, à condition qu'un bateau de guerre anglais vînt le chercher. Cette expérience avait un peu secoué Rupert. Il n'avait jamais su s'il n'allait pas être fusillé d'un jour à l'autre, et à plusieurs reprises, après le bombardement de Gijon, la foule s'était rassemblée devant les prisons et avait réclamé la tête des prisonniers fascistes. À son arrivée en France, il fut assailli de reporters. L'*Evening Standard* lui donna cinq cents livres pour avoir l'exclusivité de son récit. La nuit même, il perdit le tout, en jouant au casino de Biarritz.

J'ai appris plus tard que le gouverneur de Gijon avait confié à Rupert une lettre laborieusement tapée en anglais, disant qu'il acceptait l'assurance donnée par l'ambassade britannique que le prisonnier qu'il relâchait n'était pas un espion, mais un « irresponsable ». Il ajoutait que Rupert avait été libéré sans conditions, mais qu'il osait néanmoins mentionner quelques noms de prisonniers (des amis à lui) entre les mains des nationalistes, dans le cas où l'ambassade pourrait faire un échange. Quelques mois plus tard, Tommy m'apprit que l'ambassade les avait réclamés sans succès aux autorités nationalistes. Quoique le gouverneur anarchiste ne représente rien pour moi, je me suis souvent demandé ce qu'il était devenu.

Troisième partie

OMBRES PRINTANIÈRES

1

LONDRES

Le brouillard était si épais dans Picadilly, en ce jour de Noël 1937, que le chauffeur de mon taxi devait rouler au pas et freiner brusquement devant les obstacles qui surgissaient de l'obscurité. Je connaissais le *fog* de Londres, mais je ne m'étais encore jamais trouvée dans un brouillard aussi noir. C'était comme un nuage de fumée étouffante et sombre. Il dissimulait les becs de gaz, pénétrait dans les maisons, enveloppant les arbres de Noël d'un voile de tristesse. Il s'étendait sur toute la capitale, comme les ailes d'un ange noir prophétisant l'avenir. C'était le Noël avant l'occupation allemande de l'Autriche, le dernier Noël où les droits des États souverains étaient encore respectés sur le continent européen.

En cet hiver londonien, j'écoutais les clameurs frénétiques du continent traverser la Manche, et j'avais l'impression d'un orchestre trop proche, avec les *crescendo* assourdissants de ses cuivres.

Je trouvais d'ailleurs Londres pleine de périls, en dehors de la menace des événements mondiaux. L'absence de chauffage central, le brouillard, la circulation à gauche, les petites rues contournées et sinueuses, présentaient autant de dangers que la situation internationale. Je résolus de m'y installer pendant quelques mois avant de retourner à New York, quoique les contrats avec les journaux de Hearst fussent terminés. Je louai à Eaton Mews un petit appartement dont le bail comprenait un chien nommé Pickles et Mme Sullivan, la bonne à tout faire. Elle arrivait le matin, préparait mon petit déjeuner, partait à midi et revenait l'après-midi pour le thé. C'était une énorme femme qui pesait près de cent kilos. Pendant tout mon séjour, elle n'enleva jamais son chapeau, perché fièrement sur le haut de sa tête, une invention étonnante en feutre noir, avec une rose rouge. Elle ne le quittait pas même pour m'apporter mon petit déjeuner. Elle arrivait le matin, avec Pickles aboyant sur ses talons et, par n'importe quel temps – or le soleil brillait rarement – disait :

— Belle journée, aujourd'hui, mademoiselle, il n'y a pas de quoi se plaindre.

Mme Sullivan faisait exactement ce que bon lui semblait. Elle ne venait pas les jours de pluie. Je ne la réprimandais jamais ; je m'étais rendu compte, quelques jours après mon arrivée, qu'il valait mieux ne pas se quereller avec elle : elle m'annonça un matin, en entrant avec le petit déjeuner, qu'elle venait tout juste d'étrangler sa voisine.

— … Jusqu'à ce qu'elle soit aussi noire que votre robe, mademoiselle.

Une histoire de linge à sécher était à l'origine de la dispute.

— Elle a osé insinuer, déclara Mme Sullivan avec indignation, que je n'étais pas une femme honnête et que je faisais le trottoir.

Vu l'apparence extraordinaire de Mme Sullivan, celle-ci aurait pu prendre une telle remarque pour un compliment, mais elle se considérait comme gravement insultée. Il me semblait un peu hasardeux de la part de Mme Sullivan d'avoir procédé elle-même au règlement de cette affaire. Elle me répondit gaiement qu'elle n'avait rien à craindre, car la malheureuse voisine avait des locataires dans la cave, ce qui était illégal.

— Je tiens le bon bout, mademoiselle, elle n'osera pas porter plainte.

Après cet incident, Mme Sullivan organisa mon appartement à sa guise. J'adorais Londres. J'avais de charmants amis anglais, en particulier Sir Philip et Lady Chetwode, que ma sœur et moi avions rencontrés en Inde.

Je courus bientôt de déjeuner en dîner. D'un point de vue journalistique, j'étais arrivée au moment opportun, car il y avait des demandes pressantes d'articles sur l'Espagne. La guerre était le sujet de toutes les conversations. C'était comme un prisme qui reflète toutes les couleurs de l'arc-en-ciel : vous le faisiez pivoter sous la lumière et vous choisissiez la couleur qui vous convenait. On discutait des événements avec passion selon des angles très variés : lutte de la démocratie contre le fascisme, du fascisme contre le bolchevisme, du bolchevisme contre la religion, de la religion contre la république, de la république contre l'aristocratie, de l'aristocratie contre le bolchevisme. Chacun avait son opinion, mais à part les extrémistes de droite et ceux de gauche – qui voulaient une intervention immédiate – les autres n'avaient que des avis de simples spectateurs. La majorité des gens étaient pour la politique anglaise de non-intervention. Un journal de Londres, l'*Express*, je crois, insinua que tous les Espagnols devraient être évacués, afin de laisser les étrangers se battre entre eux. J'avais enfin une opinion bien arrêtée sur la question espagnole. Mes sympathies allaient aux républicains, luttant contre les militaires et les grands propriétaires fonciers, qui combattaient uniquement pour recouvrer leurs anciens privilèges, mais je ne pouvais m'imaginer qu'une démocratie résulterait de cette guerre, quel que fût le vainqueur. Je sentais bien que le parti communiste était devenu trop fort en Espagne pour jamais lâcher prise. Dans son livre, *The Eleventh Hour* (*La Onzième Heure*), Vincent Sheean le décrivait comme « le seul parti puissant d'Espagne » ; toutefois, il arrivait à cette conclusion surprenante que les communistes ne se battaient pas pour un idéal communiste, mais pour rétablir une république bourgeoise. Je ne pouvais admettre son raisonnement, tout en pensant qu'au point de vue international la menace communiste était moins dangereuse que la menace fasciste.

J'écrivis à cette époque, pour le *Sunday Times* de Londres, un article où je faisais ressortir que les Allemands et les Italiens s'intéressaient moins à combattre le bolchevisme qu'à préparer le terrain politiquement et stratégiquement et à entraîner leurs armées, en vue du jour où ils pourraient s'agrandir aux dépens de l'Angleterre et de la France. Quelques jours avant que l'article fût publié, Tommy Thompson (venu d'Espagne pour un court congé) en envoya une copie à Rex Leeper, directeur du News Department. Le lendemain matin, un message téléphonique me priait de rendre visite à Sir Robert Vansittart, sous-secrétaire d'État permanent aux Affaires étrangères. J'avais souvent entendu parler de Sir Robert ; je me l'imaginais comme un personnage mystérieux que nul ne voyait jamais. Son nom n'était pas très connu du grand public, mais il avait plus d'influence que la plupart des membres du Cabinet. Des rapports arrivaient sur son bureau, de toutes les parties du monde. Il avait pour tâche de les rassembler et de conseiller le ministre sur la voie à suivre. Son rôle était celui d'une éminence grise ; il apparaissait rarement en pleine lumière, mais son point de vue était considéré parmi les plus importants pour les directives de la politique britannique.

Vansittart était un des hommes les plus simples que j'eusse jamais rencontrés, malgré l'auréole de mystère qui l'entourait. Je fus complètement déconcertée en me trouvant devant un bel homme d'une cinquantaine d'années, un œillet à la boutonnière, aux yeux bruns, au regard pénétrant, au charmant sourire. Je m'attendais peut-être à un personnage d'aspect presque sinistre. Il fut légèrement surpris, lui aussi, en me voyant entrer dans son bureau, car il m'imaginait, d'après les termes de mon article, comme une femme entre deux âges, avec des talons plats et une cravate d'homme.

Il ne me fut guère difficile de me rendre compte de l'opinion de Vansittart sur la politique d'apaisement, après notre conversation sur l'intervention allemande et italienne en Espagne.

— Ils essaient de ramener le monde à l'âge de la barbarie, me dit-il. Ils atteindront peut-être leur but, si l'Angleterre ne se réveille pas à temps.

Après trente-cinq ans d'expérience diplomatique, Sir Robert pouvait facilement se rendre compte que l'Allemagne nazie était une grave menace pour l'empire britannique. Il détestait d'ailleurs la philosophie du national-socialisme et le disait en termes énergiques.

Webb Miller, le correspondant de l'United Press, a raconté qu'il avait été extrêmement dérouté par les conversations qu'il avait eues, un après-midi, avec Vansittart et le major Attlee. « Ils paraissent avoir échangé leurs rôles, dit-il. Attlee est aussi réservé qu'un diplomate, tandis que Sir Robert parle comme le chef de l'opposition. »

Vansittart endiguait déjà, courageusement, le flot de la politique d'apaisement, mais le courant commençait à devenir trop fort. Il examinait avec anxiété l'arbitraire grandissant sur le continent européen, et je me rappelle ses observations ironiques sur la façon dont on considérait déjà les traités et les promesses. Nous en vînmes à parler, entre autres choses, des archives des Affaires étrangères. Il m'expliqua que non seulement les documents officiels étaient traités avec respect, mais que même les chiffons de papier ne pouvaient être jetés inconsidérément. Chaque soir, un employé longeait les couloirs avec un énorme panier roulant, sur lequel on lisait : *Rebut confidentiel.* Les bouts de papier étaient ensuite portés sous escorte jusqu'à un incinérateur pour y être brûlés.

— Un jour, me conta Sir Robert, l'incinérateur se détraque. Les papiers s'envolent par la cheminée et s'éparpillent dans Londres. Pendant des semaines, les vieux jardiniers et des chauffeurs de taxis consciencieux ont ramassé des rapports qui portaient la mention : *Ce document est la propriété du gouvernement de Sa Majesté britannique*, et les ont rapportés au sacro-saint ministère des Affaires étrangères.

Puis il ajouta, non sans ironie :

— Les traités, aujourd'hui, s'éparpillent sur l'Europe, mais personne ne se dérange pour les ramasser.

Ce fut le début de mon amitié avec sir Robert et sa femme Sarita. Pendant les trois années qui suivirent, j'ai souvent déjeuné et dîné avec eux. Si les conseils et les prophéties de Vansittart sont un jour publiés, ils constitueront une chronique étonnamment précise et exacte des événements de ces dernières années. Malheureusement, il fut l'un des premiers sacrifiés sur l'autel de la politique d'apaisement, à cause de son opposition à l'agressivité croissante de l'Allemagne et, peu de temps après ce mélancolique Noël de 1937, Sir Alexander Cadogan le remplaça au ministère des Affaires étrangères. M. Chamberlain et Lord Halifax lui demandaient rarement son avis, malgré son titre de Premier Conseiller diplomatique du gouvernement et bien qu'il fût demeuré en contact avec le ministère. Winston Churchill, néanmoins, était un de ses amis personnels.

Churchill, lui, s'opposait énergiquement à la politique d'apaisement. Le parti travailliste, opposition officielle à la Chambre des communes (dont le slogan aux élections de 1935 avait été : « Les armements signifient la guerre, votez pour le parti travailliste ») se discrédita complètement en réclamant une politique de fermeté à l'égard des dictateurs, mais en continuant à refuser de voter les crédits pour l'armement. M. Churchill représentait donc la seule opposition effective. Il estimait qu'il fallait non seulement tenir un langage énergique, mais aussi savoir se faire redouter. En cet automne, les noms de Chamberlain et de Churchill devinrent synonymes de deux opinions contradictoires en matière de politique étrangère.

La politique étrangère britannique a souvent été considérée comme machiavélique mais, si l'on considère les exemples historiques, peu de politiques ont été aussi conséquentes. Elle ne s'est jamais proposé en effet qu'un seul but : assurer et maintenir la sécurité de l'Empire. C'était également le but que se proposaient Churchill et Chamberlain, mais leur conception différait beaucoup quant aux moyens d'y parvenir. Alors que M. Chamberlain voulait garantir la sécurité de l'Empire par un compromis entre les quatre grandes puissances européennes, l'Angleterre, la France, l'Allemagne et l'Italie, M. Churchill s'inspirait des exemples du passé. Pendant des siècles, l'Angleterre avait fondé sa sécurité sur l'équilibre des puissances. Elle avait toujours été l'alliée de la seconde grande puissance européenne.

En 1907, Sir Eyre Crowe – fonctionnaire des Affaires étrangères – avait formulé ce principe, en écrivant :

> La seule façon d'empêcher l'exercice d'une suprématie politique a toujours consisté à opposer une puissance égale ou une combinaison

> de plusieurs pays formant une alliance défensive. L'équilibre établi par ce groupe de forces est ce que l'on appelle en langage technique « l'équilibre de puissance », et c'est une vérité historique que la politique séculaire de l'Angleterre a toujours été de maintenir cet équilibre, en mettant à un moment donné son poids dans la balance, tantôt d'un côté, tantôt de l'autre, mais toujours du côté opposé à la technique d'hégémonie pratiquée par l'État le plus fort, ou par un groupe d'États.
>
> Si ce point de vue de politique britannique est juste, c'est presque une loi de la nature qui conduira inévitablement l'Angleterre à s'opposer à tout pays aspirant à cette forme d'hégémonie.

Dans toutes les guerres de l'Histoire, l'Angleterre a suivi cette politique; elle s'est alliée à la Prusse quand Napoléon a menacé l'Europe; elle s'est alliée à la France quand la Prusse a menacé l'Europe. Or l'Allemagne menaçait à nouveau d'établir son hégémonie, et Churchill savait que l'Angleterre devait nécessairement s'élever contre elle.

Malheureusement, il n'était pas au pouvoir, et Chamberlain était Premier ministre. Ces deux hommes affirmaient que leur point de vue était le seul qui pouvait en fin de compte éviter la guerre. La Chambre des communes soutenait M. Chamberlain. Elle n'avait pas encore compris que les dictateurs n'attachaient aucune importance aux conférences autour d'un tapis vert, mais que seul le grondement des canons et le vrombissement des moteurs pouvaient les émouvoir. Les deux hommes, il est vrai, étaient pour le réarmement, mais lorsque Churchill l'invoquait ardemment pour faire « réussir » sa politique, Chamberlain l'invoquait à contrecœur, en cas d'« échec » de la sienne. C'était toute la différence. Ainsi que John Kennedy l'a écrit dans *Why England Slept* (*Les raisons du sommeil anglais*) *:* « Un boxeur ne peut s'entraîner ni être en bonnes conditions psychologique et physique pour un combat qu'il croit sérieusement ne jamais devoir avoir lieu. » C'était le cas de l'Angleterre.

La voix de Churchill n'eut pas d'influence sur la Chambre des communes, et Chamberlain commença tranquillement à mettre sa politique en action. Lord Halifax partit pour Berlin, sous le prétexte de visiter une exposition de vénerie, et il engagea des conversations avec Hitler à Berchtesgaden. Un ou deux mois plus tard, Lady Chamberlain (veuve de Sir Austen) partit pour Rome afin de sonder Mussolini sur les possibilités d'un accord anglo-italien.

Dans la haute société londonienne, ces voyages étaient l'objet de discussions passionnées. Il y avait plus de controverses autour des tables de dîner et dans les salons qu'au Parlement même, car, dans la vie privée, la bonne éducation n'était plus de rigueur. Ce qui me surprit davantage, ce fut que, dans ces réunions-là, tout le monde avait l'air de se connaître depuis l'enfance, et les discussions ressemblaient à des querelles familiales. Chacun paraissait ravi de marquer des points aux dépens de l'autre, en observant d'ailleurs une grande loyauté. Des adversaires politiques jouaient au golf ensemble pendant les week-ends. Les chamberlinistes et les churchillistes faisaient des « foursomes » au bridge, et la famille pro-Hitler des Mitford cousinait et entretenait des relations amicales avec la famille Churchill, pro-Churchill, bien entendu.

Tout cela était bien dans la manière du système parlementaire anglais, système de très grand style, selon John Gunther : « Les adversaires, après une élection, se tendent la main, comme après une partie de tennis. Quand Baldwin devint Premier ministre pour la première fois, il téléphona immédiatement à Lord Oxford, son adversaire le plus éminent, pour lui demander conseil. »

Tout cela prenait l'aspect d'un jeu très animé, en dehors des effrayantes réalités du continent, et les femmes elles-mêmes préféraient les discussions politiques aux potins mondains, et passaient leurs matinées en longues conversations téléphoniques : « Mais, chérie, Mussolini *ne peut pas* aimer Hitler ! Ce n'est pas encore fait ! »

Quand le désaccord entre la politique d'Eden aux Affaires étrangères et celle de Chamberlain atteignit son point culminant, Lady Abingdon me téléphona, indignée.

— Je viens de parler avec Bill Astor, et savez-vous ce qu'il dit ? Que nous sommes perdus si la politique étrangère est dirigée par le ministère des Affaires étrangères. Vous vous rendez compte ?

Mme Sullivan était le seul dérivatif à ces conversations politiques. Les opinions de sa voisine l'intéressaient beaucoup plus que celles de Hitler. Un matin, je lui demandai son avis sur le Premier ministre. Je fus légèrement surprise de sa réponse.

— Ah ! oui ! Comment s'appelle-t-il donc, mademoiselle ? Sir Samuel Hoare, n'est-ce pas ?

Au bout du compte, elle finit par me décevoir. Elle me raconta un jour un incident qui touchait un peu au domaine de la politique. Lord Halifax, qui habitait à Eaton Square, venait de renvoyer une de ses femmes de chambre parce qu'elle buvait trop. Mme Sullivan me conta que cette domestique avait refusé de s'en aller.

— Elle reste toute la journée à boire du gin et à pleurer, dit-elle. Elle doit être un peu folle, vous ne croyez pas ?

Elle devait cinq shillings à Mme Sullivan, ce qui tracassait beaucoup cette dernière. Le jour où elle toucha son argent, son intérêt pour cette femme de chambre s'évanouit. Je n'entendis plus parler du drame. Mais je ne pouvais rencontrer Lord Halifax sans me demander si la femme de chambre pleurait toujours dans son grenier.

Le nom du capitaine David Margesson occupera une place de premier plan dans l'histoire d'avant-guerre de la Chambre des communes. Chef du parti conservateur, il avait pour rôle d'assurer la majorité à la politique du gouvernement, et les membres du parti conservateur auront à cause de lui une position peu enviable dans les annales de l'Histoire. La presse l'appelait le « Himmler » de l'Angleterre, et il était vigoureusement attaqué par l'opposition.

— Je me demande où les journaux vont chercher de telles idées, me dit-il en manière de protestation, la première fois que je le rencontrai. Je ne suis qu'un chef de parti. Je n'ai aucune autorité. Je fais simplement ce que l'on me dit de faire !

Cette modestie était injustifiée, car Margesson contrôlait les votes de son parti – des titres de noblesse et des pairies étaient octroyés aux fidèles – et surtout conseillait Chamberlain quant au choix des ministres. Lorsqu'on lui a demandé, récemment, ce qu'il regrettait le plus dans sa carrière, il a répondu :

— C'est de ne pas avoir insisté pour faire entrer Churchill au nombre des ministres, quand Lord Swinton a démissionné.

En réalité, l'autorité de Margesson provenait moins de son activité personnelle que de l'inertie de la Chambre des communes. À quelque moment que ce fût, les conservateurs auraient pu réclamer un réarmement intensif, le public lui-même aurait pu influencer la politique. Mais le peuple anglais ne se laissait pas stimuler par des paroles. La guerre était pour lui comme un loup-garou imaginaire, et malgré les avertissements persistants de Churchill, les événements seuls devaient, en fin de compte, le faire sortir de sa torpeur.

La presse a été rendue responsable, par beaucoup, de la léthargie générale de cette époque. Il est vrai que chaque journal interprétait les nouvelles, en grossissait l'importance ou la diminuait, selon le point de vue de son directeur, mais il faut reconnaître que les « magnats de la presse » représentaient une grande variété d'opinions, s'échelonnant du *Times*, journal conservateur, au *Daily Worker*, organe communiste. Des deux quotidiens à grand tirage, le *Daily Mail* annonçait d'affreuses destructions par l'aviation allemande, tandis que l'*Express* prédisait des jours de paix ensoleillés. Chaque matin, l'*Express* annonçait dans sa manchette : « La guerre n'aura pas lieu », et quand je demandais à Lord Beaverbrook comment il osait prendre une si ferme position sur un terrain aussi chancelant, il me répondait :

— Les autres peuvent se tromper une dizaine de fois, moi je peux bien le faire une fois.

Beaverbrook, avocat principal du « splendide isolement », était, de tous les magnats de la presse, celui dont la personnalité avait le plus de relief. Cet homme, petit comme un gnome, habitait dans une grande maison solennelle, à côté de Saint-James Palace. Né dans la misère, au Canada, il passait pour avoir gagné un million de dollars avant d'avoir atteint la trentaine. Arrivé en Angleterre peu de temps avant la guerre, il avait acheté, en 1918, le *Daily Express*, dont il porta le tirage de trois cent cinquante mille exemplaires à deux millions cinq cent mille, le plus grand tirage d'un quotidien dans le monde entier. Il joignait à un grand sens des affaires une curiosité presque féminine des êtres humains. Quand je suis venue en Angleterre pour la première fois, j'ai collaboré à son *Evening Standard* pendant quelques semaines. Beaverbrook me téléphonait souvent dans l'après-midi.

— Eh bien ! Qu'est-ce que vous faites, en ce moment ? me demandait-il. Venez donc prendre une tasse de thé à Stornoway.

Je le trouvais toujours entouré de paperasserie, de dictaphones et de secrétaires. Des messages et des coups de téléphone l'interrompaient sans cesse, mais il s'amusait beaucoup de tout ce remue-ménage et me lançait à travers la pièce des questions ahurissantes.

— Quels sont les gens que vous n'aimez pas, en Angleterre ? Pourquoi êtes-vous venue ici, d'ailleurs ? De qui êtes-vous amoureuse ?

Beaverbrook prenait plaisir à se montrer provocant. Comme un petit garçon qui a envie de crever un ballon avec une épingle, il résistait difficilement à cette tentation. Il créait la discussion entre ses invités, puis les regardait se quereller entre eux. Il ne s'attaquait pas seulement aux autres et faisait passer souvent un article cynique sur sa propre personne dans un de ses journaux ; il le dictait lui-même, puis le faisait signer par un de ses rédacteurs spécialisés. Il aimait à voir l'étonnement de son public. Pour vous donner un exemple, le

Sunday Express publia, sous la signature de Peter Howard, le paragraphe suivant :

> Pourquoi faut-il que si peu de directeurs de journaux aient fait entendre leur voix à la Chambre des lords ? Les lords Camrose, Kemsley, Illiffe et Southwood n'ont pas encore fait leur discours d'ouverture à la Chambre Haute. Lord Rothermere y a fait entendre sa voix. Lord Beaverbrook est le seul directeur de journaux qui ait engagé une discussion de controverse politique à la Chambre des lords. Lord Beaverbrook se plaint toujours que les autres veulent obtenir les lauriers sans lutter. C'est exactement son cas personnel. Il veut le pouvoir sans faire d'efforts. Il se prend pour un malade. Il quitte l'arène, s'installe dans la loge principale, et de là désire continuer à prendre part à la joute. Lord Baldwin disait de lui qu'il désirait exercer le pouvoir sans en avoir les responsabilités. Ce fut toujours la prérogative des prostituées à travers les siècles...

Un de mes collègues à l'*Evening Standard* était Randolph Churchill, le fils de Winston. Je l'avais connu à New York. C'était un ardent jeune homme de vingt-sept ans qui, depuis la remilitarisation de la Rhénanie en 1936, voulait faire la guerre à l'Allemagne et attaquait âprement la politique d'apaisement, en quelque occasion que ce fût. J'admirais sa façon courageuse de dire son opinion. Il avait toujours l'air de traîner derrière lui une bombe à retardement. Partout où il passait, une explosion semblait suivre. Je l'ai souvent vu garder pendant des dîners entiers un silence obstiné, méprisant l'opinion de ses aînés, et cela malgré un don très brillant d'orateur. Il avait une extraordinaire habileté de contradiction ; comme je lui conseillais un jour d'avoir plus de tact, il me répliqua :

— Ce sont des bêtises, tout ça ! Mon père s'est montré beaucoup plus grossier que moi ; il faut leur régler leur compte, à tous ces chamberlinistes pusillanimes !

Randolph était charmant avec les gens qui, selon lui, avaient des vues saines. L'un d'eux était Sir Robert Vansittart, chez qui nous déjeunions ensemble de temps en temps. Lloyd George en était un autre. Randolph m'amena un jour à sa maison de campagne. Lloyd George avait cité à la Chambre des communes mon article sur l'Espagne paru dans le *Sunday Times*. Je ne l'avais pas signé, et il avait parlé de l'auteur en employant un pronom masculin. Randolph lui avait simplement dit qu'il lui amènerait à déjeuner l'auteur de l'article. Le vieil homme me regarda non seulement avec surprise, mais presque avec ressentiment quand je descendis de la voiture. Il lui était, je pense, désagréable que l'éminente autorité qu'il avait citée ne fût qu'une toute jeune femme. Le déjeuner, dont tout provenait de sa ferme, était excellent. Après le repas, il nous montra ses poulets, ses cochons et ses vaches. On aurait cru voir un vieux prophète marchant à travers ses prairies, avec son manteau vert, ses longs cheveux blancs flottant dans le vent, ses yeux bleus étincelants et ses joues rosies par le froid. Pendant le goûter, il discuta de la situation internationale avec Randolph et, montrant, à l'aide d'un long bâton, la carte accrochée au mur, il déclara que l'Angleterre n'avait jamais été dans une situation stratégique aussi désespérée. Il était pour l'intervention immédiate dans la guerre d'Espagne et, quand Randolph lui demanda pourquoi il était devenu un partisan si déclaré de la politique de gauche, il répondit en clignant de l'œil :

— Je me mets toujours du côté anticlérical.

Au moment du départ, il m'avait pardonné de ne pas être un général, et il me donna un pot de miel et une douzaine de pommes de sa ferme. Mme Sullivan n'y prêta d'abord aucune attention, mais, lorsque son mari lui eut expliqué qui était Lloyd George, elle me dit gravement, le lendemain matin :

— Mon vieux mari assure que Lloyd George a plus de flamme à lui seul que tous les autres réunis, et qu'ils devraient le remettre dans le gouvernement au lieu de le laisser s'occuper de ses pommes. Malgré tout, ce serait dommage, je ne sais pas si j'ai déjà vu de si belles pommes.

Je lui permis d'en prendre quelques-unes, et elle partit en fredonnant une chanson.

Randolph avait commencé à rassembler une quantité de discours faits par son père à la Chambre des communes. Ils furent publiés plus tard sous le titre *While England Slept* (*Pendant que l'Angleterre dormait*). Sa chambre était encombrée de comptes rendus officiels des débats parlementaires. Il travaillait fiévreusement, datant chaque discours, ajoutant des notes pour indiquer l'atmosphère. Inutile de dire qu'il éprouvait une grande admiration pour son père. Il m'emmena un dimanche dans la maison familiale des Churchill, à Chartwell, où je rencontrai sa famille pour la première fois.

Nous trouvâmes là Mary Churchill, sa sœur, âgée de quatorze ans, en train d'examiner un jeune agneau dans l'étable ; Mme Churchill, qui causait dans le jardin avec Miss Henrietta Seymour, sa voisine, et M. Churchill à côté de l'étang, avec un chapeau cabossé et un vieux manteau, agitant l'eau avec un bâton, cherchant son poisson rouge favori qui semblait avoir disparu.

Une des caractéristiques les plus sympathiques de la famille Churchill était la profonde affection dont Winston était entouré. Affection bien compréhensible, car il était si bon et si humain qu'il gagnait immédiatement la faveur de chacun. En retournant à la maison, il dit à Randolph :

— Oh ! j'ai oublié mes caoutchoucs : ne le dis surtout pas à Clemmie, elle me gronderait.

Clemmie, c'était Mme Churchill, une grande et belle femme adorée par son mari. Il la regardait de temps à autre, pour voir si elle appréciait et admettait ses plaisanteries. Pendant le déjeuner, on discuta des questions du jour, et Churchill critiqua avec tristesse l'incompréhension du gouvernement devant l'orage qui s'annonçait sur le continent.

— Ils ne peuvent pas comprendre, dit-il, que nous vivons dans un monde pervers. Le peuple anglais veut qu'on le laisse tranquille. Je crois que beaucoup d'autres peuples aimeraient aussi qu'on les laissât tranquilles. Mais le monde est comme un cheval fatigué qui trébuche le long d'une route : chaque fois qu'il essaie de se mettre à l'écart pour pâturer dans une prairie tranquille, un nouveau maître vient le fouetter et le force à continuer sa route. Qu'importe que les peuples désirent qu'on les laisse tranquilles, ils ne peuvent échapper à leur sort.

Après le déjeuner, nous allâmes visiter une petite maison située sur le terrain de la propriété, et où M. Churchill gardait ses tableaux. Il avait construit cette maisonnette lui-même, après avoir travaillé avec un maçon professionnel jusqu'au moment où il put poser une brique à la minute. Il avait fait scandale, en 1928, en s'inscrivant au syndicat comme « apprenti adulte » et en payant un droit d'entrée de cinq shillings. Dans les milieux syndicaux, on avait beaucoup critiqué ce cas particulier où l'on vit une « bouffonnerie dégradante et humiliante »; néanmoins, maçon il était, maçon il resterait.

La peinture était la marotte de Churchill; il y avait à peu près trente ou quarante tableaux dans la petite maison – pour la plupart des paysages à l'huile. Il regrettait d'avoir dû abandonner depuis peu sa distraction favorite, faute de temps.

— Comment peut-on imaginer, dit-il, avec le nombre de choses passionnantes qu'il y a à faire dans le monde, qu'il y ait des gens qui passent leur temps à faire des patiences ?

Depuis ce temps-là, Hitler a appris que la « patience » n'est pas un des vices de M. Churchill.

2
LA POLITIQUE D'APAISEMENT

En entrant dans le Ritz de Barcelone (près d'un bloc d'immeubles démoli par une bombe), je trouvai le hall envahi de soldats et de jeunes filles en robes bon marché, revenant de la matinée dansante du dimanche. Pendant que j'essayais d'arriver jusqu'au téléphone à travers la foule, j'entendis une voix connue qui me criait : « Hello ! » C'était un jeune Espagnol, Ignacio Lombarte, que je n'avais pas revu depuis Madrid, un an auparavant.

Il avait un peu vieilli. Blessé à Teruel, il était en permission à Barcelone pour quelques jours.

— Quel plaisir de vous revoir ! me dit-il. Est-ce que vous vous amusez ?

Le mot « amuser » était bien le dernier mot que j'aurais associé à l'atmosphère espagnole, en ce mois de février 1938. Les troupes de Franco avançaient vers la mer, et le moral des Catalans était sur le point de céder. La famine, la terreur et la misère régnaient partout. Les serviteurs de l'hôtel Majestic grattaient les restes des assiettes pour en rapporter les miettes à leurs familles. Les gens échangeaient du savon, du charbon et de l'étoffe, avec les paysans, pour arriver à se nourrir. J'ai parlé avec une jeune fille qui se vantait d'avoir échangé un sac de charbon contre deux kilos de chocolat.

Les bombardements aériens étaient presque pires que la famine. Pendant un court voyage de trois jours le long de la côte, jusqu'à Valence, aller et retour, j'avais croisé des centaines de réfugiés qui fuyaient leurs foyers, gagnant l'intérieur des terres. Pas une ville n'y avait échappé. La route était jonchée de ruines. On ne connaissait pas de répit. À quelques heures de distance, les hurlements des sirènes résonnaient dans la campagne, à l'apparition de nouveaux bombardiers, venant de leur base de Majorque. L'impossibilité de représailles et les rumeurs selon lesquelles l'Italie et l'Allemagne envoyaient des renforts d'avions à l'Espagne nationaliste plongeaient le peuple dans le désespoir.

Mon ami Ignacio Lombarte répéta sa question :

— Est-ce que vous vous amusez ?

Je hochai d'abord la tête, ne sachant que répondre, puis lui dis que je n'étais venue que pour une semaine, que je retournais à Londres le lendemain matin.

— Vous avez autre chose à faire ? demanda-t-il, avant d'ajouter, sans attendre ma réponse : Je comprends. Bientôt il va se passer du nouveau. Nous ne sommes que les premiers.

En regagnant Londres, je songeais à ces paroles : « Nous ne sommes que les premiers. » Déjà, les metteurs en scène préparaient les décors pour le second acte du drame européen. Chacun en voyait les présages en lisant son journal le matin. En février, Hitler prit en main l'armée allemande. Ribbentrop devint ministre des Affaires étrangères. Anthony Eden démissionna du gouvernement britannique. Mussolini imposa le pas de l'oie, le *passo romano*, à l'armée italienne. Finalement, la scène était prête, et Herr von Schuschnigg, chancelier d'Autriche, fut prié de se rendre à Berchtesgaden.

Le monde entier attendait dans la crainte. Un mois plus tard, le rideau se leva ; les avions de Hitler survolèrent Vienne et les troupes allemandes passèrent la frontière autrichienne. À Londres, la situation devint plus critique. À Downing Street, la foule silencieuse regardait les membres du gouvernement sortir de la réunion à laquelle ils avaient été convoqués en hâte, pendant que les crieurs de journaux hurlaient :

— L'Allemagne de nouveau en marche !

La crainte d'une guerre immédiate était suspendue dans l'air comme une chape de plomb. Des conjectures angoissées se répandaient de salon en salon. On se précipitait comme volontaire au service d'ambulances et aux organisations de la défense passive. Des centaines de jeunes hommes d'affaires s'engageaient dans l'armée territoriale. Partout on réclamait des armes.

Cette atmosphère faisait penser à un courant de haute tension. M. Chamberlain réussit à décharger la pile en déclarant avec une confiance nouvelle – et inexplicable – qu'il y avait peu de chances pour que l'Angleterre fût engagée dans un conflit mondial. Les articles de tête du *Times* montraient l'enthousiasme des Viennois accueillant le régime nazi. L'archevêque de Canterbury déclara à la Chambre des lords que Hitler devait être remercié pour avoir préservé l'Autriche d'une guerre civile.

— Pourquoi toutes ces craintes? criait Lord Beaverbrook.

Le mot resta : « Pourquoi toutes ces craintes? » répétait le public, qui s'installa de nouveau dans sa confortable illusion de paix.

Cette attitude satisfaite était difficile à comprendre. Le prestige de la Grande-Bretagne était plus bas qu'il ne l'avait jamais été depuis Napoléon. On bombardait ses navires, on faisait fi de son ultimatum, on bafouait son gouvernement, on déclarait que son peuple était épuisé. Les États agresseurs réussissaient leurs « coups » les uns après les autres. Pendant les trois dernières années, Mussolini avait conquis l'Abyssinie, Hitler avait remilitarisé la Rhénanie et absorbé l'Autriche, le Japon s'était emparé du Yangtsé, menaçant une partie du capital britannique, et le général Franco, en Espagne, aidé par les puissances dictatoriales, était sur le point d'établir un régime qui montrait en lui un affilié de l'Axe Rome-Berlin. Dix-neuf ans seulement après la signature du traité de Versailles et un essai d'entente internationale sous l'égide de la Société des Nations, l'Europe était de nouveau partagée en des camps irréconciliables. Le vrombissement des avions résonnait dans l'air, tandis que l'esprit de combat, plus cruel et plus barbare que jamais, s'abattait sur la moitié du continent.

Pour comprendre la politique anglaise à cette époque, il faut faire bien ressortir que le gouvernement ne jugeait pas la situation à sa juste valeur. Chamberlain était bien convaincu de trois choses : d'abord qu'il serait possible de détacher à la longue l'Italie de l'Axe Rome-Berlin, ensuite que le général Franco, tout en sympathisant avec l'Italie et l'Allemagne, serait forcé de faire un emprunt à Londres, enfin que l'Allemagne, même si elle voulait dominer l'Europe centrale, n'avait pas de raison fondamentale de discorde avec l'Angleterre.

Se fondant sur ces points de vue, Chamberlain n'était pas resté inactif. Tout en continuant à reconnaître le gouvernement de l'Espagne républicaine, la Grande-Bretagne était représentée à Burgos d'une façon permanente. D'autre part, elle avait signé un accord avec l'Italie, se déclarant prête à reconnaître en Abyssinie le fait accompli, et elle avait fermé les yeux sur le refus de Mussolini de retirer ses troupes du territoire nationaliste espagnol. Enfin, malgré l'occupation de l'Autriche par l'Allemagne et le traitement infligé aux minorités juives, au scandale du monde entier, l'Angleterre avait conseillé aux

Tchécoslovaques de traiter avec beaucoup d'égards les minorités allemandes.

Churchill n'avait pas grande confiance dans le succès de cette politique et réclamait désespérément un vigoureux effort de réarmement, démontrant que la situation n'avait pas de précédent dans l'Histoire. Quatre fois, en quatre siècles, l'Empire avait été menacé : par Philippe II d'Espagne, par Louis XIV, par Napoléon et par l'empereur d'Allemagne. L'Angleterre en était toujours sortie victorieuse, grâce à sa maîtrise de la mer. Cette prédominance protégeait son île de toute invasion. Elle lui permettait en même temps d'envoyer de l'argent et des armes sur le continent, pour créer des alliances contre ses ennemis. Quand Napoléon, dominant la moitié de l'Europe, avait fait le blocus continental contre l'Angleterre et avait boycotté toutes les marchandises dans les ports placés sous son contrôle, la maîtrise de la mer avait permis à l'Angleterre d'organiser un énorme trafic de contrebande et de former quatre coalitions successives contre lui, pour le mener jusqu'à Trafalgar, et finalement jusqu'à Waterloo. Pendant la Grande Guerre, l'Angleterre, une fois de plus, avec sa puissance maritime, avait vaincu l'Allemagne par la persévérance de son blocus.

Mais maintenant elle ne pouvait plus compter exclusivement sur sa force maritime. En 1909, lorsque Blériot traversa la Manche, on entrevit la fin de cette inexpugnabilité. La mer, qui jusque-là l'avait garantie contre ses ennemis, pouvait maintenant la transformer en une des nations les plus vulnérables d'Europe. Ses usines et ses ports étaient des cibles à ciel ouvert, et toute son existence en dépendait. Sans doute était-elle en possession de la plus puissante marine du monde, mais l'état-major général devait envisager la perspective de se battre sur trois fronts : en Extrême-Orient, en Méditerranée et dans la mer du Nord. Même en éliminant le danger d'Extrême-Orient, sa position stratégique était beaucoup plus grave qu'en 1914 ; la Méditerranée à cette époque se trouvait hors du jeu, l'Espagne était neutre, le Portugal et l'Italie ses alliés.

Pour faire la guerre, il fallait à l'Angleterre plus de navires, plus d'armement et plus d'avions que jamais. La Chambre des communes était d'accord sur ce point. Mais qui donc disait que la Grande-Bretagne aurait à combattre ? On entendait affirmer de tous côtés : « Hitler ne désire pas la guerre. » On le proclamait avec la même conviction que lorsqu'on disait : « Les Français ont la plus belle armée du monde. » Selon certaines personnes, l'attention de Hitler était portée vers l'Est, la Russie était son but ; selon d'autres, il sonnait la trompette pour recouvrer ses colonies africaines. Quelles que fussent les suppositions, il demeurait acquis qu'une seconde guerre avec la Grande-Bretagne était inconcevable, et des non-initiés se demandaient si l'Angleterre n'allait pas tranquillement passer toute cette période dans un profond sommeil.

Deux semaines après l'annexion de l'Autriche, le 24 mars, j'étais à la Chambre des communes pour entendre le discours pathétique de Churchill. En le regardant du haut de la galerie, j'eus l'impression de voir un homme comme les autres, au milieu des vestons noirs et des figures pâles. Mais, quand il parla, sa voix sembla sonner le glas dans l'assemblée. Il se tenait debout et s'adressait au président, les épaules légèrement courbées, sa tête jetée en avant, une main dans la poche de son veston.

> Voilà cinq ans que j'interpelle sans grand succès, à la Chambre des communes, sur ces questions. J'ai regardé cette fameuse île descendre petit à petit, inconsciemment, le large escalier qui conduit à un gouffre sombre. Les marches en sont d'abord très larges, puis, à un moment donné, le tapis s'arrête ; ce ne sont plus que des dalles de pierre qui bientôt cèdent sous vos pas. Jetez un regard sur ces cinq dernières années. Il est vrai que de grandes erreurs furent commises immédiatement après la guerre. Mais, à Locarno, nous avions jeté de solides fondations et un grand mouvement en avant aurait pu en résulter. Examinez ces cinq années, c'est-à-dire depuis que l'Allemagne a commencé son réarmement en vue d'une revanche. Il est facile de comprendre les raisons et les conséquences de l'histoire de Rome et de Carthage, il n'est pas difficile d'avoir un point de vue précis sur les trois guerres puniques, mais si l'empire britannique et la nation anglaise devaient connaître une catastrophe mortelle, le mystère de toute cette affaire confondrait encore les historiens un millier d'années plus tard. Ils ne pourront jamais comprendre comment une nation victorieuse ayant tout en main s'est laissé abattre, ayant gaspillé tout ce qu'elle avait gagné par une victoire absolue, fruit de sacrifices immenses. Autant en emporte le vent !
>
> Maintenant, les vaincus sont les victorieux. Ceux qui ont déposé les armes sur les champs de bataille et sollicité un armistice avancent à grandes enjambées vers la domination du monde. Telle est la situation, telle est la terrible transformation qui peu à peu s'est

réalisée. Je me réjouis d'apprendre que le Premier ministre va tenter un suprême effort pour conserver notre sécurité. Le moment est venu de tirer le peuple de son engourdissement. C'est peut-être la dernière fois qu'on peut le réveiller avec une chance d'éviter la guerre, ou tout au moins d'en sortir victorieux, si nos efforts pour l'éviter échouent. Mettons de côté tous les obstacles et efforçons-nous d'unir les forces physiques et spirituelles du peuple tout entier pour créer à nouveau une grande Angleterre puissante devant le monde. Car une nation reprenant ainsi son ancienne vigueur peut encore, à l'heure actuelle, sauver la civilisation.

La Chambre resta silencieuse pendant un long moment, après que Churchill se fut rassis. Puis la séance fut levée. Il y eut un tumulte de voix ; les membres du Parlement rangèrent leurs papiers avec agitation et disparurent ensuite dans le hall. Harold Balfour (actuellement sous-secrétaire d'État au ministère de l'Air) vint me chercher pour prendre le thé dans la galerie réservée aux femmes. Je causai avec Sheila Birkenhead, et nous lui demandâmes ce qu'il pensait du discours.

— Oh ! toujours le même radotage de Churchill. Il aime à manier le sabre, et il le fait rudement bien. Mais il ne faut pas le prendre au sérieux.

Ne pas le prendre au sérieux, quand les armées allemandes commençaient leur marche à travers l'Europe !

3
RÉPÉTITION GÉNÉRALE EN TCHÉCOSLOVAQUIE

Quatre mois avant l'accord de Munich, l'après-midi du 20 mai, je roulais à travers la campagne tchécoslovaque, à bord du train express Istanbul-Berlin. Je n'étais qu'une passagère « locale » venant de Prague et je ne devais pas aller plus loin qu'Aussig, à quatre-vingts kilomètres de là, où les Allemands des Sudètes faisaient leurs élections annuelles. L'annexion de l'Autriche par Hitler, deux mois auparavant, avait été un coup dur pour la Tchécoslovaquie ; elle avait provoqué une vague de nationalisme à travers les districts allemands, et le parti nazi semblait alors vouloir « réviser » les listes électorales.

J'avais sauté sur l'occasion que m'avait offerte Ralph Izzard, du *Daily Mail*, d'assister à l'une des réunions tenues par Henlein, car j'étais venue à Prague afin d'écrire un article pour le *Sunday Times*. Herr Ulrich, le chef de la presse du parti nazi des Sudètes, nous accompagnait. Pour lui, cette excursion équivalait à des vacances ; à peine étions-nous installés dans le train qu'il commanda une demi-douzaine de bouteilles de bière, en disant :

— Maintenant, nous allons nous amuser.

Herr Ulrich était un petit homme placide, assez bien élevé. Il avait tenu jusqu'alors un modeste commerce à Reichenberg et venait de l'abandonner pour se consacrer entièrement aux affaires du parti. Il était facile de se figurer son existence, même sans connaître ses antécédents. Ponctuel à son bureau, bon avec les animaux, payant ses factures à l'échéance, vivant dans un faubourg respectable avec une femme respectable, c'était essentiellement un banlieusard.

Au début, sa conversation se limita à quelques plaisanteries. Mais, la bière aidant, sa langue se délia, et au bout de très peu de temps, il discutait des événements politiques. Sa voix devint perçante, et toute sa manière d'être se transforma quand il aborda le sujet de l'autonomie des Sudètes ; frappant du poing sur la table, d'une façon menaçante, il énonça une série de slogans : « la destinée de la race allemande », « la honte de la domination slave » et « l'ordre nouveau en Europe ». Il semblait répéter un rôle, car il avait une bonne nature et n'avait aucun grief personnel contre les Tchèques, ayant même avoué dans un moment d'oubli « qu'ils étaient de braves types ». Il substituait à sa personnalité propre celle du personnage dont il assumait le rôle. Il ne restait plus rien de Herr Ulrich, l'homme d'affaires; il était devenu Herr Ulrich, le maître du destin. Hitler lui avait inculqué le sentiment qu'il était devenu, lui-même, un « maillon de l'Histoire ».

Il nous décrivit les Tchèques « tremblants dans leurs bottes ». Les soldats tchèques avaient construit des barrages en ciment, à la frontière, près de Warnsdorf, laissant l'espace nécessaire pour une seule voiture. Les Allemands, nous raconta Ulrich, en faisant des manœuvres de l'autre côté, avaient construit des barrages plus grands et, pour bien témoigner qu'ils méprisaient ceux des Tchèques, ils les avaient écrasés avec deux de leurs tanks. « Pour montrer aux Tchèques, ajouta Ulrich, ce qui les attendait s'ils essayaient de discuter avec les Allemands. »

Plus Ulrich buvait de bière, plus il devenait bavard.

— Je vais vous dire un secret, dit-il soudainement. Henlein est actuellement avec Hitler à Berchtesgaden. L'armée allemande peut, à tout moment, traverser la frontière.

Ce propos nous étonna, Ralph et moi. Lorsque Hitler avait annexé l'Autriche, on avait craint qu'il ne se tournât ensuite vers Prague; mais ceux qui partageaient ces craintes furent considérés comme des trouble-fêtes par les pacifistes, et le monde, à nouveau, reprit sa tranquillité satisfaite.

Or, dans un train roulant à travers la campagne de Bohême, on nous annonçait froidement que l'armée allemande pouvait à tout instant pénétrer en Tchécoslovaquie.

— Mais ce serait la guerre mondiale, risquai-je sans conviction.

— Pas du tout, répliqua Ulrich, ce serait l'affaire de quelques jours.

Nous lui rappelâmes le traité conclu entre la France et la Tchécoslovaquie, et nous ajoutâmes que, d'autre part, l'Angleterre s'était engagée à soutenir la France. Mais il secoua la tête.

— Non, dit-il, personne ne se battra pour les Tchèques !

Il continua en nous expliquant que l'état-major du parti attendait les ordres pour avancer, que ces ordres pouvaient venir d'un instant à l'autre. Quand Ralph lui demanda quels seraient ses projets dans le cas d'une guerre avec la Tchécoslovaquie, car il semblait évident que la Tchécoslovaquie ne serait plus un lieu d'élection pour les partisans du nazisme, il répondit d'un air cavalier :

— Oh ! j'ai un ami tchèque qui me cachera jusqu'à ce que la bataille soit terminée. Je lui ai toujours rendu service pour le paiement de ses impôts.

Il ne lui venait pas à l'idée qu'il était paradoxal de compter sur un individu « de race inférieure » pour se tirer d'affaire.

En arrivant à Aussig, Ralph et moi demandâmes aussitôt la communication avec Londres. On nous répondit qu'on ne pouvait nous renseigner sur la durée de l'attente. Nous n'étions qu'à trois kilomètres de la frontière allemande. En allant à la réunion électorale, nous nous demandions avec angoisse si elle n'allait pas être interrompue par le grondement des tanks et le piétinement des troupes en marche.

Notre anxiété nous fit sans doute exagérer l'atmosphère belliqueuse de la réunion. Pour moi, c'était un cauchemar de drapeaux, de svastikas, de bannières, de photographies de Henlein, d'affiches de Hitler et de *« Heil ! »* assourdissants. Plus de six mille cinq cents Allemands étaient massés dans l'hôtel de ville. Des rangées de gardes en uniformes sudètes surveillaient les corridors bondés. C'étaient, nous confia Ulrich, les futurs SS.

La bière coulait à flots et un orchestre joua toutes les marches fameuses. Les candidats discouraient, gesticulaient et hurlaient. Quand l'un d'eux fit allusion à Hitler et à la puissance du Reich, et déclara que les Allemands des Sudètes en avaient assez d'être gouvernés par une « race de paysans émigrés », la foule poussa des cris frénétiques, fit ovation sur ovation et hurla des *« Sieg Heil ! »* interminables.

En retournant à l'hôtel après la réunion, nous tâchâmes, une fois encore, mais en vain, d'avoir la communication avec Londres. La ville était devenue tout à coup si calme qu'une agression allemande semblait inimaginable ; je me demandais si la bière n'était pas montée à la tête d'Ulrich et s'il ne nous avait pas dit des sottises. Je dormis mal cependant et fus tirée de ma torpeur, à 5 heures du matin, par un bruit d'avions. Je m'habillai et sortis. Six appareils de reconnaissance, volant par groupes de trois, survolaient la ville. Aussig dormait encore, et les rues étaient désertes.

Le bruit d'un train m'attira à la gare, dont je n'étais séparée que par quelques pâtés de maisons; j'arrivai pour surprendre des centaines de soldats tchèques qui se précipitaient sur le quai.

Je retournai à l'hôtel et envoyai prévenir Ralph. Il se passait évidemment quelque chose d'anormal; nous décidâmes après réflexion de retourner à Prague, d'où nous pourrions facilement téléphoner à Londres.

Herr Ulrich vint avec nous. Il paraissait nerveux et mal à l'aise. Il ne parlait guère. Peut-être pensait-il pour la première fois aux chances de voir la cour de sa maison transformée en champ de bataille.

D'après l'aspect de l'hôtel Ambassador, à 7 heures du matin, il était difficile d'imaginer que la vie ne fût pas absolument normale : une femme de ménage nettoyait le plancher; l'employé de bureau classait le courrier et le garçon d'ascenseur épluchait le journal du matin.

Nous prîmes notre petit déjeuner dans le restaurant désert. Nous obtînmes la communication avec Londres, et le ministère des Affaires étrangères ne put nous donner aucun renseignement ni aucune confirmation sur une activité quelconque. Une fois de plus, nous nous demandâmes si nous n'étions pas victimes de notre imagination.

À 9 h 30, toutefois, Reynolds Packard, dc l'United Press, se précipita dans le hall, dans un état de grande excitation. Je l'accaparai (puisqu'il n'y avait entre nous aucune rivalité journalistique) et je finis par lui arracher des nouvelles : l'armée tchèque – craignant un coup de force allemand – avait rappelé cent mille réservistes et faisait une mobilisation partielle.

Le téléphone sonna quelques minutes plus tard, et la voix calme du téléphoniste de Londres résonna dans l'appareil.

— Hello ! Comment allez-vous ? me dit-il aimablement.

— Pas très bien. Les Tchèques mobilisent !

— Comment ça ?

— Ils pensent que l'armée allemande est sur le point de traverser la frontière.

— Comment ? Vous en êtes sûre ?

— Je suis absolument sûre que les Tchèques mobilisent.

— Eh bien ! ça, au moins, ce sont des nouvelles !

Je lui demandai de prévenir M. Hadley, le directeur, que j'allais faire un article à ce sujet et que je le rappellerais dans la soirée.

Une activité fiévreuse régna pendant toute la journée. Bien avant midi, le hall de l'Ambassador fut envahi par des journalistes. La moitié des capitales européennes téléphonaient à Prague, des télégraphistes apportaient des télégrammes urgents et les concierges tchèques, interloqués, se grattaient la tête.

La capitale apprit rapidement la nouvelle de la mobilisation. On discutait dans tous les cafés et on s'arrachait les numéros spéciaux dès leur apparition. Je téléphonai au major Lowell Riley, l'attaché militaire américain, afin d'aller avec lui l'après-midi dans la direction de la frontière autrichienne, jusqu'à Tabor ; nous ne croisâmes sur la route qu'une dizaine de camions chargés de soldats, car la plupart des recrues étaient envoyées sur la « ligne Maginot » tchèque, le long de la frontière. Personne ne dormit cette nuit-là. La foule hurlait sur les boulevards : « Vive la Tchécoslovaquie ! » « À bas Henlein ! » Les esprits étaient surexcités et les agents empêchaient les attroupements, craignant des rixes entre Allemands et Tchèques.

Au bout de quelques jours, la crise était passée. Les Allemands nièrent avec indignation avoir des « intentions déloyales » à l'égard de la Tchécoslovaquie. Les hommes d'État français et anglais réprimandèrent le président Beneš – comme un maître d'école réprimande un écolier indiscipliné – et l'armée tchèque, en fin de compte, démobilisa.

C'était le commencement, non pas la fin, car en ce mois de mai les Tchèques savaient déjà que la question se poserait de nouveau, tôt ou tard. À partir de ce moment-là, pour parler comme le bagagiste de l'hôtel, une épée de Damoclès était suspendue sur Prague... Un jour, elle tomberait... mais quand ?

On acceptait comme une terrible évidence que l'indépendance tchèque devrait être sauvegardée par le sang. Les démocraties puissantes considéraient leur droit propre à la liberté comme évident, mais les Tchèques n'avaient obtenu leur autonomie que depuis vingt ans. Ils la conservaient peureusement, avec un sentiment aigu de la possession, comme un peuple paysan dont les corps conservent encore les marques des chaînes de l'esclavage. Après la mobilisation, quand le guide touristique de Prague faisait visiter le vieil hôtel de ville, il s'arrêtait devant l'horloge lourdement sculptée et disait fièrement : « Cette horloge fut construite en 1499... Nous étions alors une nation indépendante, nous le sommes encore aujourd'hui et nous resterons une nation indépendante ! »

À cette époque, la Tchécoslovaquie avait une foi absolue en son alliance avec la France et la Russie ; elle était certaine de la victoire, si jamais elle devait faire la guerre.

Un soir, j'assistais à une représentation de l'opéra de Smetana, *Libussa*, où une prophétie annonce que les Tchèques survivront toujours à toute domination étrangère. Quand on abaissa le rideau, les spectateurs tchèques, généralement flegmatiques, se levèrent et applaudirent pendant vingt minutes.

La vie reprit rapidement son cours normal mais, malgré le calme apparent de la capitale, une certaine tension continuait à se faire sentir. Si vous parliez allemand dans les magasins, vous vous heurtiez à un silence de mort. Comme peu d'étrangers parlaient tchèque, la plupart étaient obligés de commencer leur phrase en anglais, de continuer en français – personne ne comprenait aucune de ces deux langues – pour terminer en allemand, ce qui les tirait d'embarras.

Il était facile aux nazis d'exploiter l'antagonisme entre les Allemands et les Tchèques – antagonisme stimulé par la grandissante étoile de Hitler – car leur désaccord ne datait pas d'hier.

Pendant trois siècles, les Habsbourgs de Vienne avaient maintenu les Tchèques sous leur domination, les traitant comme une race inférieure. Ceux-ci réagirent au moment de la Grande Guerre, en désertant par centaines de milliers, en s'engageant dans les armées alliées et en combattant aux côtés des Français, des Italiens et des Russes.

En 1918, les Tchèques figuraient donc parmi les vainqueurs, tandis que les Allemands des Sudètes étaient parmi les vaincus. L'incorporation des vainqueurs et des vaincus sous un même gouvernement présentait déjà des difficultés en soi. Les Allemands des Sudètes déploraient de voir le peuple anciennement assujetti, les Slaves, maintenant maître de la Bohême (historiquement, cependant, la Bohême leur appartenait de droit) et les Tchèques, jaloux de leur indépendance chèrement gagnée, ne facilitaient pas les choses.

Les Allemands protestaient amèrement contre les discriminations entre Tchèques et Sudètes ; ces derniers, affirmaient-ils, étaient l'objet de continuelles humiliations de la part des fonctionnaires parlant seulement le tchèque ! Beaucoup de ces griefs étaient fondés. Mais il apparaît étonnant, quand on jette un regard en arrière, que l'on ait pu discuter solennellement du pour et du contre du problème allemand, lorsque les Allemands eux-mêmes, avec une barbarie sans égale, avaient supprimé leurs propres minorités.

Ce qui paraît plus étonnant encore, à la lumière des événements, c'est que le parti d'Henlein, dont l'état-major était à Prague, ait pu continuer jusqu'au bout à ronger comme eût fait un cancer la colonne vertébrale de la nation, par le déploiement de sa propagande. L'explication se trouve, à mon sens, dans la foi absolue des Tchèques en la démocratie. Et cependant, pendant ce mois de mai relativement calme, l'état-major nazi jetait une note discordante.

Cet état-major était installé au-dessus d'un grand restaurant, le Deutsches Haus, dans les bureaux du journal *Die Zeit*. Je me souviens de ma première visite à ces bureaux. Quittant un monde essentiellement tchèque, avec ses affiches et ses placards de publicité indéchiffrables, je longeai une allée et pénétrai sous une porte cochère sombre. Le restaurant était envahi par des Allemands acclamant Hitler et faisant le salut nazi. Des photographies de Henlein couvraient les murs, ainsi que des banderoles réclamant l'autonomie et prédisant la victoire. Les corridors alentour étaient remplis de gardes. L'Allemand qui m'avait délivré mon permis s'était trompé et, au lieu de *Deutsches Haus* avait inscrit *Deutsches Reich*. Quand je montrai mon laissez-passer aux gardes de la porte, ils éclatèrent de rire :

— *Deutsches Reich ! Das ist gut !* dirent-ils.

Puis ils saluèrent, enchantés, et me laissèrent passer.

Les Tchèques brisaient constamment les vitres du Deutsches Haus, à cette époque. Je savais qu'ils n'avaient pas le droit de pénétrer dans l'immeuble, et je fus surprise de voir quatre hommes en uniforme tchèque, déambulant dans le restaurant, saluant et souriant. C'étaient, je l'appris par la suite, des Allemands des Sudètes qui faisaient leur service obligatoire dans l'armée tchèque.

Je montai l'escalier jusqu'au bureau de *Die Zeit*, traversai un hall rempli d'agents du parti, pour la plupart des jeunes gens de vingt ans à la mine rogue, et demandai Herr Ulrich. Je ne l'avais pas revu depuis notre voyage à Aussig et désirais des renseignements sur les élections. L'employé de bureau m'annonça qu'il était absent pour un temps « indéterminé ». Ses activités paraissaient mystérieuses, et je me demandais si l'ampleur du drame ne l'avait pas soudain effrayé et s'il n'avait pas décidé de s'en laver les mains. Je ne l'ai jamais revu.

Ombres printanières

Un ou deux jours avant mon retour en Angleterre, le professeur B., un Tchèque pour lequel j'avais une lettre d'introduction, m'emmena prendre le thé dans un restaurant de plein air, sur une colline surplombant Prague. C'est une des plus belles journées de printemps que j'aie jamais vécues. La prairie en pente, devant nous, était couverte de cerisiers en fleurs, et les vieilles tours du Hradschin, à gauche, se découpaient dans le ciel, comme un château enchanté. Plus bas, au loin, la Moldau luisait au soleil comme une mèche de cheveux dorée.

Le professeur tchèque parla des difficultés que nous traversions et déclara avec une foi presque puérile que, puisque la démocratie avait *raison*, elle triompherait.

— Mais la vie sera difficile, dit-il en soupirant. Je regarde intensément les cerisiers en fleurs cette année, je ne serai peut-être plus là pour les voir, au printemps prochain.

Il resta silencieux, puis secoua la tête.

— Oui, dit-il, en effet, je ne le crois pas.

J'appris que, peu de temps après l'entrée des Allemands à Prague, au printemps suivant, il avait été envoyé dans un camp de concentration.

4
QUI VEUT LA GUERRE ?

Quelques semaines après la crise tchèque, j'allai avec Martha Gellhorn – actuellement Mme Ernest Hemingway – dans une brasserie de Birmingham, afin de tâcher de nous faire une idée de l'opinion du peuple en Angleterre. C'était un café typiquement anglais, dans un quartier ouvrier, avec ses murs gris, ternes, un jeu de cible dans un coin et au-dessus du bar deux gravures bon marché représentant des courses de chevaux.

Il était à peu près 18 heures, et bientôt des ouvriers d'usine, avec leurs femmes ou leurs bonnes amies, commencèrent à envahir la salle. Il paraissait difficile d'engager la conversation. Heureusement, un vieux monsieur assis dans un coin, avec un long cache-poussière jaune, se mit à faire des commentaires sur le temps. Nous sautâmes sur l'occasion pour lui dire que nous étions Américaines et visitions l'Angleterre.

— Ah ! vraiment, dit-il, c'est la première fois que je cause avec des Américaines.

Nous pensions que la glace était rompue et attendions anxieusement qu'il nous assaille de questions, mais il se rencogna dans son silence, et nous nous rendîmes compte soudainement que la conversation était terminée.

La brasserie était bondée. Tout le monde se connaissait. C'étaient des « Bonjour, Bill ! » et des « Comme je suis content de vous voir, Jim ! » Puis chacun se retirait dans son petit groupe et parlait à voix basse. L'apparition d'un étranger portant une valise faillit rompre le calme. Il s'installa au milieu de la pièce, ouvrit sa valise et en sortit un flot de cravates. Aussitôt l'atmosphère se chargea d'hostilité : une femme, assise à côté de moi, déclara que c'était une honte pour les marchands de venir déranger les gens, quand tout ce qu'ils demandaient, c'était qu'on les laisse boire tranquillement. La serveuse, heureusement, intervint, lui dit de s'en aller, et l'ambiance redevint normale.

Peu à peu, l'atmosphère se dégelait et nous pûmes nous joindre à la conversation du groupe voisin. Nous réussîmes à parler politique, et une femme de ménage, qui travaillait dans un café, déclara qu'elle n'habiterait pas dans un pays fasciste, même pour mille livres par mois.

— En Angleterre, expliqua-t-elle, on a le respect du droit de chacun.

D'après ce qu'elle avait pu comprendre, chez les étrangers, c'était différent. Elle les avait vus au cinéma, tous en uniforme, marchant au pas et agitant des drapeaux.

— Mais, après tout, s'ils aiment ça, ajouta-t-elle, ce n'est pas à nous de les critiquer. Nous n'avons qu'à rester chez nous et à nous occuper de nos affaires.

Son mari, un ancien marin, soutint son point de vue. Il avait voyagé, disait-il, dans le monde entier, et la vie n'était agréable qu'en Angleterre. Il tâcha de raconter ses expériences en Chine, mais sa femme, qui sans doute connaissait l'histoire par cœur, ne le laissa pas faire dévier la conversation.

— Le gouvernement britannique, expliqua-t-elle, est le meilleur gouvernement du monde entier. Personne ne serait assez stupide pour nous déclarer la guerre, puisque nous sommes toujours victorieux.

— Ça, c'est bien vrai, interrompit le marin. Si vous tordez la queue du lion une fois de trop, vous êtes perdu !

Le troisième homme du groupe, un électricien, secoua la tête d'un air morose.

— Quand je lis les journaux, dit-il, j'ai quelquefois des doutes.

Les deux autres étaient exaspérés.

— Voyons, soyez raisonnable ! Est-ce qu'on a jamais entendu parler de l'Angleterre vaincue ?

Le petit homme secoua la tête et garda le silence, complètement submergé.

Martha et moi, nous traversâmes les Midlands en auto, poussant jusqu'à Newcastle pour revenir ensuite à Londres. Nous choisissions nos personnages « types » au hasard, dans les brasseries, dans les salons de thé, dans les réunions de l'ARP, dans les restaurants des arsenaux ; nous parlions avec des fermiers, avec des ouvriers d'usines, des maîtres d'hôtel, des mécanos, des ingénieurs du génie maritime.

Nous rencontrions toujours la même réaction : « La guerre ! Mais qui veut la guerre ? »

On semblait trouver tout naturel que les « étrangers » se querellent toujours entre eux, mais on ne voulait même pas discuter de la possibilité d'être mêlé à ces différends. Malcolm Muggeridge a résumé ce sentiment dans les *Thirties* en écrivant :

> *Les événements publics, si considérables soient-ils, n'importunent guère la grande masse de l'humanité, qui se rend compte à juste raison qu'elle est sans influence sur eux, et qu'elle doit de toute manière en supporter les conséquences. Une rage de dents est plus douloureuse que Hitler, un rhume de cerveau trouble plus le patient que l'annexion de l'Albanie. Ce qui fait blanchir et dépérir en quelques mois le secrétaire des Affaires étrangères laisse indifférent le demi-million d'hommes qui assiste au derby.*

Martha était venue en Angleterre pour écrire un article pour le *Collier's*. Son éditeur, à cinq mille kilomètres de là, à New York, se tourmentait. Il voyait l'Espagne ravagée par la guerre civile, l'armée française gardant trois frontières, l'exaltation de l'armée tchèque construisant sa troisième ligne de défense à vingt kilomètres seulement de Prague. Il voyait les îles britanniques, autrefois à l'abri des attaques, transformées maintenant, grâce au développement de l'aviation, en une des cibles les plus vulnérables de l'Europe. « Quelle est la réaction du peuple britannique ? câblait-il. Le peuple est-il inquiet ? Quelle est son opinion sur le fascisme, sur une agression, sur la possibilité d'une guerre ? »

Martha ne savait plus à quel saint se vouer.

— Je ne peux tout de même pas télégraphier : « La guerre ! Mais qui veut la guerre ? » disait-elle avec indignation.

Et cependant, même dans des usines d'armement, comme à Sheffield et à Newcastle, il n'y avait aucune appréhension chez le peuple. Bien sûr, il travaillait aux armements. C'était même excellent contre le chômage. Mais de là à s'en servir !… Contre qui ?

À des questions directes comme : « Est-ce que vous vous battriez pour la Tchécoslovaquie ? » nous recevions des réponses confuses. Les serveurs dans les cafés de Leeds disaient qu'ils se battraient, si le gouvernement avait signé des engagements. Mais le gouvernement avait-il signé des engagements ? demandaient-ils. Plusieurs ouvriers du textile, à une table voisine, tous des soldats de l'ancienne guerre, les interrompirent pour dire qu'ils ne combattraient plus sur une terre étrangère. Cette remarque leur valut une riposte d'une vieille serveuse, disant que c'était une honte de donner une impression pareille à des Américains. « Naturellement, les garçons se battront, dit-elle, pour le roi et pour la patrie. »

De toute façon, il ne pouvait s'agir que d'une hypothèse lointaine, et la raison pour laquelle le drame ne pouvait être prochain semblait due à la confiance extraordinaire que l'homme de la rue mettait dans les « experts » qui gouvernaient le pays. Nous nous le fîmes expliquer maintes et maintes fois ; il était difficile pour des profanes, disait-on, de juger de la situation, parce que les négociations étaient tenues secrètes. Mais la situation n'était jamais aussi mauvaise que l'annonçaient les journaux, parce que le gouvernement avait toujours « plus d'un tour dans son sac ».

Le peuple était navré de la démission de M. Eden. L'opinion générale était qu'il était un homme « très bien », parce qu'il s'était engagé à faire tout son possible pour empêcher la guerre, et M. Churchill était aussi « très bien » parce qu'il faisait de beaux discours.

Au fond, tout allait pour le mieux, en ce mois de juin 1938, trois mois et demi avant que l'armée allemande entre en Tchécoslovaquie. Martha était indignée. Cette grande fille blonde, avec des dons brillants d'écrivaine, passionnée pour les intérêts du peuple, refusait de prendre les calamités mondiales à la légère. Pour elle, c'était une honte que l'ouvrier anglais ne fût pas indigné comme elle, jusqu'à la fureur, par le traitement de ses frères espagnols, ou par le sort réservé à ses frères tchécoslovaques.

Notre voyage commençait à se transformer en une tournée de conférences. La phrase : « La guerre ! Mais qui veut la guerre ? » devint comme un chiffon rouge agité devant un taureau ; et Martha, au comble de l'exaspération, parla à tous ces gens de Hitler, de sa puissante armée et de ses innombrables avions de bombardement. On la regardait avec étonnement, on pensait qu'elle était sûrement un peu détraquée. Quand nous arrivâmes chez Lord Feversham, dans le Yorkshire, un dimanche après-midi, pour le thé, son indignation ne connaissait plus de bornes. Elle prit à peine le temps de dire bonjour et se mit à expliquer à Sim Feversham – alors sous-secrétaire d'État à l'Agriculture – que le peuple anglais ne s'intéressait qu'aux courses de chevaux et au temps qu'il faisait.

Sim s'amusait beaucoup. Il trouva d'abord notre petit voyage très bizarre.

— Quelle drôle d'idée, dit-il, d'aller dans les brasseries pour demander aux gens ce qu'ils pensent ! Vous êtes deux alarmistes bonnes à jeter le trouble et l'inquiétude dans le pays.

Martha déclara qu'elle allait continuer à jeter du trouble en parlant aux paysans.

— En Angleterre, fit-il remarquer, nous les appelons *fermiers*.

— Je sais, repartit Martha. C'est comme ça que vous les *désignez*.

Une heure ou deux plus tard, nous traversions les prairies pour aller à une des fermes de Sim, sur sa propriété. La porte s'ouvrit sur un très vieil homme.

— Bonjour, Geoff, dit Sim aimablement. Comment allez-vous ?

Le vieil homme était ravi de voir son maître.

— Oh ! bonjour, mylord, dit-il en s'inclinant plusieurs fois. Bonjour ! Vous ne voulez pas entrer ?

Sim secoua la tête.

— Nous sommes juste venus vous poser quelques questions. Ces jeunes filles font actuellement un voyage en Angleterre, en propageant des idées de guerre. Elles pensent toutes les deux que la guerre va éclater. Vous ne pensez pas qu'il va y avoir la guerre, n'est-ce pas, Geoff ?

— Oh ! non, mylord !

— Vous pensez que tout va très bien, n'est-ce pas, Geoff ?

— Oui, mylord, oui, mylord !

— Vous ne pensez pas que Hitler veuille faire la guerre à l'Angleterre, n'est-ce pas, Geoff ?

— Non, mylord, non, mylord !

— Au fond, vous pensez que toutes ces discussions sont un peu ridicules, n'est-ce pas, Geoff ?

— Oui, mylord, oui, mylord !

Martha ne put résister plus longtemps. Elle traversa les champs à grandes enjambées. Sim la suivait, souriant d'une oreille à l'autre.

— Tâchez donc de venir dans *mon* pays, un jour ! s'écria-t-elle. Vous n'aurez pas tous ces salamalecs et toutes ces révérences. Quelle honte de bourrer le crâne à ce pauvre vieil homme ! Quand la guerre *arrivera*, on trouvera votre corps flottant dans la rivière et nous connaîtrons le coupable. Mais vous pouvez être tranquille, ce n'est pas *moi* qui le vendrai.

Un an et demi plus tard, Geoff avait changé de parti. Je rencontrai alors Sim au moment où il partait avec son régiment, pour la Palestine. Il m'expliqua que, très peu de temps après Munich, les « paysans » de Martha avaient commencé à le regarder d'un air soupçonneux. Quand il prit congé de Geoff, le vieillard lui dit :

— C'est trop triste de vous voir en uniforme, mylord !

Puis, avec des yeux qui étincelaient de férocité, il ajouta :

— Mais je pense que nous devons payer nos erreurs, n'est-ce pas, mylord ?

Sim me fit promettre de raconter l'incident à Martha.

— Ça lui fera tant de plaisir ! Croyez-vous qu'elle pense que nous allons être vaincus ?

— Non, répondis-je, je ne crois pas.

Je me rappelais, en effet, la remarque de Martha, toujours très en colère, sur le chemin du retour :

— Et le plus triste de tout, disait-elle, c'est que leur crâne est si dur qu'on ne peut pas le briser. Si le monde arrive à sa fin demain et qu'il n'y a qu'un seul survivant, vous pouvez être sûre que ce sera un Anglais.

Quatrième partie

LE TEMPS DES MARCHANDAGES

1

LES BOUGIES COMMENCENT À VACILLER

En descendant les Champs-Élysées, on remarquait les rayons du soleil jouant à travers les marronniers, et les jets d'eau du rond-point jaillissant comme une rivière de diamants. On flânait le long des quais de la Seine, en se demandant avec un serrement de cœur combien de temps encore Paris continuerait à resplendir ainsi…

Quelques jours auparavant, le 15 août, la nouvelle de la mobilisation de l'armée allemande s'était répandue dans le monde entier, à la vitesse de l'éclair. Des affiches bleu, blanc, rouge, faisant appel au peuple pour la défense nationale, *pour sauvegarder la patrie*[1], avaient déjà remplacé les banderoles, les drapeaux et les bannières, élevées en juillet, pour la visite du roi et de la reine d'Angleterre. Les journaux tiraient des numéros spéciaux plusieurs fois par jour, et la politique absorbait tous les esprits depuis les hommes d'État jusqu'aux couturiers. La paix se mourait. Tout le monde en était intimement persuadé. Mais la réalité était si effrayante que l'on s'accrochait désespérément à la moindre lueur d'espoir. On veillait dans la chambre de la moribonde. On serrait les mains glacées de la patiente et l'on se refusait à constater, fût-ce pour soi-même, la pâleur grandissante de son visage.

Cette longue agonie était assurément terrible à observer. Elle dura à peu près un an, mais l'angoisse de l'Europe ne fut jamais si aiguë que pendant ces mois d'été où tous les remèdes, l'espoir, la trahison, l'idéalisme et la compromission furent injectés dans les veines de la malade, en un effort désespéré pour la maintenir en vie. Sa guérison à Munich ne fut qu'artificielle. Elle tomba ensuite dans le coma et mourut un an plus tard.

J'avais abandonné toute idée de retour en Amérique et je signai un contrat avec le *Sunday Times* de Londres comme correspondante

1. En français dans le texte.

« itinérante » à titre permanent. Mon métier me mena pendant l'année suivante dans beaucoup de pays et dans de nombreuses capitales ; j'observais les lumières qui s'éteignaient une à une dans la chambre mortuaire, jusqu'au moment où le drap fut tiré sur le cadavre et où l'Europe entière résonna du bruit des bombardiers. En ce mois d'août qui précéda Munich, tandis que le désespoir balayait la France, j'étais installée une fois de plus dans l'appartement de la baronne X., avenue des Champs-Élysées, où j'avais écrit mes articles sur l'Espagne.

Le balcon était inondé de soleil et la voix perçante de la concierge troublait le silence matinal exactement de la même façon qu'une année auparavant. Seulement, la concierge maintenant ne passait plus son temps à discuter les prix, elle discutait de la situation politique. Je l'entendis, un matin, se quereller avec le boulanger. Il disait en grommelant que les affaires intérieures de la France étaient un mélange de stupidités ; personne n'était jamais d'accord, tandis que l'Allemagne, elle, pendant ce temps-là, prenait ses décisions tout de suite. La concierge riposta qu'il ne pouvait en être autrement. L'Allemagne, c'était Hitler, tandis que la France, c'était une quantité de gens. Elle reprocha à son interlocuteur de jeter le blâme sur la politique intérieure du pays. Les difficultés françaises ne venaient pas de la dénatalité, ni de la dévaluation du franc ni des discussions entre la gauche et la droite, les difficultés françaises, affirma-t-elle, étaient les mêmes qu'elles avaient toujours été et venaient de sa position géographique. Je n'entendis pas la réponse du boulanger. Sans doute fut-il d'accord.

Car c'était la terrible répétition de l'Histoire, qui, plus que tout, causait l'obsession des Français. Les cicatrices des champs de bataille du Nord étaient à peine refermées que déjà l'armée allemande se remettait en marche.

Je n'avais jamais vu ces champs de bataille et je pris le train un matin, jusqu'à Amiens, avec Tommy Thompson, alors en permission à Paris. Nous louâmes un taxi pour aller jusqu'à la crête de Vimy et de là à Bapaume, en traversant l'ancien champ de bataille de la Somme. Les blessures de l'ancienne lutte étaient encore fraîches. Nous longeâmes pendant des kilomètres des plaines désolées et cabossées. C'était toute la vieille guerre qui semblait sortir des pages de l'Histoire, comme un squelette furieux, juste au moment où le monde était sur le point d'entrer dans une guerre nouvelle. Des pancartes conseillant au public de ne pas dépasser certaines limites, dans la crainte d'éclatement d'obus et de grenades, étaient encore visibles le long de la grand-route. Un peu plus loin, on voyait les emplacements éboulés de l'artillerie et des piquets tout rouillés, qui avaient servi pour les fils de fer barbelés, étaient encore figés dans le sol aussi solidement que le jour où on les avait mis, vingt ans auparavant. Des cratères de mines et des trous d'obus parsemaient le terrain, autour de la crête de Vimy. Plus de cent mille hommes étaient morts sur la colline, avant que la ville fût enfin prise par les Canadiens, en 1917. L'ascension de la crête fut quelque chose d'horrible mais, quand nous atteignîmes le sommet, le spectre qui hantait notre esprit s'évanouit et la tragédie se transforma en comédie. Il faisait beau et des touristes envahissaient les pentes de la colline. Des familles entières avaient apporté leur repas et s'étaient confortablement installées dans les trous d'obus, à l'abri du soleil. Des guides conduisaient les touristes à travers d'humides souterrains, où les soldats avaient combattu pour cinq francs par jour. Non loin de là, un buffet ambulant faisait de bonnes affaires, en vendant de la bière et des casse-croûte.

Ayant entamé la conversation avec le chauffeur de notre taxi, Tommy découvrit que celui-ci avait pris part à la première bataille de la crête de Vimy. L'ancien combattant contemplait le spectacle avec un regard ironique. C'était parfait, disait-il, ces gens qui apportaient leurs paniers de pique-nique. Quand il était dans les tranchées avec ses camarades, ils avaient souvent blagué, en pensant qu'un jour des gens paieraient pour visiter l'endroit où ils s'étaient battus. Ce qui était désespérant, en revanche, c'est que, seulement vingt années plus tard, l'Europe se trouvait à la veille d'une autre guerre. Mais il haussa les épaules.

— C'est toujours la même histoire, dit-il, la France contre les boches !

Cette scène m'obséda pendant des semaines. Le chauffeur de taxi haussant les épaules, et l'expression de son visage symbolisaient pour moi le désespoir qui envahissait le pays tout entier. Pendant les quinze jours suivants, je suis allée en auto de Paris à Saint-Jean-de-Luz, j'ai longé la frontière espagnole et j'ai remonté la côte méditerranéenne jusqu'au port de Marseille, empli de rumeurs joyeuses. Pendant tout le trajet, j'ai discuté avec le plus de gens possible. Et, en relisant mes notes, je vois que la réaction était toujours la même : il fallait éviter la guerre. Tout le monde répétait sans arrêt que Hitler « bluffait » et que la catastrophe pourrait être évitée si la France recourait à une politique de fermeté. Je suppose que l'on a dû s'inspirer de cette manière de voir. La France devait se montrer ferme, non pas parce qu'elle *était* ferme, mais pour éviter la guerre. Toute la politique du pays était basée sur l'hypothèse que Hitler « bluffait ». Mais si Hitler ne bluffait pas, alors qu'arriverait-il ?

Chaque semaine, les hommes d'État français renouvelaient leur garantie solennelle à la Tchécoslovaquie. Cela faisait partie du jeu. Tout le monde, moi y compris, était impressionné par ce déploiement de force. Quand je revins à Paris, Sir Charles Mendl, l'attaché de presse à l'ambassade d'Angleterre, me révolta en disant qu'il ne croyait pas que la France eût l'intention de se battre pour la Tchécoslovaquie.

— Mais comment peut-elle revenir sur ses garanties ? protestai-je.

— Je ne sais pas, répliqua Sir Charles. Mais voilà vingt-cinq ans que j'habite ce pays, et cela sonne faux, je ne crois pas qu'ils se battront.

Je trouvais le propos cynique. En quittant Paris pour Berlin, au mois d'août, je me demandais si, en revenant, je trouverais le « black-out » et le peuple de France en guerre.

Berlin contrastait avec la beauté de la capitale française. Le vent soufflait, il faisait froid, une menace était suspendue dans l'air. Les uniformes envahissaient les trottoirs, et le bruit des tanks et des voitures blindées résonnait dans les rues. Les sombres immeubles à façade grise avaient eux-mêmes un air rebutant.

Je n'étais jamais venue à Berlin et, en me promenant, j'eus la même impression de malaise qu'en voyant les gardes de Franco, pour la première fois, sur le Pont international à Hendaye. D'instinct, pour moi, c'était « l'ennemi ». Mon pays était à plus de cinq mille kilomètres de là, mais ses opinions étaient menacées tout autant que si ses frontières avaient été contiguës avec celles de la Tchécoslovaquie. Je tâchai de surmonter cette impression et commençai à rassembler des informations pour mes articles. J'habitais l'hôtel Adlon, sur l'Unter den Linden, qui, pendant la dernière guerre, avait été le rendez-vous de la haute société berlinoise. En 1914, le hall était bondé d'uniformes multicolores hongrois, prussiens et autrichiens ; maintenant, il était envahi par des SA et des SS en marron et en noir. Le bar du grill-room était toujours rempli d'étrangers. On l'appelait familièrement le Club, et les journalistes, les diplomates, les attachés militaires et les hommes d'affaires s'y réunissaient avant le déjeuner. Les concierges et les employés allemands étaient polis et serviables. Mais c'était toujours la même atmosphère désagréable que j'avais rencontrée en Espagne, l'impression de méfiance et de surveillance. La plupart des téléphones étaient sur écoute et on pouvait souvent entendre le déclic à l'autre bout de la ligne. Le téléphone de l'attaché militaire britannique, le colonel MacFarlane, était relié avec un fil directement au ministère de la Guerre allemand. On s'en aperçut quand un employé du téléphone vint un jour réparer la ligne. Après plusieurs heures de travail, comme la ligne ne marchait toujours pas, l'ouvrier se gratta la tête, en disant :

— Je n'y comprends rien, ça marche très bien au ministère de la Guerre.

Les journaux allemands attaquaient la Tchécoslovaquie avec une violence croissante. Et même à l'hôtel on donnait des signes d'inquiétude. Plusieurs fois, je découvris des garçons du restaurant attroupés devant ma chambre, lisant rapidement les journaux anglais avant de me les apporter. Un soir, pendant le dîner, une vieille dame, à la table voisine de la mienne, éclata en sanglots, disant que tout recommençait comme en 1914. Pendant les semaines suivantes, les gens assiégeaient les bureaux de correspondants étrangers pour tâcher de savoir « quelle était vraiment la situation ».

Je présentai mes papiers au ministère des Affaires étrangères et au ministère de la Propagande et commençai une série d'interviews. Je visitai les écoles, les camps de travail et me renseignai sur l'organisation des loisirs. Les Allemands qui m'accompagnaient étaient des gens capables, d'un commerce agréable et discutaient avec conviction. Mais j'avais tout le temps à l'esprit le mot d'Emerson : « Ce que vous êtes parle si haut que je n'entends pas ce que vous dites. » Les mots doucereux sur le progrès social se perdaient dans le grondement des tanks roulant à travers les rues de Berlin.

Les correspondants étrangers se réunissaient tous les soirs à la Taverna, un petit restaurant de la Courbierestrasse. H.R. Knickerbocker et Edgar Mowrer, deux journalistes américains qui avaient été expulsés d'Allemagne peu après l'arrivée de Hitler au pouvoir, avaient mis la Taverna à la mode. Edgar Mowrer avait dû quitter l'Allemagne en 1933, après la publication de son livre *Germany Puts the Clock* (*L'Allemagne retarde la pendule*). Comme il demandait les raisons de son expulsion, un fonctionnaire du ministère des Affaires étrangères lui répondit :

— Le Führer n'apprécie pas votre livre.

L'histoire raconte qu'Edgar répliqua :

— Oh ! c'est très bien. Dites-lui que je n'ai pas apprécié le sien non plus.

La Taverna avait continué d'être un lieu de rendez-vous nocturne et, quoique la pièce fût toujours bondée, une table était fidèlement réservée pour la presse étrangère. Je voyais là surtout Euan Butler, du *Times*, et Edward Beattie, de l'United Press. Le *Times* favorisait la politique d'apaisement, mais Euan et son collègue Jimmy Holburn s'arrangeaient pour donner à leurs dépêches une nuance alarmante qui ne les faisait pas très bien voir par les autorités locales.

Euan était convaincu que la guerre avec l'Allemagne était inévitable. Un soir, à la Taverna, en regardant les jeunes soldats allemands et les SS, il déclara à haute et intelligible voix :

— C'est tout de même bien ennuyeux de penser qu'il va falloir tuer une quantité de ces gens-là !

Au plus fort des attaques contre la Tchécoslovaquie, il persuada le pianiste de jouer *La Marseillaise*. Quelques Allemands participèrent au chant, jusqu'à ce qu'ils se rendent soudainement compte que le moment n'était peut-être pas très opportun pour un tel hymne, et le gérant, d'une voix indignée, ordonna au pianiste de jouer une marche allemande.

La plupart des correspondants confrontaient leurs informations, car ils avaient peu de chance de se procurer une nouvelle sensationnelle. Il n'y avait guère d'autres informations que celles des rapports officiels, et le métier de journaliste était limité à l'interprétation personnelle des événements quotidiens. Il n'était pas difficile de se faire une idée précise de la situation, car, dans les milieux officiels berlinois, on ne cherchait nullement à dissimuler les buts allemands. Cela m'étonnait plus que toute autre chose. Pendant que l'on assurait au monde que, une fois l'affaire des Sudètes réglée, le IIIe Reich ne nourrirait plus aucune ambition, les porte-parole nazis, à Berlin, parlaient ouvertement de l'ordre nouveau à instituer dans le monde.

Je dînais un soir avec Herr von Strempel, un fonctionnaire du ministère des Affaires étrangères, plus tard à l'ambassade d'Allemagne à Washington. Il me dit carrément que la question de l'autonomie sudète ne servait qu'à masquer les visées des Allemands vers la mer Noire. En une autre occasion, Karl Silex, rédacteur en chef du *Deutsche Allgemeine Zeitung*, me dit tout aussi carrément que l'Allemagne devait un jour dominer tout le Sud-Est européen. On ne faisait point de secret de tout cela et, si les événements ultérieurs surprirent les hommes d'État français, anglais et américains, il ne faut pas l'attribuer à la discrétion nazie.

Tous les correspondants étrangers savaient parfaitement que la socialisation de l'Allemagne n'était, en d'autres termes, que la militarisation de l'Allemagne ; que les savants et les chimistes faisaient des recherches pour que le pays pût se suffire à lui-même en temps de guerre. Les usines d'armement travaillaient à plein rendement avec des équipes triplées. On inculquait aux écoliers des principes de « race », d'« eugénisme », d'« hérédité », afin de prouver que la supériorité de la race allemande justifiait le programme d'expansion de Hitler.

Après la Tchécoslovaquie, d'autres nations seraient annexées jusqu'à ce que l'Allemagne fût si puissante que pas un pays n'oserait la défier. Je ne pense pas que la majorité des Allemands se laissait tromper par la campagne de presse menée contre la Tchécoslovaquie. Mais ceux qui avaient foi en la doctrine du Führer acceptaient comme une loi de la nature sa doctrine de l'expansion.

Euan Butter entama la conversation, un soir, à la Taverna, avec un des garçons qui lui confia que sa femme attendait un enfant.

— Ce sera le sixième, dit-il fièrement.

Euan lui demanda quelles étaient les raisons qui lui faisaient désirer une si nombreuse famille.

— Il faut que l'Allemagne progresse, répondit-il, étonné par la question.

Le ministère de la Propagande continuait néanmoins à donner au monde des assurances sur les intentions pacifiques de l'Allemagne. Aucun pays n'a jamais fait de propagande plus active. L'intelligence de milliers de gens était atteinte et leur volonté paralysée par le flot de la doctrine qui sortait quotidiennement du grand édifice aux murs blancs de la Wilhelmstrasse.

Non seulement des hommes politiques puissants finissaient par être convaincus du bien-fondé des réclamations allemandes, mais la suspicion et la crainte, ainsi que la trahison, envahissaient des pays qui, depuis, sont tombés dans l'ornière du nazisme.

La propagande était habilement faite. Elle atteignait toutes les classes de la société. Elle attaquait le capitalisme pour plaire aux ouvriers. Elle créait des discordes en discréditant la presse étrangère, qu'on prétendait être sous le « contrôle juif ». Elle bafouait le libéralisme, responsable du chômage ; elle exaltait le national-socialisme en tant que système économique exemplaire, bien que les quarante pour cent du travail allemand fussent absorbés par les préparatifs de la guerre. On peut dire aujourd'hui sans exagération que la moitié des onze pays vaincus, et momentanément gérés par l'Allemagne, ont été vaincus non par les tanks, mais par la propagande.

Un jour au ministère de la Propagande, j'entrai par mégarde dans une grande pièce bondée, bruyante et noire de fumée, où deux cents journalistes allemands recevaient leurs ordres quotidiens. On me poussa dehors prestement, et je découvris plus tard que j'avais violé le saint des saints. Si un Allemand dévoilait les instructions données à l'une de ces réunions, il était puni de mort.

Je n'ai jamais rencontré l'homme qui était l'âme du ministère, Goebbels, si ce n'est une fois, dans l'hôtel Adlon, quelques jours avant mon départ. Je lui rentrai dedans au tournant d'un couloir. C'était pendant la visite officielle du régent de Hongrie, l'amiral Horthy. Un défilé militaire fut donné en son honneur à la Technische Hochschule, dans un faubourg de Berlin. Des troupes de choc au pas de l'oie, des tanks, des canons et des voitures blindées défilèrent devant Hitler et Horthy, qui se tenaient debout devant la tribune centrale. Une grosse Bertha, un de ces fameux canons aux dimensions énormes, fut le clou de la revue. La foule regarda d'abord le canon avec ahurissement quand il passa devant la tribune, puis éclata dans un tonnerre d'acclamations spontanées. Edward Beattie, debout à côté de moi, sourit amèrement et déclara au milieu du vacarme :

— Voilà un bon petit réflexe bien allemand !

Dans la loge voisine, les attachés militaires griffonnaient hâtivement sur leurs manchettes, tandis que les correspondants de la presse se précipitaient dans les cabines téléphoniques. Le canon n'était pas une invention nouvelle, mais simplement une pièce d'exposition ; de toute façon, le résultat obtenu sur la foule fut celui qu'on espérait.

Nous retournâmes à l'hôtel après la revue. Le hall était envahi par des uniformes chamarrés et bardés de décorations et de médailles, car l'amiral Horthy était accompagné d'une suite nombreuse. Un petit homme en uniforme brun et terne me tournait le dos, debout au milieu de tout ce déploiement de splendeur. Il avait l'air déplacé, parmi ces brillants plumages, et je le pris pour un petit aide de camp.

Dix minutes plus tard, on m'appela au téléphone et je me frayai un passage à travers la foule du hall jusqu'à la cabine téléphonique. Ce fut alors que j'entrai en collision avec le petit homme en uniforme brun. En m'excusant, je m'aperçus qu'il n'était autre que Paul Joseph Goebbels. Il me sourit un peu de travers et s'en alla en se frottant l'épaule. Ce fut mon seul rapport avec lui. Avec du recul, les événements de cette journée paraissent symptomatiques : le canon et Goebbels, l'épée et la plume. L'Allemagne va de l'avant.

2
CARROUSEL ALLEMAND

J'ai vu l'esprit de l'Allemagne nazie inonder les vieilles rues de Nuremberg, comme une rivière qui a rompu ses digues. Un million de drapeaux à croix gammée, rouge, blanc et noir pavoisaient les fenêtres. Le son des bottes de cuir résonnait dans la ville à la population triplée, et qui étincelait sous le déploiement des uniformes.

Quoique l'ordonnance de l'Allemagne moderne fût un phénomène possible seulement à l'époque de la machine, la nuit, l'atmosphère médiévale était incontestable. L'horloge reculait jusqu'au Moyen Âge. Les longues bannières rouges flottant aux tourelles du château de Nuremberg brillaient sous le clair de lune comme les étendards de quelque guerre religieuse d'autrefois. Le piétinement de la machine militaire, les chœurs de voix chantant les hymnes nazis contenaient toute la passion des anciennes croisades. Mais le vrombissement d'un avion de chasse, aux ailes argentées, filant à cinq cents kilomètres à l'heure, nous ramenait bien vite à la triste réalité de 1938.

Cette réalité-là jetait une ombre redoutable sur le Congrès du parti, car c'était la « semaine de crise ». Jamais, dans toute l'Histoire, une crise n'avait été mise au point aussi froidement et méthodiquement. Le monde entier savait depuis des jours et des jours la forme exacte qu'elle prendrait et la date de son paroxysme. Il avait observé les attaques grandissantes contre la Tchécoslovaquie, et maintenant, depuis la mobilisation de l'armée allemande, il attendait le *crescendo* que marquerait le discours de Hitler, projeté dramatiquement pour le dernier jour du Congrès. Le fait que la crise fût aussi méthodiquement ordonnée et aussi froidement rythmée ne la rendait que plus effrayante. Les politiciens, les diplomates et les journalistes avaient des visages anxieux et les traits tirés. Les gens se réunissaient en groupes dans les halls d'hôtel et parlaient à voix basse. Les diplomates italiens avaient des entretiens passionnés avec les délégués de l'Espagne nationaliste. Les chefs du parti allemand souriaient aux Japonais, et les hommes d'État français, inquiets, s'unissaient aux Anglais. Les correspondants des journaux de la plupart des capitales européennes s'agitaient dans les halls, posant des questions et échangeant des informations, pendant que des télégraphistes apportaient précipitamment des câblogrammes et que les communications téléphoniques étaient continuelles entre Berlin, Londres et Paris.

Les fonctionnaires allemands et les délégués des pays en leur faveur, tels que l'Italie, l'Espagne et le Japon, envahissaient pour ainsi dire les trois seuls hôtels disponibles à Nuremberg.

La presse étrangère était installée dans les wagons-lits garés en dehors de la ville. J'eus la bonne fortune de persuader le gérant du Wurtemberg Hotel de me donner une chambre, mais ma chance ne dura que deux jours ; l'arrivée d'une nouvelle délégation de Japonais me fit mettre dehors. Jules Sauerwein, de *Paris-Soir*, vint à mon secours et me procura une chambre dans la petite pension où il logeait. Sa propriétaire, une femme négligée nommée Frau Fleischer, s'intéressait passionnément à la situation politique. Elle écoutait la radio à longueur de journée et admettait toutes les attaques contre la Tchécoslovaquie, si outrancières fussent-elles.

Hitler, nous dit-elle, était « patient », mais il ne se laisserait pas « provoquer ». Si le Kaiser avait été à la tête de l'Allemagne, la guerre aurait été déclarée depuis longtemps.

Malgré la saleté des chambres et le petit déjeuner immangeable – de l'eau grisâtre en guise de café et du pain noir –, j'avais encore de la chance d'être là ; les hôtels ne pouvaient loger non seulement la presse, mais les diplomates étrangers, qui avaient été relégués dans les wagons-lits. Les trains des ambassades étaient sur une voie de garage, à quelque vingt minutes de Nuremberg.

Une série de voitures avaient été mises à la disposition des diplomates et une escouade de SS servaient d'aides de camp. Tous les efforts avaient été faits pour leur confort. Néanmoins, quand vous longiez le quai et que vous aperceviez les diplomates des trois grandes démocraties, l'Angleterre, les États-Unis et la France, se penchant à travers les fenêtres d'un wagon-restaurant, vous ne pouviez manquer de songer que les affaires européennes allaient de mal en pis.

Un matin, je me rendis jusqu'au train diplomatique avec Jules Sauerwein et George Ward Price du *Daily Mail*. Ils voulaient parler avec leurs ambassadeurs respectifs et je désirais trouver Prentiss

Gilbert, le chargé d'affaires américain. Nous croisâmes les SS en uniformes noirs et longeâmes le quai désert, à la recherche du wagon. George Ward Price aperçut Sir Nevile Henderson dans le wagon-restaurant et André François-Poncet, l'ambassadeur de France, quelques wagons plus loin, passa la tête par la fenêtre pour faire un signe à Jules Sauerwein. J'entrai dans le train et traversai les couloirs jusqu'au compartiment marqué *États-Unis*. Je toquai à la porte. Une voix me répondit « Entrez », et je trouvai l'ambassadeur des États-Unis, M. Hugh Wilson, assis, solitaire et tambourinant les vitres avec ses doigts pour passer le temps. Il n'avait évidemment rien à faire. J'en fus frappée ; cela symbolisait le rôle que la plus puissante des démocraties dans le monde jouait à ce moment-là, alors que la civilisation était si gravement menacée. Je plaisantai avec M. Wilson, qui était enchanté d'avoir de la compagnie, et j'appris par lui que Prentiss Gilbert était resté à Berlin.

George Ward Price et Jules Sauerwein avaient l'air découragés. Quand je les rejoignis, Sauerwein haussa les épaules.

— J'espère rencontrer un jour, dit-il, un ambassadeur qui répondra à mes questions au lieu de m'en poser.

En fait, les diplomates étaient encore moins renseignés que les journalistes. Hitler avait refusé de les recevoir, et leurs contacts étaient encore plus restreints que les nôtres.

Ward Price avait cependant espéré obtenir des explications de Nevile Henderson au sujet d'un article du *Times* de Londres, paru la veille, le 7 septembre. On y suggérait que les Tchèques pourraient céder les territoires sudètes aux Allemands afin de résoudre les difficultés. Les hommes d'État qui voulaient tenir tête à Hitler par une politique de fermeté considéraient cet article comme une trahison, un coup de poignard dans le dos. Dans les milieux officiels allemands, en revanche, on respirait. Les visages qui s'étaient allongés se mirent à sourire, et les chefs nazis de second plan circulaient, d'excellente humeur, assurant à tous que la guerre n'aurait pas lieu.

Dietrich, directeur de la presse allemande, expliqua que Hitler ne désirait pas la guerre et ajouta, avec un sourire rusé :

— Il peut obtenir ce qu'il désire sans cela.

Cette conviction flatteuse fut largement répandue dans le peuple allemand. Les brasseries à ciel ouvert retentissaient de rires et de musique, et tout le monde était d'accord sur le fait que Hitler arriverait à ses fins par la seule voie diplomatique.

Je grimpai, un après-midi, jusqu'à la vieille ville, en haut de la colline, avec Bertrand de Jouvenel, un journaliste français. Nous entrâmes dans un petit restaurant bondé de SA qui buvaient de la bière en mangeant des saucisses et de la choucroute. On imaginait difficilement que tous ces contingents de SA avec leurs lourdes bottes noires, leurs uniformes kaki et le svastika épinglé sur leurs manches, ne soient formés que de citoyens allemands ordinaires, des conducteurs d'autobus, des coiffeurs, des mécaniciens et des petits commerçants. Pour eux, Nuremberg représentait des vacances. Ils se promenaient toute la journée, ils visitaient des expositions, dégustaient d'énormes repas et se faisaient photographier pour envoyer les photos chez eux. La nuit, ils envahissaient les cafés et partaient toujours les derniers.

Ceux du restaurant étaient grands et blonds avec de bonnes figures propres et honnêtes. Ils nous invitèrent, Jouvenel et moi, à nous joindre à eux, car il n'y avait pas de table libre.

Quand Jouvenel leur eut dit qu'il était français, leurs yeux étincelèrent d'intérêt.

Le chef du groupe, un homme d'un certain âge, lui serra les mains chaudement. Il avait vécu quatre ans en France; il avait passé son temps à se battre, disait-il, mais, qu'importe, il avait l'impression de bien connaître le pays. Personne ne semblait trouver qu'il manquait peut-être de tact en décrivant les villes qu'il avait occupées; puis, soudainement, il assura à Jouvenel qu'il n'y aurait pas d'autre guerre. Il avait confiance, les choses s'arrangeraient pacifiquement, personne ne désirait la guerre, surtout pas Hitler.

Ses compagnons hochèrent la tête affirmativement, puis tous les six levèrent leurs verres et portèrent un toast en l'honneur de l'Allemagne, de la France et de la Tchécoslovaquie. Quand ils eurent terminé, un petit homme, au bout de la table, un forgeron de Cologne, nous demanda notre avis sur l'Allemagne, mais sans nous donner le temps de répondre il nous en expliqua tous les charmes. Ce n'était pas un pays comme les autres, dit-il, car le chômage n'existait pas. Jouvenel approuva, mais émit l'opinion que le chômage avait été résorbé jusqu'à un certain point par la vaste production d'armements. Ils restèrent tous perplexes et silencieux, jusqu'à ce que le chef énonce la théorie suivant laquelle, une fois la situation internationale éclaircie, l'Allemagne ne construirait plus de canons mais plutôt des stades, des maisons et de beaux parcs. Cette explication réconforta tout le monde, et nous quittâmes le groupe, entourés d'un flot de *« merci beaucoup »* et d'*« au revoir »*[1].

Une fois dehors, Jouvenel secoua tristement la tête.

— Ce sont des enfants, dit-il. Dieu sait pourquoi on les laisse jouer avec des explosifs !

Les gens renseignés étaient incapables de partager la satisfaction générale des Allemands. Les fêtes de Nuremberg leur semblaient une foire gigantesque dépourvue de toute réalité.

N'allait-on pas voir ce carrousel s'arrêter brusquement et les lumières s'éteindre ?

Ces réflexions passaient par instants à travers la salle de presse comme un courant électrique. Pendant ce temps, on traînait les journalistes à des discours et des revues interminables.

Chaque matin, on affichait un planning, organisé selon les méthodes typiquement allemandes. L'heure des réunions, l'heure des autobus, aller et retour, le nombre des personnes qu'ils pouvaient contenir et ainsi de suite. J'allai à quelques-unes de ces réunions. J'entendis Dietrich attaquer la presse, Hitler attaquer les Juifs, Rosenberg attaquer l'Église, Göring attaquer les Tchèques, qu'il traitait « de nains ridicules soutenus par Moscou ». Après quoi, je préférai me promener toute seule.

Malheureusement, toutes les salles d'expositions baignaient dans la même atmosphère de haine. Partout c'était l'Allemagne du national-socialisme dressée contre le bolchevisme, contre les Juifs, contre le monde en général. Des banderoles ornaient les murs : *L'Allemagne lutte pour sauvegarder la civilisation.* Dessous, des cartes d'Europe montraient les ravages et l'extension du bolchevisme. La Tchécoslovaquie était peinte en rouge vif comme la Russie soviétique ; la couleur s'atténuait en rose ardent pour la France. Je me suis souvent demandé ce qu'étaient devenues toutes ces cartes et ces affiches, au moment de l'alliance russo-allemande.

Des livres d'une série intitulée La Science de la Race et des étalages de tableaux généalogiques, ainsi que des photographies hideuses de types « non aryens », discréditaient et diffamaient les Juifs.

Julius Streicher, maire de Nuremberg et antisémite notoire, avait fait de cette ville une des plus vigoureusement antisémites de toute l'Allemagne.

---

1. En français dans le texte.

Des centaines de magasins et de brasseries de plein air annonçaient par des écriteaux : *On ne veut pas de Juifs.* Près du marché, dans la vieille ville, des kiosques de journaux appartenant à Streicher faisaient de la publicité pour toute la littérature antisémite.

Ces kiosques contrastaient étrangement avec la vie quotidienne, l'activité du marché, le brillant étalage des légumes, les *Hausfrauen*[1] replètes, un panier à leur bras. L'Histoire, cependant, se répétait ; en 1499, sur cette même place, avait été affichée une proclamation ordonnant l'expulsion des Juifs. La campagne avait été menée par le prédicateur Capistran, et l'hostilité avait duré jusqu'en 1800, date à laquelle les Juifs de Nuremberg furent autorisés de nouveau à jouir des droits de citoyens libres. Et voici qu'un autre *credo* les expulsait derechef : le *credo* de la nouvelle Allemagne.

Un groupe de jeunes gens choisis parmi la jeunesse hitlérienne et dressés à être les futurs meneurs du peuple personnifiaient cette « Allemagne nouvelle ». Quelques centaines d'entre eux étaient désignés chaque année pour venir à Nuremberg représenter l'élite de la nation. Je visitai leur camp, un après-midi, le *Junkerlager* à quelques kilomètres en dehors de la ville. Herr von Lösch, un jeune fonctionnaire du ministère des Affaires étrangères, qui avait été élevé en Angleterre, m'accompagna. Il n'y avait pas grand-chose à voir, mais un jeune Allemand blond, mince, au teint bruni, nous emmena visiter les tentes sous lesquelles les hommes mangeaient et dormaient. Leur entraînement durait trois ans et semblait surtout consacré à des exercices physiques. Le garçon nous expliqua qu'ils passaient plusieurs heures de la journée à étudier les doctrines du national-socialisme sur le racisme, l'eugénisme, l'hérédité. Je demandai si on ne leur enseignait pas autre chose. Notre guide secoua la tête.

Au début, dit-il, ils avaient eu des cours d'histoire, de littérature et de philosophie, mais les professeurs avaient été finalement incapables d'interpréter leur sujet d'un point de vue national-socialiste, et ces conférences avaient cessé. Herr von Lösch fut embarrassé par cette remarque, et nous continuâmes en silence.

L'attrait personnel de Hitler était un facteur bien plus puissant en Allemagne que celui de la doctrine hitlérienne. Pour beaucoup d'Allemands, Hitler était doué de qualités supra-humaines. Je me souviens de Frau Fleischer nous disant, à Jules Sauerwein et à moi-même,

---

1. « Ménagères ».

que les gens, en Allemagne, n'avaient pas besoin d'opinions politiques, ils avaient celle du Führer, et le Führer était « inspiré ». Le faste grandiose de Nuremberg accentuait certainement le mythe du surhomme. Tout y était fait à une échelle gigantesque. La puissance suggestive des spectacles résidait moins en leur ingéniosité qu'en leur immensité. Le ton était donné par la répétition et l'uniformité : au lieu de quelques aigles dorées, il y en avait des milliers ; au lieu de milliers de participants, il y en avait des centaines de milliers.

La nuit, des flammes orange provenant d'énormes urnes placées sur le haut du stade paraissaient bondir dans l'obscurité. Ces flammes, ainsi que le flot des feux croisés qu'émettaient des centaines de puissants projecteurs en une féerie de lumières jouant dans le ciel, amplifiaient l'atmosphère mystique des rites. La musique avait un caractère presque religieux, rythmée par le roulement des tambours, semblable au bruit d'un lointain tam-tam.

Un soir, j'allai au stade avec Jules Sauerwein, pour écouter Hitler parler aux chefs politiques nazis venus de toute l'Allemagne. Il y avait plus de deux cent mille spectateurs. Tandis qu'approchait le moment de l'arrivée du Führer, la foule s'impatientait. Les minutes passaient et l'attente semblait interminable. Les roulements de tambour s'accrurent soudainement, et trois motocyclettes, des étendards jaunes à leur pare-brise, franchirent les grilles.

Quelques minutes plus tard, une file de voitures noires pénétra dans l'arène. Dans l'une d'elles, Hitler, debout à l'avant, faisait le salut nazi. La manifestation qui suivit compte parmi les plus extraordinaires que j'aie jamais vues. Hitler monta dans sa loge, dans la tribune principale, au milieu d'acclamations assourdissantes, puis donna le signal de l'entrée des meneurs politiques. Une centaine de milliers entrèrent, en force, par une porte, à l'autre bout de l'arène, et se déversèrent dans l'enceinte, comme un torrent, sous la lumière argentée. Chacun portait un drapeau nazi, et une fois qu'ils furent assemblés, en formation massive, l'enceinte parut être une mer étincelante de svastikas.

Hitler commença à parler. La foule était silencieuse. Les roulements de tambours continuaient leurs rythmes réguliers. La voix de Hitler résonnait dans la nuit, interrompue de temps à autre par les clameurs de la multitude. Bientôt, une partie de l'assistance commença à se balancer d'avant en arrière, hurlant d'interminables *« Sieg*

Heil! » dans un délire frénétique. Autour de moi, des larmes ruisselaient sur les visages.

Le son des tambours s'était amplifié et, soudain, j'eus peur. Un instant, je me demandai si je ne rêvais pas; peut-être étions-nous en réalité au fond de la jungle africaine.

J'eus une impression atroce de claustrophobie, et je demandai tout bas à Jules Sauerwein de nous en aller. C'était absurde. La foule nous environnait de toutes parts, et il n'y avait d'autre solution que celle de rester assis et d'attendre.

La solennité s'acheva enfin. Hitler quitta sa loge et monta dans sa voiture. Le charme s'était rompu et la magie s'était évanouie dès qu'il avait cessé de parler. Cela même était peut-être plus extraordinaire que tout le reste : il devenait tout d'un coup un personnage terne et sans consistance au moment où il quittait la tribune. Il fallait se pincer pour se rendre compte que le monde entier avait les yeux braqués sur cet homme et qu'il tenait, seul, la foudre entre ses mains.

Le Grand Hôtel était le lieu de rendez-vous élégant de Nuremberg. Les *Ehrengäste* du *Parteitag*[1] y étaient logés. Ils se composaient généralement de notables étrangers venus de toutes les parties du monde, mais les Français, cette année, brillaient par leur absence, et il n'y avait qu'une vingtaine ou une trentaine d'Anglais, quelques lords partisans d'une alliance anglo-allemande, mais surtout les fascistes anglais, membres du parti Mosley.

Lord et Lady Redesdale et leur fille, l'honorable Unity Walkyrie Mitford, étaient les plus importants de ce groupe. Unity était une grande fille à la Junon, aux yeux bleus et aux boucles blondes tombant sur les épaules.

Elle avait persuadé son père et sa mère de venir en Allemagne pour qu'ils se rendent compte eux-mêmes de l'étonnante personnalité de Hitler, qu'elle admirait avec une passion de collégienne. J'avais déjà rencontré les Redesdale et m'étais liée à Londres avec Tom Mitford, frère d'Unity. Aussi les vis-je plusieurs fois pendant cette semaine-là. Ils venaient pour la première fois en Allemagne et considéraient toute cette affaire comme une étrange opérette, sans aucun rapport avec leurs vies personnelles ou l'avenir de leur pays.

1. Les invités d'honneur au Congrès du parti.

Lady Redesdale était une petite femme réservée, passant la plupart de son temps à coudre dans un coin du hall de l'hôtel, quand elle n'assistait pas aux revues avec Unity, tandis que Lord Redesdale, un grand et bel homme aux moustaches blanches, errait avec un air dépaysé, comme s'il était dans un fâcheux cocktail où – détail curieux – personne n'eût parlé l'anglais.

Toute la semaine, Lord Redesdale fut assailli de lettres désespérées, le suppliant d'user de son influence pour empêcher la guerre, car l'amitié de sa fille Unity et de Hitler était de notoriété publique.

La société Buchman, qui tenait une conférence à Genève, lui envoya une note, le priant de montrer au Führer une lettre publiée dans le *Times* de Londres, le 10 septembre – lettre où il était fait allusion au besoin de réarmement moral – déclarant que cela « changerait peut-être Hitler et transformerait le cours de l'Histoire ».

— Hélas ! s'exclama le destinataire, non sans un grain d'impertinence, je n'ai pas le numéro du *Times*.

On aurait cru lire un chapitre tiré de P.G. Wodehouse.

En plus de sa famille, Unity avait aussi entraîné à Nuremberg un Anglais d'une trentaine d'années : Robert Byron, un des plus forcenés parmi les antinazis. J'avais connu Robert Byron à Londres, et pendant une semaine je me promenai à maintes reprises dans la ville en sa compagnie. J'allai avec lui dans les brasseries de plein air. Il s'était déjà fait alors une réputation d'écrivain et d'expert en art oriental. La curiosité l'avait poussé à venir à Nuremberg ; il ne savait pas encore s'il trouvait le spectacle comique ou sinistre.

— Tous ces gens sont si grotesques, disait-il continuellement, que, si nous leur faisons la guerre, nous aurons l'impression de combattre un gigantesque zoo.

Robert tâchait de tout prendre à la légère, mais par moments son indignation l'emportait.

Je me souviens d'un après-midi, au Wurtemberger Hof, à l'heure du thé. Le restaurant était bondé de fonctionnaires en excellente humeur, qui riaient et bavardaient bruyamment. Karl Silex, rédacteur en chef du *Deutsche Allgemeine Zeitung*, Dietrich, directeur de la presse, l'ambassadeur d'Allemagne à Londres, von Dirksen, et Herr von Lösch, du ministère des Affaires étrangères, étaient à la table voisine de la nôtre. Ils nous prièrent de nous joindre à eux, et bientôt la conversation tomba sur les sujets du jour.

Silex affirmait, à propos de l'article du *Times* de Londres, que l'Angleterre se rendrait compte, avant qu'il soit trop tard, que l'affaire tchécoslovaque ne concernait en rien l'Angleterre, mais seulement l'Allemagne.

Robert devint écarlate et, tout d'un coup, je l'entendis dire d'une voix implacable :

— Les affaires du continent concernent toujours l'Angleterre. De temps à autre, nous avons la malchance d'être gouvernés par un Chamberlain. Mais ce n'est que provisoire. Ne vous méprenez pas. À la fin, nous nous opposons toujours aux tyrans qui menacent l'Europe. Nous les avons déjà écrasés, et, croyez-moi, nous les écraserons à nouveau.

On aurait entendu voler une mouche. Puis, Herr von Lösch, mal à l'aise, se mit à rire et suggéra que l'on parle de « choses moins sérieuses ».

La conversation fut difficile et, quand nous nous levâmes pour nous en aller, personne ne nous proposa de rester.

Hitler avait paru grave et préoccupé pendant toute la semaine. Il avait, on l'a vu, refusé de recevoir les diplomates étrangers et n'avait eu aucun entretien avec ses propres conseillers. Mais, le samedi après-midi, il apparut à un thé donné en son honneur par Herr von Ribbentrop, le ministre des Affaires étrangères d'Allemagne.

Les invitations étaient âprement recherchées, mais la liste en était restreinte à soixante-dix personnes, pour la plupart des diplomates et des délégués.

J'eus la chance de figurer parmi les invités. Tout le monde se réunit à 16 heures à l'hôtel Deutscher Hof. Ribbentrop recevait à la porte, obséquieux et souriant. La salle de banquet était encombrée de petites tables à thé portant chacune un carton disant : *Abstenez-vous de fumer, s'il vous plaît, en présence du Führer.*

La plupart des personnalités officielles étaient présentes : Göring, Goebbels, Himmler, Heidrich, Hess et bien d'autres. Unity Mitford était là, entourée de fonctionnaires qui lui baisaient la main et s'inclinaient devant elle. Leur empressement parut la gêner et elle vint s'asseoir à notre table ; quelques minutes plus tard, la porte s'ouvrit devant Hitler.

Tout le monde se leva, et les chefs du parti se mirent au garde-à-vous, faisant le salut nazi. Je n'avais jamais vu Hitler de près, et je fus particulièrement frappée par son manque de distinction. Il serait passé inaperçu s'il n'avait pas été Hitler. Il n'y avait rien de particulièrement attrayant ou rebutant dans son visage, dans sa démarche ou même dans son sourire. C'était simplement un homme ordinaire, assez insignifiant. Mais cette insignifiance était en quelque sorte provocante par elle-même. Je cherchais sur son visage un signe du génie qui avait rendu possible cette vertigineuse ascension.

Il s'assit à une table, de l'autre côté de la pièce, avec une douzaine d'hommes, parmi lesquels deux lords anglais, Lord Stamp, Lord Brocket, ainsi que George Ward Price et Herr Henlein, le chef du parti nazi chez les Sudètes.

Quand tout le monde fut assis, Hitler regarda à la ronde et son regard s'éclaira quand il aperçut Unity. Il lui sourit, inclina la tête et lui fit le salut nazi. Elle salua en retour, et quelques secondes plus tard, le capitaine Wiedemann, aide de camp de Hitler, vint à notre table murmurer à l'oreille d'Unity :

— Le Führer désire vous voir. Pouvez-vous vous joindre à sa suite après le thé ?

Unity acquiesça. Il était étrange qu'à la veille d'une guerre entre l'Allemagne et l'Angleterre la seule personne que Hitler condescende à recevoir fût une jeune Anglaise de vingt-quatre ans.

Hitler fut très brillant pendant toute la réception. Il parla longuement avec Lord Brocket, rejetant plusieurs fois la tête pour rire bruyamment. Cette animation me surprit, car je l'imaginais mélancolique et grave. Il regardait constamment de notre côté, et j'avais l'impression qu'il paradait pour impressionner Unity.

La réception terminée, Unity eut une conversation avec Hitler et revint au Grand Hôtel à l'heure du dîner. Je l'accaparai pour savoir ce qu'il lui avait dit et si elle avait l'impression que la guerre éclaterait.

— Je ne le pense pas, dit-elle en souriant. Le Führer ne veut pas que l'on bombarde ses nouveaux immeubles.

Elle ajouta qu'elle n'avait jamais vu Hitler de meilleure humeur.

— Il dit que c'est passionnant de voir le monde trembler devant lui. Il a besoin de ce stimulant, comme les autres ont besoin de boire et de manger.

Il était profondément troublant de penser que Hitler s'amusait pendant que l'Europe entière se retournait anxieusement dans son lit.

Je dînai ce soir-là avec Robert Byron, George Ward Price et Unity dans un petit restaurant de la vieille ville. Le défilé des troupes d'assaut devait avoir lieu à 21 heures et les voitures n'avaient pas le droit de circuler à travers la ville. Unity, toutefois, demanda une voiture des SS pour nous conduire au restaurant, et bientôt un long véhicule noir nous emmenait à vive allure à travers les rues vides, au milieu de la foule qui faisait la haie. Unity avait pris place à côté du chauffeur en uniforme, ses boucles blondes flottaient dans le vent, comme celles de la Walkyrie dont elle portait le nom.

Le restaurant était proche de la rivière ; nous pouvions entendre le piétinement des troupes dans le lointain, et les voix entonnant les hymnes militaires nazis. Le ciel était étoilé, mais la beauté qui nous environnait ne faisait qu'ajouter à l'impression générale de découragement.

Unity était la seule qui fût de bonne humeur. Elle parla sans arrêt de Hitler.

— Au moment même où je le vis pour la première fois, nous avoua-t-elle, je compris qu'il n'y avait personne au monde que je désirais connaître davantage.

C'était en 1933, quand elle assistait, avec sa sœur Diana, actuellement Lady Mosley, au premier *Nazi Parteitag*. Très impressionnée par la personnalité de Hitler, elle résolut de faire sa connaissance. Elle décida d'abord d'apprendre l'allemand. Elle l'étudia pendant deux ans, à Munich. Elle tâcha ensuite de trouver quelqu'un capable de la présenter à Hitler. Pendant des semaines, elle échoua. Une nuit, cependant, elle l'aperçut, dans une brasserie de plein air, assis à une table avec des amis. Elle le regarda avec admiration et se précipita pour ramasser un magazine qu'il venait de laisser tomber.

La nuit suivante, elle le retrouva à la même place. Rassemblant tout son courage, elle alla vers lui, balbutiant qu'elle lui avait ramassé son magazine la veille et qu'elle désirait lui parler. Il sourit et l'invita à sa table. Ce fut le début de leur amitié.

Pour Unity, le national-socialisme était une révolution de gauche, et Hitler le champion des masses opprimées. Ce dernier, il n'y a aucun doute, était flatté de son admiration et avait une profonde affection pour elle. Il lui téléphonait souvent, lui faisait des cadeaux et la traitait avec déférence en public. Les chefs du parti nazi la jalousaient, malgré leur empressement ostensible. Lorsqu'elle venait en Allemagne, ils refusaient souvent de prévenir Hitler. D'après ce que me raconta Tom Mitford, elle en était réduite à l'attendre dans les rues, quelquefois pendant des heures, espérant attirer son regard lorsqu'il passerait.

Elle demandait rarement des faveurs et restait modestement à l'arrière-plan, malgré les attentions dont elle fut entourée pendant la semaine du Congrès.

C'était une fille au caractère franc, aux manières amicales, et qui avait un grand sens de l'humour. Ses observations plutôt naïves au sujet de Hitler étaient parfois étrangement révélatrices.

Comme je lui demandais quels étaient ses sujets de conversation avec lui, elle me répondit : « Les potins. » Il aimait entendre les anecdotes qui échappaient à ses conseillers.

Par exemple, l'épisode de Magda Fontanges – la journaliste française qui avait tiré sur le comte de Chambrun, l'ambassadeur de France à Rome, parce que, prétendait-elle, celui-ci contrecarrait son aventure amoureuse avec Mussolini – amusa énormément Hitler, qui rit, selon Unity, à gorge déployée, et dit que « ce pauvre vieux Mussolini » l'avait échappé belle.

Hitler, toujours d'après Unity, aimait la compagnie et avait le goût de la plaisanterie. Il lisait rarement ; à Berchtesgaden, il passait une grande partie de son temps à dessiner des plans architecturaux et d'urbanisme pour les nouveaux quartiers.

— Mais ce qu'il préfère à tout, c'est tout ce qui est stimulant, disait-elle, autrement il s'ennuie !

Que le bonheur du monde dépendît de l'*ennui*[1] d'un seul homme était chose effrayante.

Ce qui me frappa surtout, ce fut le commentaire d'Unity relatif au talent d'imitateur de Hitler. Elle affirmait qu'il aurait pu gagner des centaines de milliers de dollars par an en faisant du vaudeville, s'il n'avait pas été le Führer de l'Allemagne. Il imitait souvent ses collègues Göring, Goebbels et Himmler, mais il aimait surtout imiter Mussolini, ce qui déchaînait toujours un fou rire.

— Et même, ajouta Unity, il s'imite quelquefois lui-même !

Voilà qui jetait un jour nouveau sur le caractère de Hitler.

La personnalité du fanatique était remplacée par celle de l'acteur.

Aucun croisé sincère n'eût ri à ses propres dépens. Peut-être, après tout – pour citer les propres paroles de Hitler – n'était-il pas « un politicien, mais un artiste ».

1. En français dans le texte.

Je n'attendis pas le discours de Hitler qui devait être prononcé à Nuremberg le lundi soir. J'avais terminé mon article pour le *Sunday Times*, et je résolus de retourner à Paris, réunir quelques vêtements, prendre de l'argent et partir ensuite pour Prague, si la situation s'aggravait.

Robert Byron vint me dire au revoir, juste avant le départ de l'avion. Il me raconta que Lady Redesdale avait perdu son aiguille à broder et que Lord Redesdale la cherchait à quatre pattes en plein milieu du hall du Grand Hôtel, tandis qu'une foule de SS et de troupes d'assaut circulaient dans tous les sens.

— C'est bien le symbole de l'Angleterre, ajouta-t-il. On pourrait presque dire que c'est se mettre en quête d'une aiguille dans un râtelier d'armes.

3

LA GUERRE QUI N'EUT PAS LIEU

J'écoutai le discours de Hitler à Nuremberg dans l'appartement de H.R. Knickerbocker, quai de Béthune.

La voix sifflante, menaçante, cajolante, s'éleva presque en un cri pour cette phrase : « Si ces créatures torturées (les Allemands des Sudètes) ne peuvent obtenir par elles-mêmes ni le respect de leurs droits ni l'appui qu'il leur faut, nous pouvons, nous, leur garantir l'un et l'autre ! »

Avec du recul, il paraît incroyable que ce discours ait pu laisser subsister des doutes. C'est cependant un fait. Les optimistes faisaient remarquer que Hitler ne s'était pas engagé en vue d'une action bien déterminée. Peut-être était-ce le chef-d'œuvre du bluff. Si les démocraties tenaient bon, il serait forcé d'admettre son premier échec diplomatique. D'autre part, un dictateur pouvait-il faire machine arrière ?

Les hommes d'État n'avaient pas encore compris que la politique n'était plus dirigée par des mots habiles et des manœuvres subtiles – que seuls comptaient désormais les canons, les tanks et les avions.

J'allai au Quai d'Orsay, après le discours, voir M. Comert, directeur français de la presse étrangère, avec John Whitaker, du *Chicago Daily News*. Il nous reçut en souriant.

— Cela s'annonce mieux que nous ne l'avions prévu, dit-il. Naturellement, le tableau n'est pas entièrement rose, mais il aurait pu être pire. Il n'a pas dit qu'il *attaquerait* la Tchécoslovaquie.

Dans cette atmosphère d'incertitude et de faux espoir, la seule réaction raisonnable fut celle du chauffeur de taxi qui nous reconduisit. John lui demanda s'il avait entendu le discours et ajouta que, à son avis, Hitler était une espèce de maniaque.

— Oh ! non, répondit le chauffeur, ce n'est pas le mot juste. Au contraire, c'est un as pour l'Allemagne, et un désastre pour la France.

J'ai souvent pensé à ses paroles en songeant combien la destinée de la France aurait été différente si le ministre des Affaires étrangères avait été ce chauffeur de taxi au lieu de Georges Bonnet.

Whitaker et Knickerbocker partirent pour Prague le lendemain matin ; je les suivis vingt-quatre heures plus tard.

Le discours de Hitler avait exalté les Allemands de Tchécoslovaquie, et des émeutes avaient éclaté dans tous les territoires sudètes. Les Tchèques, après avoir proclamé la loi martiale, rappelaient à nouveau leurs réservistes.

Je trouvai Prague frissonnant face à la menace, avec ses bâtiments centenaires, tristes et gris sous un ciel sombre. Une activité fiévreuse régnait partout. Des ouvriers creusaient des abris dans le parc. Des femmes faisaient la queue devant les épiceries afin d'emmagasiner des réserves de vivres. Les enfants essayaient des masques à gaz. Des milliers de recrues civiles, avec des baluchons et des mallettes, pénétraient dans les baraquements, et toute la journée durant des trains de troupes quittaient la gare.

Malgré la censure de la presse, décrétée d'urgence, des numéros spéciaux paraissaient presque toutes les heures et étaient vendus aussitôt. On envahissait les cafés, tout le monde commentait la situation et, de temps en temps, on entendait une bribe de conversation :

— Ce soir… Vous croyez qu'ils bombarderont ce soir ?

La vie suivait son cours normal, malgré l'incertitude sur ce qui allait se passer d'une heure à l'autre. La banalité des propos est une des choses les plus frappantes pendant les moments de crise.

Les hommes se faisaient couper les cheveux, les femmes discutaient chez l'épicier, les enfants allaient au cinéma. Jusqu'au portier de l'hôtel Ambassador qui m'accueillit avec son sourire poli et conventionnel.

— Quel plaisir de vous revoir ! me dit-il.

Comme si je venais pour des vacances !

Des journalistes, des photographes, des « radiophonistes » encombraient déjà l'hôtel. Les téléphones résonnaient, exactement comme à Nuremberg, à Paris, à Berlin ou à Londres, pour annoncer les dernières nouvelles de Prague.

Je tombai sur Ed Beattie, de l'United Press, arrivé le matin même. Il m'annonça que Whitaker et Knickerbocker étaient partis pour les territoires sudètes et établissaient leur quartier général à Carlsbad.

Des rapports différents commentaient la lutte. Les Allemands affirmaient qu'une véritable guerre civile avait éclaté, tandis que les Tchèques le niaient.

Nous décidâmes, Beattie et moi, de nous en rendre compte par nous-mêmes. Nous louâmes donc une voiture et partîmes le lendemain matin pour les territoires sudètes.

À quelques kilomètres de Prague, nous croisâmes trois fillettes à bicyclette sur la route poussiéreuse, leurs nattes flottant dans la brise et des masques à gaz gris et cylindriques négligemment accrochés à leur guidon.

Un peu plus loin, sur la ligne des fortifications tchèques, des rangées ordonnées de petites casemates, camouflées en meules de foin, s'étendaient sur des kilomètres à travers champs. Des soldats tchèques les gardaient, casqués d'acier et baïonnette au canon, étrangement déplacés au milieu de cette campagne pacifique. Les paysans continuaient tranquillement leur travail, indifférents à leur présence.

Il était facile de délimiter les districts sudètes. Des svastikas à la craie rouge apparaissaient soudain sur les bornes de la route. Sur les poteaux téléphoniques, on lisait en lettres brillantes : *« Heil Hitler ! »*, et la plupart des poteaux indicateurs portant des noms tchèques avaient été détériorés et projetés à terre.

Nous nous arrêtâmes à Carlsbad, une des stations thermales les plus réputées d'Europe. Les grands hôtels, généralement bondés d'étrangers, étaient abandonnés et déserts. Nous nous trouvions seuls, pour goûter, dans le restaurant du Grandhotel Pupp.

Une dizaine de garçons erraient, désœuvrés, et nos voix résonnaient si bruyamment dans le silence que nous nous mîmes à parler tout bas. Dans le vestiaire, la femme de chambre, une Allemande entre deux âges, comme affamée de clients, s'agita autour de moi.

Tout à coup, elle éclata en sanglots, disant que le commerce estival était ruiné par tous ces bruits de guerre.

— Je ne sais pas ce qui est arrivé, gémit-elle, nous étions si tranquilles ici, il y a quelques mois. Maintenant, tout le monde est devenu fou.

Il n'y avait que deux clients dans tout l'hôtel, deux professeurs américains venus à Carlsbad faire une cure et qui refusaient obstinément de s'en aller.

En dehors des nazis et de quelques fanatiques, les gens normaux à qui nous parlâmes, Beattie et moi, désiraient – comme ceux de partout, d'ailleurs – qu'on les laisse en paix. Ils étaient comme les pions d'une partie d'échecs trop compliquée pour leur entendement. C'était là leur tragédie. Nous en eûmes un exemple caractéristique dans le petit village d'Harbersbirk, où une grosse émeute avait eu lieu quand deux mille Allemands des Sudètes avaient enfoncé les portes du quartier général de la police tchèque.

Quatre gendarmes tchèques avaient été tués et un drapeau déchiré flottait en berne sur le toit. À l'intérieur, ce n'étaient que débris de mobilier sur le plancher ensanglanté. Le verre protégeant le portrait de Tomáš Masaryk, sur le mur, avait été brisé. Dehors, deux Allemands erraient pitoyablement dans la cour. L'un d'eux, un jeune social-démocrate qui avait soutenu les Tchèques dans l'émeute, était accusé de trahison par les Allemands, et il avait peur de rentrer chez lui. L'autre, un vieil instituteur, restait tranquillement debout au milieu de la cour en secouant la tête. Il expliqua qu'il était trop vieux pour s'intéresser à la politique, mais qu'il ne pouvait comprendre leurs mobiles.

— Ce ne peut cependant pas être la nouvelle culture allemande ! disait-il, en montrant les portes arrachées.

Beattie et moi, nous circulâmes un peu partout pendant quelques heures. Bien que la presse allemande l'affirmât, ces rixes ne ressemblaient en rien à une « guerre civile ».

La loi martiale, décrétée tout de suite par les Tchèques, eut bientôt rétabli l'ordre. Seuls quelques districts donnaient encore des signes d'hostilité. Eger, non loin de la frontière, était du nombre. La machine nazie y était bien huilée, et la collectivité montrait une résistance farouche aux ordres tchèques. Nous traversâmes la place principale, généralement bourdonnante de vie, alors complètement déserte. Les Allemands avaient tiré leurs volets, fermé leurs magasins et refusaient maintenant de sortir de leurs maisons. Les rues étaient vides ; seuls quelques gendarmes tchèques et quelques groupes de soldats isolés vaquaient aux carrefours. Le trafic était réduit à néant ; de temps à autre, un camion de l'armée traversait la place, roulant vers une destination inconnue.

Les Tchèques avaient posé des affiches demandant à la population de reprendre le cours de leur vie normale, mais personne n'y avait répondu. On éprouvait une impression étrange à errer dans les rues silencieuses, en sachant que la ville n'était pas déserte, mais que les Allemands attendaient derrière leurs volets clos.

Nous découvrîmes un petit restaurant ouvert ; il n'y avait personne, excepté le propriétaire nonchalamment accoudé au comptoir, en bras de chemise. Il nous examina d'un air soupçonneux et secoua la tête, quand nous lui demandâmes une tasse de café.

— Les affaires sont suspendues, dit-il.

Beattie lui demanda quand il comptait rouvrir. Il tapa du poing sur le comptoir et répliqua :

— Le jour de l'entrée de l'armée allemande.

Nous lui demandâmes quand ce moment viendrait.

— D'un instant à l'autre, dit-il.

Il venait d'entendre à la radio une proclamation de Henlein demandant la reddition immédiate des territoires sudètes à l'Allemagne.

— Maintenant, la Reichswehr va arriver, dit-il avec un sentiment de triomphe rageur, et nous serons bientôt libérés.

La proclamation nous surprit désagréablement, Beattie et moi, et nous décidâmes d'aller à Asch, ville frontière en pointe dans le Reich, quartier général de Henlein depuis quelques semaines. Beattie pensa que Henlein s'y cachait peut-être et qu'il y aurait des chances de se procurer des informations. Nous prîmes la voiture en nous demandant à chaque tournant si nous n'allions pas nous trouver en présence de longues colonnes de troupes.

La surprise qui nous attendait à Asch était d'un ordre différent. Beattie étant allé dans un hôtel pour téléphoner à son bureau de Berlin, en sortit, l'air ahuri.

— Si vous réfléchissiez pendant cent ans, vous ne pourriez deviner ce qui vient d'arriver : c'est une véritable devinette.

Il avait raison. Lorsqu'il me dit que Chamberlain partait pour Berchtesgaden en avion, je pensai d'abord que le cerveau de quelque correspondant surmené de l'United Press avait éclaté. Beattie était indigné qu'un Premier ministre britannique traverse la moitié de l'Europe pour se rendre auprès de Hitler ; mais peu à peu il adopta un point de vue plus optimiste.

— Si seulement, dit-il, Hitler pouvait se mettre en colère et invectiver Chamberlain, cela le guérirait peut-être de ses illusions au sujet de l'Allemagne.

Nous dînâmes à l'hôtel, pour partir ensuite à la recherche du quartier général des Sudètes nazis. La plupart des partisans de Henlein avaient quitté le pays pour l'Allemagne ou bien se tenaient cachés. Un petit garçon nous reçut à l'adresse indiquée par le portier et nous dit qu'il n'y avait personne. Il braqua sa lampe électrique sur nos visages, nous regarda attentivement et finalement, après une longue hésitation, nous donna une autre adresse. Un vent glacial balayait les rues, et nous mîmes plus d'une heure à trouver la seconde maison. À la fin, au bout d'une allée sombre, nous frappâmes à une porte. Deux gardes nazis vinrent ouvrir. Ils discutèrent à notre sujet pendant un temps considérable pour, en fin de compte, nous mener au haut d'un escalier dans une pièce où se trouvaient huit hommes entassés autour d'une lampe à huile, écoutant la radio de Leipzig.

La fumée rendait l'air irrespirable. Ils parlaient bas, d'une voix lassée. Du papier noir était collé sur les fenêtres, précaution indispensable, nous expliqua-t-on, contre la police tchèque qui fermerait l'immeuble si elle les découvrait. Ils nous fixèrent d'un air soupçonneux quand nous leur demandâmes s'ils savaient où se trouvait Henlein. Petit à petit, ils devinrent plus bavards et, comme nous discutions la proclamation de l'Anschluss, un homme avec une barbe hirsute haussa les épaules en disant que ce n'était pas une nouveauté, mais la réalisation même d'une idée que tout henleiniste avait depuis le début. Le groupe se mit ensuite à énumérer les manquements des Tchèques à leur égard. L'un d'eux se déclara certain que M. Chamberlain en viendrait à un accommodement avec Hitler ; un autre ajouta que, dans le cas contraire, l'armée allemande entrerait dans les territoires Sudètes et que Asch, grâce à sa position stratégique, aurait l'honneur d'être la première ville incorporée au Reich. Les autres approuvèrent et nous assurèrent que la ville pouvait être délivrée en moins de vingt minutes.

C'était une scène étrange, ce groupe d'hommes hirsutes, au visage farouche, vivant comme des proscrits et attendant d'heure en heure que l'avance de l'infanterie allemande vînt les incorporer au IIIe Reich.

Je me suis souvent demandé si quelques-uns parmi eux avaient changé d'opinion une fois leur désir réalisé.

Avant de nous laisser sortir, un homme alla surveiller la rue, afin de s'assurer qu'aucun policier tchèque n'était dans les parages. Le lendemain matin, Beattie prenait un train pour Berlin et je retournai à Prague.

Les jours suivants, pendant que les téléphones et les télégrammes répandaient des nouvelles de plus en plus dramatiques, les espoirs et les craintes de Prague oscillaient comme l'aiguille d'un baromètre qui annonce une grosse tempête.

Chamberlain à Berchtesgaden, Daladier et Bonnet à Londres. Qu'est-ce que tout cela signifiait ? Une poignée d'hommes tenaient entre leurs mains la destinée de la Tchécoslovaquie. Le peuple n'avait aucune part dans ce jeu sur l'échiquier international. Le peuple lui-même ne pouvait que supposer, attendre ou espérer.

On attendait dans l'inquiétude, car les unes des journaux anglais et français devenaient alarmantes, commençant à considérer la question tchèque et sudète comme une querelle isolée, discutant le pour et le contre et insistant naïvement pour qu'un déploiement de bonne volonté des deux côtés résolve le problème.

Pour les Tchèques, ce n'était pas une question locale. La cession des territoires Sudètes ne signifiait pas la perte d'une population indisciplinée, mais plutôt celle d'une hauteur montagneuse fortifiée qui mettrait le Reich à cinquante kilomètres de Prague, à moins d'une heure pour les troupes motorisées d'une armée offensive. C'était la mort de la République et la dislocation du pays, favorisant un corridor allemand vers les richesses de l'Est.

La Tchécoslovaquie avait été créée à l'origine comme un État tampon, précisément afin d'éviter cette situation. Les Sudètes allemands vivaient dans les montagnes formant les fortifications naturelles de la Bohême et, pour cette raison, avaient été incorporés dans la République tchèque. Les hommes d'État semblaient actuellement avoir perdu de vue cette circonstance essentielle, et le problème n'était plus qu'un incident « qui devait être localisé ». On convenait que les griefs des Sudètes étaient justifiés et que – comme l'avait démontré le *Times* du 7 septembre – se débarrasser d'une population déloyale ne pouvait apporter aux Tchèques que des avantages. Les Tchèques maintenaient obstinément, mais en vain, leur point de vue, affirmant que les dissensions sudètes avaient été délibérément provoquées par des agents allemands. Ils faisaient ressortir qu'en 1933, après quatorze ans d'administration tchèque, Henlein avait fait la déclaration suivante : « En nous identifiant à l'État tchécoslovaque, nous soutenons l'idée fondamentale de la démocratie et nous reconnaissons le peuple tchèque, dont la destinée est indestructiblement liée à la nôtre, comme une nation cultivée égalant par la qualité toute autre nation de l'Europe centrale. »

Mais Hitler prit le pouvoir en cette année 1933 et les choses commencèrent à se gâter. Le parti de Henlein s'accrut. L'Anschluss fut un coup dur pour la Tchécoslovaquie. Les agents nazis favorisèrent l'atmosphère du militarisme qui envahissait les territoires allemands, et les Sudètes, gonflés de nationalisme, prirent ouvertement position pour Hitler. Ils faisaient des réunions nazies, arboraient des svastikas sur leurs maisons et recrutaient leur propre garde de SS. La campagne de presse du Reich contre les Tchèques continua à enflammer l'opinion, et le discours de Hitler à Nuremberg déchaîna une véritable révolte. Un mois plus tôt, Herr Ulrich considérait ces Tchèques comme de « braves types » ; et voilà que l'habileté et la souplesse de la propagande allemande aboutissaient à l'état de siège. On n'avait pas encore compris que l'arme allemande la plus dangereuse était le génie de Goebbels.

Aujourd'hui, après les expériences de la cinquième colonne en Norvège, en Hollande, en Belgique et en France, il n'est pas difficile de croire que les affirmations tchèques au sujet de la révolte sudète fomentée par les agents nazis étaient fondées, mais à l'été 1938 beaucoup de gens en voulaient à l'« entêtement » tchèque et affirmaient que, si Beneš avait fait des concessions à ses minorités, la crise ne se serait jamais produite. Maintenant, à la lumière des événements passés, ces arguments discutés si gravement, si solennellement, avec tant d'efforts, paraissent ridicules. Il y a trois ans, ils étaient déjà aussi ridicules aux yeux des Tchèques.

Mon ami tchèque, M. B., le petit professeur qui aimait les cerisiers en fleurs et était si profondément convaincu que, puisque la cause de la démocratie était « juste », elle devait incontestablement triompher, vint un dimanche matin à l'Ambassador. Il venait d'apprendre qu'une conférence se tenait à Londres, afin de trouver un terrain d'entente pour des négociations avec l'Allemagne. Il était profondément désespéré.

— S'ils nous forcent à capituler, dit-il, les larmes aux yeux, ce sera la fin. Comment ne peuvent-ils pas comprendre ? La Tchécoslovaquie barre le chemin, c'est tout ce qu'on lui reproche.

Le dimanche, je pris le parti de retourner à Londres. Les hommes d'État anglais et français décidaient du destin de la Tchécoslovaquie. Prague ne devait donc plus être le théâtre d'événements importants, tout au moins jusqu'au second entretien de Chamberlain avec Hitler, fixé pour la semaine suivante.

J'avais quitté l'Angleterre en juillet et je voulais m'occuper de mon appartement, ainsi que de réunir quelques vêtements chauds pour le cas où je devrais passer l'hiver en Europe centrale et assister à une longue guerre. Je demandai une place d'avion au portier, mais beaucoup de réfugiés quittaient le pays, et elles étaient toutes retenues. J'avais déjà décidé de prendre le train, quand il m'appela soudain pour me dire qu'un avion privé partait pour Paris dans l'après-midi. Il faisait escale à Nuremberg mais, si je ne voyais pas d'objection à m'arrêter en Allemagne, le pilote me prendrait comme passagère au prix normal.

Ce fut un des voyages les plus étranges que j'aie jamais entrepris. J'étais la seule passagère, dans un Potez à huit places, avec deux pilotes français et un radio. Ceux-ci occupaient le poste de pilotage, tandis que j'étais dans la cabine. Les sept places libres m'intriguèrent. Elles étaient un paradoxe, vu le fiévreux exode de la Tchécoslovaquie. J'en conclus que la majorité des réfugiés ne voulaient pas pénétrer en Allemagne.

Nous atteignîmes Nuremberg en une heure et demie. Je remarquai l'extrême nervosité des pilotes au moment de l'atterrissage. Ils allumèrent un nombre incalculable de cigarettes pendant que les Allemands examinaient nos papiers et faisaient un effort de conversation exagéré.

On nous retint pendant près d'une demi-heure et, lorsque enfin nous survolâmes tranquillement la ville, le radio éclata de rire, à bout de nerfs, en disant :

— Dieu merci, ça y est !

Il avait sans doute remarqué ma perplexité, car il s'empressa d'ajouter :

— C'est toujours un soulagement de quitter l'Allemagne, n'est-ce pas ?

Il se passait évidemment quelque chose d'anormal, mais je ne compris de quoi il s'agissait qu'en approchant de Strasbourg. L'avion plongea tout à coup à moins de trois cents mètres. Le radio sortit du poste de pilotage, ferma la porte avec précaution et s'assit à côté de moi.

— Regardez, dit-il, en me montrant la fenêtre, nous survolons la ligne Siegfried.

Des kilomètres d'une route encombrée de camions et d'ouvriers s'étendaient au-dessous de nous. Je me rendis compte soudain que j'étais dans un avion de reconnaissance. J'avais été emmenée comme alibi ; les Français avaient fait vérifier leurs papiers à Nuremberg, supposant, à juste titre probablement, qu'ils auraient ainsi moins de chance d'être abattus qu'en traversant la frontière allemande sans autorisation.

Les pilotes prenaient incontestablement des photographies et je regardais par la fenêtre, fascinée.

C'était donc là la fameuse ligne décrite par Hitler comme la fortification la plus gigantesque de tous les temps ? D'après lui, plus d'un million d'hommes y travaillaient, mais elle était loin d'être terminée, malgré la déclaration de Göring « qu'elle était déjà invincible ».

On pouvait voir des kilomètres d'acier et des blockhaus en construction. Il n'était pas sans intérêt de penser que, malgré les lamentations répétées de Hitler, entouré selon lui d'ennemis – la France, la Tchécoslovaquie et la Pologne –, c'était la première ligne de fortifications défensives qu'il jugeait nécessaire d'entreprendre. Je m'attendais à chaque instant à entendre le crépitement des canons antiaériens car, en volant si bas, nous violions certainement tous les codes de l'aviation internationale. Les pilotes parurent eux-mêmes étonnés : en atteignant le Bourget, ils sortirent tout souriants de l'avion, se tapèrent amicalement dans le dos et me serrèrent les mains chaleureusement en disant que j'étais une charmante passagère. Je leur souhaitai bonne chance, ils me firent de grands signes d'adieu, debout sur les marches, comme de vieux amis, tandis que je montais dans mon taxi.

4
MORT PAR STRANGULATION

J'ai été bien contente de ne pas me trouver à Prague pendant les jours suivants.

Le 21 septembre, Edvard Beneš annonçait que s'il avait accepté les propositions de Londres, envoyées au gouvernement tchèque par M. Bonnet, ministre des Affaires étrangères français, ce n'était que contraint et forcé par une « inconcevable pression ». Les journaux de Prague stigmatisaient en gros caractères l'« abandon total », tandis que les gens pleuraient hystériquement dans les rues.

En dehors de la cession des territoires Sudètes à l'Allemagne, les propositions de Londres admettaient la neutralité de la Tchécoslovaquie, ainsi que l'abandon de son alliance avec la Russie et la France contre une garantie des quatre grandes puissances : la Grande-Bretagne, la France, l'Allemagne, l'Italie. Du point de vue international, la seconde clause était, plus encore que la première, une victoire allemande. Hitler n'avait pas seulement retiré ses hauteurs fortifiées à la Tchécoslovaquie, mais il avait réussi à réduire la France à l'état de seconde puissance. Le prestige et la sécurité de la France étaient fondés sur deux facteurs : d'une part son système d'alliances à travers le continent, d'autre part son armée. En rompant son alliance avec la Tchécoslovaquie, elle avait rendu sa position insoutenable, la digue française maintenue pour tenir en échec toute agression allemande s'était brisée en Bohême, et maintenant la force allemande pouvait à sa guise se déverser sur le continent.

Le *bouleversement*[1] était si considérable qu'on avait peine à le concevoir. Qu'était-il arrivé ? La presse attaqua immédiatement Chamberlain comme la pierre d'achoppement de toute l'affaire, affirmant que la France avait cédé à la pression britannique. M. Daladier

1. En français dans le texte.

et M. Bonnet enchérirent et, pour justifier les propositions anglaises au Cabinet français, expliquèrent que le « gouvernement britannique, tout en admettant les obligations françaises à l'égard de la Tchécoslovaquie, avait clairement exprimé son désir de n'apporter aucune aide militaire à la France tant que l'intégrité de celle-ci n'était pas menacée ».

L'excuse manquait de consistance. Après tout, la Tchécoslovaquie avait un traité avec la France et non avec l'Angleterre. L'objet de ce traité était d'empêcher un jour ou l'autre la violation de la frontière française. Néanmoins, tout en déplorant que l'Angleterre n'eût pas pris nettement position pour soutenir la Tchécoslovaquie, la France savait qu'en cas de guerre avec l'Allemagne, l'Angleterre ne pouvait rester inactive.

La position diplomatique de la France était si puissante que je ne pouvais me l'imaginer comme un simple jouet entre les mains de Chamberlain. Je me souvins des prédictions de Charles Mendl. Mais ce ne fut que le mardi, en arrivant à Londres, que j'appris toute la vérité.

Un fonctionnaire du ministère des Affaires étrangères, avec lequel je dînai le premier soir de mon arrivée, m'apprit que les Français auraient, les premiers, baissé pavillon. Le 13 septembre, dans la soirée, M. Daladier, inquiet de la situation, avait annoncé à Chamberlain que la France n'était pas en état de se battre et l'avait supplié de tout faire pour empêcher la guerre. Trente-six heures plus tard, Chamberlain partait pour Berchtesgaden.

On trouve la preuve de cette conversation dans le rapport de Daladier à la Chambre des députés, le 4 octobre, où le Premier ministre français dit qu'il avait joint Chamberlain dans la nuit du 13 au 14 septembre pour lui expliquer « combien il serait utile que des rapports personnels entre les hommes responsables fussent substitués aux démarches diplomatiques ».

Sir Robert Vansittart, en tant que Premier Conseiller diplomatique du gouvernement, ainsi que Winston Churchill, avaient poussé le Cabinet britannique à soutenir ouvertement la Tchécoslovaquie. On ne saura jamais s'il aurait ou non réussi, car le sol céda sous ses pieds, après la déclaration où Daladier et Bonnet annonçaient que la France ne se battrait pas. À cet instant déjà, la cause était perdue.

Le coup porté contre la sécurité française et anglaise avait consterné Vansittart. Il était persuadé, me dit-il quelques jours plus tard, que la guerre éclaterait avec l'Allemagne *avant un an*. Mais la trahison française l'avait désespéré. Il aimait profondément la France et en ressentait l'humiliation comme un père dont le fils aurait triché au jeu.

Pour ne pas risquer de rompre l'alliance franco-anglaise, l'histoire de la débâcle française ne fut jamais publiée. La presse internationale continua à en attribuer la responsabilité à la « pression » britannique.

En Angleterre, il y eut une forte réaction contre le gouvernement. Elle venait surtout de ceux qui restaient encore convaincus du bluff de Hitler et de la possibilité d'une victoire diplomatique, dans le cas où l'Angleterre et la France eussent adopté une politique de fermeté. À la fin de la semaine, Chamberlain retourna en Allemagne. Hitler – selon une technique aujourd'hui bien connue – l'accueillit avec des réclamations accrues et un ultimatum où il déclarait que le territoire sudète devrait lui être cédé dans les huit jours à partir du 1er octobre.

Ces réclamations hitlériennes étaient si déraisonnables qu'il paraissait improbable que Chamberlain et Daladier osent proposer aux Tchèques de les accepter. Après tout, Hitler répugnait-il tellement à faire la guerre ? Pour la première fois, les gens se posaient la question.

Cela dépassait même ce qu'avaient prévu les membres de l'opposition. Cela semblait fou, mais Hitler désirait peut-être dominer la Tchécoslovaquie, la France et l'Angleterre ! Tout le monde se posait des questions. Comment les Français, les Russes et les Anglais pourraient-ils atteindre la Tchécoslovaquie ? Irait-on, même, en Tchécoslovaquie ? Et d'autre part, quelle était la puissance de l'aviation allemande ? On commençait à percevoir que ce n'était pas la politique, mais les armements seuls qui permettaient d'éviter une agression.

Les Tchèques mobilisèrent le jour de l'entretien de Chamberlain et de Hitler à Godesberg, et une fois encore la crise battit son plein.

Je dînais ce soir-là avec Roger Chetwode, sa femme Patricia – une des plus jolies femmes d'Angleterre – et Seymour Berry. La soirée fut terne, malgré tous nos efforts pour égayer la conversation.

Nous allâmes chez Quaglino, et Roger invectiva les garçons italiens, leur conseillant de filer en Italie, avant qu'il fût trop tard.

— La guerre n'aura pas lieu, affirma M. Quaglino. Évidemment, avec un homme comme Hitler, il y a toujours un peu d'incertitude, mais s'il était *normal*, comme Mussolini…

Seymour Berry qui, en l'absence de son père, dirigeait le *Daily Telegraph*, discuta âprement, déclarant qu'il préférerait se battre tout de suite, plutôt que de regarder l'Angleterre mourir pendant son sommeil. Roger dit en riant qu'il était étrange de voir combien l'idée de paix était devenue lugubre.

The Week déclarait en termes énergiques que Chamberlain avait « tendu les quatre joues à Hitler ».

Le samedi, les ouvriers commencèrent fiévreusement à creuser des abris. Le dimanche, des camions à haut-parleurs circulèrent dans les rues, conseillant aux gens de se procurer des masques à gaz.

Le lundi, Hitler prononça un discours à Berlin, annonçant que, si la Tchécoslovaquie ne cédait pas les territoires Sudètes, le 1er octobre l'Allemagne les annexerait. Des journaux nazis imprimaient en gros caractères : « La guerre ou la paix ? Beneš n'a qu'à choisir. »

Mme Sullivan elle-même se tourmentait. Elle m'apporta mon petit déjeuner, son chapeau complètement de travers sur un œil, en disant :

— Qu'est-ce qui leur prend, à tous ces dictateurs ? A-t-on idée d'ennuyer ainsi le pauvre monde ? Mon mari dit qu'ils sont vulgaires, que c'est là d'où vient tout le mal ! Il dit qu'ils ne sont pas d'un meilleur monde que moi !

La guerre paraissait certaine. Roosevelt envoya un message de paix de la onzième heure. Chamberlain communiqua avec Mussolini, et Horace Wilson, le Premier Conseiller économique de Grande-Bretagne, partit pour Berlin en avion, porteur d'une lettre adjurant Hitler à la patience. Mais Hitler ne semblait pas vouloir se laisser convaincre.

Je téléphonai aux bureaux des transports aériens, afin de retenir une place en avion pour Prague. Seule la ligne hollandaise fonctionnait. Je quittai Croydon le lendemain matin à 8 heures. L'autobus des transports aériens traversa la ville et nous passâmes devant le Parlement, à peine rose dans la clarté matinale. J'eus un serrement de cœur en me demandant si je le retrouverais intact à mon retour. La plupart des passagers allaient soit en Hollande, soit à Budapest. Nous nous arrêtâmes à Amsterdam, et je pris une tasse de café dans une salle d'attente. Le garçon, un petit Hollandais tout blond, fit des commentaires sur la situation et me demanda où j'allais. Il leva les bras au ciel quand je lui répliquai que je me rendais à Prague.

Il revint, l'instant d'après, un peu apaisé, avec une tasse de café et un sandwich au jambon.

— Ne vous tracassez pas, dit-il, la guerre n'aura pas lieu. Hitler a déjà ce qu'il désire. Il est peut-être fou, mais il ne peut pas être fou *à ce point*.

Je suggérai qu'il voulait peut-être toute la Tchécoslovaquie.

— Peut-être, répondit-il d'un air pensif.

Puis, soudain, il se mit en colère.

— Mon Dieu, quelle malédiction que ces Allemands ! L'Europe ne sera jamais heureuse tant qu'elle n'en sera pas débarrassée ! Mais personne ne prendra l'affaire en main. Voilà l'ennui. Personne ne veut l'entreprendre.

Après quoi, il m'apporta une tasse de café supplémentaire, « aux frais de la maison », et me souhaita bonne chance.

Les événements terrestres me paraissaient bien incertains, vus de la cabine de l'avion, auprès des passagers lisant tranquillement leurs journaux et de l'hôtesse de l'air qui prenait soin de chacun, comme une gouvernante affairée.

La réalité m'apparut à nouveau, quand j'atterris à Prague, deux heures après avoir quitté Amsterdam.

Le directeur de l'aérodrome, un jeune Tchèque d'une trentaine d'années – il avait tamponné mes billets et m'avait installée dans l'avion français en partance pour Paris, huit jours auparavant – se précipita hors de son bureau, le visage bouleversé.

— Oh ! Mademoiselle, s'écria-t-il, qu'est-ce que vous venez faire dans cette galère ? Reprenez l'avion immédiatement, tout de suite, il ne faut pas rester ici. C'est de la folie.

Il avait l'air sincèrement désespéré. Le major Lowell Riley, l'attaché militaire américain, qui était heureusement venu me chercher à l'aérodrome, réussit à le calmer. Le brave homme rentra finalement dans son bureau, continuant à grommeler que c'était « de la folie ».

Je ne sais comment j'aurais pu atteindre la ville si Lowell n'était venu à ma rencontre, car toutes les voitures étaient réquisitionnées. Prague présentait un visage tout autre que celui que je connaissais. Depuis des semaines, les Tchèques étaient placés devant l'alternative d'une guerre ou d'un démembrement. Ils avaient choisi la guerre.

Toute la machinerie du XXe siècle se préparait à l'atroce éventualité. Des uniformes envahissaient les rues. Les tanks et les voitures blindées circulaient dans la ville. Les femmes camouflaient leur maison, les commerçants collaient des bandes de papier marron sur leurs carreaux pour éviter le bris des vitres, et les enfants marchaient le long des trottoirs avec des masques à gaz en bandoulière.

Les actes les plus simples étaient les plus surprenants. En traversant la Václavské náměstí (le Picadilly de Prague), je remarquai deux ouvriers à l'intérieur d'une des galeries ; l'un d'eux accrochait un miroir au mur, l'autre lui donnait son avis pour qu'il fût d'aplomb. Devant l'imminence des bombardements allemands, ce détail ressemblait à un caprice. Combien de temps ce miroir resterait-il intact ?

Lowell me déposa à l'hôtel Ambassador ; cette fois-ci, le placide gérant prit un air étonné :

— Vous n'auriez pas dû revenir..., dit-il sur le même ton de reproche qu'avait eu le directeur de l'aérodrome.

Par précaution, je pris une chambre au premier étage, puis me mis à la recherche de John Whitaker et de Knickerbocker. Je les découvris dans la chambre de Knick, assis par terre, étudiant d'énormes cartes.

— Mon Dieu ! mais comment êtes-vous arrivée jusqu'ici ? s'écria Knick.

Les journalistes, aussi bien français qu'anglais, avaient, paraît-il, quitté Prague la veille, très probablement par le dernier avion. Les frontières étaient fermées, les trains supprimés et les fils téléphoniques coupés. Il était plus facile de pénétrer en Tchécoslovaquie que d'en sortir. Le télégraphe restait le seul moyen de communiquer avec le monde extérieur, et cela même prenait un temp infini. Un télégramme mettait quelquefois dix-huit heures avant d'atteindre son destinataire.

Nous nous assîmes tous les trois par terre pour étudier la carte et tâcher de deviner, à notre point de vue, quels endroits seraient les plus propices au reportage.

— J'espère que vous avez apporté suffisamment d'affaires pour rester un an ici, dit Knick d'un air peu rassurant. Il n'y a pas moyen de s'en aller, nous allons être coincés en Europe centrale pour toute la durée de la guerre.

— Certainement, confirma Whitaker.

Il ajouta, en regardant dédaigneusement mes chaussures :

— J'espère que vous avez des souliers à talons un peu plus plats que ceux-ci, parce que nous allons avoir beaucoup de marche à faire !

Tout cela, bien entendu, si la guerre éclatait !

Il y avait toujours un « si ». Malgré tous les sinistres préparatifs, nous nous posions la question. Les propositions franco-anglaises laissaient à Hitler les mains libres en Europe centrale. Pour quelles raisons allait-on se battre ?

Si les gouvernements français et anglais avaient persuadé les Tchèques de céder jusqu'à ce point, pourquoi ceux-ci ne céderaient-ils pas encore un peu ?

Chamberlain parlait à la radio ce soir-là. Les parasites nous empêchèrent de le capter et nous ne pûmes entendre qu'un rapport incomplet. Deux cependant des plus importants passages : « ... Combien il est horrible, fantastique et incroyable que nous creusions des tranchées, des abris, que nous essayions des masques à gaz à cause d'une querelle dans un pays lointain, entre des individus dont nous ne savons rien... » ; puis encore, à la fin du discours : « ... Tant que la guerre n'est pas commencée, on peut toujours espérer l'éviter, et vous le savez, n'est-ce pas, je vais travailler pour la paix jusqu'au dernier moment. »

— Oui, dit Whitaker, nous le savons, mais est-ce que Hitler va travailler pour la paix ? Voilà ce que nous ne savons pas, et voilà ce qui est important !

L'hôtel était lugubre, ce soir-là, et nous errâmes dans la vieille ville à la recherche d'un endroit pour dîner. Dans toutes les rues, les lampadaires avaient été peints en bleu sombre, contre les attaques aériennes, et les gens que l'on croisait avaient des visages de noyés, sous cette clarté sinistre.

Après avoir tenté en vain de trouver un restaurant ouvert, nous revînmes dîner dans le petit cabaret de nuit géré par l'hôtel.

Il n'y avait là que deux danseuses professionnelles, qui se soûlaient dans un coin. Mais l'orchestre jouait, malgré tout, les vieux airs connus *If You Were the Only Girl in the World* (Si vous étiez la seule fille du monde), et *On a Night like This* (Par une nuit pareille). Pendant quelque temps, on oubliait la guerre, mais j'eus une impression désagréable en montant dans ma chambre : un énorme masque à gaz m'attendait sur mon oreiller. La carte de visite de Lowell Riley y était accrochée, avec ces mots : *Avec les compliments de l'ambassade d'Amérique.*

Le lendemain matin, John Whitaker frappa à ma porte à dix heures, me priant de m'habiller en hâte. La rumeur circulait que la capitale serait bombardée à deux heures de l'après-midi. C'était la limite de l'ultimatum fixé par Hitler. John et Knick allèrent au ministère de la Guerre obtenir les papiers nécessaires pour nous faire accréditer auprès de l'armée tchèque, pendant que je me débrouillais avec l'aide de Lowell Riley pour trouver une voiture, un chauffeur et surtout de l'essence. À l'heure du déjeuner, nous nous félicitâmes mutuellement d'avoir pensé à tout.

— Excepté vos diables de souliers, dit John absolument furieux. Pour l'amour de Dieu, allez vous en acheter une paire à talons plats.

J'obéis sans grand enthousiasme, pour me heurter finalement à tous les magasins fermés. C'était la fête du roi Wenceslas !

Deux heures sonnèrent, puis trois, puis quatre, et il n'y avait toujours rien d'anormal. Nous allâmes dans la chambre de Knick pour essayer de capter la radio de Londres. Après avoir entendu des rapports en une douzaine de langues différentes, de Paris, Berlin, Moscou et Bucarest, une voix anglaise finit par se faire entendre au milieu de nombreux parasites... L'attaque aérienne n'aurait pas lieu ; M. Chamberlain partait pour Munich.

Les journaux de Prague ne publièrent pas le résultat de la conférence, qui s'était terminée à 2 h 30 du matin, et le peuple tchèque n'en eut connaissance que par le discours radiodiffusé de Beneš, le lendemain après-midi. Des haut-parleurs avaient été installés sur la grande place devant l'hôtel, la Václavské náměstí. La foule s'y rassembla après le déjeuner. La plupart des journalistes étrangers se réunirent dans la chambre de Knick donnant sur la place, et Maurice Hindus amena une jeune fille tchèque pour traduire le discours au fur et à mesure. Celui-ci fut bref. Beneš annonçait à la nation la décision finale du démembrement de la patrie. Puis il ajouta ces mots pathétiques : « Notre patrie ne sera pas la plus petite ; il en existe de plus petites que la nôtre. »

La sténographe tchèque posa son crayon, enfouit sa tête dans ses mains et se mit à sangloter. La musique solennelle de l'hymne national tchèque retentit, tandis que les derniers mots du président s'évanouissaient. Les gens se tenaient au garde-à-vous, comme s'ils n'avaient pas encore saisi toute la portée des mots. Mais soudain la foule déferla dans les avenues, levant le poing et criant :

— Non ! non ! non ! À bas Beneš ! Vive la Tchécoslovaquie ! La Tchécoslovaquie ne doit pas mourir !

Des centaines d'agents de police se précipitèrent sur la place, formant un cordon à travers les rues menant au palais du Hradchin, demeure de Beneš, mais les cris restaient suspendus dans l'air comme ceux d'un animal blessé. C'était horrible à entendre.

Une heure plus tard, John, Knick et moi nous nous dirigions en voiture vers la frontière austro-tchèque. Knick avait entendu dire que ce serait la première zone d'occupation de la Reichswehr, fixée pour après minuit.

— Voici la seconde fois en sept mois, dit-il, avec tristesse, qu'il me faut voir l'armée allemande envahir un État souverain sans tirer un coup de fusil.

La constatation était lugubre, notre trajet le fut plus encore. La campagne était toujours dans l'obscurité et nos phares peints en bleu projetaient sur le sol des ombres fantomatiques. Notre chauffeur, un Russe blanc *émigré*[1], eut à lutter contre de nombreuses difficultés, car les ponts étaient minés et les routes barrées par des charrettes, des tracteurs agricoles ou des batteuses hâtivement mises en travers au dernier moment. Le vent avait commencé à se lever, et bientôt il se mit à pleuvoir, ce qui ne facilitait pas les choses. À une soixantaine de kilomètres de Prague, nous croisâmes à un tournant de route une longue colonne de soldats, l'armée tchèque en retraite. Ils marchaient en silence : on n'entendait que le son du vent et de la pluie, le grincement des roues des canons et le bruit des pas dans la boue. On sentait la profonde amertume de la défaite dans cet affreux silence.

La même atmosphère régnait dans les villages ; les places étaient envahies d'individus, se tenant debout, désespérés, sous la pluie, comme s'ils craignaient de rester chez eux, de peur d'être seuls. Dans une petite ville, à Tabor, au restaurant où nous dînâmes, les gens étaient tranquillement assis à leur table, buvant de la bière et du café, silencieux, le regard vague. Il était presque 11 heures lorsque nous atteignîmes Budweiser, la dernière grande ville tchèque avant la frontière sudète. Nous tâchâmes de nous informer auprès du poste de police de l'itinéraire de l'armée allemande. C'était une question embarrassante, mais l'inspecteur de police tchèque nous écouta poliment comme si rien au monde n'était plus normal. Il tira une carte de son bureau et se mit à l'étudier. Ce n'était pas un homme du commun ; il avait un front intelligent et un visage fin et

1. En français dans le texte.

sensible. Il parlait l'anglais et était allé une fois en Amérique, « un pays pour lequel j'ai une grande admiration », nous dit-il.

— Pas plus que nous n'en avons pour le vôtre, répliqua Whitaker.

L'inspecteur se borna à répondre : « Merci », d'une voix calme. Il nous conseilla, après avoir réfléchi, d'aller à Oberplan, à une douzaine de kilomètres de la frontière autrichienne.

— Mais vous ne trouverez jamais votre chemin dans la nuit, dit-il. Les routes sont difficiles, la plupart d'entre elles sont bloquées. Je vais vous faire accompagner par un agent.

Malgré nos protestations, il fit venir un jeune agent de police. Celui-ci avait à peine vingt ans, des cheveux blonds et un visage enfantin aux joues roses. L'inspecteur lui parla en tchèque ; le jeune garçon désigna son propre uniforme, puis disparut pour revenir quelques instants plus tard avec un long pardessus noir. Il se mit à rire, et l'inspecteur nous expliqua qu'il préférait cacher son uniforme pour pénétrer en territoire sudète.

À quelques kilomètres de Budweiser, nous rencontrâmes une patrouille tchèque de trente à quarante hommes, debout le long de la route. Il était minuit dix. Ils avaient dû se retirer du territoire sudète définitivement à minuit tapant.

Pendant qu'ils vérifiaient nos papiers, l'agent de police et le chauffeur parlèrent avec eux. Ils nous saluèrent, nous rendirent nos papiers et, quelques instants plus tard, nous traversions les nouvelles frontières du IIIe Reich.

Nous découvrîmes bientôt que les paysans sudètes, armés de mitraillettes et de fusils, avaient remplacé les patrouilles tchèques. L'atmosphère était hostile et chargée d'électricité. Deux fois de suite, des hommes jaillirent des buissons, agitant des lanternes et nous criant de nous arrêter. Ils étaient maussades et bourrus mais, après vérification des papiers, ils nous laissèrent passer. Nous n'eûmes pas autant de chance aux environs d'Oberplan. Cette fois-ci, une douzaine d'hommes bondirent de chaque côté de la route, entourèrent la voiture et passèrent les mitraillettes à travers les vitres. Ils étaient évidemment surexcités, car ils appelèrent du renfort comme s'ils avaient eu affaire à un groupe de rebelles. L'un d'eux tira un coup de fusil dans l'air : signal de danger, et bientôt une cinquantaine d'hommes entourèrent la voiture. C'est le groupe de paysans le plus dur et le plus mauvais que j'aie jamais rencontré. La plupart portaient de grands brassards avec des svastikas et des insignes fabriqués de leurs propres mains, épinglés sur leurs manteaux. L'un d'eux, en veste de cuir, en culotte de cheval et botté – évidemment le Führer local –, nous demanda nos cartes d'identité. Il nous les arracha des mains et alla les regarder à la lueur des phares ; elles ne l'intéressèrent pas longtemps car, ayant aperçu nos plaques d'immatriculation, il revint vers nous, passa la tête à travers la portière et dit triomphalement :

— *Ach ! so, Sie kommen aus Prag*[1] !

Knick essaya d'expliquer, sans résultat, que nous étions des reporters désirant voir l'armée allemande traverser la frontière. Il nous regardait fixement, en répétant : *Ach ! so, Sie kommen aus Prag !* Il annonça d'une voix affreuse qu'il nous fallait le suivre au village pour être fouillés. Plusieurs hommes sautèrent sur le marchepied, la pointe de leur fusil toujours à l'intérieur de la voiture, et ordonnèrent au chauffeur de conduire lentement. Les autres faisaient la haie de chaque côté. L'impression était fort désagréable. Les Allemands étaient dans un tel état d'exaltation que le moindre geste équivoque de notre part aurait pu engendrer un incident fâcheux.

Nous atteignîmes le village à deux kilomètres et demi de là. La place était encombrée d'hommes, de femmes et d'enfants endimanchés. Les uns criaient et agitaient des svastikas, d'autres buvaient de la bière, d'autres encore riaient et dansaient. C'était un spectacle extraordinaire, à 1 heure du matin, que tous ces gens qui voulaient être parmi les premiers à accueillir l'armée allemande. La voiture s'arrêta. Le Führer local cria à la populace de nous laisser passer, et l'on nous conduisit à travers la foule jusqu'à la mairie, de l'autre côté de la place.

On nous emmena dans une petite pièce avec une table et une dizaine de chaises, sans doute le lieu de réunion du Conseil municipal, au milieu de trois ou quatre hommes nous menaçant toujours de leur fusil. Le Führer local commença à nous fouiller pour voir si nous avions des armes à feu. Il examina soigneusement mon sac à main, vida sur la table les poches de Knick et de John, mais fut ahuri quand il eut les papiers du chauffeur entre les mains. Il lui demanda sa nationalité.

— Russe, répondit le chauffeur.

— Mais c'est un bolchevik ! cria un valet de ferme.

1. « Alors comme ça, vous venez de Prague ! »

Le chauffeur finit par prouver, après de longues explications, qu'il était un Russe blanc. Puis le Führer, se retournant vers le Tchèque, qui était toujours emmitouflé dans son manteau, lui ordonna de l'enlever. Ce fut un moment horrible. Il n'y avait qu'à obéir, et quelques secondes plus tard, il apparut en uniforme d'agent de police tchèque. Il y eut un moment de stupeur, puis le Führer s'écria :

— Un Tchèque ! Nous avons pris un Tchèque !

Il s'avança vers lui, brandissant une matraque de caoutchouc dont il frappait la table.

— Vous savez que vous êtes maintenant dans le IIIe Reich, et que nous ne tolérons plus de Tchèques dans nos villages !

Il plongea sa main dans la poche de l'agent de police et jeta sur la table une paire de gants, un trousseau de clés et une blague à tabac. Puis il fouilla l'autre poche, en tira un revolver et, chose invraisemblable, un brassard avec un svastika.

Le Tchèque l'avait probablement enlevé à un henleiniste pendant les dernières émeutes. Le mélange de triomphe, de haine et de vengeance sur le visage de l'Allemand était effrayant à voir.

— Ainsi, vous aviez un revolver, dit-il, pour tuer les malheureux Allemands innocents. C'était déjà pas mal. Mais un svastika ! Un Tchèque avec un svastika ! (*Ein Tscheche mit Hakenkreuz.*)

Sa voix tremblait de colère. Il arpenta la pièce, ponctuant ses phrases de temps à autre de coups de matraque sur la table. « *Ein Tscheche mit Hakenkreuz !* » Puis il s'adressa à ses hommes :

— Emmenez-le dehors, nous allons lui montrer comment nous traitons les Tchèques.

Le pauvre garçon pâlit ; les Allemands le prirent par les bras et le traînèrent hors de la pièce. J'en étais presque malade.

— Le sale cochon ! murmura Whitaker entre ses dents. Ils vont probablement le fouetter à mort…

— Ce ne sera pas la première fois, dit Knick gravement.

— Mais ne peut-on faire quelque chose ? m'écriai-je. Nous ne pouvons pas rester tranquillement ici.

Remarque absurde, car nous n'avions précisément qu'une chose à faire : nous tenir tranquilles.

Le Führer local était dans une telle colère qu'il nous fit surveiller par un de ses hommes avec une mitraillette.

— S'ils bougent, dit-il, tuez-les !

Puis il déclara que nous resterions là jusqu'à l'arrivée de l'agent de la Gestapo, qui devait venir du Reich. Il sortit de la pièce en fermant la porte à clé.

Notre gardien était un paysan lourdaud, qui n'avait jamais tenu une mitraillette entre ses mains. Il s'y accrochait anxieusement, les yeux fixés sur nous, comme si nous étions susceptibles à chaque instant de bondir vers la liberté. Nous avions une telle crainte de l'affoler par le moindre mouvement que nous osions à peine tourner la tête. Dehors la foule hurlait : *Sie kommen gleich*[1] *!* Mais c'était toujours une fausse alerte. Nous nous demandions combien de temps il nous faudrait attendre l'agent de la Gestapo et ce qu'il adviendrait de nous à son arrivée. Knickerbocker avait été expulsé d'Allemagne et constamment attaqué par la presse nazie.

— Ne vous inquiétez pas, dis-je, ils craindront les Américains.

— Ah ! je vous crois ! répliqua Knick. Comme ils craignent la France et l'Angleterre.

Malgré tout, nous eûmes de la chance. L'agent de la Gestapo – un pur SS en uniforme noir –, sévère, impassible, la correction même, arriva à 5 heures du matin. Il s'inclina en entrant dans la pièce, claqua des talons et nous dit qu'il allait examiner nos papiers immédiatement.

Knickerbocker n'était évidemment pas sur la liste noire et le terme de journaliste étranger fit une profonde impression sur l'agent de la Gestapo. Il revint quelques minutes plus tard, s'excusant de l'incorrection dont nous avions été l'objet et donna l'ordre de nous relâcher. Ses lèvres se serrèrent quand nous le questionnâmes au sujet de l'agent de police tchèque.

— C'est une tout autre affaire, dit-il. Il va falloir étudier son cas séparément.

Nous étions si brisés de fatigue que nous dormîmes jusqu'à 8 heures du matin dans la petite auberge en face de la mairie. La foule s'était dispersée, mais plus d'une centaine de personnes – légèrement défraîchies – attendaient toujours.

Le lendemain matin, au moment de partir pour la frontière, le chauffeur nous annonça qu'il était en panne d'essence. Nous dûmes, Knick et moi, retourner à la mairie, le garagiste n'en délivrant que contre un permis spécial. Le SS était assis à son bureau, déjà au

1. « Les voilà qui viennent ! »

travail, examinant les rapports de l'administration locale. Il n'avait pas dormi et ne perdait pas de temps pour instaurer l'autorité de l'Allemagne nazie.

Lorsque Knick lui dit qu'il devrait dormir un peu, il répliqua, impassible :

— Les soldats du Reich ne se reposent qu'une fois le devoir accompli.

Exactement comme dans un film de Hollywood.

Au moment de notre départ, un paysan au traits lourds se précipita dans la pièce, déclarant que deux communistes se cachaient dans la rue, un peu plus bas ; il venait demander l'autorisation de les arrêter et de les mener en prison.

— Êtes-vous certain que ce sont des communistes ? demanda le SS.

— Absolument certain, répliqua le fermier. Je les ai entendus parler contre le Führer.

Le SS donna l'autorisation demandée et le Sudète se hâta de sortir. Nous obtînmes le permis indispensable pour l'essence. Mais, en fin de compte, nous ne vîmes jamais l'armée allemande traverser la frontière.

Nous allâmes jusqu'aux postes de douane de Hohenfurth. Les villageois, là encore, attendaient l'arrivée des troupes, avec des fleurs et des banderoles. Pendant des heures, nous errâmes un peu partout, toujours en vain. Les troupes allemandes n'apparaissaient pas.

John et Knick devaient se mettre en rapport avec leurs rédacteurs dans l'après-midi. Nous n'osions pénétrer en Allemagne, craignant de ne pouvoir en revenir. Nous décidâmes de faire des articles sur ce que nous avions déjà vu et de retourner à Prague, seul endroit d'où l'on pouvait encore communiquer avec le monde extérieur.

Le sort de l'agent de police tchèque nous tracassait et nous stoppâmes à Budweiser afin de mettre l'inspecteur au courant. La nouvelle l'accabla.

— Ils vont le tuer, dit-il, il ne reviendra jamais. Je les connais, ces Allemands !

Nous lui promîmes de faire tout ce qui était en notre pouvoir pour obtenir qu'il fût relâché. En arrivant à Prague, nous téléphonâmes personnellement à Berlin pour le faire réclamer par l'ambassade américaine. Nous apprîmes plus tard qu'il avait finalement été relâché après avoir été roué de coups.

Le trajet du retour fut long et désagréable. La pluie avait rendu les routes impraticables, pires que la veille. Au milieu des cahots, nous tâchâmes de rédiger l'entête de nos articles. Je me souviens de la première phrase de Knick : *Le mal a triomphé.*

À Prague, l'atmosphère créée par les décisions de Munich était tragique.

Les ambassades étrangères étaient accablées de demandes de passeports. Les journalistes eux-mêmes étaient l'objet de supplications pathétiques.

Un vieil Allemand nous aborda, tandis que nous étions assis, Whitaker et moi, à la terrasse d'un café devant l'hôtel.

Écrivain de son métier, il était venu à Prague en 1936, après deux ans de camp de concentration.

— Il faut que vous m'aidiez à partir, nous dit-il. Je suis trop vieux maintenant, je ne pourrai plus le supporter.

Nous ne pouvions rien pour lui, Whitaker tâcha de le rassurer :

— Mais vous ne risquez rien à Prague.

L'homme secoua la tête.

— Tout le monde sait qu'ils arriveront bientôt.

La sensation d'un destin irrévocable nous étreignait le cœur. Le moral des Tchèques était excellent, tant qu'ils avaient cru à la guerre. Mais maintenant, tout espoir était perdu. Ils arrachaient les bandes de papier marron collées sur leurs vitrines. Ils rallumaient les lampadaires dans les rues et abandonnaient leurs masques à gaz.

Le professeur tchèque qui appréciait tant les cerisiers en fleurs, au mois de mai – interné par la suite dans un camp de concentration – vint me voir à l'hôtel. Il avait déjà vieilli et sa voix était lasse.

— Il paraît que l'on manifeste à Londres et à Paris, me dit-il, et que M. Chamberlain prend figure de héros. Nous devrions peut-être aussi manifester, car Prague n'a plus longtemps à vivre. Avant six mois, la moitié d'entre nous sera dans un camp de concentration.

J'étais bouleversée par tout ce que j'avais vu, et j'avais un vif désir de partir le plus vite possible. Je résolus cependant de rester jusqu'au mardi suivant pour assister au discours de Hitler à Carlsbad.

Je fis le trajet avec Ralph Murray, de la British Broadcasting Corporation. Par une journée grise et pluvieuse, nous atteignîmes Carlsbad à 11 heures du matin. La ville était déjà submergée de troupes allemandes et de SS.

Des centaines d'ouvriers dressaient des arcs de triomphe à travers les rues ; d'énormes guirlandes de fleurs entrelacées portaient des banderoles à la gloire de Hitler : *Wir danken unserem Führer*[1]. La Section de la propagande déployait une activité fiévreuse. Des voitures blindées transportant des microphones, des haut-parleurs, des camions, des appareils à enregistrer, des banderoles de brochures de propagande et des svastikas déferlaient dans la ville depuis les premières heures de la matinée.

Des haut-parleurs avaient été installés sur la place principale, la Schmuckplatz. De temps à autre des ordres étaient criés à la foule qui commençait à s'amasser. Les agents de la propagande se mettaient sur le pavois. Rien n'était plus normal car, après tout, n'était-ce pas une victoire totale de Goebbels ?

En me promenant dans les rues, je rencontrai M. Boehmer, de la Section de la presse étrangère en Allemagne. Il me dit qu'une place était réservée aux correspondants de Berlin, dans un coin de la Schmuckplatz. Après m'être frayé un passage à travers les longues rangées de SS, je finis par découvrir Euan Butler et Ed Beattie. Ils se tenaient là, debout sous la pluie, attendant le grand événement, tellement déprimés qu'ils pouvaient à peine sourire.

Ils venaient de Berlin et avaient déjà accompagné l'armée allemande dans trois zones d'occupation.

Le major Hinzinger, personnage sémillant, en bottes et culotte de cheval, responsable de notre groupe, papillonnait d'un sujet à l'autre et faisait des mots d'esprit. Je me souviens de mon étonnement quand Ed Beattie, ayant regardé l'heure, se retourna vers lui en disant :

— Est-ce que ce bâtard aux yeux exorbités va nous faire longtemps attendre ?

Le major admit parfaitement l'expression. Sans doute faisait-elle partie, à son avis, de l'humour familier aux Américains.

— Vous voulez dire le Führer ? demanda-t-il gaiement. Oh ! je ne crois pas qu'il nous fasse languir longtemps.

À 13 h 45, les haut-parleurs mugirent : « Le Führer est à Carlsbad ! » La foule accueillit la nouvelle par des ovations bruyantes et qui ne devaient plus s'arrêter jusqu'à l'entrée de Hitler sur la place, debout à l'avant d'une longue voiture noire, la main levée, faisant le salut nazi.

---

1. « Nous remercions notre chef. »

Des « *Sieg Heil !* » frénétiques éclatèrent lorsqu'il apparut au balcon du théâtre municipal.

Une longue capote militaire grise le faisait paraître plus petit que d'habitude.

Son discours fut bref. J'eus l'impression qu'une note d'impatience marquait le ton de sa voix. Je me rappelai les paroles d'Unity au sujet de son « ennui » et de son besoin de stimulation. Peut-être se désintéressait-il de la question, maintenant que le monde avait retrouvé son calme. Sa voix s'éleva une seule fois avec conviction, quand il dit : « Je savais qu'un jour je serais debout à cet endroit. »

Quand tout fut terminé, je demandai au major Hinzinger, toujours souriant, quelle était sa réaction après cette victoire sur les Tchèques.

— Je pense que je ferais mieux de ne pas le dire, avoua-t-il, mais, voyez-vous, malgré tout, je suis un *soldat* et je regrette un peu que nous n'ayons pas eu l'occasion de nous battre et de les écraser.

Je retournai à Prague avec Geoffrey Cox, du *Daily Express*, et Ralph Murray. À trois kilomètres de Carlsbad, à la limite de la nouvelle frontière, un groupe de soldats tchèques arrêta la voiture. L'un d'eux nous demanda avec curiosité des détails sur la manifestation. Après avoir écouté tranquillement, il nous demanda si nous allions retourner en France. Geoffrey ayant répondu affirmativement, il continua :

— Vous leur direz de notre part qu'un jour viendra où ils regarderont au-delà de leur ligne Maginot en se demandant où sont les deux millions de Tchèques. Nous aurons fini d'exister et ils devront se battre seuls.

Nous gardâmes le silence pendant le reste du trajet.

Point de vue américain : quelques jours après les accords de Munich, l'ambassadeur de Tchécoslovaquie à Londres, Jan Masaryk, fils de Tomáš Masaryk, le fondateur de la Tchécoslovaquie, traversait Hyde Park lorsque Joseph Kennedy, l'ambassadeur des États-Unis, s'arrêta près de lui.

— Hep ! Jan, voulez-vous que je vous emmène ?

Masaryk monta dans la voiture et Kennedy lui tapa amicalement dans le dos.

— Alors, mon vieux, c'est tout de même merveilleux.

— Qu'est-ce qui est merveilleux ? demanda Masaryk.

— Munich, bien sûr ! Je vais pouvoir aller à Palm Beach, finalement !

5
NEVILLE CHAMBERLAIN

Je regardais danser et tourbillonner ce jeune couple, dans la salle de bal du Ritz, semblable à une toupie rouge et noire, elle avec sa robe de taffetas rouge, lui avec son habit noir.

J'assistais à un grand dîner à côté de Duff Cooper. Il avait démissionné du Cabinet britannique deux semaines auparavant.

— Je n'ai pas pu admettre « la paix dans l'honneur », m'avait-il avoué au début de la soirée ; s'il était revenu de Munich en disant « la paix dans un terrible et inégalable déshonneur », peut-être n'aurais-je pas démissionné... Mais dans *l'honneur* ! Non, ce n'était pas possible !

L'honneur ou le déshonneur ne tourmentaient guère la danseuse en taffetas rouge, pas plus que les autres couples. Seule la paix était importante.

La musique avait repris ses droits, une fois de plus, et M. Chamberlain était le héros du jour.

Les maisons de commerce publiaient leur gratitude dans les journaux. Les magasins exposaient des poupées Chamberlain et des parapluies en sucre. Il y eut un appel en Scandinavie pour faire cadeau à Chamberlain d'un vivier à truites.

Fort peu de gens étaient sceptiques, comme l'était Duff Cooper, au sujet de cette « paix venue à notre heure » et secouaient tristement la tête en considérant l'avenir avec anxiété.

— Je me demande où sera ce couple dans un an dit Duff, lorsque la jeune fille en taffetas rouge passa devant nous en tournoyant.

Les sceptiques furent rapidement classés parmi les alarmistes, et les louanges de Chamberlain persistèrent.

Pendant cette période où l'on ne cessa de flatter le Premier ministre, je fus invitée à un dîner en son honneur, par Lady Chamberlain, veuve de sir Austen Chamberlain, l'ex-ministre des Affaires étrangères et demi-frère de Neville.

Je revois encore la salle à manger avec ses rideaux jaunes et ses énormes coupes de fleurs jaunes. Nous étions dix : le Premier ministre et Mme Chamberlain, Lady Birkenhead, le prince et la princesse Ruspoli, de Rome ; le duc d'Albe, représentant de Franco : la fille et le gendre de Lady Chamberlain, M. et Mme Terence Maxwell et moi-même.

Le Premier ministre paraissait plus énergique que sur ses photos. Sa conversation était animée, il avait l'esprit vif et humoristique. J'en fus étonnée comme je l'avais été pour Hitler. À table, plusieurs personnes me séparaient de lui. Lady Chamberlain lui avait annoncé que je revenais de Tchécoslovaquie et, après le dîner, elle nous installa tous les deux dans un coin du salon.

Je n'oublierai jamais la première question de Chamberlain.

— Dites-moi, me demanda-t-il en souriant, croyez-vous que les Tchèques conservent une certaine amertume à l'égard de l'Angleterre ?

L'étonnement m'empêcha de répondre immédiatement. Il m'écouta attentivement pendant que je décrivais ce que j'avais vu et entendu.

— Les Tchèques ont admirablement conservé leur sang-froid ; d'après ce dont j'ai pu me rendre compte, ajoutai-je, ces « persécutions » des Allemands par les Tchèques étaient inventées de toutes pièces, créées par la propagande allemande.

M. Chamberlain hocha la tête.

— Je sais, dit-il. Ils ne reculaient devant aucune accusation, si violente fût-elle. Même pendant la conférence de Godesberg, Ribbentrop entrait continuellement dans la pièce, lisant solennellement des rapports sur les dernières atrocités tchèques. C'était parfaitement ridicule. Nous savions que tout cela n'était qu'invention pure. Nous n'avions qu'à nous mettre en rapport avec nos agents de Prague pour savoir la vérité. Mais voilà l'ennui, avec ces Allemands : ils n'ont aucune finesse de perception. Ils ne se rendent jamais compte de l'impression qu'ils font.

— Quelle a été votre impression sur Ribbentrop, demandai-je.

— Un terrible personnage !

— Et Hitler ?

— Pas très plaisant non plus. J'ai trouvé qu'il avait un visage extraordinaire, presque sinistre. Et un caractère intraitable. À Godesberg, il se mit plusieurs fois dans un tel état qu'il m'était très difficile de continuer la conversation. En fait, je dus, à plusieurs reprises, demander à Herr Schmidt, l'interprète, de le prier de rester sur le sujet, car autrement nous n'arriverions à rien. Un personnage d'un commerce très difficile. Je comprends mal la fascination qu'il exerce sur le peuple allemand. Je crois, d'ailleurs, qu'il commence à perdre un peu de son pouvoir.

— Hitler ? dis-je, étonnée.

— Mais oui. J'ai remarqué, en arrivant en Allemagne, que Göring était beaucoup plus acclamé que Hitler. Je crois qu'il peut devenir la véritable autorité en Allemagne.

J'avouai à M. Chamberlain que ce manque d'acclamations bruyantes ne me paraissait pas tellement étrange, pour un homme comme Hitler. Göring, lui, était le Balbo du pays. Il parlait grossièrement, il était l'idole de chair et de sang ; le peuple acclamait instinctivement « ce bon vieux Hermann », tandis qu'en Hitler il voyait presque un être sacré. La masse ne l'acclamait peut-être pas comme Göring, mais bien souvent elle pleurait d'émotion.

— C'est bien possible, répliqua M. Chamberlain. Mais je n'en suis pas certain. Je ne crois pas que le peuple allemand apprécie le risque d'être mené jusqu'au bord de cet abîme qu'est la guerre. La façon dont je fus reçu m'étonna, et j'ai déjà des centaines de lettres d'Allemands me remerciant du rôle que j'ai joué. Les SS eux-mêmes m'ont fait une ovation à mon arrivée à Munich ! Je ne m'attendais pas à les voir faire bon accueil à la paix. Eux, moins que personne.

— Je comprends mieux l'enthousiasme allemand que celui de la France, répondis-je. Après tout, les Allemands ont eu non seulement la paix, mais tout ce qu'ils désiraient, tandis que les Français n'ont acheté la paix qu'au prix d'une effroyable capitulation. Je ne peux m'imaginer ce que *eux* ont acclamé. La position de la France me paraît la pire de toutes.

J'avais fait cette remarque délibérément, un peu comme un défi. La réponse de Chamberlain me déconcerta. Il inclina la tête en approuvant, et dit même :

— Si les Français ne se trouvent pas *immédiatement* un nouveau chef énergique, ils sont perdus en tant que première grande puissance.

Il me raconta ensuite ce que le fonctionnaire des Affaires étrangères m'avait déjà appris : « que les Français s'étaient mis en rapport au dernier moment avec le gouvernement britannique et avaient formellement renié leurs engagements ».

— Si nous avions su cela quelques mois plus tôt, sans doute aurions-nous été capables d'aider les Tchèques à obtenir une décision plus raisonnable, dit M. Chamberlain. Mais les Français nous assuraient officiellement et officieusement qu'ils étaient résolus à être fidèles aux obligations de leurs traités, jusqu'à la onzième heure. Si la France ne rassemble pas immédiatement toute son énergie, elle ne survivra pas longtemps en tant que démocratie. Si les Tchèques en veulent à quelqu'un, ils devraient en vouloir à la France.

— Tout le monde sait, dis-je un peu crûment, que M. Bonnet est l'homme le plus sournois d'Europe.

M. Chamberlain se mit à rire.

— Il ne m'inspire pas grande confiance.

— Croyez-vous que Hitler méprise les Français ?

— Je ne sais pas, mais je pense qu'il les croit très faibles.

Puis il ajouta soudain :

— C'est vraiment un curieux personnage. On doit réviser toutes ses vieilles idées pour le juger, il faut se souvenir de la vie qu'il a menée. Il ne ressemble à personne. Son irrationalisme – en dehors de ses crises de colère et son habitude de dévier du sujet – déroute beaucoup. À Godesberg, par exemple, il me déclara d'un trait que le problème tchèque était vital, qu'il ne pouvait attendre un jour de plus. Puis, deux secondes après, il me proposa d'aller à Berchtesgaden visiter son manoir en montagne. Je lui fis remarquer que les deux choses ne se conciliaient pas. Que si le problème était vital on concevait difficilement qu'il m'emmenât visiter son manoir. Comment pouvait-il admettre une telle perte de temps ? Le paradoxe ne parut pas le frapper.

Il se mit à rire.

— Hitler a, paraît-il, été profondément choqué par mon goût pour la chasse à tir; il trouve que c'est un sport cruel. Pouvez-vous imaginer un homme comme Hitler s'opposant à ce qu'on tue des oiseaux ?

M. Chamberlain semblait s'amuser en évoquant cet entretien. Son sourire disparut lorsqu'il me demanda avec intérêt :

— Quelles ont été les réactions de Prague en apprenant le résultat de Munich ?

Je lui décrivis la foule se déversant sur la place principale, les villages noirs sous la pluie, et finalement l'épisode de la mairie sous la surveillance de l'Allemand à la mitraillette. Je lui racontai notre attente, suspendus à l'appareil de radio jusqu'à 3 heures du matin, le soir de Munich, et lui demandai pourquoi le communiqué final n'avait été connu que si tardivement.

— Manque de sens pratique chez les Allemands, me répondit-il en souriant. On m'avait toujours dit que les Allemands étaient un peuple foncièrement pratique. Or, rien n'était préparé quand nous arrivâmes à Munich. Il n'y avait ni interprètes, ni sténographes, ni crayon, pas même de papier. Il fallut des heures pour tout organiser. Mais le comble ce fut à 2 h 30 du matin, quand les pièces étaient prêtes pour la signature : Hitler bondit de la table, s'avança jusqu'au bureau, plongea sa plume dans l'encrier... L'encrier était vide ! Même à Londres, nous aurions eu de l'encre !

Mme Chamberlain interrompit la conversation pour dire au Premier ministre qu'il était l'heure d'aller se coucher. Ce fut ma seule conversation avec Chamberlain. Je la notai immédiatement en rentrant, telle que je la présente ici.

Chamberlain m'avait surprise par son franc-parler et m'avait fait l'impression d'un homme profondément sincère. Les critiques mordantes dirigées contre lui le dépeignant comme un misérable, l'accusant de sympathie pour les idées totalitaires, étaient d'une injustice flagrante. Avec la même ferveur que Winston Churchill, il croyait en la démocratie et en l'Empire britannique. Malheureusement, il ne croyait pas en la perversité de l'Allemagne avec la même ferveur que M. Churchill.

Il n'aimait pas Hitler et n'approuvait pas le système nazi mais, sans aucun doute, il avait été profondément impressionné par les désirs de paix du peuple allemand. Les ovations des SS l'avaient beaucoup frappé. Il ne paraissait pas avoir compris que l'opinion politique dans les États totalitaires est façonnée par les circonstances. Sa remarque sur le pouvoir déclinant de Hitler indiquait un dangereux manque de compréhension.

Avec du recul, ses commentaires sur la France paraissent plus étranges encore. Sa prophétie s'est réalisée, mais on comprend mal que, jugeant la France dans une position si précaire, il ne se fût pas alarmé davantage pour l'avenir de son alliée, la Grande-Bretagne. Je regrette de ne l'avoir pas interrogé là-dessus. Sans doute Chamberlain était-il persuadé qu'une autre guerre amènerait la fin de la civilisation. On entendait alors répéter continuellement que « personne ne sort vainqueur d'une guerre ». Il ne pouvait s'imaginer que Hitler, « traité avec justice », plongerait l'Europe dans l'abîme d'une telle catastrophe. Il le considérait comme un personnage étrange et déséquilibré, mais dont on pouvait venir à bout, en s'y prenant « adroitement ». Il sous-estimait de ce fait la force grandissante et l'ambition qui lui étaient opposées. Il manquait de la compréhension si « humaine » de Churchill et ne pouvait se représenter le monde comme un « cheval fatigué » qu'un nouveau maître ambitieux faisait avancer à coups de fouet un peu plus loin sur la route. Il avait sincèrement confiance en la parole de Hitler, qui avait dit : « Je n'ai plus aucune revendication territoriale en Europe ! » De même, il pensait sincèrement les mots qu'il avait prononcés lui-même, le 27 septembre, quand il avait dit : « Si j'étais convaincu qu'une nation eût décidé de dominer le monde par la crainte et par la force, j'aurais le sentiment qu'il faut lui résister. » Mais le tragique, dans l'affaire, c'est qu'il ne pouvait en être convaincu.

Chamberlain restera dans l'Histoire comme un homme qui a été dupé ; or, il est discutable de savoir s'il avait ou non le droit d'être dupé en présence de l'évidence accablante devant laquelle il se trouvait. En tout cas, le peuple en Europe partageait sa façon de penser accommodante. Le gouvernement britannique avait voté l'augmentation des armements (simplement au cas où...), mais tout le monde avait repris la vie normale. Ce que résumait le dessin publié par *Punch* représentant John Bull, confortablement installé dans un fauteuil tandis que « la crainte de guerre » s'envolait par la fenêtre, avec la légende : *Dieu merci, elle est partie !*

Tom Mitford, le frère d'Unity, revenu d'Allemagne, où il avait passé une journée avec Hitler, m'a raconté que celui-ci appelait Chamberlain le « cher vieil homme ». D'après Tom, il s'était pris de sympathie pour Chamberlain et avait été presque bouleversé à l'idée que le « vieil homme » avait dû faire trois si longs voyages. Hitler avait, paraît-il, décidé d'aller lui-même à Londres la seconde fois. Il avait même commandé son avion, mais ses conseillers l'en dissuadèrent, car le voyage aurait été considéré comme une visite officielle et aurait duré trois jours.

— De toute façon, ajouta Hitler, c'est sans doute beaucoup mieux ainsi ; je connais les Anglais, ils m'auraient accueilli à Croydon avec une douzaine d'archevêques.

Il n'y avait que Tom et Unity dans la pièce, lorsque Hitler aborda la question tchèque, mais sa voix s'éleva comme s'il s'adressait à une nombreuse audience, puis son humeur changea et il reprit son calme.

— Je ne peux pas comprendre qu'un seul Anglais ait envisagé volontiers de répandre son sang pour un seul Tchèque, mais je suis certain d'une chose : si l'Angleterre nous avait fait la guerre, pas un avion britannique n'aurait réussi à survoler l'Allemagne.

Tom ne s'est jamais très bien rendu compte de ce que Hitler entendait par cette phrase, à moins qu'il n'eût fait allusion à une arme secrète, auquel cas cette arme ne s'est pas révélée d'une grande efficacité.

Hitler demanda pourquoi les Anglais avaient creusé des tranchées à Hyde Park. Il rejeta la tête en arrière et se mit à rire bruyamment, quand Tom lui eut expliqué que c'étaient des abris de défense passive.

— C'était donc cela : ici, en Allemagne, nous ne comprenions pas. Nous avions l'impression que les Anglais s'attendaient à un débarquement de nos troupes et qu'ils creusaient des tranchées de première ligne.

Je me souviens d'avoir dit, à ce propos, à Tom :

— Quelle idée ! Il doit être complètement fou pour croire que les Anglais sont aussi imbéciles.

Tom partageait l'opinion de sa sœur qui croyait que Hitler, malgré ses ambitions sur le continent, désirait sincèrement des relations amicales avec l'Angleterre et voulait réorganiser le monde sur les bases d'un accord anglo-allemand. Cette opinion était assez répandue à Londres, quoiqu'il fût difficile de comprendre sur quelles données elle était fondée. Hitler changea bientôt d'avis sur Chamberlain, en tant que « cher vieil homme ». Trois semaines à peine après les accords de Munich, la presse allemande commença à critiquer l'augmentation des armements britanniques et à dénoncer l'artisan de la paix à Munich comme le propagandiste de la guerre en Europe.

Je passai par Berlin à l'époque de Noël (alors que je me rendais en Russie). J'y trouvai la même atmosphère que pendant l'été précédent, une population tout aussi austère, tout aussi revêche, tout aussi belligérante. Au mois d'août, l'armée avait été mobilisée : les crépitements des motocyclettes et le roulement des voitures blindées résonnaient dans les avenues. Maintenant, la capitale avait un air silencieux et presque mélancolique, ensevelie sous une épaisse couche de neige.

Il n'y avait presque pas de circulation dans les rues couvertes de verglas. Les ébauches de grands immeubles inachevés par manque de main-d'œuvre, éparpillées dans toute la capitale, recouvertes de neige, ressemblaient à d'énormes cadavres respectueusement dissimulés sous un drap.

Les idées de guerre flottaient dans l'air, comme au mois d'août précédent. Dès mon arrivée je rencontrai Karl Silex, au bar de l'hôtel Adlon. J'eus à peine le temps de lui dire bonjour qu'il m'interpellait déjà :

— Alors vous arrivez de Londres ! Eh bien ! Il a l'air de construire des armes au lieu de faire la paix. Si cette hypocrisie-là continue, nous finirons par perdre patience.

Puis, suivant un raisonnement bien éloigné de la logique dont les Allemands ont la réputation d'être capables, il prophétisa de grands changements sur la carte d'Europe pour 1939, il ajouta, avec un air de défi :

— Vous pouvez être certaine que les frontières allemandes ne sont pas encore définitivement tracées ni à l'est ni au sud-est européen.

Je notai cela dans un article pour le *Sunday Times*, en ajoutant que le seul changement sensible que j'eusse remarqué dans l'esprit agressif de l'Allemagne nazie se manifestait chez l'homme de la rue. Au mois d'août, l'Allemand moyen avait une foi invincible dans l'orientation de la politique du pays et répétait avec une confiance presque puérile que le Führer ne mènerait pas la nation à la guerre. Maintenant il se rendait compte que seule la reddition de Chamberlain avait sauvegardé la paix. Le fait que Hitler avait bien voulu risquer une guerre avait causé une profonde impression, et l'on entendait exprimer de tous côtés des doutes graves sur l'avenir. J'appris par le garçon qui me servait à l'Adlon que l'hôtel faisait des affaires extraordinaires, que personne ne cherchait plus à économiser, tellement l'avenir était incertain. Un chauffeur de taxi, en une autre occasion, me demanda si je pensais que la paix durerait longtemps et ajouta en soupirant :

— Si seulement le pays pouvait avoir un peu de tranquillité !

Lorsque Margaret, la femme de Jimmy Holburn, entra dans un magasin, une des vendeuses agita une boîte de quête du Secours d'Hiver, en expliquant avec cynisme et d'une voix lasse :

— Pour les canons, madame.

Mais cette lassitude et cette anxiété ne signifiaient rien, l'opinion du peuple ne comptait pas. L'outillage de la propagande était employé à susciter de nouvelles haines contre les démocraties, et les chefs du parti nazi étaient déjà convertis. Nous eûmes un exemple du singulier mélange d'amitié et d'hostilité à l'égard de l'Angleterre, que l'on propageait alors à travers la capitale. Robert Byron était venu pour quelques jours à Berlin avec sa sœur Lucie, femme de Euan Butler, correspondant du *Times*. Nous dînâmes ensemble le jour de Noël et allâmes ensuite à un cabaret de nuit Der Goldener Hufeisen[1]. C'était le cabaret le plus extraordinaire que j'aie jamais vu ! La salle était bondée de gens qui buvaient de la bière, assis à de petites tables. Le centre, réservé à la danse, était entouré d'une enceinte circulaire, avec trois poneys que les clients pouvaient monter pour un mark. L'orchestre attaqua la musique, le maître d'équitation fit claquer son fouet, et l'on vit des cavaliers inexpérimentés se démener péniblement dans le cirque, à la grande joie de l'assistance. Les cavalières étaient des plus comiques, leurs chapeaux roulaient à terre et leurs jupes remontaient jusqu'aux genoux. Les spectateurs hurlèrent de rire à la vue d'une certaine culotte rose vif. Robert Byron et sa sœur Lucie étaient de brillants cavaliers et, à mesure que la soirée s'avançait, la tentation leur devint irrésistible. Ils firent sensation lorsqu'ils demandèrent de monter sur les poneys, car Robert Byron portait un smoking et Lucie une robe à traîne en satin bleu. Lucie monta en amazone et, lorsque les chevaux aux claquements de fouet du maître d'équitation galopèrent à toute allure à travers le cirque, elle formait un tableau ravissant, ses cheveux blonds étincelant dans la lumière et sa robe de satin se soulevant dans l'air comme un nuage bleu. Le maître d'équitation, enchanté de l'exhibition, leur délivra un véritable diplôme, l'orchestre se leva pour porter un toast avec ses verres de bière « aux visiteurs anglais » et l'assistance entière fit une ovation. L'assistance entière, oui, sauf deux jeunes gens de vingt ans, deux SA. L'un d'eux, un brun au teint hâlé, les yeux pleins de colère, se pencha vers Euan, disant d'une voix rageuse :

— Alors vous venez d'Angleterre. Nous n'aimons pas les Anglais. Tous les Anglais sont des hypocrites.

— Et nous n'aimons pas qu'on nous interrompe, rétorqua Euan.

Ce fut sans effet, car l'homme continua :

— Nous avons lu que Chamberlain n'est pas si pacifique qu'il a voulu nous le faire croire ! Il est en train de construire des armes

1. Le fer à cheval doré.

contre l'Allemagne. Eh bien ! s'il le désire, nous la lui ferons, sa guerre !

— Elle ne vous plaira peut-être pas, quand vous l'aurez !

L'homme rit ironiquement.

— Oh ! vous autres, les démocraties, vous élevez toujours la voix, mais vous l'élèverez peut-être un peu moins quand vous vous rencontrerez avec la Luftwaffe.

— Peut-être bien, répliqua Euan, mais j'aime mieux attendre et voir que de vous croire sur parole…

Le plus jeune des deux interrompit brusquement Euan. Ses joues étaient rouges et il parlait avec passion.

— Il faut, dit-il, que l'Angleterre comprenne que l'Allemagne n'est pas un pays que l'on puisse piétiner plus longtemps. Vos « vieux messieurs » ne sont pas si habiles qu'ils le croient. Notre Führer n'est pas dupe de votre fausse amitié. Il n'admettra pas que les ennemis de l'Allemagne restent impunis. Nous ne voulons pas la guerre, mais, s'il nous dit de marcher, nous le suivrons jusqu'au bout, jusqu'à la fin.

— Oui, répliqua Euan aigrement, et ce sera peut-être bien la *fin*.

Cette remarque se perdit dans un flot de serrements de mains et de présentations – quatre amis ayant rejoint les deux SA. Mais, à notre départ, le brun hâlé interrompit sa conversation et nous jeta, d'une voix méprisante, un fulgurant : *« Heil Hitler ! »*

En Angleterre, ce jour-là, le peuple décachetait les cartes de Noël de M. Chamberlain, où l'on voyait un aéroplane avec cette simple inscription : *Munich*.

En Allemagne, on s'arrêtait dans les rues pour regarder les affiches de Nouvel An représentant un soldat au casque d'acier, baïonnette au canon, avec aussi, une seule inscription : *1939*.

Cinquième partie

LA RUSSIE SOVIÉTIQUE

1

INTRODUCTION À LA RUSSIE

Les gardes-frontières russes étaient déjà montés dans le train, les bottes couvertes de neige. Sur leurs casquettes brillaient des étoiles rouges. Nous avions quitté Stołpce, le dernier poste-frontière polonais, depuis déjà vingt minutes. Encore quelques instants et nous arriverions à Negoreloïe pour passer la douane soviétique.

Le convoi progressait lentement dans la nuit. Impossible d'y voir par les fenêtres couvertes de givre. Je quittai mon compartiment et sortis dans le couloir, surprise de le trouver à ce point silencieux. En remontant la voiture, je découvris qu'il n'y avait là que trois passagers en plus de moi-même : deux coursiers diplomatiques – un Anglais et un Polonais – et un homme d'affaires britannique. J'avais l'impression d'être dans un train fantôme, avec ce calme étrange, ces vitres opaques, les roues qui grinçaient dans l'obscurité.

Le coursier anglais (« Messager du roi » de son titre officiel) et l'homme d'affaires, chacun dans son compartiment, lisaient des magazines et mangeaient des chocolats, n'éprouvant à l'évidence qu'un profond ennui – éminemment britannique – pour ce qui les entourait. Mais le coursier polonais, un petit homme brun, semblait nerveux. Il faisait les cent pas et frottait périodiquement le carreau dans l'espoir de voir dehors. Lorsque je passai devant sa porte, il m'adressa la parole en français, presque dans un murmure.

— Je n'aime pas ça. Quelle idée, vraiment...

— Quoi donc ? lui demandai-je, étonnée.

— Se rendre dans ce pays. En passant la frontière, on ne sait jamais si on en reviendra un jour.

Sa remarque acheva de me stupéfier. Pour moi, ce voyage en Russie équivalait presque à des vacances. Sur le continent, les tensions étaient plus exacerbées que jamais ; Hitler traitait Chamberlain d'hypocrite et Mussolini hurlait « Savoie, Corse, Tunis ! ». Partout en Europe, les gouvernements se divisaient et s'opposaient les uns aux autres. La vie était devenue plus compliquée encore que dans la période avant les accords de Munich.

Lorsque le *Sunday Times* avait suggéré que je parte six semaines à Moscou pour écrire une série d'articles sur les conditions de vie qui y régnaient, j'avais sauté sur l'occasion d'échapper à l'ambiance lugubre de Londres. La Russie me paraissait presque un autre monde. En tant que pays, elle avait toujours enflammé mon imagination, et en tant qu'acteur politique sujet de tant de controverses, elle attisait ma curiosité. Je n'avais pas d'opinions préconçues, que ce fût pour ou contre les Soviets; je voulais juger par moi-même. De fait, j'y songeais depuis un moment, mais ma demande de visa deux ans plus tôt avait essuyé un refus, sans explication. Cette fois-ci, Randolph Churchill m'avait emmenée déjeuner avec M. Maïski, l'ambassadeur soviétique à Londres – avec une recommandation officieuse de Sir Robert Vansittart. À mon arrivée à Varsovie, mon visa m'attendait. J'avais envoyé un télégramme à un ami de Moscou, Fitzroy Maclean, sous-secrétaire à l'ambassade d'Angleterre, pour lui rappeler qu'il m'avait promis de me faire découvrir l'hospitalité soviétique; j'espérais aussi recroiser le général Gal, le soldat russe qui, en Espagne, avait tenté de me convertir au communisme. Dans l'ensemble, j'étais bien décidée à profiter de mon séjour.

Ma bonne humeur fut donc quelque peu douchée par la déprimante remarque du coursier polonais. Mais quelques minutes plus tard, nous arrivâmes à Negoreloïe, et il aurait été difficile d'imaginer contraste plus criant avec la sinistre atmosphère qu'il avait évoquée. La station de douane était un grand bâtiment de béton blanc, tout illuminé. Les murs étaient décorés de photos de Staline, Lénine et Marx, avec en grandes lettres : *Travailleurs du monde entier, unissez-vous !* Des porteurs au visage fermé, vêtus de tabliers de toile, montèrent à bord pour décharger nos bagages, et nous entrâmes dans une pièce remplie de gardes-frontières solidement charpentés.

On m'avait avertie qu'il était laborieux de passer la douane soviétique, et j'avais pris soin de ne pas laisser traîner de lettres ou de documents dans mon sac. J'avais même sélectionné mes lectures avec soin, en achetant exprès à Varsovie le *Guide de la femme intelligente en présence du socialisme et du capitalisme*, de George Bernard Shaw. J'étais heureuse d'y avoir pensé, d'autant plus lorsque je vis le douanier froncer les sourcils devant le roman policier d'Agatha Christie trouvé dans les bagages de l'homme d'affaires anglais. Hélas, il ne fut pas davantage impressionné par l'enthousiaste apologie du socialisme de M. Shaw : après avoir feuilleté l'ouvrage d'un air plein de soupçon, il le confisqua. Mes bagages me furent rendus intacts au terme d'un long examen. Le coursier polonais ne s'en tira pas à si bon compte. Il avait des citrons, ce qui suscita une intense méfiance. Chacun d'entre eux fut sorti du sac et examiné à la loupe. Mais cela n'était pas assez : un autre inspecteur fit son apparition avec un couteau, et les citrons furent ouverts un à un pour vérifier qu'ils ne contenaient pas de codes secrets. Le coursier polonais les regarda faire non sans contrariété, car une fois l'inspection terminée, ses fruits n'étaient plus bons à grand-chose.

Le train repartit avec lenteur, dans un concert de grincements. Il se faisait tard, et un portier parcourut pesamment le couloir pour venir nous annoncer que le dîner était servi. Je découvris que j'étais la seule à n'avoir pas acheté à manger à Varsovie. Les deux coursiers n'avaient pas le droit d'abandonner leurs valises diplomatiques, même pour aller manger (le Polonais affirma que ses instructions étaient de rester éveillé toute la nuit), et l'homme d'affaires mastiquait déjà quelques sandwiches, une bière à la main.

Personne ne semblait regretter de manquer le wagon-restaurant, et je découvris vite pourquoi. C'était un lieu étroit avec trois ou quatre tables, séparées de la cuisine par une cloison au travers de laquelle on passait les plats. Par l'ouverture, j'aperçus la cuisinière : une femme échevelée et grisonnante, aux mains sales, avec un bandage sur un doigt. Cela aurait déjà suffi à me décourager, mais les prix retournèrent le couteau dans la plaie. Le taux de change officiel était de vingt-cinq roubles pour une livre : une omelette était à vingt-trois roubles. Je finis par commander du thé et un sandwich au caviar (ce qu'il y avait de moins cher au menu), ce qui me coûta dix-huit roubles. Le sandwich n'était guère consistant, et je regagnai mon compartiment presque aussi affamée que j'en étais sortie. Le Messager du roi m'offrit un biscuit et un peu de gâteau, et le coursier polonais un verre de limonade – il l'avait faite lui-même, furieux, bien décidé à ne pas laisser perdre ses citrons.

Le lendemain matin, je me levai très tôt afin de ne rien manquer du paysage russe. Quel morne spectacle : des kilomètres de plaines enneigées ponctuées d'arbres sombres, avec parfois quelques petites maisons en bois serrées ensemble. On voyait à l'occasion des gens progresser avec peine le long des routes, si infinitésimaux dans cette grande étendue blanche que je me sentais déjà envahie par ce morbide désespoir qui habite tant de romans russes.

Le train entra en gare Alexandrovski, à Moscou, vers midi. Fitzroy Maclean avait beau être venu me chercher, il sembla stupéfait de me voir descendre.

— Quelle surprise ! s'exclama-t-il. J'ai bien reçu votre télégramme, mais je ne pensais pas que vous viendriez vraiment. J'entends souvent des gens déclarer qu'ils vont à Moscou, mais ils n'y arrivent pas toujours...

Fitzroy avait une drôle d'allure, ainsi emmitouflé dans son énorme manteau avec, sur les oreilles, une chapka de fourrure pareille à celle d'un trappeur. C'était le genre d'homme qui ne pouvait passer que pour un Anglais – et diplomate, de surcroît ; grand, maigre, avec un air nonchalant qui ne laissait rien deviner de ses « vadrouilles » jusqu'en Inde en passant par la Chine, une dangereuse traversée des contrées tribales de l'Asie Centrale durant laquelle il avait été capturé par des bandits, s'était échappé, puis avait enfin gagné Delhi deux mois plus tard. C'était l'un des rares étrangers à avoir réussi le voyage. Il parlait le russe couramment et était considéré parmi ses jeunes pairs comme non seulement l'un des plus entreprenants mais aussi l'un des plus capables parmi les diplomates en service.

Nous partîmes en voiture et je me tordis le cou pour mieux voir la ville. Je ne m'attendais pas à de si grands immeubles modernes, à de si larges avenues. Je fus plus surprise encore lorsque nous arrivâmes à l'ambassade, un grand bâtiment de pierre sur le quai Sainte-Sophie, et que Fitzroy jeta un coup d'œil dans le rétroviseur avant de déclarer sur le ton de la conversation :

— Nous n'avons pas perdu notre escorte. Nous voilà tous rentrés sans dommages.

Une voiture verte avec deux hommes sur les sièges avant s'était garée quelques mètres derrière nous : le GPU, la police secrète. Fitzroy m'expliqua qu'elle filait d'ordinaire l'ambassadeur, mais que celui-ci était en congé, si bien que cet honneur revenait à de plus humbles membres du personnel. J'étais abasourdie. Les mots « police secrète » m'évoquaient davantage des forces mystérieuses qui n'œuvraient que dans l'ombre.

— Mais à quoi bon suivre ouvertement les gens ? protestai-je.

— Oh, je n'en sais rien. Mais c'est très pratique de les avoir toujours derrière nous, expliqua Fitzroy. On finit par se reposer sur eux. Quand la voiture se retrouve coincée dans une congère, ou quand l'on tombe à court d'allumettes, il suffit de les siffler et les voilà qui viennent nous donner un coup de main !

Quiconque va en Russie en retire une première impression très forte. La mienne fut féminine. Au déjeuner, je rencontrai un journaliste français (impossible de me rappeler son nom) qui me proposa de m'emmener en ville : je lui demandai de me conduire aux magasins, car je souhaitais acheter des bas de laine. Il s'en décrocha la mâchoire.

— Ne me dites pas que vous êtes venue en Russie sans même emporter des bas de laine !

— Et pourquoi pas ? Je pensais les acheter sur place.

— Juste ciel ! Vous vous imaginez vraiment pouvoir trouver cela ici ? Mais où vous croyez-vous ?

— Dans l'un des pays les plus froids du monde. Pourquoi ne pourrait-on pas acheter de bas de laine à Moscou ?

— Ce n'est pas à moi qu'il faut poser la question. C'est à M. Molotov…

Déjà, les grandes rues et leurs hauts immeubles me semblaient moins impressionnants. Nous nous garâmes devant le Mostorg, un grand magasin sur l'avenue, bondé et tout illuminé. Jamais je n'avais fait mes courses dans un endroit si bruyant. Trois gramophones beuglaient du jazz américain, chacun un morceau différent. La foule jouait des coudes pour entrer, alors que personne ne semblait acheter quoi que ce soit. La plupart des gens avaient un air rude et paysan : des femmes aux larges mains rougeaudes avec un fichu noué sous le menton, des hommes trapus au visage tanné. Tous étaient chaudement habillés, mais leurs vêtements étaient bizarrement assortis. Certains avaient enroulé des pans de flanelle autour de leurs jambes et fourré des bouts de torchons dans leur manteau. On aurait dit qu'ils avaient préservé toutes leurs chutes de tissu depuis l'enfance pour s'en emballer tout le corps, avec une odeur à l'avenant.

Les comptoirs du rez-de-chaussée vendaient un incroyable bric-à-brac : des parfums bon marché, de fausses fleurs, des banjos, des disques, des jouets. Mais en montant à l'étage dans l'espoir d'y trouver des chaussures, des gants, des collants, des manteaux – en bref, des vêtements –, on faisait chou blanc. Dans un angle du magasin, des gens faisaient la queue, une longue queue qui s'enroulait dans toute la pièce comme celle d'un serpent : il y avait eu un arrivage de rubans, et la nouvelle s'était rapidement répandue.

L'endroit était aussi irréel qu'un décor de théâtre. Tout semblait vrai au premier abord, mais en y regardant de plus près... Je comprenais maintenant pourquoi personne n'achetait rien. Mon ami m'expliqua que la plupart des clients n'étaient là que pour se réchauffer.

En descendant la rue pour rentrer, nous passâmes devant une vitrine crasseuse qui exhibait une fourrure de renard argenté, vendue mille roubles.

— Pas de bas de laine, mais une étole de fourrure ! m'indignai-je. Et puis, à quoi bon ? Qui pourrait bien se l'offrir ?

— Oh, la femme d'un commissaire quelconque... Je vois que vous avez beaucoup à apprendre, répondit le journaliste.

2
UNE OMBRE SUR LE KREMLIN

Moscou, la ville sans bas mais avec fourrures, me fit donc une forte impression. Mais je découvris vite qu'elle comptait encore bien d'autres paradoxes. Derrière les grandes avenues bordées d'immeubles modernes se cachait tout un monde de petites boutiques minables, de marchés vides, d'appartements sombres et trop remplis. Les files de gens – on faisait la queue pour tout et n'importe quoi, du lait aux chaussures – étaient plus nombreuses encore qu'à Madrid après un an de siège.

Partout où l'on posait le regard, on découvrait une nouvelle incongruité. L'eau potable était chlorée, le gaz ne cessait d'être coupé, et pourtant le long des rues s'alignaient des déneigeuses dernier cri, importées d'Amérique. Les bus tombaient en panne, les tramways calaient, et pourtant trois ponts magnifiques et flambant neufs enjambaient la rivière. Les logements étaient insalubres et l'on s'y serrait à plusieurs, et pourtant la construction du palais des Soviets avait déjà été entamée : on affirmait qu'il serait « plus haut que l'Empire State Building » et surmonté d'une statue de Lénine « plus grande que la statue de la Liberté ».

Cette emphase sur les splendides stations de métro, les cinémas modernes et le jazz américain dans une capitale où les timbres se décollaient, les robinets ne fonctionnaient pas et les sonnettes étaient invariablement hors d'usage arracha ce commentaire désabusé à un diplomate français : *« Mais c'est une façade*[1] *! »*

De fait, le quotidien des Soviétiques singeait étrangement la vie occidentale. Cette nation qui avait envoyé ses disciples aux quatre coins du monde afin que les « ploutocraties » prissent Moscou pour modèle n'avait, semblait-il, pas grand-chose à offrir en pratique; rien qu'une pauvreté largement répandue et des conditions

1. En français dans le texte.

de vie sordides. Mais plus déconcertant encore était la tyrannie qui étranglait la capitale. Du fait des purges subies par le pays depuis deux ans, plus de six millions de personnes avaient été envoyées en camp de concentration. Le GPU intervenait à tous les niveaux de la société. Impossible de séjourner longtemps à Moscou sans ressentir son influence. On évitait les étrangers comme la peste, car beaucoup des victimes de cette « purge » avaient été accusées de conspirer avec des puissances capitalistes, et les citoyens soviétiques ne voulaient plus courir le risque d'être vus en compagnie d'un bourgeois. J'abandonnai vite l'espoir de voir le général Gal : pendant le mois que je passai à Moscou, pas un seul visiteur russe ne passa le seuil d'aucune des ambassades.

Les étrangers n'entraient en contact avec les Russes que par leurs domestiques, ou lorsqu'on les recevait pour une visite officielle. Mais même isolé, on entendait sans cesse de terribles rumeurs sur la police secrète. Harold Denny, le correspondant du *New York Times*, avait un secrétaire russe : celui-ci « disparut » en pleine nuit, et ne refit jamais surface. Le fils de quatorze ans d'un chauffeur russe fut emprisonné à la Loubianka en signe de déplaisir après l'une des dépêches envoyées par le journaliste qui l'employait. Et dans l'une des ambassades, un valet fut expédié en Sibérie parce qu'il étudiait nuitamment le français, permettant à l'un de ses collègues de le dénoncer comme trotskiste. Multipliez tous ces incidents par un million et vous commencerez à vous faire une idée de la Russie de l'époque.

Lorsque je repense aujourd'hui à Moscou, c'est toujours le Kremlin qui me revient à l'esprit, jaune et majestueux dans la lumière du soir. Par temps de neige, ses dômes orientaux luisaient comme des perles sous le sombre canevas des nuages d'hiver. Un soir, en admirant ce blanc et silencieux spectacle par ma fenêtre, je vis une nuée de corbeaux assombrir le ciel. Ils s'abattirent en déferlante sur le Kremlin puis se posèrent soudain au bord des toits, comme vidés de leur énergie. J'y vis un symbole de l'ombre terrible qui s'étendait sur la Russie.

Et cette ombre avait la solidité de barreaux de prison, car elle avait fermé les frontières, en laissant le pays aussi hermétiquement isolé qu'un laboratoire expérimental. C'était à peine croyable dans un monde si étroitement connecté par les transports et la radio. Le tourisme était aussi quasiment inexistant. Quatre-vingt-dix pour cent des correspondants étrangers avaient été expulsés, et parmi les centaines d'ingénieurs qui avaient immigré dans le pays quelques années plus tôt, seuls quarante ou cinquante Américains avaient été autorisés à rester. Je comprenais maintenant pourquoi je n'avais trouvé que trois personnes dans le train pour la Russie, et la surprise de Fitzroy devant mon arrivée n'était plus un mystère. Plus j'y songeais, plus je m'en étonnais moi-même. Pourquoi m'avait-on accordé un visa ? Sir Robert Vansittart et Randolph Churchill, qui m'avaient recommandée à M. Maïski, étaient tous deux contre la politique d'apaisement. Je ne pouvais que conclure que les Russes s'imaginaient que j'étais là pour chanter les louanges de l'Union soviétique, dans une tentative d'opposer mon témoignage aux voix britanniques qui voulaient exclure la Russie de la politique européenne.

Quoi qu'il en soit, je fus reçue avec une grande cordialité par M. Schmidt, directeur de la presse au ministère des Affaires étrangères. Quatre de ses prédécesseurs avaient été liquidés, mais rien dans son attitude ne laissait entendre qu'il trouvait sa position précaire. C'était un homme affable et souriant, assis devant la grande fenêtre qui donnait sur la grise prison de la Loubianka.

— Alors ! lança-t-il en se frottant les mains. Parlez-moi de votre première impression de Moscou.

L'affaire des bas de laine restait ce qui m'avait le plus marquée, mais je me dis qu'il valait mieux la passer sous silence et murmurai ces mots qui n'engageaient à rien, cette plate expression que je murmurerais encore cent fois avant mon départ :

— Oh, c'est très intéressant.

Il me demanda ce que je voulais faire à Moscou, et lorsque je lui répondis que je voulais observer la vie quotidienne autant que possible, il me fit une longue liste qui allait des usines et fermes collectives aux écoles et musées.

Ainsi commença mon éducation. Chaque matin, sur les coups de 11 heures, une voiture soviétique (de fabrication américaine) apparaissait pour m'emmener en promenade, avec une dame russe d'un certain âge en guise d'interprète. N'étant pas experte en économie, je ne retins pas grand-chose des chiffres et des statistiques dont on m'abreuvait chaque jour, mais je garde encore de vives images déconnectées du reste, des vignettes sans contexte. Deux paysannes faisant le signe de la croix avec effroi avant de s'engager sur l'escalator du métro. Les radios toujours allumées qui débitaient de la propagande à plein volume dans les usines. Toutes ces femmes penchées sur d'énormes machines. Le docteur qui m'avait rapidement entraînée à travers les sordides couloirs de l'hôpital des ouvriers du rail pour me montrer les magnifiques appareils d'électrothérapie conçus par des ingénieurs soviétiques. La matrone de l'usine de bonbons qui m'avait menée, le long d'une allée jonchée d'ordures qu'on laissait pourrir, jusqu'à la salle d'emballage où elle avait fait remarquer que tous les employés portaient des tabliers pour l'hygiène. Les paysans qui patientaient, misérables, dans le froid pour rencontrer le directeur d'une ferme collective, celui-ci étant occupé à compiler des statistiques à mon attention sur la production record de légumes en serre.

Je ne vis rien de nouveau. Les usines, les pavillons et les écoles qu'on me montra n'étaient que de médiocres imitations du progrès occidental. Je m'y attendais, mais ce qui me prit par surprise fut cette insistance pour que je m'émerveille devant les plus banales des commodités, comme si je sortais d'une jungle où même le tic-tac d'une pendule passait pour le plus incroyable des miracles. Lorsque je visitai l'hôpital, par exemple, on me montra l'endroit où s'entretenait le comité médical. C'était une pièce au papier peint vert-de-gris, avec une longue table de bois vernie entourée de huit ou neuf chaises. Rien ne la distinguait de n'importe quelle autre salle de réunion. Mais le docteur qui me guidait ouvrit grand la porte pour contempler l'intérieur d'un air ravi.

— N'est-ce pas merveilleux ? s'écria-t-il. Toute la décoration est l'œuvre d'architectes soviétiques !

Ce n'était pas cet enthousiasme pour les accomplissements soviétiques qui me surprenait, mais le fait qu'ils soient présentés comme uniques. Cette désinformation – cette ignorance totale des conditions de vie du monde extérieur – me paraissait grotesque. Lors de ma visite à l'usine Kaganovitch de roulements à billes, on me montra une cantine miteuse où les ouvriers pouvaient acheter de modestes repas. L'une des contremaîtres, une jeune stakhanoviste de vingt-cinq ans, m'exprima toute son admiration pour l'endroit dans ce petit discours :

— J'imagine que vous n'aviez encore jamais rien vu de tel ! Vous voyez, en Russie, nous voulons le *bonheur* de nos employés. En premier lieu, ils doivent être bien nourris, et c'est pour cela que nous avons mis en place cette magnifique cantine. Bien sûr, je sais que l'on se moque de telles idées dans les pays capitalistes… Mais un jour, ils s'élèveront jusqu'à notre façon de penser.

Je visitai également le musée d'Art moderne de Moscou. Ses couloirs étaient remplis de gens : des groupes de soldats, d'ouvriers et d'écoliers à qui l'on serinait des informations sur les tableaux (réinterprétées avec soin selon les « conditions économiques » de l'époque). Mon guide, une jeune femme proche de la trentaine, me désigna ces visiteurs avec fierté.

— Ici, en Russie soviétique, les musées sont ouverts aux ouvriers !

Je fis remarquer qu'aux États-Unis, nous avions également des musées et bibliothèques ouverts au public.

— Mais seulement pour les bourgeois, nuança-t-elle.

— Non, non. Ils sont ouverts au public. Cela veut dire tout le monde.

— Peut-être n'êtes-vous pas bien au fait de ces réalités, me dit-elle gentiment. Nous avons soigneusement étudié la question, et l'Union soviétique est le seul pays au monde à offrir les avantages de la culture à la classe ouvrière.

Je n'ajoutai rien. Quelques minutes plus tard, elle me demanda combien de temps il me restait à Moscou. Lorsque je lui répondis que je repartais dans une semaine environ, elle me jeta un regard de pitié.

— C'est bien triste pour vous, j'imagine.

— Comment cela ?

— Oh, j'ai toujours de la peine pour ceux qui doivent repartir dans le monde bourgeois. Ce doit être difficile de se réajuster à l'avidité de la vie capitaliste après avoir été témoin de la camaraderie qui règne en Russie ! Tout ici est source d'inspiration…

Pendant ces excursions, je ne cessais de me demander à quoi songeait mon interprète. C'était une femme éduquée qui avait voyagé à l'étranger avant la révolution. Beaucoup de ce qu'elle voyait et entendait devait lui sembler aussi naïf qu'à moi. Pourtant, elle restait toujours impassible. Une vraie Madame X, non qu'elle fût fascinante – c'était une femme d'un certain âge parfaitement ordinaire – mais en raison du mystère que cachait sa morne existence. Elle frissonnait de froid dans son manteau de toile, avec ses gants rapiécés. Chaque matin, en la voyant arriver, je me demandais quel genre de foyer elle quittait, et à quoi avait ressemblé sa vie avant la révolution. Son anglais avait une touche d'accent américain, et elle me dit un jour qu'elle avait séjourné un an ou deux à Chicago, mais je n'appris rien d'autre. Elle ne tentait pas de sonder mes impressions ni de me faire des discours de propagande. À vrai dire, elle n'exprimait rien : pas de surprise, de désapprobation ou d'enthousiasme. Elle parlait d'une voix plate, mécanique, sans jamais changer de ton, et resta jusqu'au bout une énigme.

Elle ne perdit sa neutralité qu'en une seule occasion : lorsque je décidai d'envoyer un télégramme à Staline. Pendant un bref instant, la stupeur traversa son visage. Puis elle se reprit et demanda au chauffeur de nous conduire à la station télégraphique. (Lorsque j'avais demandé à M. Schmidt de transmettre ma requête par son ministère, il avait ri d'un air gêné et m'avait suggéré de m'adresser directement à mon destinataire.)

Je rédigeai mon télégramme en anglais et demandai à Madame X de le traduire en russe, mais elle sembla alarmée et me répondit qu'il serait préférable de l'envoyer tel quel. Voici ce que disait le message.

> *À Joseph Staline, au Kremlin*
>
> *Je souhaiterais attirer votre attention sur le fait que vous n'avez jamais été interviewé par une femme journaliste STOP Puisque l'Union soviétique prône l'égalité des sexes VIRGULE je serais reconnaissante d'avoir l'honneur de corriger cette illogique omission que vous n'avez pu commettre VIRGULE je n'en doute pas VIRGULE que par inadvertance STOP.*

Lorsque je tendis le télégramme à la jeune fille derrière le comptoir, il y eut un terrible silence. Elle se leva et partit consulter ses collègues. Leurs conciliabules durèrent un certain temps. Puis son supérieur vint à la fenêtre.

— Votre télégramme sera transmis au Kremlin dans vingt-deux minutes et trente secondes, déclara-t-il avec raideur.

Pourquoi vingt-deux minutes et trente secondes ? Je ne l'appris jamais. Trente secondes de plus ou de moins n'avaient de toute façon pas d'importance, car je ne reçus jamais de réponse.

À la nuit tombée, les étoiles rouges qui ornaient les flèches du Kremlin luisaient à travers l'épaisse couche de poudreuse comme d'énormes lucioles. La place Rouge était déserte, abandonnée, et les sentinelles qui flanquaient les portes aussi raides que des bonshommes de neige. Un soir, Fitzroy et moi passions devant l'ambassade lorsque le silence fut soudain brisé par une grande Lincoln verte qui déboula dans la rue. Celle d'un « haut personnage », très certainement, vu le pare-brise blindé et les rideaux tirés aux fenêtres. Peut-être Staline. Quoi qu'il en soit, mon imagination s'échauffa en voyant la voiture passer les grilles du Kremlin dans un cliquetis d'armes levées en salut : l'autorité des tsars faisait soudain bien pâle figure à côté de la puissance du chef de toutes les républiques socialistes soviétiques.

Comme tout en Russie, ce sentiment était paradoxal. De fait, les paradoxes constituaient plutôt la règle que l'exception. Je commençais à m'habituer aux files d'attente pour le lait sous les immenses panneaux publicitaires qui vantaient fièrement le champagne soviétique; au fait que les comptoirs étaient décorés d'images de la dernière mode française, alors qu'on ne pouvait pas acheter assez de tissu pour faire une robe; au fait que le salaire des ouvriers n'excédait pas deux cent quarante roubles par mois alors que les danseurs de ballets gagnaient cent mille roubles par an; au fait que la Russie soviétique, qui se voulait une dictature du prolétariat, nourrissait une classe puissante et privilégiée du nom d'« intelligentsia ».

Celle-ci ne se limitait pas à la culture. Officiellement nommée en 1938, elle comprenait les ingénieurs, les officiers de police et les bureaucrates – en bref, les cols blancs de l'Union soviétique. On les voyait dîner dans les plus grands hôtels, se déplacer en ville dans leurs voitures de fonction, s'engouffrer dans les cinémas, occuper les meilleures loges à l'opéra et au ballet.

La veille d'un « jour férié », ils se ruaient au restaurant de l'hôtel Metropol. Je m'y rendis un soir avec Walter Duranty, Harold Denny et sa femme Jean. L'air était bleu de fumée, et la grande piste de marbre était bondée : autour de la fontaine à l'ancienne, les danseurs se trémoussaient sur une danse américaine en vogue. La plupart des femmes étaient vêtues de jupes et chemisiers, avec des bérets blancs sur leurs cheveux teints au henné; les hommes étaient en uniforme, du kaki de l'armée au pantalon-tunique bleu nuit du citoyen ordinaire. La vodka et le champagne coulaient à flots. Walter m'apprit que le garde-corps en bois autour de la fontaine avait été installé parce que trop de gens y tombaient. Des centaines de ballons de baudruche étaient distribués dans toute la pièce; les dîneurs s'amusaient à envelopper leur ficelle de papier, à l'allumer, puis à les regarder s'envoler jusqu'au plafond. Ils explosaient avant de l'atteindre dans un bruit de canonnade, l'orchestre montait en volume pour se faire entendre, et toute conversation devint vite impossible.

Les standards d'élégance de la nation s'alignaient sur l'intelligentsia. Avec l'arrivée au pouvoir de cette nouvelle classe sociale, beaucoup d'idées et coutumes autrefois rejetées comme « bourgeoises » commençaient à entrer dans les mœurs. Les sévères immeubles bâtis après la révolution se faisaient peu à peu remplacer par des structures plus élaborées ; les sapins de Noël, que l'on désapprouvait il y a peu, étaient réapparus sous la forme d'« arbres du Nouvel An » ; et alors même que les Soviétiques ne portaient pas d'habits de soirée, sauf aux réceptions officielles, le chef d'orchestre à l'opéra portait cravate blanche et queue-de-pie.

L'intelligentsia se concentrait avant tout sur l'acquisition d'une « culture ». Cette détermination se retrouvait dans tous les aspects de la vie soviétique. Le plus grand parc d'attractions de Moscou s'appelait le « Parc central de culture et de détente », tandis que l'organisation qui s'occupait des touristes étrangers portait le nom de « Société pour les relations culturelles ». Mais on pouvait faire dire bien des choses à ce mot de « culture », qui s'appliquait aussi bien à un restaurant aux nappes propres qu'à un homme éduqué. Lorsque Alfred Cholerton, le correspondant du *Daily Telegraph*, refusa d'acheter le fourneau à gaz que lui proposait un vendeur soviétique, arguant que les poêles à charbon étaient plus fiables, on lui répondit : « Mais le gaz, c'est si *cultivé* ! »

Le pinacle de la culture moderne s'incarnait dans le jazz, que l'on épelait « djaz ». La plupart des cinémas disposaient d'orchestres de jazz, et les salaires des musiciens pouvaient atteindre mille cinq cents roubles par mois. Un soir, en allant au cinéma, Fitzroy et moi trouvâmes le lobby rempli de gens qui écoutaient un concert de jazz. La musique était épouvantable. Les saxophones hurlaient, les trompettes braillaient dans une triste discorde. Pourtant, le public les écoutait avec autant d'attention qu'une symphonie dirigée par Sir Thomas Beecham.

Nous étions venus voir *La Famille Oppenheim*. Comme la plupart des films soviétiques, il s'agissait de propagande, mais l'œuvre était assez curieuse. Elle avait beau traiter de la persécution des Juifs par les nazis, le réalisateur semblait s'être laissé emporter par son sens esthétique, car le jeune héros juif était joué par un grand blond scandinave, tandis que les persécuteurs nazis avaient les traits des plus odieux stéréotypes juifs. Plusieurs scènes montrant les camps de concentration ne recueillirent qu'un silence malaisé, laissant entendre qu'elles se rapprochaient trop de la réalité.

Il n'y avait pas grand-chose de positif à dire sur la « culture » soviétique. Mais le théâtre et le ballet de Moscou, encore dirigés selon l'ancienne tradition bourgeoise, compensaient largement par leur éclat la grisaille de l'art moderne. L'État soviétique dépensait des milliers de roubles pour le ballet : rien n'aurait pu rivaliser avec la splendeur des costumes et des décors, sans parler du talent des danseurs. L'opéra faisait salle comble tous les soirs, et il fallait acheter ses billets longtemps à l'avance. Les loges étaient réservées à d'importants hommes d'État, mais les balcons étaient souvent abandonnés à des groupes d'ouvriers. Leurs habits miteux contrastaient étrangement, une fois les lumières éteintes et le rideau levé, avec l'étincelant décor d'avant la révolution. Des nobles et des princesses évoluaient dans un luxe qui ne cadrait pas avec la conception soviétique de l'existence. Le premier ballet auquel j'assistai fut *Le Prisonnier du Caucase*, avec Semionova, l'étoile de la Russie. Elle était menue, légère, incroyablement gracieuse. Le public l'acclama à tout rompre.

Peu importe que son mari, M. Karakhan, ancien ambassadeur de Turquie, ait été l'une des victimes de la purge de 1937.

3
TANT D'EAU ET RIEN À BOIRE

Je bénissais chaque jour mon miraculeux passeport. Moscou me paraissait la ville la plus morne du monde, et la morosité ambiante me glaçait jusqu'à l'os, comme un brouillard humide. Je ne sortais jamais dans la rue sans tâter mon sac pour m'assurer que mon passeport était bien là, et je comptais les jours qui me séparaient encore de mon départ.

Peut-être la nouveauté de ma situation la rendait-elle plus consternante encore. La plupart des étrangers qui résidaient en Russie depuis un certain temps ne s'étonnaient plus de ce qui les entourait et menaient leur vie de leur côté, autant que possible. Mon arrivée était encore trop récente pour que la misère des gens m'indiffère. Mais il n'y avait pas que cela qui me déprimait : c'était aussi cette mentalité stagnante comme de la fumée de cigarette, sans aucun courant de pensée frais pour lui rendre un peu de mouvement.

L'homme se différencie avant tout de l'animal par ses capacités de jugement. Or, en Union soviétique – tout comme en Allemagne – toute pensée critique était soigneusement exterminée afin que les masses qui transpiraient sous leur fardeau l'acceptent aussi pacifiquement que du bétail, soumis à la tyrannie. On avait oublié le mot même de vérité. Les cerveaux drogués à la désinformation devenaient si léthargiques qu'ils perdaient jusqu'à l'énergie de protester contre leurs misérables conditions de vie. La *Pravda* ne se lassait jamais de révéler les inégalités du reste du monde à ses lecteurs, en soulignant toujours la même morale : quelle chance ils avaient de vivre en Union soviétique !

Ce mépris pour les valeurs morales et intellectuelles, ce dédain pour l'individu n'étaient à mes yeux pas seulement déprimants, mais proprement maléfiques. Je ressentais la même chose qu'en Espagne et en Allemagne : si je n'inspirais pas vite une bouffée d'air, je finirais par étouffer. L'apparence de Moscou ne faisait que contribuer à cette impression. Les rues étaient aussi ternes que la mentalité des gens – un monde en noir, gris et blanc sans aucune touche de couleur pour l'égayer. Pas un seul chapeau fantaisie, pas une vitrine illuminée, pas même un sourire joyeux. Les seules décorations aux murs étaient des photos de Marx, de Lénine et de Staline. Je développai ma propre théorie sur la raison pour laquelle on se pressait au mausolée où gisait le corps préservé de Lénine, pâle et cireux : cette chambre de marbre doucement illuminée permettait, pendant quelques agréables instants, d'échapper au réel.

L'un des côtés intéressants de la vie moscovite était que les étrangers, isolés comme ils l'étaient des Russes, ne pouvaient se reposer que les uns sur les autres. Aux oubliettes, les inimitiés politiques du continent : Allemands, Français, Anglais et Italiens étaient plus proches que jamais. Le lendemain de mon arrivée, Fitzroy m'emmena déjeuner à l'ambassade d'Allemagne. Quel étrange contraste entre les rues éteintes de Moscou et cette grande salle à manger où cinq valets de pied se tenaient prêts à servir ! La nourriture venait des pays baltes, et nous ne fûmes pas déçus par les six plats et quatre vins. On m'apprit que cet endroit recevait plus de financement que les autres ambassades allemandes partout ailleurs, dans l'espoir d'« impressionner » les Russes.

La table était présidée par le comte von der Schulenburg (l'ambassadeur qui, six mois plus tard, présenterait le pacte germano-soviétique, et qui partait le lendemain à Berlin « pour affaires »). Drôle d'expérience que d'entendre son personnel se plaindre à mi-voix des injustices des camps de concentration russes et de l'impitoyable régime stalinien.

L'un des lieux de rendez-vous « étrangers » les plus populaires était la datcha américaine, une maison de campagne à vingt kilomètres de Moscou. Elle appartenait à Charles (dit « Chip ») et Avis Bohlen, de l'ambassade américaine. Les dimanches, des dizaines de gens s'y retrouvaient pour aller skier. On y arrivait depuis Moscou par une route nationale qui passait non loin de l'une des villas de Staline, très surveillée et dissimulée par une grande clôture verte ainsi que quelques arbres. Cette route était assez large pour que trois voitures y circulent de front, mais le trafic se faisait en file indienne au cas où le « grand homme » aurait besoin d'y passer en trombe.

Un jour, un diplomate étranger y conduisait lorsqu'une voiture du Kremlin aux rideaux tirés le dépassa à cent kilomètres à l'heure. Le diplomate s'engagea derrière elle au même rythme, mais fut arrêté quelques minutes plus tard par un policier furieux.

— Et alors, vous ne savez donc pas que la vitesse est limitée à cinquante ?

— Mais la voiture devant moi faisait du cent à l'heure, et vous ne l'avez pas arrêtée...

— Je ne vois pas le rapport !

Le diplomate prit un ton choqué :

— Vous voulez dire qu'en Russie, certains ont des privilèges que d'autres n'ont pas ? On m'avait dit qu'il s'agissait d'une république socialiste. Vous voudriez donc le nier ?

À l'évidence, le policier ne voulait rien de tel, car il se calma aussitôt et fit nerveusement signe à l'étranger de poursuivre son chemin.

La datcha était toujours remplie de monde : des attachés militaires qui n'avaient jamais assisté à aucune manœuvre soviétique, des attachés navals qui n'avaient jamais vu de navire de guerre soviétique, des journalistes qui n'avaient jamais interviewé aucun ministre soviétique, et des ambassadeurs qui n'avaient jamais rencontré Staline. Tous vivaient en Russie tout en restant soigneusement exclus de la vie russe. Comme le disait Coleridge, *tant d'eau, tant d'eau, et rien à boire...*

Je me rappelle un après-midi où l'ambassadeur italien, Signor Rosso, entra en tapant ses bottes pour faire tomber la neige, indigné : les hommes de la police secrète s'étaient mis à le suivre même lorsqu'il faisait du ski. Sa femme lui disait de ne pas s'offusquer.

— Tu en as de belles ! cria l'ambassadeur. Je descends la pente, ils descendent la pente. Je saute sur une bosse, ils sautent sur une bosse. Mais je suis le seul à me casser la figure !

J'entendis la voix monotone de George, le domestique russe, qui disait mécaniquement : « Allons, allons. »

Je ne fus pas longue à éprouver de la sympathie pour l'ambassadeur, car quelques jours plus tard, je partis passer le week-end à Leningrad avec Chip et Avis Bohlen et découvris par moi-même ce que cela faisait d'être suivi par la police secrète.

Une grande agitation régnait parmi le personnel des Bohlen la veille de notre départ. Je crus d'abord que c'était notre destination qui les impressionnait, mais Avis m'expliqua que des rouleaux de tissu étaient arrivés à la coopérative et que, en l'absence de leurs employeurs, les domestiques comptaient faire la queue toute la nuit afin de pouvoir entrer en premier le lendemain matin.

Notre train était la « Flèche rouge », le fameux express soviétique. (Il faisait en moyenne du cinquante à l'heure et entra en gare de Leningrad avec une heure de retard.) Je partageais un compartiment avec une dame russe qui était déjà couchée ; je fus surprise de découvrir qu'elle parlait anglais.

— Dites-moi, demanda-t-elle, comment dit-on « Éteignez la lumière » ?

— Oh, vous voulez que j'éteigne ?

— Non, non. Mais comment dit-on ? *Switch off the lights,* ou *switch out the lights* ?

Presque aussi déconcertée qu'elle, je murmurai que les deux faisaient l'affaire. Elle releva aussitôt ma prononciation pour cette nouvelle phrase, et m'expliqua qu'elle enseignait l'anglais à Moscou. Mais elle avait appris seule et n'avait jamais pu discuter avec quelqu'un dont c'était la langue natale, si bien qu'elle avait beaucoup de questions irrésolues.

— Par exemple, comment dit-on « baisser un levier » ? Ce n'est quand même pas *switch off the switch* ?

J'étais bien embarrassée et fis semblant de m'endormir aussitôt après avoir grimpé dans ma couchette. Mais elle me guettait lorsque je me réveillai le lendemain matin.

— Excusez-moi, une dernière chose... Pour « regarder par la fenêtre », dit-on *look out the window* ou *look out of the window* ?

Par chance, le contrôleur intervint et je n'eus jamais à choisir une réponse.

Nous étions allés à Leningrad dans l'intention d'y passer quelques jours tranquilles, mais aussitôt après avoir quitté le train, nous fûmes assaillis par des porteurs de l'hôtel Astoria, des guides Intourist et des représentants de la VOKS (Société pour les relations culturelles avec l'étranger). Notre planning était déjà établi : une usine de cigarettes, une crèche et une visite de la forteresse Pierre-et-Paul où avaient été incarcérés les bolcheviks avant la révolution. Nous ajoutâmes que nous aimerions également visiter le musée de l'Ermitage, le palais Catherine et celui de feu le tsar Nicolas II.

Cet itinéraire fut supervisé par trois membres de la police « secrète » – de petits hommes à la casquette baissée – qui nous suivaient partout où nous allions. Leur échapper devint une obsession : nous tournions soudainement à l'angle, nous ressortions aussitôt de là où nous étions entrés, dans l'espoir de les perdre. Parfois, nous pensions avoir réussi, mais quelques minutes plus tard, invariablement, ils resurgissaient.

Nous étions en chemin vers Pouchkine, une ville non loin de Leningrad où se situe le palais Catherine, lorsque nous les repérâmes pour la première fois. Les routes de campagne étaient désertes : impossible de ne pas identifier la voiture de police en filature. Une vraie performance de théâtre, car le GPU avait beau nous suivre ouvertement, les policiers qui sortirent en arrivant à Pouchkine se donnèrent beaucoup de mal (en gesticulant, en désignant des bâtiments au loin) pour faire mine d'être venus en visite.

La Russe qui nous guidait ne les évoqua jamais. Malgré leur influence paralysante, nous persistâmes dans notre entreprise touristique en faisant de notre mieux pour les ignorer aussi bien qu'elle. Nous passâmes des heures dans les palais si froids que nous devions sautiller sur place pour nous réchauffer. Celui du tsar paraissait bien modeste à côté de celui de Catherine : on aurait cru voir une gentilhommière anglaise, pleine à craquer de mobilier victorien, de bibelots et de cadres photos, selon la mode de l'époque. J'étais surprise de découvrir que le tsar avait vécu si humblement, mais à l'évidence, notre communiste de guide préférait la magnificence du palais Catherine, car elle fit remarquer avec mépris :

— Comme vous pouvez le voir, la maison royale était tombée bien bas !

Je me demandais bien ce qu'elle pensait de Leningrad, avec ses magnifiques bâtiments aux dômes cuivrés qui tombaient en ruine, ses rues mal entretenues, ses parcs en friche. Il y régnait la mélancolie d'une vieille femme frappée de démence qui ne vit plus que dans le passé.

Cette atmosphère ne se dissipait que dans l'hôtel Astoria dont le restaurant était plein à craquer de membres de l'« intelligentsia » qui semblaient avoir quantité de roubles à dépenser et descendaient leur vodka sans bouder leur plaisir.

Le mot *culturi* était sur toutes les lèvres. Qu'on l'entende une première fois et il revenait douze fois encore. À la réception, on nous demanda si nous avions bien dormi, en précisant : « Je vous ai donné nos lits les plus cultivés. » Si nous hésitions au dîner entre les côtelettes et le poulet, le serveur intervenait : « Vous trouverez plus de culture au poulet, je crois. »

Mais ce fut à l'usine de cigarettes que l'on entendit ce mot employé de sa façon la plus déconcertante. Dans l'un des locaux où l'on procédait à l'empaquetage, nous remarquâmes un groupe de marins occupés à clouer le couvercle des caisses. Lorsque nous demandâmes ce qu'ils faisaient là, le directeur nous répondit qu'ils étaient venus aider à la suite de la pénurie de main-d'œuvre.

— Ce sont des amis des ouvrières, nous expliqua-t-il avec la plus grande sincérité. C'est que nous avons un club où nos employées entretiennent des relations culturelles avec la marine !

Nous repartîmes à Moscou dans la « Flèche rouge », non sans parcourir les wagons pour voir si la police secrète nous suivait encore. Personne. Nous pensions les avoir perdus, mais sur le quai le lendemain matin, il nous suffit d'un coup d'œil pour repérer les trois petites silhouettes à la casquette baissée, quelques mètres derrière nous. En montant en voiture, je me retournai pour les saluer de la main. Les deux premiers me tournèrent le dos, l'air gêné, mais le troisième me sourit, ce qui fit étinceler ses dents en or.

En arrivant chez eux, les Bohlen apprirent que leurs domestiques avaient fait la queue de minuit à midi. Mais tant de gens les précédaient que la boutique était tombée à court de tissu : on les avait renvoyés chez eux les mains vides.

4

LE VIEUX SINGE APPREND À FAIRE DES GRIMACES

Je me rendis un après-midi à la datcha avec l'épouse d'un ponte de l'ambassade allemande. Elle me confia qu'une guerre en Europe lui semblait inévitable, puisque le système économique allemand n'avait été pensé que dans un seul but : l'expansion.

— Bien sûr, si nous pouvions trouver un accord avec la Russie, peut-être pourraient-ils nous servir de déversoir. Beaucoup au ministère des Affaires étrangères allemand y seraient favorables, mais Hitler est si anti-bolchevik qu'il refuse d'y consentir.

— Mais et les Soviétiques ? m'étonnai-je. Ils n'accepteraient jamais !

— Oh, si. Les Russes ne diraient pas non. Ils ont peur de s'opposer à l'Allemagne.

C'était en février 1939, six mois avant le pacte de non-agression germano-soviétique. À l'époque, je ne prenais pas la rumeur au sérieux. Trop de rancœur entravait la relation. Mais d'aucuns avaient déjà remarqué d'importants changements dans la politique soviétique. Ses agressifs idéaux de révolution mondiale s'étaient changés, dans un mouvement pendulaire, en un repli sur une position défensive. Ce même mois de février, l'armée cessa de faire allégeance aux prolétaires du monde entier et, pour la première fois, ne prêta plus serment qu'à la patrie soviétique. On nota également que, lorsque Hitler s'en était pris à la Tchécoslovaquie dans son discours à Nuremberg avant les accords de Munich, la presse soviétique avait écarté l'affaire en quelques lignes. Que se passait-il donc ? La Russie était-elle en train de renoncer au communisme – de se tourner elle-même vers le fascisme ?

La réponse à la politique russe, tant interne qu'externe, tant à l'époque qu'aujourd'hui, se trouvait dans une seule image : ces boutiques vides, ces files interminables, ces maisons remplies à craquer.

La lutte que connaissait la Russie cet hiver-là, à la veille de ses concessions à l'Allemagne, était toujours la même depuis 1928, lorsque le pays avait annoncé son plan quinquennal – à savoir la lutte pour industrialiser l'agriculture d'un vaste arrière-pays constitué d'une douzaine de nationalités aux habitudes encore largement primitives.

En 1939, le problème se faisait sentir plus que jamais. L'industrialisation lourde ne progressait que très peu : selon les ingénieurs étrangers, il fallait en chercher la cause dans l'incapacité des ouvriers à utiliser de complexes machineries, un manque d'optimisation, des méandres bureaucratiques et une absence générale de coordination – difficultés issues d'une tentative de plaquer l'industrialisation moderne sur la société par le haut, plutôt que de la laisser se développer graduellement par le bas.

L'Union soviétique découvrait peu à peu, dans la douleur, que le marxisme n'était pas applicable à un pays agricole : c'était une philosophie de *distribution* et non de *production*. Les experts en ingénierie s'avéraient bien plus importants pour l'industrialisation soviétique que les membres les plus zélés du parti, si bien que le pouvoir de ces derniers déclinait avec constance. Le communisme avait beau constituer encore l'idéal de la nation, le parti ne ressemblait plus en 1939 qu'à une vaste campagne de publicité visant à vendre le régime stalinien aux ouvriers.

Ces démarcheurs étaient indispensables pour redonner un peu de vigueur au peuple, dont la volonté s'essoufflait : il était essentiel d'insister sur les injustices du système capitaliste et d'assurer aux ouvriers qu'ils étaient bien mieux lotis qu'à l'étranger. Cependant l'idéal marxiste – « de chacun selon ses moyens, à chacun selon ses besoins » – avait été abandonné au profit d'un slogan plus réalisable, mais fort peu communiste : « de chacun selon ses moyens, à chacun selon sa *valeur* ».

De fait, la majorité des ouvriers et paysans soviétiques ne recevaient pas de salaire régulier. Ils étaient rémunérés à la pièce ou à la journée de travail. On estimait leur revenu moyen à deux cent quarante roubles par mois, mais le revenu minimum sombrait jusqu'à cent trente roubles, et une rouble valait à peu près trois *pence*. Le prix de la nourriture était si disproportionné que si l'ouvrier moyen avait trouvé chaque jour de la viande (ce qui n'était pas le cas) elle lui aurait coûté le quart de son salaire hebdomadaire.

La majorité d'entre eux se nourrissaient de pain, vendu à prix fixe, de chou, de soupe et de porridge. Les loyers n'étaient pas chers : pourtant, il était impossible pour un ouvrier de louer plus de quelques mètres carrés à Moscou. C'étaient parfois jusqu'à trois ou quatre familles qui se partageaient la même pièce. Une jeune fille russe, employée à l'une des ambassades, était malheureuse en ménage. Lorsqu'on lui demanda pourquoi elle ne divorçait pas, elle répondit que comme la loi lui interdisait d'obliger son mari à quitter la maison, elle craignait, s'il venait à se remarier, de devoir accueillir une personne de plus dans un foyer déjà surpeuplé.

Les bureaucrates et officiers n'avaient pas ces problèmes. Eux recevaient non seulement un salaire bien plus confortable que l'ouvrier moyen, mais aussi l'autorisation de disposer de leur propre chambre, voire de leur propre appartement. Ils ne devaient pas faire la queue pour la viande et les légumes, ils avaient des chauffeurs privés au lieu d'attendre les bus bondés qui n'arrivaient jamais… Et lorsque de nouveaux articles apparaissaient sur le marché, on leur laissait le premier choix – ce qui voulait souvent dire également le dernier choix. Parce que les postes de pouvoir s'accompagnaient, en Russie soviétique, de privilèges que l'on aurait considérés comme nécessités de base partout ailleurs, la lutte pour ces positions était aussi féroce qu'impitoyable.

Le parti communiste avait beau faire un travail indispensable dans le « super-marketing » de Staline, il n'avait que peu de pouvoir en matière de gestion du pays. C'était Staline lui-même qui régnait, et il régnait par la police secrète. Les agents du GPU faisaient partie du quotidien de chaque foyer, chaque usine, chaque village. Toute rébellion contre le régime, toute insatisfaction était aussitôt qualifiée d'« anti-communiste », ce qui était bien pratique. La constitution du gouvernement soviétique avait beau prôner la liberté d'expression, un petit volume paru cet hiver-là, sous le titre *Histoire du parti communiste de l'Union soviétique*, prenait soin d'expliquer que tout désaccord menait à la divergence, que la divergence menait à la dissension, et que la dissension n'était autre que du sabotage. Si bien que lorsqu'il devenait avantageux de liquider un rival, cela se faisait au moins dans le respect des règles.

Vu ces conditions difficiles et l'abandon de nombreuses valeurs socialistes par l'Union soviétique, il est quasiment certain que les premiers bolcheviks en vinrent à s'opposer aux méthodes de Staline. Peut-être planifiaient-ils même de prendre le contrôle du gouvernement. Impossible pour Staline d'éliminer la « vieille garde » de Lénine pour un différend ; si bien qu'il devint nécessaire de fabriquer des histoires de trahison et d'alliance avec des puissances étrangères. Il est intéressant de noter que M. Ivanov, lors d'un procès en 1938, avait été accusé de mettre des clous et du verre pilé dans le beurre – et reconnu coupable avec une grande satisfaction, puisque cela permettait apparemment d'expliquer la pénurie de beurre dans tout le pays.

La purge ne ravageait pas seulement les rangs des bureaucrates et de l'armée : comme une avalanche, elle poursuivit sa course dans l'industrie et jusqu'aux plus modestes des foyers. L'imagination russe s'était enflammée, et avec l'ambition et la jalousie à l'œuvre dans les « dénonciations » de rivaux, l'incendie devint hors de proportion. Durant l'hiver 1938, Iejov fut remplacé par Beria à la tête du GPU, et l'on tenta de calmer le jeu. Mais il était trop tard. La Russie était affaiblie, épuisée. L'Union soviétique était-elle en train d'abandonner le communisme ? La réponse tenait en une seule phrase : l'Union soviétique luttait pour rester en vie.

L'un des articles que l'on m'avait envoyée écrire à Moscou était un rapport sur l'Armée rouge. En quoi tous ces bouleversements intérieurs affectaient-ils les forces soviétiques ? Leurs rangs comptaient plus de deux millions d'hommes, et on les estimait capables de grossir, dans l'éventualité d'une mobilisation générale, jusqu'à douze millions de combattants. Nombre étaient ceux qui, écrasés par ces chiffres, voyaient en l'Union soviétique l'une des plus grandes puissances d'Europe.

Comme les garnisons et fabriques d'armes soviétiques étaient soigneusement tenues secrètes, il était impossible d'obtenir des informations directes. On ne pouvait que spéculer. Mais le triste état des machines agricoles, l'absence de garages, l'irrégularité des ravitaillements d'essence, et le fait qu'une voiture soviétique ne pouvait guère couvrir plus de dix mille kilomètres avant de finir à la casse – tout cela générait quelques doutes. La plupart des voies ferrées n'avaient pas été entretenues depuis que les bolcheviks s'en étaient emparés.

Il y avait dans toute l'Union soviétique la même longueur de routes goudronnées qu'à Rhode Island – le plus petit des quarante-huit États américains.

Ces seuls faits me furent suffisants pour déclarer, dans un article publié dans le *New York Times* :

> *La puissance militaire d'une nation ne dépend pas que de ses armes, mais aussi de la durabilité et de l'organisation de ses industries. Les immenses difficultés auxquelles fait face l'Union soviétique dans sa tentative de plaquer la civilisation du* XXe *siècle sur un pays primitif et arriéré n'ont guère d'espoir d'être bientôt résolues ; tant que le système industriel de la nation ne sera pas plus efficace, tant que son peuple ne disposera pas des premières nécessités, l'Union soviétique ne saurait être considérée comme une grande puissance militaire.*

Aux conditions économiques s'ajoutaient aussi les purges, qui avaient dévasté l'armée plus que n'importe quelle autre branche de la société soviétique. Cet hiver-là, des experts militaires évaluèrent que, à partir du rang de colonel inclus, soixante-quinze pour cent des officiers avaient été liquidés en deux ans. L'étendue du phénomène devint plus visible encore lorsque six des huit officiers qui avaient fait passer Toukhatchevski et ses sept collègues en cour martiale furent eux-mêmes exécutés par la suite – ou lorsque, durant le défilé de l'Armée rouge devant Staline en novembre 1937, on interdit aux officiers d'être armés.

Les accusations de trahison portées par Staline sonnaient faux même vues depuis l'autre bout du monde, et sa détermination à semer le chaos dans les forces qui assuraient la sécurité de son propre pays semblait parfaitement illogique. En examinant les changements progressifs de la structure de l'armée durant les vingt dernières années, on peut cependant déceler un fil rouge dans ces bouleversements.

En 1937, les officiers de l'Armée rouge constituaient une classe aussi puissante que privilégiée – on était bien loin des années vingt, sous la houlette de Trotski, où l'on n'établissait que peu de distinction entre les soldats et leurs supérieurs. À l'époque, tous recevaient le même salaire, sans grade ni médailles. Chacun nettoyait ses propres bottes, partageait les mêmes repas, et jurait fidélité au prolétariat du monde entier.

L'Armée rouge avait ensuite changé de structure sous l'influence, en grande partie, du modèle militaire allemand. Avant l'arrivée de Hitler au pouvoir en 1933, l'Union soviétique travaillait en étroite collaboration avec l'Allemagne. Dès 1923, des usines d'avions allemands avaient été construites en Russie ; après le traité de Rapallo, des centaines d'experts militaires allemands étaient venus enseigner en Union soviétique. Avec l'application de leurs principes méthodiques, les officiers avaient peu à peu cessé de fraterniser avec leurs hommes et avaient fini par constituer une classe à part.

La collaboration militaire entre la Russie et l'Allemagne avait pris fin avec l'arrivée au pouvoir des nazis, mais l'Union soviétique avait poursuivi sur ces fondations. Des idées autrefois considérées comme bourgeoises faisaient leur discret retour : on augmentait le salaire des officiers, on réintroduisait les médailles. Beaucoup des uniformes d'autrefois revinrent à la mode.

En 1937, Staline se retrouva donc soudain face à une coterie d'officiers dont le pouvoir croissait de façon visible. Que certains d'entre eux se fussent commis avec des puissances étrangères était fort peu probable, mais on peut soupçonner qu'un vent de révolte soufflait dans les rangs face aux impitoyables méthodes qu'employait Staline dans ses efforts acharnés pour industrialiser le pays à marche forcée. À l'évidence, Staline voyait arriver une puissance susceptible de menacer sa position ; afin d'affaiblir l'armée, il se lança donc dans la même guerre préventive que celle qui lui avait permis de supprimer les meneurs du parti communiste et, plus tard, les patrons industriels et les chefs de police.

De fait, on peut supposer que Staline essayait depuis un certain temps de transformer l'armée en un instrument défini par sa passivité. En 1925, quatre-vingt-cinq pour cent des rangs se composaient de paysans, et le reste d'ouvriers industriels, ce qui reflétait peu ou prou leur proportion dans le pays. Cependant, après la famine de 1932-1933 – conséquence directe de l'inflexible collectivisation des terres agricoles par le gouvernement – on remit clairement en doute la loyauté de la classe paysanne. L'armée était désormais composée à plus de cinquante pour cent d'ouvriers. Notons également que le nombre de communistes était passé de dix-neuf pour cent en 1925 à plus de cinquante pour cent en 1939. De fait, la plupart des troupes motorisées en étaient presque exclusivement constituées.

Le gouvernement soviétique avait beau prétendre que les purges avaient solidifié l'armée en la débarrassant de ses dissidents, l'efficacité des troupes n'aurait pu s'en trouver améliorée. La promotion des subordonnés pour combler les vides laissés par leurs supérieurs causa une telle pénurie de sous-officiers que Vorochilov fut contraint d'ordonner à dix mille élèves officiers de quitter l'école militaire avant la fin de leur formation pour devenir lieutenants.

La réintroduction des « commissaires » politiques jouait également son rôle. Alors qu'ils étaient devenus plus ou moins obsolètes, leur fonction fut réhabilitée par décret en mai 1937, et leur autorité devint égale à celle des officiers. Ils contresignaient tous les ordres et pouvaient même, dans certains cas extrêmes, mettre leur veto à une attaque. Leur puissance se faisait sentir dans le serment des soldats de l'Armée rouge, qui prêtaient allégeance à leurs « officiers, commissaires et supérieurs ».

Évidemment, on est en droit de se demander si cette double autorité n'avait pas un impact sur l'efficacité de l'armée. En 1918, le système des commissaires avait été instauré pour empêcher la désertion des Russes blancs contraints de servir parmi les bolcheviks, et les difficultés posées par ce duumvirat avaient été révélées par la suite dans une lettre de Trotski :

> *Au sujet de la participation des officiers dans les révoltes de l'Armée blanche, je note que les querelles entre commissaires et officiers s'accroissent. D'après les faits dont je dispose, il est clair que les commissaires sont directement en cause, soit parce qu'ils usurpent des fonctions opérationnelles ou une autorité qui n'est pas la leur, soit parce qu'ils sabotent leurs relations avec les officiers par une campagne de coups bas et de mesquineries, rivalité sans dignité aucune.*

On ne pouvait supposer qu'en vingt ans, la nature humaine avait évolué au point de ne pas retomber dans ces mêmes travers. Mais ce ne fut que lorsque je me rendis en Finlande l'hiver suivant que je pus juger moi-même de l'état de l'Armée rouge au lieu de me cantonner à ces hypothèses.

5

NOTES SUR L'UKRAINE

Les lumières de Kiev brillaient sur le Dniepr en contrebas comme les joyaux d'une couronne, et la surface gelée du fleuve ressemblait à une traîne de satin blanc. Mais, une fois l'aube venue, la beauté de ce spectacle s'évanouissait comme un rêve étrange pour laisser place à un air de désolation encore accentué par le ciel d'hiver. La peinture s'écaillait aux murs des bâtiments, les vitrines des boutiques étaient sales et cassées, et on trouvait des files d'attente presque à tous les coins de rue. La misère à Kiev était oppressante, impossible à concilier avec son statut de capitale de l'Ukraine soviétique – un pays presque aussi grand que la France avec des terres agricoles parmi les plus fertiles d'Europe.

Durant cet hiver 1938-1939, nombreux étaient ceux persuadés que ces terres étaient le but ultime de l'Allemagne. Quelques mois auparavant, Hitler avait déclaré que « si les champs sans fin de l'Ukraine appartenaient à l'Allemagne, sous le contrôle du Parti national-socialiste, [notre pays] nagerait dans l'abondance ».

Les Russes en avaient bien pris note. Les journaux ukrainiens avaient beau taire toute notion de menace, la ville grouillait de troupes. Les villages étaient émaillés d'agents du GPU, et les usines restaient éclairées la nuit, sous bonne garde, pour empêcher tout sabotage. Enfin, on avait clos tous les consulats étrangers – sauf celui de Pologne – et la région s'était officieusement fermée au tourisme. De fait, les visiteurs étrangers étaient devenus une telle rareté que, lorsque j'arpentais les rues avec Frank Hayne, l'attaché militaire à l'ambassade américaine, on nous regardait avec fascination. Quand nous faisions nos courses, une petite troupe s'amassait autour de nous pour caresser l'étoffe de nos vêtements et nous demander où nous avions acheté nos bottes.

J'étais en train de quitter la Russie, et j'avais reçu la permission de partir par la frontière roumaine, en passant par Kiev et Odessa.

Frank, avec son passeport diplomatique, pouvait voyager comme il le voulait et m'avait accompagnée par curiosité. Six ans plus tôt, lorsque le gouvernement soviétique avait pris ses mesures drastiques de collectivisation des terres, près de six millions de personnes étaient mortes de faim en Ukraine. Maintenant que la plupart des kolkhozes étaient établis, Frank et moi voulions nous renseigner sur l'état du pays : en cas d'attaque allemande, serait-il capable d'opposer quelque résistance ?

Mais les autorités soviétiques ne l'entendaient pas de cette oreille. Dès l'arrivée de notre train à Kiev, nous fûmes entourés d'agents du GPU. Il nous serait sans doute difficile d'observer quoi que ce soit. La police secrète nous suivait nuit et jour, même lorsque nous partîmes voir les momies de prêtres inhumés dans les catacombes d'un vieux monastère. Ce fut ce dont Frank s'irrita le plus – issu du Sud des États-Unis, facile à vivre et charmant avec son accent de la Nouvelle-Orléans, il avait cependant un certain tempérament et pouvait partir au quart de tour.

— Avec qui pourrions-nous fomenter une conspiration trotskiste ici ? Les momies, sans doute ! s'indigna-t-il. Si ces gens continuent à me coller le train, je vais finir par leur boxer le menton. Qu'ils me suivent, peu m'importe, mais pas d'aussi près !

Lorsque nous demandâmes aux autorités la permission de visiter une ferme collective, on nous opposa toute une batterie d'excuses polies. D'abord, c'était le directeur qui était absent pour la journée ; puis c'étaient les machines qui étaient en maintenance ; puis c'était le mauvais entretien des routes qui empêchait le passage. Sans taxi à notre disposition, nous étions impuissants. Mais plus on nous barrait la route, plus nous nous entêtions à parvenir au but.

Nous finîmes par y arriver, mais contre leur gré, lorsque nous demandâmes l'aide du consul polonais, un homme charmant du nom de Matuszyński. Face à nos difficultés, il mit à notre disposition sa voiture avec chauffeur. Rendez-vous fut pris pour que celle-ci vienne nous chercher à 10 heures le lendemain matin pour nous conduire dans une ferme à un peu plus de trente kilomètres de Kiev.

Ce voyage ne se fit pas sans rebondissements. En premier lieu, nous parvînmes à fausser compagnie à nos agents du GPU. Nous faisions du lèche-vitrine près de l'hôtel lorsque la voiture polonaise s'approcha et nous l'arrêtâmes au milieu de la rue. Une fois sur les routes désertes, nous vîmes que deux voitures de police nous suivaient – mais leurs chauffeurs étaient seuls : nous avions agi si vite que nos agents du GPU, qui traînaient dans le lobby (en s'imaginant que nous demandions une voiture au portier) avaient manqué le coche.

Quel plaisir de quitter la ville : la campagne ukrainienne, avec ses plaines blanches et ses cottages d'un bleu plus vif encore sous le soleil, ressemblait à un tableau d'un autre siècle. Des paysannes avec d'épais fichus noués sous le menton marchaient dans la neige le long de la route, en tirant derrière elles des luges grossièrement taillées où elles avaient empilé du bois et de la paille. Un traîneau tiré par un cheval nous croisa à vive allure, conduit par un cocher qui avait enfoncé son énorme chapeau de fourrure sur son front. Mais nous tombâmes bien vite sur une colonne de soldats qui traînaient des pièces d'artillerie. Le piétinement de leurs bottes, le grincement des roues – tout cela nous ramena dans un sursaut à la sinistre réalité de 1939. Selon Frank, ils appartenaient à la 44e division, que je recroiserais par la suite en Finlande. C'étaient des hommes costauds, rasés de près. Leurs grandes bottes et leurs longs manteaux contrastaient de façon frappante avec les tenues modestes des paysans.

Nous continuâmes notre chemin dans une campagne de plus en plus déserte, en cahotant sur des routes de plus en plus mal entretenues, dans la neige et la boue ; lors d'un passage particulièrement difficile, nous vîmes dans le rétroviseur que les deux voitures de police s'étaient prises dans une congère. Ce coup de chance nous fit pousser un cri de joie. La ferme collective n'était plus qu'à deux kilomètres, et nous y arrivâmes sans escorte.

Difficile d'imaginer vision plus désolée. C'était un petit hameau d'une demi-douzaine de maisons, des deux côtés d'une voie qui n'était guère qu'une mer de gadoue. Les clôtures penchaient, les murs s'affaissaient, les toits s'étaient dégarnis. Pas une âme en vue.

— Maintenant que nous y sommes, que faire ? s'enquit Frank.

— Allons leur parler. Vous allez devoir jouer les interprètes !

— Mais nous n'allons pas entrer chez les gens comme ça !

— Pourquoi pas ? Nous n'arriverons pas une seconde fois à échapper au GPU.

— Seigneur ! fit Frank. D'ici la fin du voyage, c'est moi qui serai le journaliste, et vous l'attachée militaire !

Nous traversâmes donc la boue en nous y enfonçant jusqu'aux mollets pour pousser l'un des portails délabrés et faire le tour par l'arrière. Nous tambourinâmes à la porte et, après quelques minutes, celle-ci s'ouvrit sur une femme apeurée. On ne lui donnait pas d'âge.

Elle avait des cheveux blond-gris collés en mèches trop fines, des mains rougies et un tablier sale. Notre présence semblait la stupéfier. Frank lui expliqua que nous étions américains, en train de traverser la Russie, mais ces paroles n'eurent aucun effet : elle continuait de nous fixer sans un mot. Lorsque nous lui demandâmes si nous pouvions entrer, elle s'écarta pour nous laisser passer. Il n'y avait que deux pièces dans la petite maison aux murs nus, avec trois tabourets, un placard et une table pour tout mobilier. Dans un coin trônait un large poêle de porcelaine, sur lequel dormaient deux bébés tout emmaillotés.

La conversation ne fut pas facile, car la femme persistait à nous dévisager sans rien dire. Nous lui demandâmes quelles étaient ses conditions de vie et si elle avait toutes les provisions nécessaires. À ces mots, elle s'illumina :

— Oh, oui ! répondit-elle. Nous avons du pain !

Elle courut vers la table et souleva un torchon pour nous révéler du pain noir sur une assiette. Il n'y avait apparemment rien d'autre à manger dans la maison. Nous la quittâmes en sentant toujours son regard dans notre dos, et passâmes au cottage suivant.

La scène fut plus animée cette fois-ci, car nous y trouvâmes une famille de onze personnes, de l'enfant de quatre ans à la grand-mère. Celle-ci était très vieille, avec un visage jauni et flétri, mais son regard était incroyablement vif, et il devint vite clair qu'elle était toujours à la tête de la maisonnée. Surexcitée par notre arrivée, elle tira deux tabourets et, tout en s'inclinant avec force gloussements, nous fit signe de nous asseoir.

— Qu'est-ce vous avez donc sur votre chapeau ? me demanda-t-elle.

Frank dit qu'il s'agissait d'une voilette.

— Mais pour quoi faire ?

Il n'eut pas à se lancer dans des explications, car l'attention de la vieille dame se porta soudain sur mes bas de soie. Elle s'agenouilla pour les palper.

— Vous n'avez pas froid ?

Nous lui posâmes des questions sur les conditions de vie dans le hameau et elle hocha la tête d'un air de satisfaction avant de nous faire la même réponse que l'autre femme : il y avait du pain. Puis, avec un petit rire, elle ajouta qu'il y avait également de la vodka.

Sa maison était aussi vide de meubles que la première. Lorsque nous lui demandâmes où dormait toute la famille, elle ouvrit la porte de derrière et nous montra un grenier plein de foin. Deux icônes étaient accrochées au mur près du chambranle, ce qui attira l'attention de Frank.

— Je croyais que plus personne n'en avait...

— Les jeunes n'en ont plus, s'esclaffa la vieille dame, mais moi, je les aime bien ! Leurs couleurs sont si vives.

Pendant ce temps, le reste de la famille s'était rassemblé autour de nous. Les enfants nous fixaient en suçant leur pouce. L'un d'eux fila soudain dans l'autre pièce et en revint avec un accordéon qui avait vu des jours meilleurs. Accroupi au sol, il se mit à jouer, et deux des petites filles se prirent par la main pour faire la ronde. La grand-mère leur lança quelques mots, et l'une d'elles courut vers l'armoire pour en sortir une robe à fleurs, filée et brodée à la main, le fruit d'un long travail. Elle l'enfila et, sa sœur l'ayant aidée à attacher les boutons, toutes deux reprirent leur danse.

Nous nous préparions à prendre congé lorsque la grand-mère attira notre attention sur une petite photo jaunie, punaisée au mur. C'était un cliché d'elle, pris bien des années plus tôt, nous dit-elle. Il serait merveilleux d'en avoir un autre, ajouta-t-elle en désignant l'appareil de Frank. Lorsque nous suggérâmes une photo de groupe, toute la maisonnée fut saisie de la plus grande agitation : les petits garçons se mirent à cirer leurs chaussures, les petites filles à se recoiffer, les mères à décrasser le visage de leurs enfants. Enfin, ils se retrouvèrent en rang devant le cottage, l'air tendu et nerveux. Après le clic de l'appareil, un soupir de soulagement les traversa. Ils se rassemblèrent en troupe autour de nous pendant que nous notions leur adresse, puis nous serrèrent la main un par un en guise d'au revoir.

En regagnant la voiture, nous découvrîmes que la nouvelle de notre arrivée s'était répandue dans tout le hameau : accoudés à leurs clôtures, les voisins discutaient de l'événement. Notre chauffeur polonais nous apprit que les véhicules de police venaient d'arriver et que les conducteurs nous avaient signalés au directeur de la ferme collective. Il nous conseilla d'aller immédiatement lui présenter nos respects.

Les bureaux du directeur se trouvaient dans une grande maison à quelques dizaines de mètres du hameau : un *agitpunkt*, ou « centre d'agitation ». Nous le trouvâmes en grande conversation avec un militaire en uniforme. Tous deux nous jetèrent des regards hostiles et réclamèrent nos papiers. Mais le passeport diplomatique de Frank dut faire son impression, car après nous avoir interrogés pendant dix ou quinze minutes, ils finirent par nous laisser partir.

Sur le trajet du retour, nous vîmes que les voitures de police nous filaient à nouveau : cette fois, elles contenaient chacune trois agents du GPU. D'où étaient-ils sortis ? Mystère bien soviétique.

Avant de quitter Kiev, nous fîmes nos adieux à M. Matuszyński, le consul polonais qui avait eu tant d'égards pour nous. Six mois plus tard, lorsque les Russes entrèrent en Pologne, on le tira du lit à minuit et il fut emmené au poste de police pour y être interrogé. Ce qu'il y subit, nul ne le sait, car on ne le revit jamais. Mises face à cet acte brutal, les autorités soviétiques affirmèrent qu'elles ignoraient où il avait bien pu passer – peut-être avait-il eu un « accident » ? – et offrirent, non sans ironie, de lancer des recherches pour retrouver son corps.

À Odessa, Frank et moi rencontrâmes deux marins britanniques descendus d'un bateau qui amenait des oranges de Valence. Ils formaient un duo assez comique : le machiniste, un petit râblé au fort accent cockney, et le second, grand et dégingandé, originaire du Lancashire. Nous les invitâmes à dîner avec nous, mais lorsque vint l'addition, ils insistèrent pour payer et sortirent d'énormes liasses de roubles de leurs poches. Frank et moi étions stupéfaits mais le machiniste nous expliqua que dès l'instant où ils étaient descendus à quai, les Russes s'étaient mis à marchander pour obtenir leurs vêtements.

— Mille roubles pour mon pantalon, cinq cents pour mon manteau, cent pour mes chaussettes ! Si je n'avais pas craint de me faire arrêter pour indécence, je me serais déshabillé en pleine rue. Non, je suis remonté à bord pour y chercher tous les vieux pulls et chemises que je pouvais trouver, et nous voilà comme deux millionnaires !

— Parfaitement, approuva le second. Et ces choses-là peuvent aller loin, vous n'avez pas idée…

Il enfonça la main dans sa poche et en sortit trois oranges.

— Dans ce pays, elles valent autant que des bracelets de diamants ! s'esclaffa-t-il. Rien de tel pour briser la glace. Peut-être que je ne devrais pas m'en vanter, mais on m'a déjà demandé deux fois en mariage – la serveuse du restaurant, la cuisinière du gentlemen's club…

Le machiniste l'interrompit pour expliquer que les femmes voulaient tant quitter la Russie que le premier étranger venu faisait l'affaire.

— Tout de même, l'apparence y est un peu pour quelque chose, insista le second, légèrement vexé.

Le blocus de l'Espagne avait été mouvementé : leur premier navire avait été coulé dans le port de Barcelone, mais ils avaient vite signé avec un autre équipage. Ils ne risquaient guère de se convertir au communisme, car ils avaient beau avoir voyagé loin, ils n'avaient apparemment rien vu de plus étrange que la Russie.

— Dans l'ensemble, les étrangers sont tous cinglés, affirma le second. Aucune stabilité, si vous voyez ce que je veux dire. Mais là, ce système russe où il suffit d'une orange pour se trouver une fille... Vraiment, vraiment curieux.

— Au moins, on fait des économies, interrompit le machiniste. En rentrant à Marseille, on pourra faire des réserves de bonbons pour les gamins à Barcelone !

La guerre d'Espagne prit fin trois mois plus tard. Je me demande souvent ce que sont devenus ces deux marins. Le second affirmait qu'il comptait acheter une maison en Angleterre quand tout serait fini, mais j'imagine qu'ils sont toujours en mer – travaillant désormais au blocus de l'Allemagne.

La ville d'Odessa était aussi désolée que Kiev, mais il y faisait moins froid. Avec la fonte des neiges, les rues ruisselaient de boue, mais dans les campagnes, le printemps s'annonçait déjà. Les guides Intourist étaient plus accommodants qu'en Ukraine ; une visite de plusieurs fermes et usines fut prévue. Malheureusement, nous fûmes contrariés dans nos plans par une dernière confrontation avec le GPU.

Pour se rendre en Russie, il faut définir son itinéraire à l'avance et obtenir des laissez-passer spéciaux qui indiquent le nombre exact d'heures que l'on souhaite passer dans chaque ville. Mon visa pour l'Union soviétique n'expirait que dans une semaine, mais il ne m'autorisait à rester à Odessa qu'un seul jour. M. Schmidt m'avait prévenue que pour toute modification à ce programme, il me faudrait notifier la police locale qui se chargerait des ajustements nécessaires. Or, lorsque je fis une requête pour quarante-huit heures supplémentaires à Odessa, les autorités me renvoyèrent ma carte en répondant que puisque Moscou ne m'avait accordé qu'un jour, je n'obtiendrais pas plus. Comme les lignes de téléphone étaient contrôlées par l'État, nous ne pouvions pas joindre le ministère des Affaires étrangères nous-mêmes, mais nous répondîmes à la police qu'il leur suffirait de contacter M. Schmidt pour régler l'affaire. Cependant, la police, étouffée par la bureaucratie, n'avait aucune intention de prendre ce genre d'initiative. On nous fit encore l'irritante réponse qu'un seul jour, c'était un seul jour. Frank ne serait pas inquiété, avec son passeport diplomatique, mais je fus sommée de quitter la ville dès 8 heures le lendemain.

Frank envoya un télégramme à M. Schmidt et à Chip Bohlen – même si nous n'avions guère de chance de recevoir une réponse en moins de vingt-quatre heures – et fit savoir à la police que je refusais tout simplement de partir.

— Ça leur apprendra qu'ils ne peuvent pas nous traiter comme les premiers Russes venus, dit-il avec colère.

Ce soir-là, nous allâmes au ballet. Le portier de l'hôtel nous apprit à notre retour que la police nous attendait. Introduits dans le bureau du directeur, nous y trouvâmes un officier du GPU bien bâti, en uniforme. Frank prit la peine d'expliquer une fois de plus la situation, mais l'homme se contentait de secouer la tête en répétant qu'un seul jour voulait dire un seul jour.

— Écoutez-moi bien, s'agaça Frank, je commence à en avoir assez de la police soviétique ! Si vous voulez régler cette histoire, il vous suffit de décrocher le téléphone pour appeler Moscou. Vous perdez votre temps à nous donner des ordres. Si la dame ne veut pas partir, elle ne partira pas. Vous comprenez ? Posons-lui la question.

Il se tourna vers moi :

— Vous ne voulez pas partir, n'est-ce pas ?

— Non, dis-je faiblement.

— Voilà ! Vous l'avez entendue ! Elle ne veut pas partir. Qu'est-ce que vous comptez bien y faire ?

— Elle refuse de partir ? demanda le policier.

— Absolument, répliqua Frank.

— C'est son dernier mot ?

— Absolument.

— Alors elle devra se préparer aux conséquences de son refus.

Il me jeta un regard menaçant et quitta la pièce.

— J'espère que ça ne vous dérange pas, me dit Frank. Il est de notre devoir de porter bien haut les couleurs de l'Amérique.

— Tout à fait, acquiesçai-je. Mais pas depuis l'intérieur d'un camp de concentration…

Nul ne s'était sans doute encore jamais adressé ainsi au GPU. Dans le lobby, nous vîmes le directeur s'entretenir à voix basse avec l'un des portiers, sans doute pour lui raconter l'affaire : tous deux souriaient jusqu'aux oreilles.

Les quarante-huit heures qui suivirent furent assez tendues, car nous avions beau avoir reçu un télégramme de Chip Bohlen disant qu'il ferait de son mieux, pas un mot de M. Schmidt. La police ne nous adressa pas d'autres messages, mais chaque fois que nous rentrions à l'hôtel, je m'attendais à trouver un comité d'accueil. Puis arriva le jour où Frank devait repartir pour Moscou, et moi pour la Roumanie. Le voyage jusqu'à la ville-frontière de Tiraspol durerait trois heures, et Frank avait beau m'assurer que tout irait bien, je craignais d'être interceptée en route.

Dans le train, je remarquai un homme en civil qui, à l'évidence, me filait. Cela n'avait rien d'extraordinaire, mais en arrivant à Tiraspol, je me sentis glacée en voyant qui m'attendait à la douane : l'officier du GPU avec qui s'était querellé Frank. Il me jeta un regard lourd de sens et m'ordonna de laisser mes bagages, mes papiers, et d'aller patienter dans le restaurant pendant qu'il les examinait.

Assise à une table, je commandai du thé et un gâteau. Soudain, je levai la tête : le policier en civil se tenait devant moi, un sourire aux lèvres.

— Je parle votre langue, déclara-t-il.

Je pensais qu'il s'agissait du prélude à une arrestation, mais il s'assit à ma table et je découvris qu'il ne cherchait qu'une occasion de pratiquer son anglais. En Russie, les langues étrangères sont clairement enseignées par le prisme de la propagande, car malgré son niveau très limité, il avait assez de vocabulaire pour articuler les principes du parti. Voici notre conversation :

— La Russie... beau pays. Vous... Britannique ?

— Non, Américaine.

— Chômage en Amérique ?

— Un peu.

(Je voulais défendre l'honneur de mon pays.)

— Gouvernement bourgeois, commenta-t-il. Et... chômage en Angleterre, aussi ?

— Un peu.

— Gouvernement bourgeois. Avec gouvernement bourgeois, toujours chômage. En Russie, gouvernement ouvrier, pas de chômage.

Je lui demandai s'il considérait le gouvernement allemand comme bourgeois, et il acquiesça.

— Eh bien, eux n'ont pas de chômage, dis-je. Comment l'expliquez-vous ?

Il leva les deux mains en signe de consternation :

— Oh, pas parler de l'Allemagne ! Très mauvais pays. Beaucoup de camps de concentration.

Il secoua la tête d'un air morose, se leva, s'inclina, et partit.

Je m'inquiétais pour rien, car une heure plus tard, je fus rappelée à la douane et on me rendit poliment toutes mes affaires. Voilà qui portait l'empreinte de M. Schmidt. Le plus surprenant fut l'officier du GPU qui me serra la main en exprimant le vœu que je revienne un jour en Union soviétique !

Je partis dans un vrai train de théâtre, d'un vert brillant, avec de petits rideaux de chintz et des pots de fleurs aux fenêtres. Il ne servait qu'à faire des allers-retours entre les deux pays et semblait conçu dans le but d'impressionner les Roumains. Tout était si vivement coloré : les coupes de fruits dans le restaurant, les boucles d'oreilles vertes de la serveuse, le ruban rouge au cou du chat, le portrait kitsch du roi Carol Ier au mur, la nappe à carreaux bleu et blanc… Les vitres brillaient, le sol était propre, tout le monde avait de bonnes joues et un air réjoui. On était bien loin du Kremlin.

Pour rentrer en Angleterre, je traversai la Roumanie, la Pologne, l'Allemagne, la Belgique et la France. Durant tout ce voyage, je réfléchis longuement à la misère et à l'inhumanité dont j'avais été le témoin sous les régimes totalitaires. J'avais vu les extrémistes des deux camps pendant la guerre d'Espagne, le nazisme en Allemagne, le communisme en Russie. Et j'étais certaine, plus que jamais, de croire à la démocratie.

Aux États-Unis, j'y adhérais car c'était ce que l'on m'avait enseigné. Mais désormais, j'y croyais car j'avais appris ce qu'elle représentait. À savoir : le droit à la majorité de commander, et *le droit à la minorité d'exister*. Ce deuxième aspect me semblait le plus important de tous, car partout où la minorité a le droit d'exister, on peut parler et agir selon sa conscience.

J'avais entendu dire que la « liberté d'expression » était un privilège dont on faisait mauvais usage, et que dans l'ensemble, l'interdiction de critiquer le gouvernement n'était pas si grave. Mais ce « gouvernement » n'était pas un concept abstrait. Le gouvernement, ce sont les vêtements que l'on porte, les cigarettes que l'on fume, la nourriture que l'on mange, les écoles où l'on s'éduque, les livres que l'on lit, les rues où l'on marche. Renoncer au droit de s'opposer au gouvernement, c'est renoncer à sa dignité d'être humain.

J'avais aussi entendu dire que les masses n'étaient pas en mesure de prendre le contrôle de leur destin, et qu'il fallait donc laisser à l'État tout le loisir d'ordonner leur vie, sans obstruction aucune, pour le bien commun. Comme ce mot d'« État » pouvait être trompeur ! L'État n'était qu'un groupe de gens, et j'étais incapable d'imaginer un groupe de gens si infaillibles qu'on pût leur confier les pleins pouvoirs. Les régimes totalitaires vantaient l'efficacité de leur système ; ils sombreraient tout aussi efficacement dans la guerre.

Car la guerre semblait inévitable, et je savais que les forces qui se préparaient à s'opposer n'étaient pas que celles de l'impérialisme. Il s'agissait de l'homme contre la fourmilière. En tant qu'Américaine, j'étais peut-être neutre, mais en tant qu'être humain, ce combat était déjà le mien.

Je ne fus pas longue à me réacclimater à l'atmosphère électrique du continent. Je ne passai que douze heures à Berlin, le temps d'un dîner avec Charlie Post, un homme d'affaires américain. Puis je pris l'express de nuit pour Londres. Vers minuit, je fus réveillée par un bruit de pas et de voix. La porte de mon compartiment s'ouvrit d'un coup sur trois soldats nazis. L'un d'eux me dit en anglais qu'il comptait fouiller mes affaires – mais il commença par me demander le nom de l'homme qui m'avait accompagnée à la station. Lorsque je le lui appris, il secoua la tête.

— Ce n'était pas un Américain. Il était Russe. Vous lui parliez russe sur le quai !

Je répondis que je ne parlais pas un mot de russe, mais il exprima son doute d'un sourire et entreprit de réduire mes bagages en pièces.

Je ne sais toujours pas ce qu'ils cherchaient. Le portier m'apprit plus tard qu'ils l'avaient également interrogé, en lui demandant s'il m'avait entendue parler russe. Les soldats affirmèrent que leurs ordres venaient tout droit de Berlin. Cela se passait quatre semaines avant que les Allemands ne marchent sur Prague, et vu l'imminence de l'invasion, sans doute avaient-ils pour tâche de surveiller de près tous les étrangers ; comme je venais de traverser l'Ukraine, la Roumanie et la Pologne – des territoires vus comme des « points d'intérêts » pour l'Allemagne – on devait me soupçonner d'être une espionne.

Quelle qu'en fût la raison, ils sortirent toutes mes affaires en pagaille jusqu'à donner l'impression qu'une tornade était passée dans le compartiment, et se jetèrent sur les livres marxistes en ma possession.

— *Ach so !* Vous êtes membre du parti communiste ?

Ils notèrent les titres des livres mais, à ma grande surprise, me les rendirent, et m'informèrent qu'une femme monterait à l'arrêt suivant pour fouiller mon lit. Le chef du groupe avait clairement pour ordre de s'assurer que je ne dissimulerais rien, car il s'appuya au mur et alluma une cigarette. C'était un beau jeune homme de vingt-cinq ans à peine, mais avec toute l'arrogance que suggérait son uniforme. Il parlait très fort dans le wagon de nuit.

— Alors comme ça, vous rentrez en Angleterre ! Eh bien, dites à M. Chamberlain de notre part que s'il continue à nous barrer la route en Europe, ce sera la guerre.

(M. Chamberlain prédisait à l'époque une ère de paix sans pareille.)

— Ce n'est pas que nous voulions la guerre, mais nous nous battrons, poursuivit-il. Hors de question de laisser quiconque nous donner des ordres. L'Allemagne est trop vaste pour se laisser étrangler !

— Où comptez-vous donc aller ?

— Oh, je ne sais pas. N'importe où. Il nous faut plus de place.

— En Ukraine, peut-être ?

— C'est comment, là-bas ?

En entendant ma description, il se mit soudain à sourire.

— Finalement, je ne crois pas que vous soyez communiste. Quel beau pays pour l'Allemagne, non ? Il nous donnerait tout ce dont nous avons besoin ! Mais en ce qui me concerne, je voudrais une ferme en Afrique, dit-il sur le ton de la confidence. J'en ai assez de mon travail ici. Oui, je voudrais partir avec ma femme en Afrique, où il fait toujours chaud. Une maison et quelques poules… Les Anglais négligent leurs colonies. Nous, nous en prendrions soin. Et nous les méritons bien ! Nous sommes une nation de quatre-vingts millions d'âmes !

Il broda longuement sur ce thème. Plus il parlait, plus il devenait affable ; lorsque la douanière fit son apparition, il lui ordonna clairement de ne pas être trop rigoureuse dans ses recherches, car elle se contenta de rejeter vaguement les draps et de regarder sous l'oreiller avant de ressortir, en s'inclinant d'un air d'excuse.

Le soldat revint dans le compartiment, dit qu'il me reverrait peut-être un jour à l'occasion d'un autre voyage, lança un « *heil Hitler* » et partit.

Avec un soupir de soulagement, je sortis mon passeport. Les aigles se ressemblent partout, mais celui qui ornait la couverture semblait prêt à en découdre. Plus fort que l'aigle allemand, me dis-je. Pour le moment.

Sixième partie

LA SECONDE GUERRE MONDIALE

1
L'ÉVEIL DE L'ANGLETERRE

Le 15 mars 1939, les troupes de Hitler entrèrent à Prague. Pour l'Histoire, cette date marquera l'éveil de l'Angleterre. Les parapluies en sucre disparurent des vitrines des magasins, et M. Chamberlain demanda anxieusement :

— S'agirait-il d'une tentative de domination du monde par la force ?

L'Angleterre était surtout indignée parce que Hitler avait violé sa déclaration solennelle faite six mois plus tôt, par laquelle il affirmait que la Tchécoslovaquie ne le préoccupait plus, une fois le problème sudète-allemand réglé.

— Hitler n'a pas tenu sa parole, entendait-on dire dans les brasseries de tous les villages.

Et ce fut la fin de la patience anglaise. À partir de ce moment-là, la nation prépara la guerre. Des camions blindés parcoururent bientôt la campagne ; les ménagères mettaient la radio pour écouter le dernier bulletin d'information ; de larges affiches jaunes du service national vous exhortaient à vous engager dans le « barrage des ballons ». Le gouvernement britannique instaura la conscription et donna des garanties à la Pologne, à la Grèce et à la Roumanie. Mme Sullivan elle-même se préoccupa de politique et résuma la psychologie du pays par ces mots :

— Mon vieil homme de mari déclare que ce n'est plus la peine de discuter avec Hitler, puisqu'on ne peut pas lui faire confiance. Maintenant, il faut que nous lui donnions une bonne correction.

Beaucoup d'observateurs étrangers ne comprirent pas la transformation survenue dans le pays. Quelques-uns avaient associé la politique d'apaisement avec la classe dirigeante de l'Angleterre, qu'ils affirmaient veule au point d'accepter tout compromis avec l'Allemagne nazie pour sauvegarder à tout prix la paix et la propriété.

D'autres accusaient Chamberlain de tendances fascistes et dénonçaient le progermanisme de ses partisans. Rien n'était plus éloigné de la vérité. Les Anglais sont, avant tout, pro-anglais. Beaucoup de gens, sincèrement convaincus du bien-fondé des griefs allemands, avaient admis la remilitarisation de la Rhénanie, l'Anschluss de l'Autriche et même jusqu'aux revendications des territoires sudètes, basées sur le désir de la population allemande d'être incorporée au Reich.

Au sujet de ces trois questions, il y avait matière à discuter. Mais il n'y avait plus d'arguments en faveur d'un homme qui, en anéantissant brutalement la Tchécoslovaquie, violait six mois plus tard le principe même qu'il avait invoqué. À partir de ce jour, l'Angleterre fut unanime à prononcer un verdict de culpabilité. La politique d'apaisement était morte.

J'avais été très heureuse à Londres. Non seulement parce que je m'intéressais à la vie politique, mais parce que j'admirais profondément beaucoup de ceux que j'y avais rencontrés. La plupart appartenaient à cette « classe dirigeante » si critiquée. Plus je les connaissais, plus j'appréciais leur sens de la justice et leur loyauté, leur intégrité, qui ont la fermeté du roc. Beaucoup d'entre eux pouvaient peut-être être taxés d'inintelligence, aucun de malhonnêteté.

L'Angleterre est une nation déconcertante. Elle est à la fois « la plus forte oligarchie du monde et la démocratie la plus libérale » – comme l'a démontré John Gunther. Cette oligarchie est un des phénomènes du monde civilisé. La cravate aux couleurs du collège a été l'objet de beaucoup de railleries, mais l'Histoire a prouvé que le traditionalisme qu'elle symbolise a dirigé l'Angleterre pendant ses périodes les plus brillantes et l'a soutenue pendant ses mois de détresse. Pour expliquer ce traditionalisme, il faut examiner la structure de cette oligarchie ou classe dirigeante, provenant des collèges – écoles privées, dirait-on aux États-Unis – qui forment les fils de l'aristocratie et de la haute bourgeoisie. Cette oligarchie fournit au pays la majorité de ses hommes d'État, de ses fonctionnaires, de ses diplomates, de ses officiers de terre et de mer et de ses magistrats provinciaux ; en d'autres termes, les chefs de la nation.

L'élasticité de cette oligarchie en est le côté intéressant. Ce n'est nullement une caste rigide. Un sang nouveau reconstitue constamment l'aristocratie britannique, à l'encontre de toutes les autres aristocraties du monde. Chaque année, ceux qui se sont distingués dans les affaires, dans la science, la médecine, la politique, les arts ou l'armée et la marine, sont élevés à la dignité de pair. Les meilleures intelligences du pays sont ainsi captées dans les rouages de la nation. Contrairement aux États-Unis, où la vie publique des hommes d'affaires arrivés se limite la plupart du temps à prêter un nom à des institutions philanthropiques, en Angleterre ces mêmes hommes ont l'occasion de prendre leur part de responsabilité dans la vie de la nation. Un exemple remarquable en est Rufus Isaacs – plus tard Lord Reading – qui alla en Inde pour la première fois comme garçon de cabine; pour la seconde, comme vice-roi. À titre de membres de la Chambre des lords, ils peuvent exprimer leur opinion et peser de leur influence sur les événements du jour. Ils peuvent être élus membres du Cabinet. Lord Beaverbrook et Lord Woolton en sont de vivants témoignages.

La dignité de pair n'est pas la seule voie d'accès à la classe dirigeante. Le parti tory se tient sur ses gardes et jette un regard attentif sur tout nouveau talent capable de renforcer les rangs de l'opposition. Que surgisse parmi la gauche un champion véritablement capable, les portes de l'oligarchie s'ouvrent toutes grandes devant lui. Ce fut, par exemple, le cas de Ramsay MacDonald. Mais quiconque entre dans ses rangs, que ce soit par le collège ou par mérite personnel, est lié aux autres par la vieille école du traditionalisme.

Cette tradition n'est pas, comme se le figurent beaucoup d'Américains, l'apanage d'un groupe snob qui se complaît dans des chansons sentimentales sur sa jeunesse perdue et se jure une aide réciproque quoi qu'il arrive. Soixante-quinze pour cent de la classe dirigeante sort d'Eton, qui n'offre cependant aucune preuve tangible de fraternité. Important, mais étrange paradoxe : les « Vieux Étoniens » portent rarement leur cravate de « Vieil Étonien », ne se réunissent jamais pour dîner et ne font que de rares allusions à leur école, si ce n'est dans quelques anecdotes sur l'organisation sanitaire et la stupidité de leurs professeurs. Cette extraordinaire franc-maçonnerie, qui n'admet pas de symboles, ne tolère pas de mot de passe et ignore les rites habituels d'une société fermée, est maintenue par un code intangible de la morale, un code tacite, mais compris et accepté par tous.

Ce code est la fibre de l'Angleterre. Les garçons, dans les collèges, sont formés en vue d'être les futurs chefs de l'Empire et apprennent dès leur plus jeune âge le sens de la responsabilité. Fait plus important encore, on leur inculque le principe « noblesse oblige », ils doivent servir de modèle à la nation ; en temps de paix, leur honneur doit être inattaquable ; en temps de guerre, leur courage incontestable.

En France et en Amérique, la plupart des hommes instruits et doués d'une brillante intelligence se lancent dans les affaires et laissent la politique aux professionnels. Il en résulte que l'intérêt personnel prend souvent le pas sur l'intérêt public et que la politique est considérée comme un « sale » métier. En Angleterre, puisque l'élite du pays « sert » le pays, le niveau moral est le plus élevé possible et les départements ministériels sont incorruptibles.

En tant qu'Américaine, j'étais habituée à voir tout le monde considérer les politiciens avec scepticisme, et la confiance du peuple anglais en son gouvernement m'étonna. Lors de mon premier voyage dans le Nord de l'Angleterre, en compagnie de Martha Gellhorn, on nous répéta inlassablement que, quoi qu'il arrivât, « le gouvernement faisait de son mieux » et que, d'ailleurs, ce gouvernement « était le meilleur qui fût au monde ». C'est bien la dernière chose que l'on entendrait dire en Amérique ou en France.

La classe dirigeante en Angleterre n'a pas maintenu cette position sans la justifier. Sa politique, dans l'ensemble, a toujours été éclairée et de longue haleine. En 1906, à l'instigation de Lloyd George, elle a voté un vaste programme de réformes, depuis la pension pour les vieux et la « compensation » pour les ouvriers, jusqu'à des projets d'urbanisme, de chômage et l'assurance contre la maladie, réformes qui n'ont été introduites en Amérique que trente ans plus tard, par le *New Deal* de Roosevelt, et furent considérées, alors, comme « radicales » par beaucoup d'Américains.

En 1911, le roi lui-même devint le champion de la démocratie et contraignit la Chambre des lords à voter le budget de Lloyd George, budget qui enlevait aux lords la prérogative des pouvoirs monétaires, en les menaçant de créer un « bloc » de pairs pour former la majorité nécessaire. À travers toute l'histoire de l'Angleterre, vous rencontrez de violents changements sociaux, mais l'équilibre de base est toujours maintenu comme dans une bascule se rétablissant d'elle-même par la force morale de la vieille école traditionaliste.

À mon avis, la vertu prédominante de cette classe est son incorruptibilité. Cette qualité est si bien connue et admise que le peuple anglais a une foi profondément enracinée en ses chefs et les soutient quelquefois avec une fidélité surprenante. Lorsque, le 15 mars 1939, la politique de pacification de Chamberlain fut mise en pièces, le pays ne se retourna pas contre lui, mais loua ses efforts.

— Si M. Chamberlain n'a pas pu nous épargner la guerre, dit-on, personne ne le pourra.

Tel fut le jugement de l'opinion.

Ce loyalisme anglais – qui ne peut exister que dans un pays où le peuple respecte ses chefs et où les chefs se respectent entre eux – allait se manifester l'année suivante, lorsque Winston Churchill devint Premier ministre et permit à Chamberlain et à Halifax de rester au pouvoir. Quelques mois plus tard, Churchill appelait David Margesson au ministère de la Guerre – Margesson qui, en tant que premier secrétaire de parti, avait usé de son influence pour le maintenir à l'écart. En agissant ainsi, Churchill se fondait sur ce fait que, puisque Margesson avait pu le tenir en dehors du Cabinet, son aide devait être extrêmement efficace. L'Angleterre est évidemment une nation difficile à comprendre.

Je suis certaine d'une chose, c'est qu'il est impossible de comprendre l'Angleterre si l'on ne considère pas l'idéalisme comme une force déterminante de la politique britannique. Ainsi que le remarquait un jour un diplomate : « L'Angleterre est le pays le plus dangereux du monde, parce que c'est le seul qui soit capable de faire la guerre pour défendre un autre pays. »

D'autre part, l'intérêt britannique coïncide nettement avec l'idéalisme britannique : l'un et l'autre ont pour base l'absence de tyrannie sur le continent et la liberté ainsi que l'indépendance des États minoritaires. Cela ne signifie pas, du reste, que son idéalisme soit artificiel. Vous pouvez attribuer des mobiles variés à toute action politique, mais dans l'ensemble vous aurez une chance de plus de comprendre l'Angleterre, en lui accordant le bénéfice du doute. Si vous essayez d'interpréter la politique anglaise uniquement sous l'angle de l'intérêt personnel, vous vous tromperez grossièrement. L'événement du 15 mars 1939 en est la preuve. Le revirement soudain de ce jour-là stupéfia les cyniques. Selon eux, l'Angleterre, à Munich, s'était désintéressée des questions européennes et avait renoncé à sa suprématie. Ils n'arrivèrent pas à comprendre que le gouvernement de Chamberlain avait transigé non sous l'empire de la crainte, mais parce qu'il était convaincu que l'Allemagne pouvait entretenir des rapports de bon voisinage.

Examinez la position de l'Allemagne, durant les cinq mois et demi qui s'écoulèrent entre les accords de Munich et l'occupation de Prague. Le prestige de Hitler était immense et le national-socialisme attirait de plus en plus d'adhérents, dégoûtés de ce qu'ils appelaient les méthodes « gênantes et périmées » de la démocratie.

Les hommes d'État français et anglais étaient anxieux d'entamer des conversations avec Hitler pour établir un nouveau plan de l'Europe que l'on eût substitué à la Société des Nations. En fait, quelques jours seulement avant le 15 mars, l'ambassadeur d'Angleterre, Nevile Henderson, demandait à Hitler de soumettre à ses négociations tous les problèmes encore existants qui nuisaient à la bonne entente anglo-allemande. Et Oliver Stanley, le ministre du Commerce, devait aller à Berlin, le 16 mars, discuter les bases d'un nouvel accord commercial.

Sans la guerre, Hitler serait devenu, en Europe, le personnage prépondérant. S'il avait préféré exercer son autorité en faveur de la paix, il aurait certainement rendu possible un âge d'or.

Il tenait le pouvoir entre ses mains. Les observateurs étrangers les plus passionnés pouvaient donc difficilement concevoir qu'il choisirait délibérément de façonner l'avenir avec une épée. On annonçait déjà de tous côtés le déclin de la France et de l'Angleterre devant la montée de cette force nouvelle; on annonçait que Hitler n'avait plus besoin d'une guerre pour dominer.

Au point de vue de la logique, on ne se trompait pas. Il était inutile pour Hitler d'employer la violence, mais il coupa au plus court, se refusant à considérer l'effet moral de sa politique. La Tchécoslovaquie était devenue sa vassale depuis Munich. L'occupation de Prague ne portait en aucune façon atteinte à la position de la Grande-Bretagne. Mais elle anéantit la confiance du gouvernement de Chamberlain en l'Allemagne. Quarante-cinq millions d'Anglais furent indignés par ce crime.

Ce fut la raison de l'éveil de l'Angleterre.

J'allai en Amérique, au printemps, pour voir ma famille. New York était gai et reposant, mais les esprits se préoccupaient de problèmes si éloignés des événements mondiaux – particulièrement la lutte entre le New Deal et le républicanisme – que je revins en Angleterre presque avec une impression de soulagement.

C'était au mois de juillet. La saison de Londres battait son plein. Les hôtels étaient bondés de touristes; il y avait une véritable frénésie de divertissements : réceptions, galas, dîners, maisons de campagne à table ouverte. Chacun était décidé à s'amuser le plus possible, jusqu'à la dernière minute avant le début de la guerre. On parlait moins politique que pendant ces deux dernières années. Le sort en était jeté. Si l'Allemagne attaquait la Pologne, l'Angleterre déclarerait la guerre. Il n'y avait plus à discuter. Tout le monde faisait ses projets de vacances comme si de rien n'était.

Je partis pour Rome au mois d'août, afin de voir si je pourrais obtenir une interview de Mussolini. Avant mon départ, j'allai goûter à Chartwell avec Randolph. Tout était ravissant; l'herbe frémissait sous la brise, les fleurs étincelaient au soleil. Et il y avait incontestablement, cette fois-ci, des poissons rouges dans l'étang.

Je découvris, une fois de plus, M. Churchill, avec son chapeau cabossé et son manteau déchiré, regardant l'eau fixement, fasciné. Après le goûter, il m'emmena dans son grand bureau, aux portes de chêne, où il travaillait. Il écrivait alors une *Histoire des peuples de langue anglaise* en trois volumes. Il en avait déjà terminé la moitié.

— Je ne pourrai jamais le finir avant la guerre, dit-il tristement.

Il avait, nous dit-il, l'intention de fermer sa grande maison et de s'installer dans son cottage, au moment de la déclaration de guerre.

— Vous n'habiterez pas ici, déclara Randolph avec indignation. Vous serez au numéro 10 de Downing Street.

— Je crains de ne pas avoir des idées aussi fantasques que vous.

— Eh bien ! en tout cas, vous ferez partie du Cabinet.

— Il faudra, alors, que les choses soient bien mal en point.

C'est ce qui arriva. Quand je le revis, il était premier lord de l'Amirauté.

2
VACANCES ROMAINES

L'air était irrespirable en ce mois d'août à Rome. Une chaleur suffocante envahissait l'atmosphère, annihilant farouchement l'énergie et l'activité de tous. Les gens évoluaient de plus en plus lentement comme des jouets mécaniques prêts à se détraquer.

L'une des places les plus passantes de la capitale, la piazza Colonna, était à peu près déserte, sous les rayons ardents du soleil. De temps en temps, une voiture à cheval résonnait sur les pavés : le cocher s'épongeait le front; incapable, même, de faire claquer son fouet. C'était tout.

Je traversai la place, pour aller dans un café lire le *Times* de la veille, qui venait d'arriver. La presse allemande commençait déjà ses attaques contre la Pologne, les nouvelles de Berlin étaient exactement les mêmes que celles d'un an auparavant : le mot « Pologne » s'était substitué à « Tchécoslovaquie ».

Le garçon italien comprenait l'anglais et, à plusieurs reprises, tâcha de lire par-dessus mon épaule. Il finit par s'excuser :

— Y a-t-il des nouvelles ? Ici, à Rome, il nous est quelquefois difficile de savoir ce qui se passe.

Je lui dis que les attaques allemandes contre la Pologne s'intensifiaient.

— Oh ! nous sommes au courant de cela ! mais... de véritables nouvelles, dit-il anxieusement. Y aura-t-il une guerre ?

— Si l'Allemagne envahit la Pologne, lui répliquai-je, la France et l'Angleterre se battront certainement.

Je lui demandai quelle serait, à son avis, la position italienne en cette circonstance.

— Dieu sait ! Nous ne désirons pas la guerre, surtout aux côtés de l'Allemagne. J'ai été blessé pendant la dernière guerre en me battant contre les Allemands. Je ne peux pas l'oublier. Nous sommes, pour la plupart, du côté de la France et de l'Angleterre, dans le fond de nos cœurs.

Sa franchise m'étonna. Je ne sais s'il reproduisait l'opinion générale à cette époque. Mais ses remarques prouvaient une profonde transformation de la Rome que j'avais connue, en ce même mois d'août, quatre ans plus tôt. Le mois d'août est toujours la morte-saison à Rome. En 1935, le fantôme de la guerre errait dans les rues et l'atmosphère était lourde d'inquiétudes. Alors, les cafés de la piazza Colonna étaient bondés. Les têtes se penchaient sur les journaux, et vous saisissiez de temps en temps des bribes de conversations sur l'efficacité des raids aériens britanniques, les positions clés de la Méditerranée, la défense territoriale de l'Italie. Je me souvenais des photographies d'Abyssinie affichées aux vitrines des libraires, le long de la piazza ; des soldats prêts à s'embarquer pour l'Afrique, déambulant le long des rues avec des bottes lacées jusqu'à mi-jambes et de curieux petits bérets marron, enfoncés sur leur visage pour les protéger contre les sables du désert ; des cinémas qui passaient des films sur l'Éthiopie. Les films se terminaient toujours par des vues de l'armée italienne : multitude de pieds en marche, des tanks, des avions, des navires de guerre ; puis Mussolini, vigoureux et dynamique, s'adressant à son peuple. Je me souvenais aussi des tonnerres d'applaudissements qui l'accueillaient.

L'invasion de l'Abyssinie commença le 3 octobre et, le 6, la Société des Nations décidait les sanctions contre l'Italie. J'interviewai Mussolini la semaine suivante. C'était ma première interview d'un homme d'État important. Des journalistes expérimentés envahissaient la capitale, essayant d'être reçus par le Duce. Je pensais, quant à moi, n'avoir aucune chance de réussir. Je n'étais certes pas qualifiée pour cela. J'étais venue à Rome pour les journaux de Hearst, afin d'écrire une série d'articles d'atmosphère. Ma connaissance des problèmes des Affaires étrangères était négligeable… Néanmoins, j'eus la chance de rencontrer à un dîner Dino Alfieri, le ministre de la Propagande. De lui seul, d'après ce qu'il me dit, dépendaient les interviews données par Mussolini à la presse étrangère. Je le suppliai de m'en obtenir une, sans supposer une seconde qu'il le ferait. Aussi fus-je choquée, le lendemain matin, lorsqu'il m'annonça au téléphone que Mussolini me recevrait le jour même, à 18 heures. Il ajouta que je ne devais avoir aucun questionnaire écrit, et que la conversation devait se passer selon « l'ordre ».

Je n'avais aucune idée sur la façon de prendre une interview, et j'eus l'atroce pressentiment que je resterais bouche bée. Je ne pus rien avaler à déjeuner, et passai l'après-midi à me torturer pour trouver les questions appropriées. J'étais de plus en plus malheureuse, à mesure que l'heure approchait.

Il pleuvait, et il faisait sombre. Tout semblait enveloppé de magie pour cette occasion, depuis le reflet des phares de l'automobile sur les pavés mouillés, tandis que je roulais à travers la piazza Venezia, jusqu'aux hurlements du vent. J'allais parler avec le Napoléon du jour, qui défiait alors la paix du monde entier, et cela me paraissait stupéfiant.

Je pénétrai dans le Palazzo, passai devant deux gardes à chemises noires, baïonnette au canon, et présentai ma carte d'admission à l'intendant. Il me fit monter un long escalier de marbre, traverser une porte en fer forgé, et deux grandes pièces avec un mobilier et des tentures du début de la Renaissance. Ces pièces étaient non seulement imprégnées de la puissance du fascisme, mais aussi de l'atmosphère de 1455, quand un jeune et beau cardinal de la république de Venise fit construire le palais dans le seul dessein d'assister de ses fenêtres aux courses de chevaux sur le Corso.

Je fus introduite dans un petit cabinet de réception et priée d'attendre.

Le son frêle de mystérieuses sonnettes, l'écho du chuchotement des intendants rompaient par instants le silence des vastes pièces vides qui m'entouraient. Des hommes en uniforme passaient de temps en temps et me faisaient le salut fasciste. Après une attente qui parut interminable, un intendant en habit noir à queue-de-morue annonça que le Duce était prêt à me recevoir. Il me mena dans une énorme pièce au plafond élevé. Tout au bout, très loin, un homme était assis à son bureau. Mes talons claquaient sur les dalles de marbre. Je m'avançai vers lui. J'avais fait les trois quarts du chemin, lorsqu'il leva la tête puis se leva.

Jamais je n'oublierai ma première impression. Au lieu du dictateur solennel en uniforme noir, un petit homme trapu en gris clair, avec des souliers de sport blancs et jaunes, fonça vers moi. Le qualificatif de « soigné », bien impropre pour ce dompteur des masses, traversa mon esprit.

Il me saisit la main, sourit automatiquement, et retourna s'asseoir à son bureau. Il avait une démarche particulièrement orgueilleuse, la tête projetée en arrière, le torse bombé en avant, comme si la moitié de son corps était disproportionnée avec le reste. Il n'y avait aucun danger que la conversation languît. Mes craintes à cet égard avaient été superflues. Il me fixa, d'un air menaçant, se pencha en travers du bureau et pointa son crayon vers moi avec colère.

— Croyez-vous que je sois un despote ? cria-t-il.

— Oh ! non ! répondis-je faiblement.

— Croyez-vous que je sois admiré par mon peuple ?

— Oh ! oui !

— Croyez-vous que je l'aie entraîné dans une guerre contre sa volonté ?

— Oh ! non !

— Croyez-vous qu'il ait foi en sa cause ?

— Oh ! oui !

— Eh bien ! retournez chez vous, et dites aux Américains que je ne suis pas le tyran décrit par les journaux. Dites-leur que la nation italienne a droit à une place au soleil, que l'Angleterre et tous ses hommes d'État hypocrites ne contraindront pas l'Italie à renoncer à ses justes revendications, que l'Italie est une grande puissance et que, comme telle, elle ne craint personne.

À ce moment, il frappa sur la table. Je fus ensuite soumise pendant dix minutes à une longue tirade – en anglais courant, mais incorrect – sur la force de l'Italie fasciste, sur la trahison de l'Angleterre et la suprême idiotie de la Société des Nations. Il paraissait jouer la comédie, avec ses façons intimidantes, ses énormes yeux fixés sur moi et la manière dont il agitait son crayon et tapait sur la table pour ponctuer ses arguments. Je commençais à craindre que l'interview ne se terminât sans que j'eusse posé une seule question. Enfin je me décidai à l'interrompre :

— Puis-je poser une question à Votre Excellence ? Puisque vous désapprouvez la Société des Nations, pourquoi en faites-vous encore partie ?

Mussolini m'avait jusqu'alors regardée avec colère. Il changea brusquement d'attitude.

— Parce que je suis un homme habile, répliqua-t-il, presque avec timidité. La politique est un jeu difficile, ma façon de jouer me donne le plus de chances de vaincre : ce n'est pas facile. Je lutte contre cinquante-deux nations.

Il accentua les mots « cinquante-deux » et inscrivit le nombre sur un bout de papier qu'il me tendit, craignant que je n'eusse mal compris.

— *Cinquanta due*, répéta-t-il.

— Croyez-vous que vous puissiez vaincre cinquante-deux nations ? demandai-je.

— Je ne sais pas, dit-il en souriant, toujours presque timidement, mais j'essaierai. Si les Anglais ont le droit d'avoir un empire africain, nous avons le même droit. La Méditerranée est plutôt notre mer que la leur, et mon peuple me comprend et me suit. Avez-vous vu la réception qu'il m'a faite ?

Je lui répondis que j'avais en effet vu la foule sur la piazza Venezia, quelques semaines auparavant, quand il avait donné l'ordre de commencer la guerre en Abyssinie.

— Bien. Très, très bien ! déclara-t-il.

Je n'ai jamais su s'il faisait allusion à son discours, ou au fait que je l'avais entendu, car il se leva brusquement et je compris que l'interview était terminée. Il traversa toute la pièce avec moi, me serra la main, et la porte se referma.

Je n'avais pas été impressionnée. La personnalité de Mussolini était trop agressive et trop éclatante pour mon goût, ses arguments contre l'Angleterre et la Société des Nations tellement exagérés qu'ils ne m'avaient pas convaincue. En revanche, j'avais difficilement admis qu'il me donne des ordres. Lorsqu'il m'intima de dire ceci ou cela au peuple américain, telle fut ma réaction :

— Vous pouvez peut-être dire aux Italiens ce qu'ils ont à faire. Grâce à Dieu, pas à moi !

Bien que beaucoup de gens soutiennent la cause de Mussolini, cette attitude n'en demeurait pas moins illogique. Il tâchait de justifier l'attaque de l'Italie contre l'Abyssinie, sous prétexte que cette dernière n'était pas en état de faire partie de la Société des Nations. Cependant l'Italie, et l'Italie seule, contre les conseils répétés de la Grande-Bretagne, avait sollicité l'admission de l'Abyssinie à la Société des Nations. La gloire de Mussolini était construite en grande partie sur le fait qu'il avait élevé le standard de vie en Italie (on l'admire encore pour cette raison). On a oublié facilement qu'il y était arrivé par des moyens si artificiels que la nation dès lors devait ou s'étendre, ou faire explosion. Il ne faut pas négliger une des particularités importantes du fascisme : il vit toujours au-dessus de ses moyens, se fiant à la possibilité de voler l'argent d'autrui pour rétablir l'équilibre, une fois son capital dilapidé.

Dans un article publié par les journaux de Hearst, j'ai dit, en décrivant Mussolini, que s'il avait vécu au temps passé, son patriotisme forcené et son ambition intolérante lui auraient sans aucun doute permis de forger un grand empire : *Ses qualités, hier des vertus, le sont-elles encore aujourd'hui ? Mussolini a enfourché une vague énorme qui fait un bruit de tonnerre. Quel en sera l'écho ? La victoire ou la catastrophe ?*

Je n'ai plus à me poser la question.

Italo Balbo, le maréchal de l'Air de l'Italie, contrastait avec Mussolini. Le jour du vote des sanctions contre l'Italie par la Société des Nations, le 6 octobre, je partis en avion pour la Libye, passer quelques jours à Tripoli. Inutile de dire que la situation était tendue. La flotte anglaise se trouvait concentrée dans la Méditerranée, et le pilote nous annonça, quand nous atteignîmes la Sicile, que nous ne ferions pas à Malte l'escale habituelle. Cependant, en approchant de Malte, l'avion plongea d'une centaine de mètres, survola les alentours pendant une demi-heure, tandis que l'opérateur de la radio notait les numéros de plusieurs navires anglais et les transmettait à Rome par radio.

Tripoli était envahie par la troupe, l'armée coloniale à l'uniforme kaki, les soldats arabes dont la ceinture et le fez faisaient des taches rouges, les régiments italiens à la tenue vert-de-gris. Des centaines de drapeaux italiens flottaient dans les rues principales, détachant vivement leur rouge et leur vert sur la blancheur aveuglante des maisons tropicales, chauffées de soleil.

J'avais connu à Paris l'un des secrétaires de Balbo. Le soir de mon arrivée, je fus invitée chez Son Excellence, dans une villa maure qui surplombait la mer. Plusieurs généraux de l'armée assistaient au dîner. Tout le monde était d'excellente humeur, malgré la situation. Balbo avait un charme direct et de bon aloi, un sens vif de l'humour, et était manifestement adoré par toute son équipe. J'ai remarqué qu'à l'encontre de la plupart des chefs fascistes Balbo n'avait pas de portrait de Mussolini chez lui ; seulement ceux du roi et de la reine, du prince héritier et de la princesse. Lorsque je lui demandai s'il aimait la Libye, Balbo me répondit, en haussant les épaules :

— *Il faut l'aimer. Je suis un prisonnier ici*[1].

Je ne sais si c'était l'entière vérité. Balbo menait une vie agréable et jouait un rôle important ; il aimait, je crois, à dramatiser.

Les invités sortirent dans le patio après le dîner, tandis que Balbo donnait une exhibition de tir nocturne, son sport favori. Son fusil dirigé vers le ciel sombre, il tirait maladroitement sur des oiseaux égarés qui volaient au-dessus de nous, à peine visibles dans le clair de lune. Le spectacle était assez comique. Ses généraux et ses officiers, debout derrière lui, malgré ses échecs répétés, l'accablaient de compliments, comme s'il eût été un tireur infaillible. Deux gigantesques domestiques noirs, l'un avec une serviette, l'autre avec une cuvette d'eau, attendaient qu'il se lave les mains, après avoir terminé. Ces hommes de confiance étaient abyssins.

Un après-midi, Balbo m'emmena en avion. J'avais toujours imaginé que de voler avec le maréchal de l'Air de l'Italie, l'homme qui avait fait traverser l'Atlantique, aller et retour, à une escadrille d'avions italiens, serait une expérience mémorable. Elle le fut, mais pas précisément comme je me l'étais imaginé. Il m'emmena dans un biplace Berda, si vétuste qu'il pouvait à peine décoller. Dans l'air, l'avion subissait des secousses si violentes que j'étais à peu près certaine que les ailes allaient se détacher. Le vent soufflait à travers le poste de pilotage, l'appareil faisait des bonds dans tous les sens et Balbo criait sans arrêt :

— *Magnifique, n'est-ce pas*[2] ?

La seule chose qui fût magnifique, c'était le panorama. À mesure que nous nous élevions, les mosquées se transformaient en balles de tennis, et le village, en un assortiment de boîtes à bonbons carrées, toutes blanches. D'un côté, la Méditerranée étendait une courbe majestueuse ; de l'autre, le désert étirait sa longue blancheur. À l'ouest, le ciel était rosi par le soleil couchant. La lune, rouge, commençait à se lever à l'est. Je parvins à éviter les acrobaties proposées par Balbo en invoquant des palpitations de cœur, et poussai un soupir de soulagement en sentant la *terra firma* de nouveau sous mes pieds.

Ces quelques journées-là, avec du recul, ont constitué un intermède extraordinaire. La crise italienne tenait le monde en suspens, mais la possibilité d'une guerre n'alarmait en rien Balbo ni ses généraux.

1. En français dans le texte.
2. En français dans le texte.

Ils paraissaient presque inoccupés. Balbo me proposa même d'aller avec lui en avion, pour deux jours de vacances, jusqu'au village de Ghadamès, un site enchanteur, à plusieurs centaines de kilomètres de la côte. Je ne serais retournée pour rien au monde dans l'avion du maréchal de l'Air, et je m'excusai, prétextant mon retour à Rome. Il discuta pendant quelque temps, puis secoua tristement la tête :

— Je comprends, dit-il, vous n'aimez pas ma barbe !

Nous en sommes restés là.

Je rentrai à l'hôtel ; la chaleur était étouffante dans le café Colonna, malgré les stores épais en toile rayée et les ventilateurs électriques. Au moment de mon départ, le serveur italien me dit :

— À en croire nos propres journaux, s'ils sont sérieux, la guerre est pour demain. Mais je ne le crois pas. Mussolini a la tête solidement vissée sur ses épaules : il ne nous laissera pas aller jusque-là.

Cette même conviction était partagée par beaucoup de gens à Rome. Plus d'un million et demi d'hommes avaient été mobilisés et les en-têtes de journaux étaient alarmants, mais la capitale restait calme. La vie s'y poursuivait normalement : les voitures roulaient doucement dans les rues, on faisait la sieste sur les bords du Tibre, la vie dans les cafés n'était pas moins oisive que de coutume. On ne se précipitait même pas pour acheter les journaux.

À toute heure du jour, les Italiens se mettaient en quatre pour prouver leur amitié aux visiteurs anglais ou américains, et j'entendis pour la première fois critiquer ouvertement le régime fasciste. Un des mots d'esprit favoris, cet été-là, était l'histoire du client demandant au cocher de fiacre :

— Êtes-vous libre ?

— Bien sûr que non, répondait le cocher. Je suis italien.

Le manque de préparation militaire me semblait encore plus étrange que l'insouciance générale. Malgré la mobilisation, on n'avait pris aucune précaution contre les attaques aériennes. La seule activité réelle se manifestait dans les constructions commencées en vue de l'exposition mondiale de 1942.

J'avais choisi une mauvaise semaine pour être à Rome. Les fonctionnaires eux-mêmes, que je désirais voir, étaient absents. Je partis donc pour Capri, passer quelques jours chez Mona et Harrison Williams. C'était paradisiaque que de se baigner et se chauffer étendus toute la journée au soleil. Au bout de très peu de temps, malheureusement, la crise prit un nouvel aspect. Ciano était allé conférer avec Hitler à Berchtesgaden. Selon des rumeurs qui circulaient, la date de la guerre avait été fixée. Je retournai à Rome le jour même où Ciano revenait d'Allemagne, et déjeunai avec lui le lendemain à Ostie. Personne ne travaillait pendant l'après-midi, à Rome, tellement la chaleur était intense. Tous ceux qui le pouvaient partaient à une heure, au bord de la mer, à quelques kilomètres de la capitale, et venaient reprendre le travail vers 16 heures. Le prince et la princesse del Drago m'invitèrent et nous rejoignîmes Ciano pour déjeuner, sur la plage. Ciano était bien de sa personne, parlait parfaitement l'anglais ; fin causeur, il avait une conversation spirituelle et animée. Mais son arrogance était inouïe. On sentait qu'il essayait tout le temps d'imiter son beau-père, jusque dans sa façon de bomber le torse et dans sa démarche. Malgré mon désir d'être renseignée sur les conversations de Berchtesgaden – l'entretien était encore tenu secret – je n'abordai pas le sujet, comptant sur l'indiscrétion italienne pour me donner des indications quant aux événements. Ciano devinait mes intentions. Il m'emmena faire un tour dans un canot à moteur – une des promenades les plus inconfortables que j'aie jamais faites ! À deux kilomètres de la plage, il plongea et se mit à nager. Soudain, il émergea, les cheveux dans les yeux, en disant :

— Je suis sûr que vous aimeriez savoir ce que j'ai dit à Hitler.

— Certainement, répondis-je, mais peut-être aussi un peu parce que j'ai l'impression qu'*il* a parlé tout le temps.

— Eh bien ! n'en soyez pas si sûre, répliqua Ciano avec irritation. Il n'est pas unique de son espèce. Je peux faire l'Histoire, moi aussi. Quand je pense à toutes les vies humaines qui dépendent de mes pensées, c'est une détente que de venir ici, quelques heures, et de tout oublier.

Vous ne le croyez peut-être pas, mais telle fut sa réponse.

Je dînai ce soir-là à l'hôtel Ambassador, avec Ciano et les del Drago. Ciano était traité comme un roi. Tout le monde le regarda fixement quand il entra dans la pièce. Les garçons s'inclinèrent très bas, et les gens qui le connaissaient faisaient des efforts exagérés pour attirer son attention. Il était loin d'être insensible à l'effet qu'il produisait. Comme je proposai d'aller dans un endroit où il y eût de la musique après le dîner, il répliqua que la foule faisait tellement de bruit autour de sa personne qu'il devait faire attention aux endroits où il se rendait. Son père venait de mourir et il ne voulait pas se faire remarquer. Il se décida, finalement, pour un petit restaurant à quelques kilomètres de Rome. En montant dans la voiture, il attira fièrement mon attention sur la vitre qui était à l'épreuve des balles.

— Si quelque chose m'arrivait, dit-il, le cours de l'Histoire pourrait changer.

Nous ne pénétrâmes du reste pas dans le restaurant. Ciano, ayant envoyé chercher le gérant, lui avait demandé si son joueur de guitare favori était encore là.

— *No, Eccellenza !* (Et ici la voix du gérant devint presque accusatrice.) *È mobilizato*[1].

Ciano parut mal à l'aise, et nous retournâmes à Rome.

Il avait intentionnellement écarté tous les sujets politiques et ne m'avait donné aucune indication sur les événements. Un incident survint le lendemain, qui me renseigna sur ce que je désirais savoir. Je déjeunais encore avec les del Drago, Ciano et Alfieri, le ministre de la Propagande, qui m'avait obtenu l'interview avec Mussolini. Les déjeuners avec Ciano étaient toujours assez comiques. Une longue rangée de serveurs allaient et venaient le long de la plage, portant d'énormes plats de spaghetti et des seaux de vin rouge. Nous étions étendus sur le sable, à l'ombre des parasols, lorsqu'un homme âgé et sa fille, tous deux en costumes de bain, descendirent la digue. Ciano et Alfieri bondirent pour les saluer, tandis que del Drago partait dans la direction opposée. Fort étonnée de voir Ciano faire tant de cérémonies pour quelqu'un, je demandai des renseignements à del Drago quand il revint.

— C'est le général Długoszowski, l'ambassadeur de Pologne, me dit-il. J'aurais voulu lui serrer la main et lui dire que nous allions sauver son pays. Malheureusement, c'est trop tard, nous ne pouvons pas.

C'était donc cela qui avait été décidé à Berchtesgaden. Les Allemands avaient fixé la date de la guerre et décidé de marcher coûte que coûte. Il n'était pas étonnant que Ciano trouve dans la nage une détente.

Beaucoup de gens croyaient que Ciano et Mussolini étaient en désaccord sur la politique étrangère. Ciano, à mon avis, n'avait pas assez de poids pour contrecarrer sérieusement son beau-père. Mussolini tenait toujours les rênes et, d'après ce que j'avais compris, n'était pas homme à se laisser influencer par qui que ce fût, quand il s'agissait de prendre une décision.

1. « Non, Excellence ! Il a été mobilisé. »

Je ne pensais pas que l'Italie entrerait en guerre, à cette époque. J'écrivis un article dans ce sens pour le *Sunday Times*. J'étais convaincue, en revanche, que le parti fasciste désirait une victoire allemande et la faciliterait par tous les moyens. Dino Alfieri était un des principaux piliers de ce groupe. Je déjeunai avec lui avant de quitter Rome. Il était persuadé que l'Angleterre et la France ne se battraient en aucun cas.

— Si elles le font toutefois, ajouta-t-il, c'est aussi bien maintenant que plus tard. Il y a toujours une époque de l'Histoire où les territoires de la terre doivent être redistribués.

La politique étrangère italienne me paraissait plus méprisable que celle de l'Allemagne. Elle ne tenait aucun compte de la vieille civilisation dont elle avait hérité et ne conservait pas un atome de ses principes. Ce n'était ni plus ni moins que du brigandage.

N'ayant aucune chance d'interviewer de nouveau Mussolini, je partis à la fin de la semaine pour aller dans le Sud de la France, passer quelques jours de vacances avec Freda et Bobby Casa Maury. La nouvelle du pacte germano-soviétique éclata dans un monde stupéfait, le jour où j'allais en avion de Rome à Gênes. On jouait là l'ouverture de la Seconde Guerre mondiale. Pour la première fois, les dieux de la guerre favorisaient l'Allemagne. Hitler était libre d'écraser la Pologne, puis de tourner le dos à la Russie et de diriger toutes ses forces offensives vers l'Ouest, dans un essai final pour la domination de l'Europe. Plus rien n'arrêterait son geste.

3

DERNIÈRES HEURES À BERLIN

Mes vacances furent *kaput;* vingt-quatre heures plus tard, j'étais dans une voiture avec Marc Lauer, un ami de Bobby Casa Maury, en direction de Paris. Beaucoup de gens partaient pour la capitale. La nouvelle du pacte allemand était comme le vent proverbial annonciateur de la tempête. D'une minute à l'autre, les estivants qui menaient une vie tranquille s'éparpillaient pêle-mêle dans des centaines de directions, essayant de rejoindre leurs foyers, avant la chute de la foudre. Le gouvernement français avait déjà rappelé ses réservistes ; les routes vibraient du son des camions et des motocyclettes.

Les Français ne se laissent pas abattre par leurs épreuves ; ils deviennent maussades et furieux. Des regards sombres et des commentaires irrités nous accueillirent tout le long du trajet. À Valence, pendant le déjeuner, le garçon de service manifesta ses sentiments en bousculant les plats et en faisant claquer les portes, comme si nous étions personnellement responsables des événements. Plus loin, à Lyon, dans un café, comme nous demandions à la propriétaire s'il y avait des nouvelles à la radio, elle répliqua brièvement :

— Je n'ai pas le temps d'écouter, d'ailleurs, il n'y a rien que je veuille entendre.

Jamais, je crois, une nation n'est allée à la guerre avec aussi peu d'enthousiasme.

L'encombrement des routes était tel que nous ne pûmes atteindre Paris avant 4 heures du matin. Nous passâmes par Fontainebleau. L'air s'était refroidi. Un silence magique régnait autour de nous dans la grande forêt. Des formes étranges surgissaient de l'épais brouillard à la lueur des phares ; on eût cru voir des fantômes de la dernière guerre qui revenaient à la vie.

Paris avait conservé sa splendeur, mais la ville paraissait en proie à un malaise, comme une jolie femme qui a perdu son assurance habituelle. Tout semblait animé par un surcroît d'activité : les gens, les taxis, les cyclistes, jusqu'aux jets d'eau des fontaines, sur le rond-point des Champs-Élysées.

Les hôtels étaient bondés d'Américains effrayés : ils bousculaient les portiers et proposaient de fortes sommes pour obtenir des billets qui leur permettraient de quitter le pays avant l'orage. J'allais voir mon amie la baronne. Elle était seule dans son appartement. Ses deux femmes de chambre, Yvonne et Germaine, avaient déjà rejoint l'état-major d'un hôpital, quelque part dans le Nord.

La baronne était une femme mince, avec une petite cicatrice sur le nez. Elle avait été blessée par un éclat de bombe, tandis qu'elle se tenait sur son balcon, pendant la dernière guerre. Personne autant qu'elle ne haïssait les Allemands. Elle réprimanda avec indignation une de ses amies qui avait un jour amené chez elle une « boche ». En réalité, l'amie avait amené une Autrichienne, et elle le fit remarquer. Mais la baronne ne faisait pas de distinction. Elle pleura un peu en me voyant et me demanda si je croyais vraiment, cette fois-ci, à la guerre. Sa question était de pure forme et elle savait d'avance quelle serait ma réponse. Elle avait travaillé dans un hôpital de Paris pendant la dernière guerre et avait déjà pris ses dispositions pour y retourner.

Je la quittai tristement. Avant de partir, j'allai faire une visite à la concierge qui discutait toujours si âprement avec le boulanger. L'année auparavant, en revenant de Prague, je lui avais demandé son avis sur Munich. Haussant les épaules, elle avait résumé sa pensée en une seule phrase :

— *Ce n'est pas chic, ça*[1] *!*

Encore une fois, ses commentaires étaient simples :

— *Il faut en finir*[2], dit-elle.

J'eus la chance de pouvoir retourner en Angleterre. Les trains et les bateaux étaient encombrés d'estivants et les billets faisaient prime. Il y avait tellement de retard que le voyage dura près de douze heures. À notre arrivée à Douvres, nous fûmes accueillis par une affiche de journal où l'on lisait : *Hitler est à bout de patience.* Mais la « patience » de Hitler dura encore cinq jours. On vivait littéralement accrochés

1. En français dans le texte.
2. En français dans le texte.

aux bulletins de la radio. Les nouvelles jaillissaient de partout : « Un millier de tanks sur la frontière polonaise. » « Conversation de minuit à Whitehall. » « Les enfants sont évacués de Paris. » « Deux millions d'hommes sous les armes en Pologne. » « Henderson revient. » « Hitler reçoit une note britannique. » « Hitler répond… »

Plus rien n'avait d'importance. Henderson pouvait revenir, ou rester à Berlin. Hitler pouvait répondre ou non. Le résultat serait toujours le même. Vous croyiez rêver en voyant les fleurs de Hyde Park, éclatantes sous les rayons du soleil. Je me souviens d'avoir pensé que la nature était presque indécente ; elle aurait dû s'envelopper d'un voile de tristesse.

Le paradoxe du beau temps n'était pas plus surprenant que celui des êtres humains eux-mêmes. En présence d'une crise, le peuple anglais réagit différemment de tous les autres. Plus la situation est tendue, plus il est calme. Personne ne faisait allusion à l'imminence de la guerre. Les chauffeurs de taxi, les garçons de cafés, les portiers travaillaient normalement, négligeant de penser qu'ils pouvaient être convoqués d'un moment à l'autre pour participer à l'une des plus terribles aventures de l'Histoire. Vous extorquiez péniblement quelque vague commentaire, par exemple : « La situation n'est pas trop brillante, n'est-ce pas ? » Mais vous sentiez tout de suite que vous aviez commis une faute de goût en faisant allusion aux événements.

En quittant Londres, j'avais loué mon appartement. Tant que dura la crise, j'habitai chez Maureen et Oliver Stanley, dans leur maison de Romney Street. Le téléphone sonnait sans arrêt et Oliver assistait à d'interminables réunions du ministère. Néanmoins, la maisonnée continuait son train-train habituel, comme si de rien n'était. Et pourtant tous savaient ce qui les attendait. Oliver avait fait la dernière guerre à dix-huit ans. Son fils allait partir à son tour. Le bonheur de millions d'individus était en jeu, ils étaient impuissants à empêcher l'avenir d'être la terrible répétition du passé.

Dans son pamphlet *Black Records : Germans Past and Present* (Annales noires : le passé et le présent des Allemands), Sir Robert Vansittart écrit :

> Au printemps, en 1907, je traversais la mer Noire sur un bateau allemand. Des oiseaux aux couleurs étincelantes envahissaient les cordages des mâts. J'en remarquai un en particulier, plus violemment marqué et au bec épais. De temps en temps, il surprenait

les petits oiseaux et les tuait. C'était une pie-grièche qu'on appelle aussi un « écorcheur »; il anéantissait consciencieusement tous ses semblables. Cette pie-grièche, sur ce bateau allemand, se comportait exactement comme l'Allemagne.

J'avais vingt-six ans à cette époque, et la vie s'annonçait belle, plutôt se « serait » annoncée, car il y avait quatre cents millions de bonheurs ainsi en Europe. Je sentais déjà une ombre planer sur eux. J'avais suffisamment vécu en Allemagne pour savoir qu'elle déclarerait sa quatrième guerre dès que l'occasion serait favorable.

L'occasion était favorable, en cet été 1939.

À 12 h 45, dix-sept heures exactement avant l'attaque de la Pologne par les troupes allemandes, j'atterrissais avec Jane Leslie à Tempelhof, l'aérodrome de Berlin.

Nous comprîmes tout le drame de cet horrible instant en apercevant les sinistres rangées de chasseurs noirs à svastikas blancs alignés sur le terrain. La capitale était un camp militaire. Toutes les voitures privées avaient été réquisitionnées; dans les rues, la circulation des véhicules était inexistante, exception faite des convois de camions militaires, de voitures blindées et d'artillerie, terribles précurseurs des événements, qui résonnaient et cahotaient sur les pavés.

Les uniformes noirs des troupes d'assaut nazies envahissaient les hôtels. Et, pour la première fois, cette nuit-là, des silhouettes humaines se profilaient sur le ciel, allant et venant sur les toits d'Unter den Linden; on installait les canons antiaériens.

La force sinistre de la nation germanique, à la veille de déclencher sa cinquième guerre en Europe en l'espace de soixante-quinze ans, se percevait partout, jusque dans le vent, pareil à celui du précédent mois d'août, qui soufflait à travers la capitale et soulevait les bouts de papier et les chiffons pour les projeter sur le trottoir avec un bruit singulier évoquant le râle d'un moribond.

La machine était prête. L'Allemagne nazie avait travaillé depuis six ans en vue de ce moment-là. Les avions et les tanks attendaient. Les canons étaient en position. Tout avait été minutieusement mis au point, jusqu'au polissage du dernier bouton sur le dernier uniforme. Il ne restait plus qu'à tourner la manette.

J'étais venue à Berlin pour quarante-huit heures, afin d'écrire un article destiné à un journal du dimanche. Jane Leslie était une de mes amies de New York. Elle avait passé l'été en Europe. Malgré mes avertissements, elle avait tenu à m'accompagner. Nous pouvions nous trouver en Allemagne au moment précis de la déclaration de guerre et mettre un temps infini à regagner l'Angleterre. N'étant jamais venue à Berlin, elle fut plus fortement impressionnée que moi par l'atmosphère. Durant tout le trajet de l'aérodrome jusqu'à l'hôtel, elle demeura penchée à la portière du fiacre et, quand nous entrâmes à l'hôtel Adlon, elle regarda longuement dans le hall un groupe de « chemises noires » impassibles, comme si ces hommes appartenaient au domaine de l'imagination et fussent tirés de quelque film de Hollywood.

Dans le grill-room, nous trouvâmes Pete Huss, de l'International News Service, et M. Boehmer, directeur de la presse allemande. Ce dernier avait perdu son assurance habituelle et paraissait hagard et malade.

— Plus rien ne peut sauver la situation, nous dit-il d'une voix sinistre, en prophétisant que le monde entier serait bientôt entraîné dans la catastrophe.

Je n'ai jamais rencontré d'homme plus déprimé. Il avait éclaté en sanglots à la conférence de presse de la matinée. Ce découragement me surprit, car j'étais habituée à l'assurance nazie. Je n'avais évidemment rencontré de fonctionnaires allemands qu'à l'époque où les cartes leur étaient favorables. À la conférence de l'après-midi, au ministère des Affaires étrangères, le porte-parole officiel était à peu près aussi mélancolique que Boehmer. Une douzaine de journalistes, autour de la table, le harcelaient de questions; il secouait la tête sans arrêt, répondant avec lassitude : *Ich weiss nicht*. Pete Huss, assis à côté de moi, murmura :

— Je ne sais pas ! Voilà la seule chose que tout le monde « sait » à Berlin.

Les correspondants des agences de presse envoyaient des bulletins à tout instant, et les diplomates étaient brisés de fatigue.

Nous trouvâmes Sir George Ogilvie-Forbes, le conseiller britannique, travaillant en manches de chemise. Alexander Kirk, le chargé d'affaires des États-Unis, avait installé un lit de camp dans son bureau et n'avait pas quitté son poste depuis quarante-huit heures, travaillant nuit et jour.

Les longues heures de l'après-midi et de la soirée, faites d'anxiété, de confusion, de solennité, de chuchotements, voire de fausse bonne humeur, furent un peu comme une veillée macabre. Les diplomates avaient adopté une attitude de « tant qu'il y a de la vie il y a de l'espoir », mais on commençait les préparatifs de l'enterrement. Sir Nevile Henderson quitta l'Angleterre pour l'Allemagne afin d'avoir un ultime entretien avec Göring, mais le premier étage de l'ambassade britannique était encombré de bagages prêts à être mis dans le train diplomatique, au premier signal. Pauvre paix ! Rien ne pouvait lui rendre ses couleurs ni réchauffer ses mains glacées.

Vingt ans plus tôt, dix millions d'hommes avaient trouvé la mort dans le conflit le plus sauvage de l'Histoire. Ils étaient morts violemment : brûlés, suffoqués, gazés, noyés, traversés d'une baïonnette ou pulvérisés. La nation allemande, une fois encore, ouvrait la porte aux mêmes atrocités sinon à de pires.

Maintenant, d'un moment à l'autre, un homme allait donner le signal. La foule attendait dans la Wilhelmstrasse, devant la Chancellerie. L'insigne spécial signalant la présence du Führer flottait sur le toit. En passant devant la porte, je me sentis tout à coup incommodée.

Les circonstances étaient si extraordinaires que tout ce que découvrait le regard semblait n'avoir aucun rapport avec les événements. Le dîner, ce soir-là, chez Horscher, me parut invraisemblable : la lumière tamisée, la bonne chère, les garçons attentifs, le rire des clients, tout cela semblait appartenir à une autre planète. Je ne pus m'empêcher de tressaillir à la pensée que, sauf quelques fonctionnaires du gouvernement, peu de gens à Berlin se rendaient compte de l'intensité du drame qu'ils vivaient. Ils avaient déjà traversé des crises, les armées avaient été mobilisées : les hommes, envoyés au front, en étaient revenus chaque fois victorieux, sans avoir versé une goutte de sang. Cette crise-ci ne leur paraissait pas plus grave que celle de l'année précédente. La plupart se coucheraient, ce soir, confiants dans l'inspiration surnaturelle du Führer. Une Allemande, que nous connaissions, Jane et moi, vint nous annoncer qu'elle avait entendu dire que la Pologne acceptait l'ultimatum allemand, et elle croyait en une paix qui serait garantie à la dernière minute. Les lumières de la Chancellerie étaient encore allumées à minuit, quand nous rentrâmes à l'hôtel.

Le trépignement des troupes en marche – les pas du cortège funèbre – nous réveilla le lendemain matin. Nos chambres donnaient sur Unter den Linden et nous aperçûmes des troupes d'assaut alignées le long de l'avenue. Le concierge nous renseigna par téléphone. Hitler parlerait au Reichstag à 10 heures. Le discours avait été décidé au dernier moment, et le temps avait manqué pour former une foule de spectateurs enthousiastes. Seule une poignée d'individus avaient vu passer Hitler, portant, pour la première fois, l'uniforme de campagne gris de l'armée allemande. Il avait traversé les rues désertes pour aller prononcer un de ses discours historiques.

Sa déclaration fut courte. Il énuméra les « atrocités » commises par les Polonais et annonça que, depuis 5 h 45 du matin, les Allemands « répondaient » à l'artillerie polonaise. J'écoutais, avec Jane, dans le bureau du colonel Black, l'attaché militaire américain. Les fenêtres surplombaient, d'ailleurs, Unter den Linden. Des haut-parleurs avaient été installés dans l'avenue, et les mots se répercutaient avec véhémence dans toute la capitale. Mais le manque d'enthousiasme qui les accueillait nous frappa. Les troupes d'assaut elles-mêmes n'étaient guère exaltées. Nous nous dirigeâmes ensuite vers la Chancellerie, pour ne trouver qu'une cinquantaine de personnes, au lieu de l'immense foule habituelle. Tandis qu'on réclamait l'apparition de Hitler au balcon, je pensais à la carrière de cet homme qui, de peintre en bâtiments, était devenu généralissime.

Hitler n'apparut pas. Mais il vaut peut-être la peine de signaler que, deux fenêtres plus bas, dans une partie de l'immeuble en ravalement, deux peintres en blouses blanches apparurent et, d'un regard ahuri, contemplèrent le public.

Je déjeunais avec Jane, Ogilvie-Forbes et le colonel Daly, l'attaché militaire britannique, dans le jardin de l'Adlon. Il n'y avait toujours aucune nouvelle, quant à la déclaration de guerre britannique. Mais on s'y attendait d'une minute à l'autre. Un groupe de fonctionnaires allemands, à la table voisine, observait les Anglais avec curiosité. L'expression impénétrable du sourire d'Ogilvie-Forbes ne pouvait leur donner aucun indice. À mon avis, ils paraissaient perplexes.

La guerre avait été froidement calculée et avait débuté selon les prévisions. Mais j'étais tout de même un peu étourdie. Je me demandais ce que les Allemands pouvaient bien avoir en tête ; en fin de compte, j'interpellai brusquement l'employé de bureau. Je n'oublierai jamais l'étonnement que me causa sa réponse. Il nous regarda, Jane et moi, d'un air ébahi :

— Qu'est-ce que vous voulez dire ? Une guerre mondiale ? demanda-t-il. La question polonaise est une affaire allemande, elle ne regarde que nous.

Quelques minutes plus tard, il discutait dans un petit groupe de deux ou trois personnes et leur répétait évidemment ce que nous venions de dire, car il nous montrait du doigt, tandis que les autres riaient avec des gestes d'incrédulité.

— Regardez-les, dit Jane, agacée. Ils ne nous croient pas ; ils disent probablement : ces deux filles-là sont complètement folles !

J'étais stupéfaite. Jusqu'alors, je ne m'étais pas rendu compte que la plupart des gens ignoraient la vérité sur les événements. Quoi d'étonnant, d'ailleurs ? Les journaux du matin n'avaient publié aucune nouvelle sur l'ultimatum de la France et de l'Angleterre. D'autre part, la propagande allemande concentrait son activité seulement contre la Pologne, et Hitler, au Reichstag, avait presque passé sous silence les politiques française et anglaise. Il regrettait, avait-il dit, que les hommes d'État étrangers eussent déclaré que cette attaque contre la Pologne menaçait leurs intérêts. Puis il avait ajouté que l'Allemagne n'avait aucun intérêt à l'ouest, ni aucun objectif de ce côté-là pour l'avenir.

Nous interrogeâmes de la même façon le garçon qui nous servit le thé. Sa réaction fut identique :

— Les Polonais ont provoqué l'Allemagne, dit-il. Ils sont allés trop loin. Maintenant, ils doivent payer.

— Mais que pensez-vous d'une guerre avec l'Angleterre et la France ?

— Qui vous dit que nous allons nous battre contre la France et l'Angleterre ? L'affaire polonaise ne concerne que l'Allemagne. Nous ne pouvions pas admettre que les Polonais eussent tué les femmes et les enfants allemands. Pourquoi d'autres peuples interviendraient-ils ?

Il nous regarda avec colère et s'en alla. Ce ne fut qu'en parlant avec un des concierges, un homme âgé, que nous perçûmes une lueur d'inquiétude. Il nous regarda avec désespoir, quand nous lui dîmes que la France et l'Angleterre allaient se battre contre l'Allemagne.

— *Mein Gott !* J'espère que non ! Je me suis battu pendant quatre ans, lors de la dernière guerre, et cela me suffit !

Le son des sirènes envahissant la capitale, à 17 heures, troubla légèrement la quiétude allemande. Nous pensâmes immédiatement à l'aviation britannique et nous précipitâmes sur le balcon. Des voitures s'arrêtaient le long du trottoir, les gens couraient dans toutes les directions. Un camion stoppa si brusquement qu'il monta sur la bordure du trottoir. En descendant l'escalier, nous vîmes la foule qui, de la rue, se précipitait dans le hall. Le gérant apparut, leva les bras pour attirer l'attention, demandant à tous de le suivre jusqu'à l'abri. Il nous emmena à travers la cuisine, jusqu'au jardin situé derrière l'hôtel. Le ciel tenait lieu de plafond. C'était l'abri de l'Adlon.

La foule regardait en l'air avec appréhension. Un vieil Allemand, à côté de moi, me demanda si j'avais déjà assisté à un bombardement aérien ; il garda le silence quand je lui eus répondu que les avions allemands m'avaient souvent bombardée en Espagne. Le signal de fin d'alerte sonna vingt minutes plus tard. Ce n'avait été qu'une « répétition ».

Tout cela se passait un vendredi, je devais télégraphier mon article au *Sunday Times* le samedi. Nous décidâmes de partir pour la Hollande la nuit même, les communications entre l'Angleterre et l'Allemagne pouvant être interrompues d'un moment à l'autre. Les services de trains étaient déjà désorganisés. Nous ne pûmes obtenir de billets que pour Cologne, quitte à nous débrouiller ensuite sur place.

Pour la première fois, cette nuit-là, les trains circulaient à travers une Allemagne silencieuse et obscure. Les lumières étaient camouflées et les volets soigneusement tirés. Il n'y avait plus de sleepings, et nous passâmes toute la nuit dans un compartiment avec six autres personnes. Trois *Hausfrauen*[1] entre deux âges, encombrées de sacs et de paquets ; un corpulent monsieur à la tête rasée, qui aurait pu servir de modèle pour une caricature d'Allemand ; un garçon d'une quinzaine d'années, un petit homme brun et nerveux qui parlait anglais. Il était musicien, nous dit-il, et se rendait à Düsseldorf. Les trois femmes, évidemment des amies, parlaient sans discontinuer et le black-out était pour elles une aventure comique ; elles étaient d'excellente humeur, sans doute tout aussi ignorantes de la situation que les gens de Berlin. Nous ne pûmes résister à la tentation de soulever la question. Jane prit l'initiative. Elle se tourna vers le musicien.

— A-t-on des nouvelles au sujet de la déclaration de guerre de la France et de l'Angleterre ? demanda-t-elle.

1. « Ménagères ».

— La guerre ! Mais nous ne sommes en guerre qu'avec la Pologne, pas avec la France et l'Angleterre !

— Je crois que la guerre a déjà été déclarée, poursuivit Jane, avec obstination.

Le musicien traduisit sa remarque aux trois femmes, qui désiraient être au courant de ce que nous disions. Elles écoutèrent, haletantes, tandis que la caricature intervenait :

— Je n'en crois rien. L'Allemagne ne remplit en Pologne qu'une mission de police. Personne ne fera la guerre pour ça.

Le musicien approuva :

— Il ne faut pas croire les rumeurs, dit-il. Elles sont toujours fausses.

Puis il ajouta en grimaçant :

— Une fois que nous aurons coupé la gorge à la Pologne – et il fit du doigt, sur son cou, un geste significatif –, nous nous réinstallerons dans la paix.

Tout le monde se mit à rire. Les femmes se rassurèrent et reprirent leur conversation animée. *Quelle aventure !* pensai-je. Voici l'Allemagne à la veille d'une guerre mondiale et personne n'y croit ; tout le monde est persuadé que Hitler s'en sortira une fois encore : toujours les lauriers sans les risques.

Nous atteignîmes Cologne dans la matinée et pûmes attraper un train pour Rotterdam. Nous étions anxieuses d'avoir des nouvelles sur la France et l'Angleterre, mais les journaux allemands se bornaient à des descriptions enthousiastes de l'avance en Pologne. Nous eûmes l'impression d'escalader le dernier mur d'une terrible prison en arrivant à Kalden, la station frontalière allemande. Un groupe de SS entoura le train et fouilla les compartiments. Ils allèrent jusqu'à déchirer les coussins de l'un d'eux. Nous n'avons jamais pu savoir ce qu'ils cherchaient, mais ils firent descendre trois ou quatre personnes, malgré leurs protestations et leurs sanglots.

Un vieux couple juif était dans notre compartiment, en partance pour l'Amérique, où un professorat attendait le mari. Leurs mains tremblaient si fort, en tendant leur visa au douanier, que nous partagions leur angoisse et craignions qu'un incident ne vînt bouleverser leurs projets. Finalement, le train se dirigea vers Flessingue, la station hollandaise. Le vieux professeur prit la main de sa femme et la tint étroitement serrée. Cet épisode de notre voyage se termina d'une façon navrante. Au douanier hollandais qui lui demandait ses tickets de bateau pour l'Amérique, le vieux monsieur répondit que ceux-ci l'attendaient à Amsterdam. Or une loi rigide interdisait à tout Allemand de traverser le territoire hollandais sans la preuve formelle qu'il partait pour une autre destination. Les fonctionnaires secouèrent la tête. Le vieux couple devait retourner en Allemagne.

La vieille dame éclata en sanglots, tandis que le professeur discutait avec véhémence. Nous ragions, Jane et moi, contre les autorités, mais ne pouvions être d'un grand secours, car nous ne parlions pas un mot de la langue du pays. Un Hollandais du compartiment voisin intervint alors et tâcha de persuader les douaniers de laisser ces pauvres gens à Flessingue, jusqu'à ce que quelqu'un leur apportât leurs billets. Les fonctionnaires hochaient encore la tête négativement lorsque le train démarra, et nous eûmes une dernière vision du couple assis sur le banc du quai, leurs bagages empilés à côté d'eux. Nous n'avons jamais su la fin de l'histoire.

Pendant le reste du trajet, jusqu'à Rotterdam, Jane et moi, penchées à la fenêtre du compartiment, demandions des nouvelles à chaque station. La France et l'Angleterre avaient-elles déclaré la guerre ? Les uns faisaient signe que oui, les autres que non. Quelques-uns affirmaient qu'un ultimatum avait été envoyé, d'autres le niaient. Personne ne paraissait bien informé. Une chose demeurait certaine : la sympathie des Hollandais pour les Polonais. Les gens s'accrochaient désespérément à la moindre nouvelle désobligeante pour l'Allemagne. Un journal hollandais portait en gros caractères ces mots que nous traduisit un compagnon de voyage : *Les Polonais ont abattu six avions.* Ce journal-là se vendait comme des petits pains.

Nous eûmes de la chance, Jane et moi, car nous arrivâmes à Rotterdam vingt minutes avant le départ d'un navire hollandais pour l'Angleterre. Jane dormit tout l'après-midi, tandis que je faisais mon article. Le voyage dura cinq ou six heures, et nous n'atteignîmes l'Angleterre qu'à 21 heures.

Pour la première fois l'île anglaise était obscurcie. C'était une étrange impression que l'on éprouvait à entrer furtivement dans le port : s'apercevoir de l'arrivée au seul choc de l'avant du navire contre le quai, entendre les hurlements des marins, le glissement des cordages contre les parois du paquebot, l'éclaboussement de l'eau… et ne rien voir.

La passerelle fut enfin abaissée. En mettant pied à terre, nous demandâmes à l'un des dockers – ombre massive – si la guerre avait été déclarée.

— Pas encore, dit-il, mais j'espère bien que ça ne va pas tarder. Cette attente-là énerve tout le monde.

J'eus à peine le temps de téléphoner mon article avant le départ du train. Nous allions éprouver une émotion bien désagréable durant notre voyage ; à peine étions-nous parties qu'un bruit d'explosion lointain nous surprit. Penchées à la fenêtre, nous vîmes le ciel illuminé de lueurs brusques – manifestement produites par l'éclatement des obus de la Défense aérienne. En arrivant à quinze kilomètres de Londres, et en constatant qu'il pleuvait, nous comprîmes qu'il s'agissait simplement d'un orage.

Le lendemain matin, à 11 heures, Neville Chamberlain annonçait à la radio que l'Empire britannique était en guerre avec l'Allemagne. Le hurlement des sirènes traversa l'air pendant qu'il parlait. Ce fut, comme à Berlin, une fausse alerte, mais ce n'était pas une « répétition ». Le capitaine de Brantes, l'assistant de l'attaché militaire français à Londres, surpris à Paris par la déclaration de guerre britannique, avait loué un avion privé pour retourner en Angleterre. On l'avait pris pour un Allemand.

Quoi qu'il en fût, le capitaine de Brantes avait causé à tout le monde une grosse émotion. Avant de savoir qu'il s'agissait d'une fausse alerte, un journaliste m'assura formellement, au téléphone, qu'il avait entendu les explosions et que son immeuble avait même tremblé. Lorsque je le revis le lendemain, il ne fit aucune allusion à cette question-là.

4
TRAGÉDIE POLONAISE

En traversant le hall du morne petit hôtel de la rue principale de Cernăuţi – ville roumaine à six kilomètres de la frontière polonaise –, je songeais combien l'on pourrait écrire d'histoires dramatiques sur les seuls individus réunis dans cette pièce !

Depuis trois jours, un flot de réfugiés polonais avait traversé la frontière, fuyant les massacres commis par les tanks et les avions allemands. Quelques-uns étaient venus à pied avec des sacs de montagne sur le dos, d'autres en carrioles ou en charrettes, d'autres encore avaient empilé sur le toit d'automobiles plus ou moins détériorées tout ce qu'ils avaient pu sauver. Dans les étroites rues roumaines envahies par la boue, la police veillait à éviter l'encombrement. Elle passait la plupart du temps à jurer contre les voitures à ânes des habitants de l'endroit, invariablement arrêtées au beau milieu de la voie. Les paysans roumains étaient ahuris par cette guerre foudroyante qui bouleversait soudainement la quiétude de leur petite ville. Ils entouraient les automobiles cabossées des Polonais, examinant les plaques d'immatriculation avec une curiosité morbide.

Le petit hôtel de la rue principale était devenu un tragique « grand hôtel ». Il était plein à craquer. Des gens dormaient jusque sur le plancher du hall. C'étaient non seulement des réfugiés, mais aussi des journalistes étrangers, des diplomates et des attachés militaires qui avaient traversé la frontière quelques heures auparavant. Les Polonais n'étaient pas difficiles à identifier ; vous les reconnaissiez à leurs vêtements tachés de boue et à leurs yeux hagards. Une Polonaise, aux traits fins et aux longues mains aristocratiques, sanglotait, seule, assise dans un coin ; elle était complètement immobile et pleurait sans arrêt depuis des heures, sans aucun bruit, les larmes ruisselant sur son visage.

Tout autour de vous, c'était la tragédie des vies brisées. De temps à autre, vous remarquiez un incident, comme un fragment de tableau déchiqueté, et vous imaginiez le drame secret qu'il dissimulait. Je me souviens de deux petits garçons polonais, très proprement vêtus, serrant sur leur cœur de petits aéroplanes de métal et expliquant fièrement à l'employé de bureau : « *Mon père est un pilote*[1] », et je vois encore le regard de leur mère, chargé de douleur, comme si ces mots l'avaient frappée au cœur. Je me souviens aussi d'un homme qui, après avoir erré avec indifférence dans le hall, regarda fixement une jeune fille qui venait d'entrer, comme s'il apercevait un fantôme, puis se précipita sur elle et la serra dans ses bras, tandis que tous deux éclataient d'un rire hystérique ; je revois ces trois enfants, entassés dans un coin, assis sur des mallettes, attendant leurs parents dont ils avaient été séparés, et l'employé de bureau me disant qu'il n'osait pas leur expliquer que la frontière était fermée depuis plusieurs heures et qu'ils n'avaient plus grande chance de les revoir.

C'était le mardi 19 septembre, deux semaines et quatre jours exactement après le début de l'attaque allemande. L'armée russe avait traversé la frontière quarante-huit heures auparavant. La Pologne était écrasée comme dans un gigantesque casse-noisettes par ses deux voisins. La dernière frontière, celle de Roumanie, s'était refermée avec violence, et le pays se trouvait maintenant hermétiquement clos, isolé, attendant sa condamnation.

Je n'avais jamais imaginé que la Pologne pût être aussi vite anéantie et qu'il n'y aurait plus moyen d'entrer sur son territoire. Le lendemain de la déclaration de guerre de la France et de l'Angleterre, j'avais résolu de partir pour Varsovie. La seule voie possible était : de Londres à Bergen (Norvège) par bateau ; de Bergen à Oslo (Norvège) par le train ; d'Oslo à Stockholm (Suède) par le train ; de Stockholm à Helsinki (Finlande), par avion ; d'Helsinki à Riga (Lettonie) par avion ; de Riga à Kovno (Lituanie) par le train ; de Kovno à Varsovie par le train. Je mis cinq jours à obtenir mes visas, pour apprendre ensuite, par M. Roger, du bureau de voyage de chez Cook, que la frontière entre la Lituanie et la Pologne avait été fermée, qu'il me fallait donc passer par la Roumanie, en traversant la France, la Suisse, l'Italie et la Yougoslavie. Il me fallut encore cinq jours pour les nouveaux visas ; lorsque tout fut prêt, l'avance allemande avait été si rapide qu'il n'y avait plus grand espoir de trouver la frontière roumaine encore ouverte.

1. En français dans le texte.

Ce voyage à travers une Europe assombrie, en guerre pour la seconde fois en vingt et un ans, fut une étrange expérience. Il reste inscrit dans ma mémoire en une série d'impressions et d'images : la traversée de la Manche en pleine nuit, sur un bateau zigzaguant pendant quatorze heures pour échapper à un sous-marin allemand ; les neuf heures du train pour aller jusqu'à Paris, avec des arrêts interminables ; le continuel haussement d'épaules du porteur qui répétait éternellement le vieux cliché : « *C'est la guerre*[1] *!* » ; l'aspect inhabituel et désert de Paris avec ses magasins fermés, privé de ses hommes partis pour le front ; l'express du Simplon Paris-Rome avec ses lumières camouflées, ses garçons obséquieux et son wagon-restaurant luxueux – c'était l'unique train en France avec des couchettes et un restaurant, les autres ayant été réquisitionnés comme trains sanitaires – ; la vérification sévère des douaniers à la frontière suisse, vérification conforme aux ordres d'un gouvernement bien résolu à éviter que son pays ne devînt le centre de l'espionnage, comme pendant la dernière guerre ; la scène hystérique de trois Italiens dont les visas n'étaient pas en règle, et qui furent descendus du train avec armes et bagages au milieu de la nuit ; et, pour terminer, Rome avec ses rues étincelantes de lumières et le roulement pacifique des voitures sur le pavé de pierre.

L'éclairage était l'un des rares luxes que la capitale italienne pût s'offrir, car l'Italie, malgré sa neutralité, était déjà soumise à plus de restrictions que les pays belligérants. Il n'y avait ni essence ni café, ce qui pour une nation dont la plupart du temps se passe dans les cafés n'était pas une privation négligeable. Je n'eus pas le loisir de voir mes amis, car j'étais arrivée à Rome très tard dans la nuit, et je partais pour Bucarest le lendemain matin de bonne heure. Mais les concierges et les garçons de l'hôtel Excelsior m'accablèrent de questions sur la France et l'Angleterre, et manifestèrent éloquemment leur sympathie pour la Pologne, ainsi que leur ferme résolution de rester en dehors de la guerre.

À l'instant même de mon arrivée à Bucarest, je me sentis replongée dans l'atmosphère de crise. La tension avait atteint son point culminant. Les troupes soviétiques se massaient sur la frontière roumaine, et les Allemands, d'après les rumeurs, concentraient des forces en Hongrie. Dans les restaurants bondés, lorsque les haut-parleurs radiodiffusaient les nouvelles, tout le monde posait son couteau et sa fourchette et restait silencieux, écoutant avec une attention mêlée

1. En français dans le texte.

d'anxiété. Je ne savais pas que la frontière polonaise avait été fermée et, dès mon arrivée à l'hôtel, je consultai l'horaire des trains pour Cernăuţi. Le concierge m'avertit que les retards étaient si considérables qu'on ne pouvait donner aucune garantie quant à la durée du voyage. J'eus la chance, en allant voir un ami à la légation britannique, de rencontrer Lord Forbes, un jeune homme que j'avais vu à Londres. Il venait d'être nommé attaché de l'Air et partait le lendemain pour Cernăuţi, dans son avion personnel. Il me proposa de m'emmener.

À notre arrivée sur l'aérodrome de Bucarest, nous fûmes témoins d'une scène étrange. Le haut commandement polonais, vingt-quatre heures plus tôt, avait donné l'ordre à tous ses aviateurs de s'envoler pour la Roumanie, afin que les avions ne deviennent pas la proie des Allemands. Près de trois cents avions, quarante bombardiers bimoteurs et plus de deux cents chasseurs, étaient arrivés sur l'aérodrome ; plus de cent pilotes éreintés, hirsutes, dormaient sur le plancher de la salle d'attente ; leurs uniformes étaient sales, déchirés, et bon nombre de ces malheureux avaient les mains et le visage bandés.

Un des officiers avait ramené son avion seize fois troué par des balles après un combat contre les Russes. C'était un homme grand et mince, portant sur sa tunique marron, en loques, la médaille *Virtuti militari*. Il l'avait gagnée en 1921, lorsque les Polonais avaient réussi à débarrasser Varsovie des bolcheviks.

— Cette fois, dit-il amèrement, ils ont réussi.

Bien qu'il n'eût pas mangé depuis vingt-quatre heures et semblât près de défaillir, il refusa d'accepter le moindre argent. Il se redressa fièrement, secouant la tête et répétant :

— Non, merci, je suis un officier : je suis colonel dans l'armée polonaise.

Cette même indomptable fierté existait chez tous les officiers avec lesquels nous parlâmes. Ils n'imploraient aucune pitié, ne sollicitaient aucune aide. Tous n'avaient qu'un désir : ils étaient obstinément résolus à fuir la Roumanie pour aller s'engager dans l'aviation française.

Un des pilotes était originaire d'une ville située dans le corridor polonais. Sa famille avait été tuée par un bombardement, et ses deux frères, tous les deux aviateurs, avaient été abattus au cours d'une bataille aérienne quelques jours auparavant.

— Que vont-ils faire de nous ? demandait-il sans arrêt à Lord Forbes. Ils ne peuvent pas nous enfermer, il *faut* que nous continuions.

Nous l'emmenâmes au restaurant prendre une tasse de thé – il n'y avait pas d'autres boissons. Bien qu'il n'eût que quelques sous en poche, il s'entêta à vouloir régler l'addition. Le directeur, heureusement, sauva la situation en nous invitant tous, aux frais de l'aéroport.

Le trajet en avion, jusqu'à Cernăuţi, dura deux heures. La nuit tombait lorsque nous arrivâmes. Quelques avions polonais avaient atterri, comme à Bucarest. Un d'eux, le nez enfoncé dans le sol et l'arrière dressé en l'air, semblait profiler dans le couchant une immense croix noire.

Ed Beattie, le correspondant de l'United Press, fut la première personne que je rencontrai en entrant à l'hôtel. Je ne l'avais pas revu depuis cette sinistre journée à Carlsbad, un an plus tôt. Il arrivait de Varsovie et me dit qu'en moins de quarante-huit heures l'aviation allemande avait anéanti les centraux téléphoniques et télégraphiques, les têtes de ponts, les embranchements de chemin de fer, bref toutes les lignes de communications importantes, sur tout le territoire. Il n'y avait plus de ligne de front, seuls subsistaient quelques groupes isolés et dispersés, incapables de communiquer entre eux ou de transmettre les ordres. Cette guerre totale, qui consiste à désorganiser la vie civile de la collectivité, en déclarant objectifs militaires les villes et les villages situés à deux cent quarante kilomètres derrière la ligne du front, sous prétexte qu'ils étaient considérés comme des bases de ravitaillement ou des centres de communications, avait été déjà expérimentée en Espagne. Elle fut portée à son plus haut degré de perfection en Pologne. Ed me raconta qu'il avait vu une carte allemande sur laquelle était noté méthodiquement le poids des bombes nécessaires à la destruction de tous les embranchements importants, des usines et des têtes de ponts.

Les activités de la « cinquième colonne », reconnue depuis comme partie intégrante de la stratégie allemande, furent utilisées en Pologne sur une très large échelle, pour la première fois. Des agents avec des appareils émetteurs d'ondes étaient dispersés à travers tout le pays, afin de transmettre toutes les informations qu'ils pouvaient obtenir. Anthony Biddle, l'ambassadeur des États-Unis, me raconta que, grâce à l'espionnage, les stations de radio allemandes diffusaient les déplacements du gouvernement polonais, à peu près une heure après que les décisions les plus secrètes eurent été prises. Il avait lui-même entendu plusieurs fois radiodiffuser ses propres déplacements d'un simple village à un autre, avant même qu'il eût entrepris le voyage.

La stratégie de l'armée soviétique était plus rusée que celle des Allemands. L'attaché militaire américain à Varsovie, le major Colbern, arrivé en Roumanie quelques heures avant la fermeture de la frontière, m'a rapporté qu'un certain dimanche matin, tandis qu'il roulait sur une route de la campagne polonaise, il aperçut tout à coup un régiment de tanks et une colonne de troupes, sur la crête d'une montagne. Les tanks paraissaient d'un type spécial et l'intriguèrent. Il reconnut, en approchant, l'étoile soviétique sur le képi du commandant. Des troupes polonaises avaient rejoint les arrières de cette colonne et fraternisaient gaiement avec les Russes. L'officier soviétique vérifia en souriant les papiers de l'attaché militaire, le salua avec courtoisie et l'autorisa à passer après avoir fait ranger ses troupes sur le bord de la route. Il partait pour combattre les Allemands, avait-il déclaré, répondant aux questions de l'attaché militaire qui lui demandait où il comptait aller.

On a cru d'abord que beaucoup d'officiers russes devaient être convaincus qu'ils pénétraient en Pologne pour combattre l'Allemagne, mais par la suite, il est apparu clairement qu'ils avaient simplement reçu l'ordre d'induire les Polonais en erreur. Ceux-ci les accueillaient donc comme des frères, sans opposer de résistance, et les colonnes soviétiques traversaient les villages sans tirer un coup de feu.

La première vague soviétique ne désarma pas les Polonais mais, lorsque l'avance à l'intérieur du pays fut jugée suffisante, l'arrière-garde, obéissant aux ordres reçus, retira aux Polonais leurs munitions et leurs canons.

Le gouvernement soviétique eut ainsi l'occasion d'annoncer que les Polonais avaient reçu leurs camarades russes à bras ouverts.

Je retournai en Angleterre douloureusement impressionnée par tout ce que j'avais vu, même indirectement, du massacre des Polonais.

J'allai de Bucarest à Milan en avion et de Milan à Paris en express ; à la frontière française, vers 5 heures du matin, je fus réveillée par un bruit de personnes discutant avec animation en français. Une Américaine avait négligé de se procurer les visas nécessaires pour pénétrer en France. Les fonctionnaires lui ordonnaient avec indignation de descendre immédiatement du train. Je l'entendis crier d'une voix perçante, qui dominait le vacarme :

— Mais je veux seulement acheter une robe chez Schiaparelli !

Elle fut déposée sur le quai *manu militari*, malgré ses protestations véhémentes. J'ai la désagréable impression qu'elle a dû réussir en fin de compte. Si la robe n'est pas démodée, elle la porte probablement aujourd'hui dans les cocktails de New York.

5
LA DRÔLE DE GUERRE

La physionomie de Londres demeurait étonnamment la même, malgré les casques, les masques à gaz, les uniformes de défense passive et les sacs de sable. Hitler, qui jusqu'à présent avait toujours brusquement attaqué ceux qui le défiaient, semblait ignorer momentanément la déclaration de guerre de M. Chamberlain. Les observateurs de la Défense antiaérienne et les pompiers se tenaient équipés à leurs postes ; le public regardait le ciel anxieusement, mais rien ne survenait.

Les hôpitaux, prêts à recevoir trente mille sinistrés par jour, étaient vides, et tout le monde commençait à se demander timidement si la guerre serait aussi barbare qu'on l'avait supposé.

La guerre avait certainement perdu de son ancienne auréole. Il manquait l'enthousiasme de 1914, la musique militaire, les drapeaux, les longues colonnes d'hommes en marche, les jolies filles vendant leurs baisers aux enchères pour les fonds de guerre. Il n'y avait plus de décors ni de guirlandes, pas même de slogans, une simple affiche austère sur le Marble Arch : *Donnez pour défendre le droit à la liberté.*

En fait, il régnait si peu une atmosphère de guerre qu'il fallait que la nuit vînt pour faire sentir toute l'atroce signification des heures que l'on vivait. Ces premières nuits-là ont gravé dans ma mémoire des images inoubliables : les édifices se profilant si sombres que le ciel en paraissait presque blanc ; les voitures roulant avec fracas dans la nuit, plus rapides que jamais ; les agents de la défense passive criant : « Éteignez cette lumière ! » ; les cigarettes pareilles à des vers luisants ; les autobus cahotant dans Picadilly avec leurs phares voilés de bleu ; les gens qui allaient trébuchant et jurant le long des rues. John Gunther a raconté aux Américains, par la radio, que le portier de son hôtel – probablement l'hôtel Dorchester –, un vétéran de la dernière guerre, avait déjà été victime de la nouvelle en trébuchant sur un sac de sable pendant le black-out. Il n'était pas le seul. En Grande-Bretagne, le relevé des victimes de la guerre, durant les deux premiers mois, s'établissait comme suit : armée : 0; aviation : 79; marine : 596; black-out : 1 130.

Cette période d'inactivité semblait interminable. D'après la conception officielle, la Grande-Bretagne devait faire le blocus de l'Allemagne, jusqu'à ce que celle-ci fût contrainte à attaquer la ligne Maginot, laquelle, tout le monde le savait, était imprenable. La guerre devait se terminer lorsque la Reichswehr serait réduite en pièces et le peuple allemand affamé et asservi. Le public anglais avait l'impression désagréable que le problème n'était pas aussi simple. Les gens fermaient leur radio, irrités par le laconisme des communiqués français et les « raids de tracts » britanniques. Le public commençait à trouver ces raids de tracts fastidieux. Une boutade circula, racontant qu'un officier supérieur avait violemment réprimandé un pilote qui avait omis de défaire les liens d'un sac avant de le lâcher.

— Qu'est-ce que vous essayez de faire? avait-il dit. Tuer quelqu'un?

Les gens d'esprit eurent tôt fait de qualifier cette guerre mondiale n° 2 de « guerre où l'on s'ennuie », et les causeries spirituelles de « Lord Haw-Haw » à la radio devinrent le principal amusement de la nation. Si à l'étranger on était alarmé par ce mauvais départ des démocraties, pour le drame qui se jouait en face d'elles, il n'en restait pas moins que l'Angleterre, malgré son apparence placide, avait déjà entrepris un effort gigantesque. La vie de tous avait été transformée en une nuit, les maisons étaient fermées, les familles séparées, les carrières abandonnées, et de nouveaux métiers avaient pris naissance. La grande machine économique s'était arrêtée en grinçant et en gémissant; le garde-frein avait tourné la manette : maintenant elle était déviée sur une autre voie, celle de la production de guerre.

Le premier aspect de la lutte n'était pas la mort, mais le rajustement. En dehors des centaines de milliers d'hommes des services combattants, des milliers d'autres avaient été affectés à des usines d'armement, à des aérodromes, à des arsenaux. Les femmes devaient travailler à l'intérieur du pays et les enfants étaient évacués de leur foyer. Les vétérans de la dernière guerre rejoignaient leurs anciens régiments comme subalternes, et des volontaires affluaient au service de l'ARP. Les impôts montaient en flèche. Pour tout le monde, les problèmes de l'avenir se posaient de la même façon. La valeur de l'argent était déjà si incertaine qu'on le dépensait sans compter. Les restaurants et les cabarets étaient bondés. Les jeunes filles de dix-huit ans et leurs jeunes amis se rendaient tous les soirs dans un joyeux cabaret alors en vogue, The Nut House. Mais, au fond, la plupart des gens savaient bien que cette période d'attente n'était que le premier round et que le sang coulerait à flots, plus que jamais, avant la fin du combat.

Dès mon retour de Roumanie, j'allai habiter avec Freda Casa Maury, après avoir abandonné mon appartement d'Eaton News. Le propriétaire s'y réinstalla, en sorte que Mme Sullivan et Pickles ne furent pas délaissés. « Le vieil homme » de Mme Sullivan avait rejoint la réserve de la marine ; elle m'envoya comme cadeau de Noël un crayon où mon nom était gravé, « pour m'aider dans mon travail », m'écrivit-elle, ajoutant qu'elle travaillait elle-même à l'ARP pendant le temps qui lui restait de libre. L'image de Mme Sullivan, majestueuse et imposante, nettoyant les rues au moment de l'alerte, menaçait d'être plus effrayante que les raids eux-mêmes.

Freda était une Anglaise mariée à un Espagnol, Bobby Casa Maury, qui avait fait la dernière guerre dans l'aviation britannique et s'y était engagé à nouveau. Elle était consternée, comme beaucoup d'autres, par la guerre qui éclatait pour la seconde fois dans une durée de vie humaine, mais elle adapta résolument son existence. Sa première précaution consista à faire couvrir les miroirs de la maison de bandes de papier marron. Vernon, le maître d'hôtel, y passa un mois. La maison paraissait être construite en vitres et ressembla finalement à un décor de théâtre avec un treillage exotique.

— Si cette maison est un jour touchée, remarqua Vernon mélancoliquement, ce sera un retour malheureux jusqu'à l'âge de pierre.

J'écrivis une série d'articles sur les différentes organisations de guerre, tandis que Freda travaillait toute la journée aux Feathers Clubs qu'elle avait fondés dans les quartiers pauvres de Londres. Malgré la guerre, on n'y respirait pas l'ennui. Les membres se réunissaient une fois par semaine, ils fournissaient leur propre orchestre, et, à en juger par les éclats de rire, les chants et les cris, c'était toujours un grand succès. La plupart d'entre eux discutaient de leurs problèmes avec Freda. Elle en répartit beaucoup dans les organismes de guerre. Une jeune fille de seize ans fut un de ses échecs les plus manifestes. Comme Freda l'interrogeait au sujet de ses capacités et de ce qu'elle savait faire, elle répondit aussitôt :

— Rire et l'amour.

Je n'ai jamais su jusqu'où ses talents l'avaient menée.

Femme d'une haute intelligence, Freda s'alarmait du facile optimisme qui régna cet hiver-là, et dont témoignait une affiche de Hyde Park où l'on lisait : *Dernière rumeur : Hitler envoie chercher deux aspirines.* Mon amie avait, au contraire, une vision claire de la force allemande.

— Chez nous, disait-elle, le mal vient de ce que nous sommes trop satisfaits.

Elle faisait tout son possible pour y remédier, répondant carrément à quiconque lui demandait son avis sur la durée de la guerre :

— Dix ans au moins, peut-être davantage.

La plupart des jeunes gens que je connaissais étaient dispersés dans les différents camps d'entraînement. Les Anglais ont une telle aversion pour le militarisme qu'ils se sentaient gênés par les regards de la foule lorsqu'ils venaient à Londres en uniforme pour la première fois. Tom Mitford devint écarlate quand un groupe de soldats le salua, un jour que nous nous promenions ensemble. Pour la plupart, surtout pour les hommes de trente ans, le fait d'avoir abandonné leur métier et leur carrière, d'avoir commencé une vie nouvelle, représentait un effort énorme. Ils ne se plaignirent cependant jamais. Ils avaient rejoint comme font des soldats de métier et passaient leur temps à plaisanter aux dépens les uns des autres. Quand j'allai voir Roger Chetwode et Seymour Berry, officiers dans un régiment de défense contre avions, ils se plaignirent qu'ils n'avaient eu qu'une seule occasion d'entrer en action. Une fois, en effet, deux bombardiers avaient été signalés ; ils les manquèrent, heureusement, car c'étaient deux avions anglais.

Un bombardier allemand, un poseur de mines, rompit quelques mois plus tard cette monotonie. Il fut descendu tard dans la nuit, en plein milieu de Clacton-On-Sea, où Chetwode et Berry étaient venus pour quelques semaines. Accourus afin d'aider à évacuer les débris et à déblayer les rues, ils furent curieusement intéressés par un énorme chaudron de cuisine que la déflagration avait projeté au milieu de la route. Seymour s'assit dessus et alluma une cigarette. L'instant d'après, un groupe d'experts navals s'avança vers lui et lui conseilla de changer de place, car il était assis sur une mine magnétique.

Un autre jour, j'allai rendre visite à Aidan Crawley, qui avait rejoint l'escadrille 601 à la déclaration de guerre. La 601 était une escadrille auxiliaire, formée quinze ans plus tôt par des garçons possédant leur avion privé. Une plaisanterie courante consistait à dire que les hommes donnaient à leurs bonnes amies l'emblème de l'escadrille, une épée volante, en rubis et en diamants, et que le village près duquel elle cantonnait était envahi par des Rolls Royce. Néanmoins, la 601 fit ses preuves au printemps suivant. La DFC fut décernée à son chef d'escadrille Max Aitken, fils de Lord Beaverbrook, pour avoir descendu dix avions dans les trois premiers mois de combat.

Avant la guerre, Aidan Crawley avait mis au point tout un programme comme candidat socialiste. Ce jour-là, malgré son uniforme bleu aux ailes brodées sur les revers, il portait sous son bras un énorme livre d'économie politique qu'il lisait, disait-il, à ses moments de loisir.

Drôle de mélange que l'étude des théories économiques associée au vol de chasseurs à six cent cinquante kilomètres à l'heure !

Pendant un autre week-end, j'allai dans le comté d'Oxford passer quelques jours avec Sheila et Freddie Birkenhead. En temps de paix, Freddie, fils du Birkenhead qui fut lord chancelier de l'Échiquier, avait été le secrétaire parlementaire privé de Lord Halifax ; il était à présent lieutenant dans un régiment d'antitanks. Il me demanda de faire à ses troupes une conférence sur l'Allemagne. Bien que je n'eusse jamais parlé en public, j'acceptai, car je pensais avoir affaire à des auditeurs peu nombreux. En arrivant aux baraquements, je trouvai, à mon grand étonnement, plusieurs centaines d'hommes rassemblés devant moi. Les encouragements de Freddie faillirent m'enlever toute ma confiance.

— Ne vous tracassez pas, me glissa-t-il dans l'oreille, ils ne broncheront pas. Ils savent que la moindre inconduite les fera coffrer.

C'était pour lui le grand moyen, dans le domaine militaire. Vous pouviez ainsi avoir toujours un auditoire, et personne n'osait vous répondre. Sa remarque fut à double tranchant, car les applaudissements de la fin me donnèrent l'impression d'être faits sous la menace de la prison.

Freddie était un garçon charmant et habile : à l'âge de trente et un ans, il avait déjà publié deux biographies, celle de son père et celle du comte de Strafford. Il était considéré comme l'un des jeunes gens d'avenir de l'Angleterre. Il n'avait pas du tout l'esprit militaire, mais il acceptait sa nouvelle existence avec beaucoup de bonne humeur, nuancée d'ironie. Un expert fit, un jour, aux hommes de son régiment une conférence sur les armes antitanks et leur déclara sans ménagement qu'ils avaient fort peu de chances de survivre. Peu de temps après, Freddie, déjeunant avec Winston Churchill et son fils Randolph, rapporta les propos de ce spécialiste. M. Churchill, indigné, s'écria :

— C'est monstrueux de dire une chose pareille. Tout au contraire, vous resterez bien tranquillement assis à votre place, et vous démolirez tous les tanks, l'un après l'autre.

— Eh bien ! merci pour moi ! interrompit Randolph.

M. Churchill avait sur le moment oublié que son fils faisait partie d'un régiment de tanks. Il se gratta la tête et abandonna le sujet.

La plupart des grandes maisons de Londres étaient fermées. Personne ne recevait, cet hiver-là. Le n° 58 de Romney Street, chez Maureen et Oliver Stanley, était l'une des rares demeures qui fît exception. Après avoir franchi une porte rouge, on se trouvait devant un écriteau posé sur la table du hall et avertissant le maître d'hôtel de se méfier des paquets « qui pourraient faire explosion ».

Oliver Stanley faisait alors partie du gouvernement, et cet avertissement avait été envoyé à tous les ministres du Cabinet, à cause des récentes menées de l'IRA.

Romney Street se trouve, dans Westminster, à quelques pas des Chambres. Les ministres du Cabinet, les membres du Parlement, les fonctionnaires du ministère des Affaires étrangères et les chefs de service envahissaient la maison tous les après-midi, à partir de 18 heures. Oliver avait fait partie du Cabinet à l'âge de trente-huit ans. On le considérait comme l'un des hommes les plus capables du gouvernement. Quand il fut, en janvier, nommé ministre de la Guerre, il représentait la quatrième génération de la famille Derby occupant ces fonctions.

Maureen Stanley avait également, par atavisme, le sens de la politique. Sa grand-mère, en son temps Lady Londonderry, avait tenu un salon politique important, au début du siècle. Fervente tory, elle refusait de saluer un whig, et, lorsque Winston Churchill s'inscrivit au parti libéral, elle blâma sans ménagement Lady Birkenhead parce que celle-ci avait permis à son mari de s'associer avec lui. Femme d'un très grand charme, ses opinions catégoriques la rendaient cependant difficile à vivre. Sa femme de chambre, un jour, entra dans une telle colère en l'habillant qu'elle lui natta les cheveux au dossier de sa chaise et quitta la pièce.

La mère de Maureen, la suivante Lady Londonderry, a également exercé une grosse influence politique. Elle ravissait Ramsay MacDonald, et ses bals à Londonderry House avaient largement contribué, disait-on, à faire modifier le projet de nationalisation des mines conçu par ce Premier ministre et à obtenir une nationalisation moins radicale.

Maureen, une des femmes les plus populaires de Londres, maintenait la tradition familiale d'une façon peut-être moins conventionnelle, mais non moins efficace. Tout le monde se réunissait chez elle, depuis les ministres du Cabinet britannique jusqu'aux diplomates roumains, depuis les officiers d'état-major français jusqu'aux hommes d'affaires suédois, depuis les journalistes américains jusqu'aux fonctionnaires italiens. Elle avait une façon agréable de recevoir qui mettait tout le monde à l'aise, et elle ne paraissait jamais déconcertée, quand, au dernier moment, ses invités décidaient de rester à dîner.

Un jour, trois mois après la déclaration de guerre, je déjeunai à Romney Street, à côté de Winston Churchill. Il était alors Premier Lord de l'Amirauté, et particulièrement de bonne humeur à ce moment-là. Il nous raconta l'histoire d'un destroyer qui, après un sondage, avait ramené en surface non le sous-marin recherché, mais les morceaux d'une ancienne épave.

— Et vous ne me croirez jamais, ajouta-t-il avec finesse, mais mes initiales étaient inscrites sur une des vieilles portes.

Il avait rapporté cette anecdote dans un de ses discours, mais Neville Chamberlain l'avait supprimée.

Je revis M. Churchill dans la soirée du Nouvel An, chez Maureen. La maison était bondée d'invités, et un accordéoniste jouait des airs populaires. J'ai le souvenir de M. Churchill chantant *Cours, lapin ! Cours !* avec un entrain de tous les diables. Mais, lorsque la pendule sonna les douze coups de minuit, l'atmosphère devint solennelle. M. Churchill se mit entre Freda Casa Maury et moi-même. Nous nous joignîmes les mains en cercle, pour chanter *Auld Lang Syne* (Ce n'est pas un adieu, c'est un au revoir). Une même question se posait à tous les esprits. Qu'apporterait 1940 ? M. Churchill lui-même était profondément ému, comme s'il avait le pressentiment qu'on lui demanderait, quelques mois plus tard, de conduire l'empire britannique à travers les jours les plus critiques qu'il eût traversés.

Cette nuit-là avait aussi pour moi une signification spéciale. La guerre de Finlande avait commencé trois semaines plus tôt. Quand les journaux annoncèrent le bombardement d'Helsinki, je pensai qu'il en serait de la Finlande comme il en avait été de la Pologne, et que le pays serait si rapidement anéanti qu'il n'y aurait aucune chance d'y parvenir. Mais lorsque les journaux relatèrent les exploits extraordinaires des Finlandais, quand le rouleau compresseur russe fut tenu en échec, je fis des préparatifs en vue de partir pour Helsinki, quelques jours après la soirée du Jour de l'an. Une diseuse de bonne aventure m'avait prédit, cette nuit-là, que je partirais « pour un long voyage ». Ces mots m'avaient impressionnée. Elle ajouta :

— Vous serez environnée de lumière, de rires et de gaieté.

Je n'ai rien trouvé de tout cela.

Septième partie

DAVID ET GOLIATH

1

LE CIEL S'ÉCROULE

On éprouvait une étrange sensation à voler en avion d'une guerre à l'autre. La transition s'opérait graduellement. Lorsque vous décolliez de l'aérodrome situé « quelque part en Angleterre », et que vous survoliez la mer du Nord, avec les vitres givrées qui empêchaient de voir quoi que ce soit, vous aviez toujours l'impression d'être en pleine « guerre mondiale n° 2 ». Cette impression subsistait à Amsterdam et à Copenhague ; mais à Malmö, port de la Suède méridionale, la situation n'était déjà plus tout à fait la même. Lorsque vous demandiez des nouvelles de la guerre, on vous répondait : « De laquelle ? » Et quand vous arriviez à Stockholm, il n'y avait plus de doute : la « guerre » évoquait les « cocktails Molotov » et les bombardiers soviétiques.

Dans la capitale suédoise, l'anxiété régnait. Les journaux publiaient des appels aux volontaires ; dans les restaurants, des femmes faisaient la quête pour des œuvres sociales ; dans les hôtels, on voyait des affiches où il était dit : *Défendez la Suède en aidant immédiatement la Finlande.* La guerre de l'Ouest était, pour les Suédois, aussi lointaine que la Chine.

Je ne restai que vingt-quatre heures à Stockholm. À part l'impression générale d'énervement et de confusion, ce dont je me souviens surtout, c'est du froid qu'il faisait là-bas. Je portais un costume épais, des bottines fourrées et une peau de mouton ; néanmoins, le vent piquant me pénétrait jusqu'aux os.

Je mis sur moi tous les chandails, les chemises de laine, les bas de laine et l'anorak, bref tout ce qui emplissait ma valise, exception faite de la combinaison de ski, et tâchai de ne pas penser à ce qui m'attendait dans le cercle arctique.

Un avion finlandais partait tous les jours de Stockholm pour Turku, dans le Sud de la Finlande. Il partait à une « certaine heure », on ne savait jamais au juste laquelle, car Turku était souvent bombardée, et le pilote devait attendre le signal de fin d'alerte avant de décoller. Le jour de mon départ, j'arrivai à 15 heures sur l'aérodrome, pour partir vers 18 heures seulement.

Il n'y avait qu'une demi-douzaine de passagers : quatre Finlandais – deux officiers de l'armée et deux femmes –, un journaliste suédois, et un photographe juif allemand. L'avion était déjà parti la veille dans l'après-midi pour Turku mais, à mi-chemin, des bombardiers avaient été signalés et le pilote avait dû revenir à Stockholm.

Il faisait nuit lorsque notre avion décolla du champ d'aviation couvert de neige durcie. Il me paraissait bizarre de voler vers la guerre. À un moment donné, vous conversiez tranquillement le long des rues illuminées ; une heure ou deux plus tard, vous marchiez à tâtons dans l'obscurité, les oreilles assourdies par le son des avions.

En allant de France en Espagne, à Barcelone ou à Valence, la transition était si brusque que c'en était presque incongru. Il en allait presque de même ici. Tout d'abord, les lumières de Stockholm, qui allaient s'estompant, puis l'éclat de la glace du golfe de Botnie, enfin les forêts finlandaises, taches d'encre sur des kilomètres de lacs et de champs gelés. Au bout d'une heure et demie, le pilote lâcha une fusée qui forma une traînée rose dans l'obscurité. Soudain, très loin en dessous de nous, un cercle de lumière étincela, comme les bougies d'un énorme gâteau d'anniversaire. Une inscription lumineuse apparut à l'avant de l'avion : *Nous atterrissons. Attachez vos ceintures.* Quelques minutes après, nous roulions sur le champ gelé.

On nous mena à un petit baraquement de bois afin d'examiner nos bagages. Deux journalistes âgées attendaient là pour interviewer les passagers – l'une d'elles m'agrippa et me demanda d'une voix émue si j'arrivais directement d'Amérique pour voir la guerre de Finlande. Quand je lui répondis que je venais seulement de Londres, elle poussa un « Oh ! » déçu, et je compris à l'expression de son visage que je n'étais évidemment plus un article de première page.

Nos bagages une fois inspectés, un autobus nous conduisit à la gare. Le train mettait trois heures habituellement pour atteindre Helsinki, mais on nous prévint que la durée du trajet pouvait varier, car la voie ferrée était souvent bombardée. Le voyage me surprit agréablement. Alors que je m'attendais à mourir de froid, j'étouffai de chaleur dans un train surchauffé. Il me fallut retirer trois chandails. Le wagon-restaurant fut une seconde surprise : je m'attendais à y mourir de faim, on me servit un dîner prodigieux : de la soupe, de la viande, des légumes; pain et beurre à discrétion.

Outre le photographe allemand, deux soldats finlandais et une Suédoise partageaient mon compartiment. Cette dernière, très énervée, demandait sans arrêt au contrôleur à quelle heure on arriverait. Le contrôleur, un homme large à la voix mélancolique, répondait invariablement et avec une profonde sagesse :

— Qui peut le dire?

Je compris bientôt ce qu'il voulait dire. Peu après minuit, les freins grincèrent, le train s'arrêta violemment et le chef de bord cria à tout le monde de sortir et d'aller s'abriter dans les bois. Nous grimpâmes le remblai couvert d'une neige épaisse, pour entendre crier quelques minutes plus tard qu'il y avait eu erreur, qu'aucun avion n'était en vue et que nous pouvions réintégrer nos compartiments. Nous arrivâmes à Helsinki à 2 heures du matin, sans autre incident. Il n'y avait ni porteurs ni taxis et nous dûmes marcher pendant près de deux kilomètres pour atteindre l'hôtel. Le photographe allemand porta ma valise, et je goûtai l'agrément d'être la seule femme du groupe.

Vingt-quatre heures plus tard, je partis pour Hanko en longeant la côte. C'est là que, pour la première fois, je vis en quoi consistait un bombardement implacable et continuel. Des vagues successives de bombardiers soviétiques, quelquefois au nombre de cinq cents, traversaient le golfe de Finlande, venant en vingt minutes des bases d'Estonie, et la tranquille quiétude de la campagne enneigée était rompue par le hurlement des sirènes cinq ou six fois par jour. Tout le long de la côte, je traversai des villes et des villages bombardés et mitraillés. Enfin j'atteignis Hanko, le port finlandais réclamé par les Soviets dans leur ultimatum.

Il est difficile de décrire une guerre aérienne totale entreprise contre une population civile, dans un pays dont la température est de trente-cinq degrés au-dessous de zéro. Mais, si vous pouvez vous imaginer des filles de fermes trébuchant dans la neige pour gagner leurs caves, des villages gelés et bombardés, mal protégés par un seul canon de DCA, des hommes debout, assistant impuissants à l'embrasement de leurs maisons, sans recours contre l'incendie, et d'autres essayant désespérément de sauver leurs biens du ravage des flammes; si vous pouvez vous représenter, jusque dans les hameaux perdus, des enfants revêtus d'une longue tunique blanche en guise de camouflage contre les mitraillades des avions russes volant très bas, vous pourrez arriver à vous faire une idée de ce que fut cette guerre-là.

Je quittai Helsinki de bonne heure dans la matinée, avec deux journalistes suédois. Nous voyageâmes dans une auto de la presse camouflée en blanc, conduite par un gigantesque officier de police revêtu d'un énorme manteau en peau de renne, avec deux revolvers à la ceinture. Il roulait à soixante-dix kilomètres à l'heure sur la route dure, blanche et brillante, mais le pare-brise se couvrait de givre si rapidement qu'il devait s'arrêter à tout instant pour mettre de la glycérine sur la vitre. Nous traversâmes des kilomètres de lacs glacés, de champs désolés, drapés de neige, et de forêts interminables. Nous étions enfouis dans des manteaux de peaux de moutons et sous des couvertures de fourrure, mais le froid était si intense que nous nous arrêtions toutes les demi-heures dans les villages pour boire du café chaud.

Quand nous approchâmes d'Ekenäs, petite ville à côté de Hanko, deux sentinelles se précipitèrent au milieu de la route et nous firent signe de nous arrêter, en nous criant que des avions russes étaient signalés et en nous conseillant d'aller vite nous abriter. On entendait le bruit des appareils, et l'on apercevait, en écarquillant les yeux, vingt petits points argentés dans le ciel. Nous courûmes à travers un champ, jusque dans la cave d'une ferme. Une dizaine de personnes – plusieurs femmes et des paysans – y étaient déjà réunies. Le plafond, en briques, était si bas que la plupart se tenaient assis par terre, au milieu des sacs de pommes de terre, des jarres de fruits séchés et d'énormes seaux de lait. Il n'y avait aucune panique, simplement une profonde lassitude. Un vieux fermier, manifestement le maître de céans, nous raconta qu'ils avaient passé, la veille, six heures dans cet abri. Plus de deux cents avions avaient survolé le village et lâché près de cent cinquante bombes, dont la plupart étaient tombées dans les champs et dans les lacs. Trois maisons seulement avaient été touchées. Heureusement, elles étaient vides et personne n'avait été atteint. Cet homme parlait tranquillement, sans passion, comme si ces épreuves étaient un phénomène naturel, aussi inévitable qu'un tremblement de terre.

Les avions disparurent bientôt – la fin d'alerte n'avait pas sonné, mais notre chauffeur nous proposa de repartir, à nos risques et périls.

Dix minutes plus tard, le vrombissement des avions se fit à nouveau entendre. Nous abandonnâmes la voiture sur le côté de la route et nous précipitâmes nous abriter dans un champ – jusqu'à ce que neuf bombardiers volant à basse altitude passent au-dessus de nos têtes.

Quand nous parvînmes à Hanko, nous apprîmes que vingt immeubles avaient été atteints la veille; dix brûlaient encore avec de grands panaches de fumée qui s'élevaient dans le ciel. Des matelas, des chaises, des articles de ménage sauvés du feu par les soldats, jonchaient les routes. Les charpentes carbonisées des maisons s'élevaient dans le ciel – squelettes noirs se détachant sur le fond blanc de la neige – mais il n'y avait aucun curieux, car des vents glacés venant de la mer balayaient les rues; je n'ai jamais eu si froid. Un lieutenant de vingt ans, détaché pour nous faire visiter la ville, avait omis d'abaisser un de ses couvre-oreilles. En quelques minutes, son oreille gela; un journaliste suédois le lui fit remarquer, et il la frotta rapidement avec de la neige. À moitié transis, nous entrâmes finalement dans un café, pour manger des sandwiches de viande chauds et boire du café. Le propriétaire, tout en nous servant, nous annonça, sans perdre sa bonne humeur, que l'étage le plus élevé de la maison était en flammes. Une bombe incendiaire l'avait atteint deux heures plus tôt. Il ne s'inquiétait nullement, car ses fils étaient occupés à conjurer le sinistre. Il paraissait quelque peu bizarre de siroter du café dans un immeuble en feu, et assez paradoxal d'essayer de se réchauffer, précisément, dans une maison en flammes.

Le jeune lieutenant finlandais avait vécu longtemps en Amérique et parlait couramment l'anglais. Il était ingénieur dans la vie civile et avait maintenant pour tâche de désamorcer les bombes qui n'avaient pas éclaté. Il avait appris le matin même que sa maison, à quelque distance de là, avait été bombardée et complètement détruite. Par bonheur, il en avait fait partir sa femme et ses enfants une semaine plus tôt. Il parlait peu de la guerre; il dit simplement, au moment du départ, lorsque nous lui souhaitâmes bonne chance :

— Il faudra un miracle pour nous sauver, mais ce miracle arrivera peut-être.

Puis, presque à voix basse, il ajouta :

— Il doit arriver.

Ce garçon symbolisait à nos yeux tous les Finlandais avec lesquels nous eûmes l'occasion de parler. Ils savaient qu'ils ne pourraient soutenir indéfiniment cette lutte inégale, mais ils gardaient une foi inébranlable dans la possibilité d'un événement, si imprévu fût-il, qui leur permettrait d'éviter la destruction finale.

Nous retournâmes à Ekenäs, où nous nous étions abrités dans l'après-midi, et dînâmes dans l'auberge de l'endroit. Des balles de mitrailleuses étaient dispersées sous le porche, mais la gaieté de l'ambiance donnait plutôt l'impression d'une ville minière à une époque florissante que celle d'une ville ravagée par la guerre. Des soldats, des officiers de police et des gaillards bien bâtis en manteaux de fourrure, avec d'énormes bottes en peau de renne, avaient envahi la salle. La nourriture était abondante : des plats de hors-d'œuvre, de viande, de pommes de terre et de grands bols de beurre. On voyait le portrait du général Mannerheim accroché au mur, avec une branche de houx restée là depuis Noël. La servante empêcha un des soldats de faire marcher le phonographe. La musique était interdite, dit-elle, car, avec la musique, il est impossible d'entendre les sirènes. Notre chauffeur, inspecteur de police principal pour le district, fut dans l'impossibilité de partir pour Helsinki avant minuit; nous passâmes donc la soirée à boire du schnaps avec le maire et six fonctionnaires du village. La fatigue des derniers jours, nous dit le maire, avait été si grande qu'ils cherchaient tous à rire et à se distraire, et la conversation n'aborda que des sujets gais. Chacun racontait à tour de rôle des incidents drôles qui s'étaient produits pendant les raids. Quelqu'un ayant fait circuler un sac de sucre autour de la table, tout le monde éclata de rire parce que le magasin qui figurait imprimé sur le papier avait été détruit le matin même.

Nous partîmes pour Helsinki à 1 heure du matin. Nous n'avions encore rien vu ! Il faisait maintenant près de quarante degrés au-dessous de zéro. La nuit était très claire, et des milliers d'étoiles étincelaient dans le ciel. Le chauffeur distinguait difficilement la route, au milieu des champs couverts de neige, car il ne disposait que de phares bleuis, et le givre recouvrait continuellement le pare-brise. Nous avions déjà roulé pendant deux heures, et je dormais à moitié, quand un bruit assourdissant se fit entendre. La voiture dérapa à travers la route et, toujours sur ses quatre roues, vint donner contre un arbre. Nous avions heurté un camion blanc et vide abandonné, sans lumières, sur le côté de la route.

Notre voiture était très endommagée, les vitres cassées, les phares et le radiateur écrasés. Heureusement, tout le monde était indemne. Nous sortîmes sur la route, pour nous trouver devant des étendues de forêts désolées et de champs gelés. Il était 4 heures du matin. Peu d'espoir de voir passer quelqu'un avant longtemps ! Il faisait si froid que le chauffeur nous conseilla de ne pas rester immobiles, et nous partîmes à pied sur la route.

Nous eûmes la chance d'apercevoir, après un peu plus d'un kilomètre, une petite lumière qui brillait au loin dans les champs. Nous traversâmes la campagne, nous enfonçant dans une neige épaisse, pour atteindre finalement, transis et éreintés, une vaste grange. Ayant poussé la porte, nous découvrîmes des lumières étincelantes, et une troupe de filles de ferme occupées à traire une centaine de vaches brunes au poil luisant. Une des jeunes filles nous conduisit à la maison principale et courut réveiller sa patronne. La maîtresse de maison – une femme entre deux âges, très proprement habillée, un collier de perles autour du cou, apparut quelques minutes plus tard, semblant parfaitement indifférente au fait qu'il était 5 heures du matin. Elle parlait couramment l'anglais, compatit à nos ennuis et nous apporta une dizaine de couvertures. L'instant d'après, un grand feu flambait, et la théière bourdonnait sur le fourneau. Notre hôtesse nous dit que le froid n'avait pas été aussi intense depuis de longues années, mais c'était, ajouta-t-elle, tout à l'avantage de l'armée finlandaise. Il avait régné un froid pareil, dit-elle encore, pendant la terrible campagne d'hiver, au temps de Charles XII de Suède, quand les Finlandais avaient repoussé les attaques russes. Les bombardiers soviétiques survolaient presque quotidiennement la maison, mais celle-ci était si isolée que la brave dame ne craignait pas les bombes, malgré les quarante évacués qu'elle hébergeait, des enfants pour la plupart. La maîtresse de maison avait cependant prévenu les petits de se mettre à l'abri à l'intérieur, dès l'approche des avions, car elle craignait que les aviateurs ne se missent à voler bas et à mitrailler les routes.

À sept heures du matin, une voiture vint nous chercher pour nous emmener à Helsinki. Notre hôtesse, quand nous lui souhaitâmes bonne chance, nous dit tranquillement :

— Je crois que Dieu ne nous laissera pas anéantir par un si terrible adversaire, et qu'à la fin tout sera pour le mieux.

Quand nous arrivâmes à Helsinki, une heure plus tard, les sirènes hurlaient à nouveau. J'étais si fatiguée que je me couchai et m'endormis.

S'il vous arrivait de déjeuner à l'hôtel Torni, à Helsinki, au moment d'une alerte, vous pouviez monter sur le toit et contempler la ville qui rentrait dans sa coquille. Au milieu du pêle-mêle de toits couverts de neige, vous voyiez les gens se précipiter vers les abris – les camions se ranger le long du trottoir et les officiers de police se mettre à leur poste, aux carrefours. Bientôt le silence était si absolu que vous pouviez entendre claquer une porte à plusieurs maisons de distance.

De temps à autre, vous aperceviez la traînée grise des bombardiers dans le ciel, mais généralement les avions volaient très haut, et vous n'entendiez que le vrombissement des appareils ; vous pouviez compter les chutes de bombes, reconnaissables à leur bruit sourd, jusqu'à une distance de quinze à vingt-cinq kilomètres. Vous saviez que les avions survolaient la ville quand l'air résonnait d'un vacarme où se mêlaient les bruits de mitrailleuses, de batteries de DCA et de batteries côtières tirant toutes à la fois. Des escadrilles survolaient la ville plusieurs fois par jour, mais Helsinki n'avait été bombardée qu'une seule fois : le jour où le bombardement des arsenaux avait détruit plusieurs maisons près du port. En réalité, les dégâts avaient été minimes.

Helsinki n'était pas une belle ville. La longue domination, d'abord des Suédois, ensuite des Russes, n'y avait pas laissé de traces profondes. La plupart des immeubles, de style moderne, étaient carrés et laids. Il fallait une âme vraiment romantique pour l'avoir qualifiée de « Ville blanche du Nord ». Dans leur étau de glace, les rues, au lieu d'ajouter du charme, accentuaient au contraire l'ambiance lugubre et morne. Il faut avouer que la guerre n'arrangeait pas les choses ; la population normale, de trois cent mille habitants, était réduite à trente mille. Les voitures avaient été réquisitionnées, pour économiser l'essence, et la plupart des magasins étaient fermés. On voyait très peu de monde dans les rues. Tous les gens marchaient d'un pas pressé, emmitouflés dans d'énormes manteaux et coiffés de chapeaux de fourrures, allant la tête baissée pour se garantir du froid. L'hôtel Kämp, en temps de guerre le centre des activités, était complètement désert quand j'arrivai, tard dans la nuit ; mais en descendant, le lendemain matin, je trouvai des soldats finlandais, des femmes enrôlées comme volontaires, des politiciens, des journalistes étrangers, des photographes d'une dizaine de nationalités qui formaient une foule bruyante. Ils arrivaient du dehors, le visage rouge de froid, frappant des pieds pour secouer la neige de leurs souliers. Quelques-uns portaient des costumes de ski, d'autres des manteaux en peaux de moutons, d'autres des vestes de cuir ou des anoraks. Les plus extraordinaires étaient les journalistes suédoises. Il y en avait une douzaine. Il semblait que chaque journal suédois eût envoyé une correspondante spéciale. Elles étaient toutes blondes avec de grands yeux bleus, revêtues de ravissants manteaux de fourrure blanche, coiffées de petits chapeaux blancs attachés sous le menton. Elles faisaient songer aux figurantes du premier rang, dans un chœur de Cochran.

Malgré la confusion générale, je découvris Webb Miller, de l'United Press, et je déjeunai avec lui. Il revenait de la ligne Mannerheim, rempli d'admiration pour les soldats finlandais.

— Ce sont les combattants les plus formidables que j'aie jamais rencontrés, me dit-il. Ils n'ont peur de rien. Et vous parlez d'improvisateurs ! Ils inventent leurs armes au fur et à mesure. Ils ont trouvé une nouvelle ruse : ils attachent une mine au bout d'une corde, se cachent dans un trou, attendent la venue d'un tank russe et jettent la mine en travers de la route. J'ai parlé avec un soldat qui avait anéanti de cette façon-là trois tanks de trente tonnes.

Je pressai Webb de questions sur la guerre.

— La seule façon d'y comprendre quelque chose, me dit-il, c'est de se rendre compte qu'il y a deux guerres. La première, la guerre de tranchées, régulière, menée selon les méthodes du front de l'Ouest, se tient derrière la ligne de défense Mannerheim, dans l'isthme de Carélie. La seconde, c'est la guérilla, faite de hasards à travers les forêts et sur tous les autres fronts de Finlande.

L'attaque russe sur la ligne Mannerheim avait été repoussée et, dans la guérilla, non seulement l'avance russe était stoppée, mais la brillante stratégie et le courage farouche des Finlandais avaient anéanti des divisions entières. Les combats dans l'isthme ayant été suspendus pendant la seconde semaine de janvier, je décidai de me rendre dans le Nord pour tâcher de réunir quelques impressions sur les patrouilles forestières. Au bureau de presse finlandais, une déception m'attendait. Une journaliste suédoise s'étant plainte qu'un officier de presse finlandais lui avait fait des avances, la veille, pendant un voyage à Viipuri, les chefs militaires, exaspérés, avaient aussitôt déclaré qu'aucune femme ne visiterait le front. J'étais au désespoir et me demandais si j'avais fait tout le voyage d'Angleterre pour rester assise à Helsinki. Mon expérience espagnole, heureusement, m'aida à me tirer d'affaire. À la suite d'une série de télégrammes adressés au ministre finlandais à Londres, j'obtins la permission d'aller à Rovaniemi – capitale de la Laponie – où la presse pour la section nord avait établi son quartier général.

Je partis avec Harold Denny, le correspondant du *New York Times*, que j'avais connu à Moscou. Le trajet dura vingt-quatre heures. Durant la nuit, nous nous trouvâmes dans un monde de forêts blanches et de lacs gelés. Rovaniemi est à deux kilomètres et demi du cercle arctique.

2
LE PAYS DE L'HOMME MORT

Je n'ai jamais su ce que pensaient les Finlandais de ces six journalistes étrangers encombrés de leurs sacs de couchage, de leurs sacs de montagne et de leurs machines à écrire, et qui sautaient du train à chaque station pour ingurgiter d'énormes tasses de café chaud. Nous savions tous dire « café » en finlandais – *« kahvi »* –, ce n'était pas difficile. Nous savions aussi compter jusqu'à quatre – ce qui, phonétiquement, ressemblait pour nous à « ooxie, coxie, call me, nellie ». Pour le reste, nous devions nous contenter de gestes ou nous servir nous-mêmes derrière le comptoir. La propriétaire d'un hôtel assez sommaire, dans la petite ville de Kajaani, nous regarda avec ahurissement, comme si nous appartenions à un cirque ambulant. Elle crut finalement que nous sortions d'un asile d'aliénés car, durant les quarante-huit heures qui suivirent notre arrivée, son téléphone ne cessa de sonner depuis New York, Amsterdam et Copenhague, tandis que nous passions la nuit à taper à la machine d'interminables articles.

Walter Kerr, du *Herald Tribune*, Edward Ward, de la BBC, Desmond Tighe, de Reuters, et Ebbe Munck, un journaliste danois, nous accompagnaient, Harold Denny et moi. Kajaani était le GQG de l'état-major. Des combats fameux avaient eu lieu en cet endroit voisin de la frontière. Pendant les sept semaines précédentes, des centaines de milliers de soldats russes avaient traversé la frontière, essayant par des attaques répétées de couper en deux le territoire de la Finlande. Les Finlandais les avaient repoussés, en des batailles qui compteront pour les plus spectaculaires de l'Histoire. Ils avaient anéanti des divisions entières et en avaient repoussé d'autres à plus de cinquante et soixante kilomètres, jusqu'à la frontière d'où elles étaient parties.

Pour comprendre comment ils étaient parvenus à ce résultat, il faut se représenter un pays aux forêts recouvertes par une épaisse couche de neige et aux routes entièrement gelées, des patrouilles de skieurs puissamment armés, glissant, comme des groupes de fantômes, à travers les bois, pénétrant derrière les lignes ennemies, coupant leurs communications, isolant des bataillons entiers, et les attaquant ensuite par surprise. Dans cette partie de la Finlande, les skis déjouaient les manœuvres des tanks, les traîneaux surclassaient les camions, et les couteaux défiaient les fusils.

Arrivés à Kajaani dans la soirée, nous dinâmes avec le général Tuompo, ce brillant général de cinquante-cinq ans, ancien journaliste qui, entré dans la carrière militaire seulement dix ou douze ans plus tôt, anéantit près de quatre-vingt-cinq mille Russes avant la fin de la guerre finlandaise. Il nous organisa une visite dans les positions de première ligne, sur la frontière russo-finlandaise, pour nous permettre de voir le travail des patrouilles et d'avoir un avant-goût du feu de l'artillerie soviétique. Nous caressions le projet d'accompagner une des patrouilles frontalières dans une rapide incursion en Russie, quitte à revenir ensuite. Non pas que le paysage de la Russie gelée nous attirât spécialement, mais cela nous amusait de pénétrer dans l'Union soviétique sans faire viser nos passeports.

Un lieutenant de l'armée finlandaise nous accompagnait, et nous espérions atteindre le front à 4 heures du matin, avant l'aurore. Malheureusement, les routes étaient si glissantes que notre voiture dérapa trois fois et versa dans le fossé, ce qui nous retarda considérablement. Nous eûmes ainsi une petite idée des difficultés contre lesquelles les unités motorisées russes avaient à lutter. Le spectacle le plus atroce que j'eusse jamais vu nous attendait aux abords du village de Suomussalmi, que nous atteignîmes au lever du jour.

Dans ce secteur-là, les Finlandais avaient anihilé, quelques semaines auparavant, deux divisions de trente mille hommes. Des corps gelés de soldats russes jonchaient encore la route ; et la forêt, de chaque côté, avait été dénommée le « pays de l'Homme mort ». La terrible débâcle russe semblait peut-être plus atroce encore dans la beauté du décor matinal. Sous le soleil levant, les forêts enneigées faisaient étinceler à perte de vue la dentelle de leurs arbres, teintée de rose. La charpente carbonisée d'une maison, un camion renversé et deux tanks démolis déparaient seuls le paysage. À un tournant de route, toute l'horreur du spectacle nous apparut. Des corps d'hommes et de chevaux, des tanks en morceaux, des cuisines de campagne, des camions, des affûts de canons, des cartes, des livres, jusqu'à des vêtements jonchaient la route et les forêts sur une longueur de plus de six kilomètres. Les cadavres, couleur d'acajou, étaient gelés et aussi durs que du bois pétrifié. Des corps étaient empilés les uns sur les autres, comme des chiffons en tas, recouverts seulement d'une couche de neige miséricordieuse. D'autres étaient étalés contre les arbres, en des attitudes grotesques.

Le froid les avait immobilisés à l'instant même de leur mort. J'en remarquai un dont les mains étaient crispées sur une blessure reçue à la poitrine ; un autre essayait d'ouvrir le col de son manteau ; un troisième serrait désespérément un chromo sans valeur dont les couleurs vives et le dessin puéril représentaient un petit paysage auquel il attachait sans doute beaucoup de prix et qu'il avait essayé de sauver en s'enfuyant à travers bois. Des centaines et des centaines de cadavres pétrifiés, aberrants. Il y en avait partout, dans les fossés, sous les arbres, jusque dans des petites grottes de neige où les soldats avaient essayé de se réfugier pour échapper à la fureur des assaillants. Ils appartenaient à la 44e division, celle que j'avais vue l'année précédente, circulant sur les routes de la campagne ukrainienne.

La souffrance causée aux troupes russes par le froid était facile à imaginer. Les soldats ne portaient que des capuchons tricotés sous leurs casques d'acier, et n'avaient pas de gants. Les Russes, en effet, contrairement aux Finlandais, portaient seulement des moufles qu'ils étaient forcés d'enlever pour tirer. Ils avaient dû souffrir terriblement de la faim ; les chevaux avaient mangé jusqu'à l'écorce des arbres.

Je fus stupéfaite par le nombre considérable des équipements qu'ils avaient apportés. Les Finlandais avaient déjà emporté tout ce qui était utilisable, mais les fossés étaient encore remplis de camions, de mitraillettes, de baïonnettes, de casques ; on voyait même un tank amphibie, qui semblait assez inutile dans une région où les lacs étaient gelés. La route avait été à peu près inutilisable, durant toute une semaine après la bataille, d'après ce que nous dit l'officier finlandais qui nous accompagnait. Notre chauffeur avait encore des difficultés à se frayer un chemin sur les six kilomètres de ce parcours, et devait conduire lentement. À la sortie de ce véritable charnier, nous croisâmes un groupe de petits enfants finlandais qui jouaient sur le bord de la route, examinant avec curiosité les cadavres. Ils en avaient pris un, dont ils avaient enfoncé la tête dans la neige, et l'on n'apercevait plus que les jambes, deux tiges brunes chaussées de souliers. J'en étais presque malade.

Environ une heure plus tard, nous arrivions à destination. Une sentinelle, avec un manteau blanc, sortit de la forêt sur la route et nous fit signe de nous arrêter. On gara la voiture dans une clairière, puis notre guide nous conduisit à travers tout un entrecroisement de sentiers jusqu'à ce que la forêt s'animât de robustes soldats finlandais qui allaient et venaient silencieusement à travers les arbres, et dont seul le fusil se détachait, nettement visible sur le fond blanc de la neige. La hutte du major, enfouie à demi sous terre, était construite de troncs d'arbres et couverte de neige. Le camouflage était habile, seuls les skis appuyés contre les arbres nous révélèrent que nous étions arrivés. Nous rampâmes dans l'abri, meublé de deux lits, d'un grand bureau couvert de cartes et d'un petit poêle qui entretenait une température de moins un degré. Le major, un gaillard bien découplé, avec une figure rouge, nous accueillit dans un mauvais anglais et nous annonça que le petit déjeuner nous attendait : du café, du pain et du beurre, du renne, du fromage et du poisson séché. Le bruit d'un avion nous interrompit quelques minutes plus tard et se transforma en un bruyant vrombissement, lorsqu'il passa seulement à une centaine de mètres au-dessus de nos têtes. Les avions russes survolaient la forêt plusieurs heures par jour et la mitraillaient copieusement.

— Voilà ce qu'il nous faut, dit le major, des avions !

Il nous demanda si nous pensions que l'on en enverrait de l'étranger à la Finlande et s'efforça de deviner la réponse sur nos visages.

— Si seulement, murmura-t-il, les gentilles vieilles dames américaines voulaient bien nous tricoter des aéroplanes et nous faire, au crochet, des canons antitanks !

Il sourit quand nous lui exprimâmes le désir de pénétrer en Russie et nous proposa de nous envoyer au poste d'observation, afin que nous puissions juger de la situation par nous-mêmes et décider de ce que nous voulions faire. Après quoi, il détacha un capitaine pour nous accompagner.

La hutte du capitaine, à quelque distance de là, était en peaux de castors, bâtie autour d'un tronc d'arbre, afin que la fumée du poêle fût diffusée dans les branches. C'était un joyeux garçon qui nous fit admirer un immense samovar russe, dont il s'était emparé à la bataille de Suomussalmi, ainsi qu'une paire de jumelles de campagne, prise à un officier russe, mais il appréciait davantage la mitrailleuse d'un tank soviétique. Il ne pouvait, nous dit-il, s'empêcher de tirer, chaque fois qu'un avion passait au-dessus de lui ; ce n'était peut-être pas exactement son rôle, mais il ne pouvait résister à la tentation, tellement l'arme était maniable.

Le capitaine nous conduisit à travers bois, jusqu'au poste d'observation, à quelque distance de là. Une patrouille de huit skieurs avec des fusils et des mitraillettes nous accompagna. Ces hommes glissaient comme des ombres entre les arbres avec une agilité surprenante. Ils disparaissaient tout à coup, et nous pensions qu'ils étaient perdus, et réapparaissaient devant nous sur le sentier quelques secondes plus tard.

Dans le poste se tenait un observateur, avec une paire de jumelles et un téléphone enfouis dans un trou creusé dans la neige. D'ailleurs, nous n'avions pas besoin de jumelles pour apercevoir le territoire de l'Union soviétique. Le paysage glacé de la Russie s'étendait à près de trois cents mètres, au-delà d'un lac gelé.

À peine étions-nous dans ce trou depuis quelques minutes que l'artillerie finlandaise sur nos arrières ouvrit le feu. Les obus passèrent à quelques mètres au-dessus de nos têtes et explosèrent dans le lac vis-à-vis, formant un jet de glace et de neige. L'officier observateur corrigea le tir par téléphone, et les obus disparurent bientôt à travers les arbres, de l'autre côté du lac. La réponse russe ne se fit pas attendre. Le sifflement désagréable des obus venant vers nous résonna dans l'air quelques minutes plus tard. Le grondement sourd des grenades et le bruit des mortiers firent vibrer les sapins. À deux reprises, trois branches arrachées par les projectiles tombèrent sur nous. Le capitaine jugea préférable de regagner la hutte – deux obus étaient tombés à vingt mètres de nous, blessant deux soldats finlandais. Il nous conseilla de marcher deux par deux, afin de n'être pas remarqués par les Russes. Mon cœur battait, tandis que j'avançais à travers bois, et que les obus éclataient de part et d'autre du sentier, et je songeais que, si les canons russes avaient perdu leur prestige, ils étaient encore capables de m'effrayer.

Le capitaine nous donna une tasse de thé avant notre départ. Tandis que nous buvions avec lui, un soldat entra dans l'abri, les joues rosies par le froid, le regard brillant d'exaltation. Revenu d'une patrouille qui avait duré quatre heures, derrière les lignes russes, et pendant laquelle il avait exploré une zone profonde de plus de cinq kilomètres, il expliqua au capitaine, sur une carte, les différents changements de positions de l'ennemi.

Fermier dans la vie civile, il s'était distingué comme l'un des hommes les plus courageux de la patrouille. Pendant la bataille de Suomussalmi, nous raconta le capitaine, il avait détruit un tank à lui tout seul, en sautant dessus et en introduisant une grenade à l'intérieur, après en avoir forcé le couvercle avec une pince-monseigneur. Peu après, un autre soldat pénétra dans la hutte, annonçant qu'une patrouille russe de deux cents hommes se dirigeait vers les lignes finlandaises. Le capitaine lui commanda de partir à leur rencontre, avec un détachement.

On devinait que l'animation n'allait pas tarder à régner dans ce coin-là, aussi jugeâmes-nous que le mieux était de nous retirer. Dehors, un groupe de soldats mettaient déjà au point leurs fusils et ajustaient leurs skis.

— Eh bien ! cette Russie où vous vouliez aller ? nous dit le capitaine en nous serrant la main. Si vous voulez vous joindre à la patrouille qui part dans un instant, je vous en donne la permission.

Nous le remerciâmes, et j'ajoutai que, pour ma part, j'étais parfaitement heureuse comme ça.

Par quel miracle l'armée finlandaise – composée de trois cent mille hommes – avait-elle pu enrayer la marée montante russe ? N'était-ce pas dû tout d'abord au fait que des hommes libres combattaient avec un courage inégalable, pour défendre leur maison, leur liberté et leur vie, ensuite à la brillante stratégie des chefs militaires finlandais, troisièmement aux obstacles naturels du terrain, à ses soixante-dix mille lacs et aux trois quarts du pays recouverts de forêts, et quatrièmement aux erreurs de l'ennemi ? Du point de vue militaire, les attaques russes de cette guerre seront considérées comme constituant une des campagnes les plus fantastiques de l'Histoire. Le haut commandement russe, durant ses opérations à travers tout le Nord, ignora la nécessité élémentaire de rester en liaison avec ses lignes de communication. Des milliers de soldats russes envoyés dans les contrées sauvages de la Finlande furent isolés de leurs bases et comme engloutis dans l'immensité des forêts. Il était difficile de comprendre cette maladresse aussi extraordinaire. Les Russes, c'était la seule explication plausible, avaient sans doute tablé sur une *Blitzkrieg*, une guerre-éclair terminée en quelques jours. Les premières divisions transportaient des quantités énormes d'affiches et de banderoles de propagande, qu'elles comptaient distribuer à un peuple vaincu. Une division pénétra dans la région nord avec un orchestre de cuivres, s'attendant à être accueillie chaleureusement par un peuple qu'elle « libérait ». Les observateurs soviétiques avaient sans doute caché au Kremlin le véritable état d'esprit finlandais, craignant d'être fusillés comme saboteurs.

La vision de ces cadavres gelés et tordus de la 44e division m'obséda pendant des jours et des jours. L'histoire de cette division (l'une de celles qui envahirent la Pologne en septembre) montrait bien le caractère maladroit de la stratégie que la dictature du prolétariat payait désormais avec la vie du prolétariat. Cette unité était venue en Finlande, le 30 décembre, pour relever la 163e division isolée, coupée de ses bases de ravitaillement aux alentours du petit village de Suomussalmi. Elle avait longé sur plus de trente kilomètres une route enneigée et gelée, percée à travers le cœur de la forêt, mais n'avait pu rejoindre l'autre division dans une région dénuée de routes, 10 kilomètres plus loin. Les Finlandais avaient d'abord mis en déroute la 163e division, puis, après avoir coupé les lignes de ravitaillement de la 44e, avaient attaqué celle-ci et l'avaient anéantie.

Avant de quitter Kajaani, un des officiers de la presse finlandaise nous emmena visiter le camp de prisonniers de Pelso. Un haut gradé de la 44e division, fait prisonnier par les Finlandais, nous raconta la bataille. C'était un homme entre deux âges, au visage soigneusement rasé, qui faisait partie de l'Armée rouge depuis vingt-deux ans. Le gardien finlandais nous pria de tenir son nom et son rang en considération et prévint le prisonnier que rien ne l'obligeait à répondre à nos questions s'il n'en avait pas envie.

L'officier, néanmoins, nous décrivit le combat. Son récit cadrait exactement avec la version finlandaise. La division avait, paraît-il, été coupée de son ravitaillement, le 2 janvier, et était restée sans nourriture jusqu'à la débâcle finale, le 7 janvier. Un avion leur avait lâché six sacs de mauvaise nourriture séchée. C'était tout. Le 2 janvier, le général Vinogradov avait refusé de battre en retraite malgré les supplications de plusieurs de ses officiers ; il ne pouvait le faire sans l'ordre du Kremlin. L'ordre arriva trop tard.

L'officier souligna trois points importants : l'armée avait sous-estimé la résistance finlandaise, et d'ailleurs beaucoup de ses chefs étaient convaincus qu'ils venaient « libérer » le peuple finlandais ; elle était insuffisamment préparée en vue d'une campagne très dure ; enfin les troupes russes, de nature superstitieuse, ayant une peur morbide des forêts sombres, étaient particulièrement impropres à lutter sur le territoire finlandais.

Ce même officier répondit évasivement à mes questions au sujet des commissaires politiques dans l'armée, se bornant à dire qu'ils étaient indispensables pour inculquer de bons principes aux soldats. Quand je lui demandai son avis sur l'issue de la guerre, il se montra hésitant. Il répliqua néanmoins, à la prière du gardien, qu'il avait l'impression que l'Union soviétique, grâce à la supériorité d'hommes et de matériel, serait victorieuse en fin de compte.

Il ne restait qu'une centaine de survivants sur les dix-huit mille hommes de la 44e division. Le gardien et un interprète russe nous accompagnèrent à travers la prison afin que nous pussions parler avec eux. Un groupe de trente à quarante hommes avec leur uniforme brun, de hautes bottes en feutre, étaient entassés dans la première pièce. Beaucoup d'entre eux avaient les pieds et les mains gelés, entourés de bandes, mais ils s'estimaient chanceux en comparaison de leurs camarades étendus le long de la route.

Ces hommes se levèrent à notre entrée, heureux d'avoir de la visite, les yeux brillants d'intérêt, sans manifester le moindre esprit de morosité ou de réticence. En tant que représentants d'une division d'experts, cependant, ils formaient un groupe assez pathétique ; la plupart d'entre eux étaient de petite taille, avec des fronts bas, des airs grossiers et une éducation élémentaire. J'étais partagée entre la pitié et la révolte contre la civilisation que leur gouvernement voulait étendre en dehors de ses frontières. Quelques-uns parmi les prisonniers nous regardaient fixement en silence avec de grands yeux bruns mélancoliques ; d'autres s'interpellaient entre eux en des dialogues animés.

En réponse à mes questions sur la guerre, ils me dirent qu'ils avaient été mobilisés pour repousser une invasion finlandaise de la Russie ; quelques-uns se rendaient compte maintenant combien ils avaient été grossièrement induits en erreur, mais j'étais stupéfaite de voir que la plupart d'entre eux ignoraient qu'ils eussent été faits prisonniers sur le territoire finlandais. Ils pensaient que la bataille de Suomussalmi avait eu lieu « quelque part dans le Nord de la Russie ».

Nous voulions avoir des renseignements sur les conditions générales de vie dans leur pays. Un petit homme nerveux à barbe noire imposa silence à ses compagnons par un regard menaçant et prit la parole : rusé comme tous les Slaves, il tâcha de nous répondre d'une façon propre à nous plaire, mais l'extravagance et l'emphase de ses réponses – où il accablait l'Union soviétique et complimentait la Finlande – étaient telles que ces réponses restaient sans valeur.

Des conducteurs de camions appartenant au service du corps d'armée attaché à la 44ᵉ division emplissaient la seconde pièce dans laquelle on me mena. La plupart n'avaient eu aucun entraînement militaire. Ils avaient été ramassés dans les rues de Kiev en tant que chauffeurs de camions. Ils parlaient de la mobilisation avec aigreur et amertume.

— Regardez Fédor, dirent-ils en montrant un de leurs compagnons, il a plus de quarante ans, il est marié et il a beaucoup d'enfants.

Fédor, enchanté que l'attention se porte sur lui, approuva d'un mouvement de tête, déclarant qu'il avait en effet quarante-deux ans, et qu'il n'avait jamais entendu le son d'un fusil avant de conduire un camion de vivres sur le front de Suomussalmi.

L'histoire de l'infirmière russe avec laquelle j'entamai ensuite la conversation est la plus étonnante de toutes. Capturée par les Finlandais au moment de la déroute de la 163ᵉ division, elle était la seule femme prisonnière en Finlande. Âgée de vingt-trois ans, avec un visage slave aux pommettes saillantes et des yeux remplis de tristesse, elle portait une robe de laine que lui avaient procurée les Finlandais, n'ayant d'autre vêtement que l'uniforme militaire masculin dont elle était revêtue au moment où on la fit prisonnière. Elle avait reçu un ordre de mobilisation, quelques mois plus tôt, à Leningrad, où elle vivait tranquillement avec son mari et son enfant, et ne s'en était pas particulièrement tracassée, pensant que la mobilisation ne durerait que le temps des grandes manœuvres d'automne. Cependant, elle fut rattachée à la 163ᵉ division en novembre et envoyée en Finlande un mois plus tard. Malgré sa frayeur et son désespoir, elle dut rejoindre avec deux autres infirmières un poste de secours en première ligne. Ses deux compagnes, blessées, avaient été ensuite emmenées à un hôpital de campagne derrière les lignes. Quant à elle, au moment de la retraite, incapable de rejoindre la base du régiment, elle dut errer pendant vingt-quatre heures dans les bois, avec un médecin russe, pour être finalement faite prisonnière par une patrouille finlandaise, sur les bords d'un lac.

Les Finlandais découvrirent plus tard les corps des deux autres infirmières dans l'hôpital de campagne – une vieille ferme – parmi des centaines de cadavres de soldats. Ebbe Munch avait visité cet hôpital quatre jours après la retraite. C'était une atroce vision, me raconta-t-il. Des corps nus étaient entassés dans la cour, à l'arrière de la maison. Lorsque les blessés mouraient, les médecins russes jetaient les cadavres par les fenêtres pour faire de la place aux nouveaux arrivants. Des centaines de blessés étaient morts dans leurs lits, abandonnés au moment de la retraite. L'un d'eux était même resté sur la table d'opération, le ventre ouvert.

Le gardien finlandais, après avoir entendu cette histoire, soupira.

— Et c'est cette civilisation-là qu'ils veulent amener en Finlande…

3

DANS LES MEILLEURS CERCLES ARCTIQUES

Étant donné les bombardements diurnes, il était plus sûr de voyager avant le lever du jour. Lorsque je commençai mon voyage de plus de trois cents kilomètres à travers l'Arctique, avec Harold Denny et Desmond Tighe, nous partîmes de Rovaniemi à 2 heures du matin. Il faisait trente-six degrés au-dessous de zéro, ce qui était, paraît-il, une température modérée. Je survécus par miracle, grâce à ma combinaison de ski, à un anorak, à un manteau de peau de mouton, à huit chandails, à quatre paires de bas, à trois cache-nez et à deux paires de gants. Un écriteau cloué contre un arbre, à deux kilomètres de Rovaniemi, indiquait en anglais, en allemand, en suédois et en finlandais : *Cercle arctique.*

En partant de Petsamo, ce port de l'océan Arctique situé sur le toit du globe, les Soviets commencèrent la guerre la plus froide de l'Histoire. Personne, en effet, n'avait jamais entrepris de guerre dans ces régions nordiques. Bientôt le bruit des coups de fusil et le crépitement des mitrailleuses résonnèrent à travers les forêts glacées et habitées seulement par quelques troupeaux de rennes. Les Russes avancèrent à cent kilomètres vers l'intérieur, le long de la « grande route de l'Arctique » qui traversait la Laponie jusqu'au centre de la Finlande. Leurs attaques répétées furent tenues en échec par les Finlandais, qui patrouillaient dans les profondeurs de la forêt. Une série de tentes de campagne et de postes de mitrailleuses éparpillés dans les bois formaient le front finlandais. Chaque fois que les colonnes motorisées russes essayaient d'avancer le long de la route qui traversait la forêt, les Finlandais se glissaient à travers les bois et coupaient leurs lignes de communication soit en bloquant la route glacée par l'explosion d'un tank, soit en posant des mines.

Lorsque nous partîmes tous les trois de Rovaniemi, pour visiter le front, accompagnés de Hugo Mäkinen – un officier attaché au

Service de presse finlandais –, nos confrères nous prévinrent que nous trouverions peu de matière à un article. Les combats étaient arrivés à un point mort. On ajouta, pour ne pas nous décourager, que le paysage était admirable et que nous pourrions écrire des descriptions sur « notre vieille mère la Nature ». Le voyage fut, en fin de compte, un des plus désagréables que nous ayons jamais entrepris. Les Russes choisirent cette occasion pour ouvrir un feu d'artillerie intense sur la grand-route, afin de couper la voie aux renforts finlandais.

Au début, tout fut parfaitement tranquille. Nous roulions, la nuit durant, à travers des forêts blanches et désolées où nous admirions les ombres fantomatiques des aurores boréales qui dansaient dans le ciel. De temps à autre, un renne traversait la route, ébloui par nos phares ; ce fut le seul signe de vie aperçu pendant les soixante-cinq heures que dura le trajet. Nous nous arrêtâmes dans une ferme, au lever du jour, pour prendre le petit déjeuner. Le fermier, sa femme, une petite fille de dix ans et deux garçons âgés d'environ quatorze ans composaient la famille. Ils allumèrent un feu, nous apportèrent du café et des petits pains, puis nous racontèrent les bombardements des derniers jours.

La sonnerie du téléphone interrompit la conversation : on annonçait que les raids du matin avaient commencé et que trois avions étaient signalés. Il n'y avait pas de sirène dans le district, et l'observateur prévenait tout le monde. Nous nous hâtâmes tous de prendre nos manteaux, et la petite fille, que l'aventure amusait follement, nous conduisit à travers bois jusqu'à un grand sapin. Une petite tente, avec quatre couvertures à l'intérieur, était cachée sous les branches. Quelques minutes plus tard, nous entendîmes le bruit de trois bombardiers qui volaient à basse altitude. L'un d'eux piqua juste au-dessus de la maison. Il y eut un bruit d'explosion, comme un énorme feu d'artifice, suivi du crépitement des mitrailleuses. Dès que les avions furent passés, nous nous précipitâmes pour constater les dégâts ; les bombes étaient tombées dans un champ, à vingt ou trente mètres de là. Un jeune skieur arriva haletant le long de la route quelques secondes après nous. C'était lui, et non la ferme, qui avait servi de cible aux bombardiers. Il avait oublié de mettre son manteau blanc, et sa silhouette ayant attiré l'attention des Russes, ceux-ci avaient lâché dix-huit petites bombes et essayé de le mitrailler. C'était pour le moins un geste extravagant.

— Si c'est là un exemple de la politique économique des Soviets, commenta sèchement Desmond, il n'est pas étonnant que beaucoup de gens soient affamés à Moscou.

« Mak », notre officier du Service de presse, refusa systématiquement de rouler sur la route avant la nuit, malgré la perspective d'une auberge confortable à Ivalo, à une centaine de kilomètres de là. Braves comme des lions sur les champs de bataille, les Finlandais étaient presque trop prudents sur le front de l'arrière. Bon gré, mal gré, au moment des alertes, on vous poussait dans un abri. À Helsinki, les journalistes portaient un insigne spécial les autorisant à circuler, mais pendant un voyage nous étions à la merci de notre officier de presse. Nous fûmes incapables de persuader Mak qu'il n'y avait pas plus de risques à un endroit qu'à un autre, et nous dûmes attendre le crépuscule pour repartir.

Ce fut l'une des journées les plus inconfortables que j'aie jamais vécues. Le fermier était convaincu que les avions voulaient détruire sa maison et reviendraient la bombarder. À chaque présomption d'alerte par le téléphone, il nous forçait à nous abriter sous le sapin, dans la cour voisine. Il était totalement inutile de discuter. On nous traînait chaque fois dehors, dans le froid glacial. Nous pûmes nous faire une petite idée de ce que la vie était devenue en Finlande, après être restés accroupis dans la neige, sous un arbre, cinq heures durant.

Nous arrivâmes pour dîner à Ivalo. Le village était situé à un croisement de routes et jouissait du privilège d'être l'endroit le plus bombardé de toute la Finlande. Peu de maisons avaient été détruites, bien que l'ennemi eût largué près de quatre mille bombes, car la plupart, heureusement, étaient tombées dans les champs et dans les bois. Ivalo avait été presque entièrement évacué, mais le commerce local faisait encore des affaires. On pouvait acheter du chocolat et des raisins secs.

L'auberge où nous dînâmes était restée ouverte pour les cantonniers qui patrouillaient et réparaient la grand-route. L'atmosphère y était celle d'un gigantesque camp de bûcherons. Une demi-douzaine de jeunes filles aidant à la cuisine étaient penchées sur d'énormes chaudrons, tandis que des groupes d'hommes rentraient en se frottant les mains et en secouant la neige de leurs souliers. Tout le monde mangeait à la cuisine, à cause de la chaleur du poêle. Nous nous assîmes tous ensemble autour de la même table pour un dîner composé de viande de renne, de pommes de terre bouillies et de lait.

Il y eut une alerte au moment précis de notre départ. Harold, Desmond et moi nous regardâmes en grommelant. Mäkinen refusa obstinément de partir, malgré nos supplications. Un gong résonna dans l'auberge, les jeunes filles mirent leurs manteaux, ramassèrent des couvertures et nous montrèrent le chemin de l'abri construit au moyen de rondins enfoncés profondément dans la neige. Harold, Desmond et moi semblions les seuls à nous apercevoir du froid, quarante degrés au-dessous de zéro. Les jeunes filles conversaient avec animation, comme si elles s'étaient trouvées à une soirée. L'alerte dura deux heures, et nous comptâmes vingt-cinq chutes de bombes.

Quand sonna le signal de fin d'alerte, Mäkinen téléphona au quartier général de l'armée pour avoir des détails sur la situation. Il revint, le visage grave; les Russes bombardaient toute la route jusqu'au front. C'étaient les préparatifs d'une nouvelle offensive russe. Nous ne le savions pas encore.

La grand-route de l'Arctique était la seule voie de communication permettant de ravitailler les Finlandais, et l'ennemi tentait un essai désespéré pour les isoler. Mak voulait rebrousser chemin. Nous le suppliâmes de continuer, non pas que nous étions particulièrement courageux, mais il était inconcevable de revenir à Rovaniemi sans un article, après avoir roulé pendant plus de deux cents kilomètres, et après avoir supporté durant de si longues heures l'inactivité et le froid.

Nous eûmes finalement raison de ses objections, mais le trajet fut loin d'être agréable.

Pour commencer, et malgré son obsession pour les abris anti-bombardements, Mak autorisa le chauffeur à garder les phares allumés. Comme nos lumières étaient les seules à briller dans toute la forêt arctique, nous avions toutes les chances de nous faire remarquer. Dès que nous avions roulé pendant quelques kilomètres, nous étions forcés de nous arrêter, de sortir de la voiture et d'écouter, car il était impossible d'entendre le bruit des avions tant que le moteur marchait et que les vitres étaient levées.

En approchant d'une ferme, nous vîmes un groupe d'hommes s'avancer dans le rayon de nos phares et nous faire signe de nous arrêter. L'alerte avait été donnée et les bombardiers approchaient. Nous décidâmes de nous abriter dans un champ dès que nous entendrions les avions. En attendant, nous fîmes les cent pas le long de la route, pour nous réchauffer.

L'atmosphère de cette nuit était étrange, avec le chuchotement des voix qui rompait seul le silence de la forêt, avec les silhouettes bizarres des sapins drapés de neige et, au-dessus, les aurores boréales jouant dans le ciel comme les faisceaux lumineux de gigantesques projecteurs.

Je remarquai tout à coup dans le ciel une étoile plus grande que toutes celles que j'eus jamais aperçues. Sans doute, pensais-je, une particularité de l'Arctique... Mais bientôt une seconde étoile apparut. L'un des hommes vint nous prévenir que les Russes parachutaient des fusées éclairantes pour rendre visible toute la campagne. Maintenant, à chaque bombardement de Londres, il y a des douzaines de fusées dans le ciel, mais celles-là étaient les premières qu'aucun de nous eût jamais vues. Descendant lentement vers la terre, projetant une lumière d'un éclat magnifique et terrible pour indiquer la voie de destruction, elles paraissaient presque un élément surnaturel. Le téléphone sonna dans la ferme, prévenant que les avions se dirigeaient vers nous. Il n'y avait pas d'abri. Une sentinelle nous mena à un petit pont construit à deux pieds au-dessus d'un étang gelé et nous dit de nous abriter dessous, avec une demi-douzaine de fermiers.

L'Égypte avait été la dernière affectation de Desmond Tighe.

— Si quelqu'un, dit-il, m'avait annoncé, il y a deux mois, que je serais étendu sur de la glace dans le centre du cercle arctique, je l'aurais pris pour un fou...

— Mon Dieu ! quand je pense qu'on nous paie pour être intelligents ! s'écria Harold Denny.

C'est tout ce qu'il trouvait à dire.

Nous ne fûmes heureusement pas forcés de rester longtemps sous notre pont. Le ronronnement des moteurs s'amplifia, puis diminua. Les avions se dirigeaient vers l'Est. En sortant de notre abri, nous en aperçûmes encore un qui traversait le ciel, toutes lumières allumées, témoignage amer du manque total de défense aérienne.

Aux premières heures du matin, nous atteignîmes la ligne de front. Une sentinelle nous attendait au milieu de la route ; après avoir remisé la voiture, nous nous rendîmes à pied jusqu'à une cabane construite à l'écart, en pleine forêt. Une demi-douzaine d'officiers, tous de six pieds de haut – d'anciens gardes forestiers habitués à vivre dans les bois – étaient assis autour d'une table. Le major s'excusa du retard apporté dans notre voyage et Mak traduisit son commentaire.

— Nous vous promettons, dit-il, que la voie sera libre sur la grand-route dès que nous aurons des canons antiaériens.

La grange était chaude et confortable ; les portes et les murs étaient criblés de trous faits par les mitrailleuses des avions russes. Pendant que nous nous réchauffions, une femme entre deux âges, placide et maternelle, vint nous apporter du café et des petits pains. Vendeuse dans un magasin d'Helsinki, elle s'était engagée comme volontaire parmi les lottas, à Petsamo, au moment de la déclaration de guerre. Elle était la seule femme des postes avancés du Nord. Les hommes se mirent à rire quand nous demandâmes si elle n'avait pas peur quand les avions mitraillaient la maison. Elle était, paraît-il, la plus calme de tout le groupe. Le major déclara ne pouvoir nous emmener plus loin, vers les premières lignes. Les Russes avaient attaqué avec deux compagnies, et l'on se battait encore à moins de deux kilomètres de là.

— Dans quelle direction vont-ils ? demandai-je nerveusement.

— Ils viennent vers nous, mais ne vous tracassez pas : ils ne passeront pas.

Grâce à Dieu, pensai-je, *je fais mes articles du côté finlandais.* Je tendis l'oreille pour entendre le bruit des fusils, mais je ne percevais rien. En pensée, je voyais les Finlandais glissant sur leurs skis à travers les arbres, puis la soudaine lueur des couteaux, et je me demandais sur combien de cadavres grotesques le jour se lèverait. De l'intérieur de la cabane, la forêt sombre et solitaire était déjà suffisamment terrifiante, et je plaignais les pauvres créatures à la merci de ces chasseurs furtifs.

Nous devions apprendre bientôt que huit cents Finlandais avaient, à eux seuls, refoulé l'armée russe des alentours. L'aviation posait un grave problème, d'après ce que nous dit le major ; mais, ajouta-t-il, un de ses habiles mitrailleurs avait déjà descendu trois avions. Il me montra une mallette ayant appartenu à un pilote russe, qui contenait un exemplaire de la *Pravda*, quelques cartes et un petit papier sur lequel était imprimée une multiplication élémentaire.

Harold demanda si les Russes avaient enfin appris à skier et le major hésita.

— Eh bien, quand ils sont vraiment pressés ils enlèvent leurs skis et partent en courant.

Tout le monde rit aux éclats, car il n'y avait rien que les Finlandais appréciaient plus qu'une plaisanterie aux dépens des Russes.

Il me semblait étrange de siroter mon café, tandis qu'à un kilomètre et demi de là se livrait une lutte à mort. Avant notre départ, le téléphone sonna, annonçant que tout était terminé et que les Russes avaient été repoussés. Le major revêtit sa capote, mit son fusil en bandoulière et disparut dans la nuit. Une grande ambulance blanche nous dépassa sur la route et nous nous demandâmes combien il pouvait y avoir de morts et de blessés.

Le jour suivant se passa dans un camp de bûcherons à quelques kilomètres du front, l'endroit le plus sûr de toute la Finlande, à cause de la profondeur des abris, d'après les affirmations de Mak. La femme d'un bûcheron nous proposa du café. Mais les alertes continuelles du matin au soir ne lui permirent pas de le préparer. Comme nous protestions auprès du directeur du camp sur la nécessité de nous abriter à chaque alerte, il répliqua :

— C'est indispensable. L'endroit est bourré de dynamite, le camp peut exploser sous une seule bombe.

Mak eut l'air étonné, mais ne fit aucun commentaire. Au crépuscule, nous partîmes pour Rovaniemi. Il n'y eut qu'un seul incident pendant tout le trajet. Une rumeur circulait, à quelques kilomètres d'Ivalo, que les Russes avaient lâché une escadrille de parachutistes dans le voisinage ; on nous prévint de nous tenir sur nos gardes. À l'époque, personne ne prenait cette histoire de parachutistes au sérieux ; il était cependant difficile de ne pas en tenir compte lorsque l'on traversait une forêt particulièrement déserte. Soudain, à un tournant de la route, nous aperçûmes un homme debout en plein dans la lumière de nos phares. Il portait un manteau et un casque blancs, et nous fit signe de nous arrêter. Le chauffeur sortit son revolver, descendit de voiture et avança avec précaution.

Inutile de dire que ce fut pour tous un soulagement de découvrir que l'homme était un motocycliste suédois, engagé volontaire, en panne d'essence. Peut-on imaginer quelqu'un en panne au beau milieu de l'Arctique ?

Nous lui donnâmes un peu d'essence siphonnée du réservoir dans une bouteille et lui dîmes au revoir.

Rovaniemi avait été fort bombardée pendant notre absence. La rue principale n'était qu'un amas de poutres et de charpentes carbonisées. Les maisons de bois avaient été brûlées jusqu'au ras du sol. Mais l'objectif principal, le pont sur la rivière Kemikoji, était intact. Le propriétaire de l'hôtel Pohanjovi, qui hébergeait les journalistes, avait appris à ses dépens que les bombardiers russes avaient l'habitude de revenir plusieurs jours de suite au même point, aussi refusait-il à ses clients de les laisser demeurer dans l'hôtel pendant la journée. Malgré nos véhémentes protestations, on nous mettait dehors de 8 h 30 à 15 heures.

En temps de paix, Rovaniemi était une station de sports d'hiver; il y avait une très bonne piste de ski à quelques kilomètres de l'hôtel, avec un pavillon où l'on pouvait trouver du café et des sandwiches. Il y avait également une école de tir, et nous organisâmes un concours. Comme nous représentions une demi-douzaine de nationalités différentes, nous formâmes des équipes comme pour les Jeux olympiques, l'Angleterre, la France, la Finlande, la Suède, l'Amérique et l'Allemagne y étaient représentées. Les Finlandais furent vainqueurs, et j'avoue à ma honte que je ne fus pas d'une grande aide pour Walter Kerr de sorte que l'Amérique eut le prix de consolation. Un Allemand balte qui travaillait pour l'United Press, Herbert Uexküll, se retourna vers Eddie Ward et dit d'une voix mélancolique :

— Je pense qu'en réalité nous devrions tirer l'un sur l'autre.

— Grand Dieu ! et pourquoi ?

— La guerre.

— La guerre ? Ah ! vous voulez dire l'autre guerre. En effet, en y pensant, nous devrions peut-être le faire : c'est curieux comme l'on oublie vite !

Curieux ! pensais-je en effet, *comme le monde est fou !* C'était la première fois que j'entendais faire allusion à « l'autre guerre ». Il était déjà assez difficile de penser à la guerre qui nous entourait, quand nous descendions en skis sur la piste où le soleil faisait étinceler la neige sous un ciel au bleu de gentiane. Cependant, lorsque vous slalomiez autour des emplacements de mitrailleuses éparpillés dans le bois, la guerre vous revenait à la mémoire.

Quand je dis « slalomer », c'est une façon de parler, car ce fut pure chance si j'arrivai à faire le quart de la descente sur mes skis, et même si je parvins à me tenir debout. Lorsque je tombais, j'attendais généralement que quelqu'un vînt à mon secours. Un jeune lieutenant de l'armée finlandaise me prit en pitié et me suivit le long de la piste pour me tendre une main secourable. Chaque fois que je m'affalais dans la neige, il me relevait en disant :

— Voyons, voyons, ce sera sûrement mieux la prochaine fois.

Cette fois-là n'arriva jamais; quant au lieutenant, il ne fut pas là le jour où j'eus le plus besoin de lui. Ce jour-là, je traversais en skis la rivière Kemikoji entièrement gelée, pour revenir à l'hôtel avec Herbert Uexküll et Eddie Ward. La glace était criblée de trous d'obus depuis que les Russes avaient essayé d'atteindre le pont et manqué leur but. Une alerte se fit entendre quand nous étions au plein milieu de la rivière. Nous nous hâtâmes vers un abri. J'essayai d'enlever mes skis, mais ne pus en décrocher qu'un seul. J'entendais déjà le bruit des avions et Eddie et Herbert qui m'appelaient de la berge. Soudain, je tombai par terre et m'emmêlai dans mes skis de telle sorte que je ne pus bientôt plus bouger.

— Pour l'amour de Dieu ! cria Eddie, est-ce que vous n'avez pas bientôt fini, avec toutes ces acrobaties !

Il courut vers moi, détacha mes skis et me releva. Le bruit des avions s'amplifiait, et nous eûmes juste le temps de nous abriter tous les trois dans une cabine de bains branlante, prêts à recevoir une pluie de bombes. Trois avions apparurent bientôt à cent cinquante mètres au-dessus du sol, et quel ne fut pas notre étonnement de découvrir que c'étaient des chasseurs finlandais – des Gloster Gladiator britanniques – pilotés par des Suédois. Ce furent les seuls chasseurs que j'aperçus pendant tout mon séjour en Finlande. Le signal de fin d'alerte résonna bientôt triomphalement à travers la ville.

Par leurs bombardements impitoyablement continuels, les Russes essayaient évidemment de copier les méthodes employées par les Allemands contre les Polonais. Les Allemands, au moment de leur attaque contre la Pologne, avaient noté sur une carte tous les objectifs : les jonctions de chemins de fer, les routes, les ponts, les centrales télégraphiques, les stations de radio, les centrales téléphoniques et les centrales d'énergie électrique. Après quarante-huit heures de bombardements intensifs et précis, ils avaient anéanti les communications d'un bout à l'autre du pays et paralysé toutes les opérations de l'ennemi.

En Finlande, les Russes n'obtinrent pas le même résultat : après deux mois de bombardements, les trains circulaient toujours, les routes étaient intactes et, pendant toutes mes pérégrinations à travers le pays, je n'aperçus jamais un pont qui eût été directement touché. Cela ne signifiait pas que les Russes manquaient toujours leurs objectifs ; ils avaient atteint bon nombre de routes et de voies de chemins de fer. Mais les Finlandais, malgré la nécessité d'employer dans l'armée tous les hommes valides, avaient compris l'importance de conserver en état leurs voies de communication. Des patrouilles routières travaillant rapidement avaient été organisées pour réparer les dégâts dès qu'ils avaient eu lieu. Sur les routes, les épaisses couches de glace empêchaient les bombes de faire de grands dommages, et les petits cratères pouvaient être rapidement comblés par de la neige. Quant aux chemins de fer, la plupart des voies étaient divisées en plusieurs secteurs, et l'on estimait qu'une centaine d'hommes pouvaient réparer quotidiennement quarante-cinq kilomètres de voies.

Les voyages étaient peut-être quatre ou cinq fois plus longs qu'en temps de paix, mais pendant tout le temps de la guerre vous pouviez voyager d'un bout à l'autre de la Finlande par le train, et dans des trains bien chauffés. Le ravitaillement était donc bien organisé jusque dans les villages les plus perdus, qui avaient d'ailleurs un bon assortiment de viande, de pommes de terre, de pain, de beurre et de lait.

Il y avait peu de pertes de vies humaines, malgré les gros bombardements : cinq cents à huit cents avions survolaient continuellement le pays, et cependant la liste des morts et des blessés ne se montait chaque soir qu'à trente ou quarante personnes. Cela venait premièrement de ce que les trois quarts de la Finlande se composaient de forêts, de lacs et que les maisons étaient très disséminées ; deuxièmement, de la discipline qui régnait dans le pays : tout le monde allait dans les abris à la moindre alerte.

Les dégâts matériels étaient, toutefois, bien plus considérables que ceux dont j'avais été témoin en Espagne après deux ans de guerre. Les bombes incendiaires anéantissaient totalement les maisons de bois finlandaises. Les Russes déclaraient ne bombarder que des objectifs militaires, mais l'expression était très élastique. Les objectifs militaires ne comprenaient pas seulement les usines, les aérodromes, les concentrations de troupes, mais aussi toutes les communications du pays. Il n'y avait guère de villes ou de villages qui pouvaient se considérer à l'abri. Les Russes, par exemple, ne se bornaient pas à bombarder les embranchements de chemins de fer ; une simple voie traversant un petit hameau était un objectif légitime. Quand un village était atteint par des bombes tombées loin de leur but, les opérations militaires servaient encore de prétexte.

Les croix rouges furent supprimées sur les toits des hôpitaux, elles semblaient attirer les bombes ; on racontait d'ailleurs, à ce propos, une histoire dont je n'ai jamais su si elle était véridique : un pilote russe, auquel on demandait pourquoi il avait bombardé un hôpital, répondit que son officier lui avait ordonné d'aller bombarder telle ville et avait marqué l'objectif d'une croix rouge sur la carte… Il avait obéi aux ordres, littéralement.

4

LE CRÉPUSCULE

Nous étions les seuls civils dans un train de troupes; les corridors étaient tellement encombrés de musettes, de sacs de soldats, de fusils et de capotes militaires que l'on pouvait à peine s'y frayer un passage. Les soldats partaient pour le front, leur congé terminé. Ils formaient une bande joyeuse d'hommes rudes, aux épaules carrées. Quelques-uns dormaient, d'autres regardaient silencieusement par la fenêtre, et la plupart riaient et parlaient entre eux, entonnant de temps à autre des marches militaires. Nous étions désolés de ne pouvoir entretenir une conversation en finlandais, car ils nous regardaient avec curiosité et nous offraient des abricots secs, du pain et des saucisses. Ed Hartrich fouilla dans sa poche pour en extraire une boîte de cigarettes; la contribution d'Ed Beattie fut une barre de chocolat, vestige du siège de Varsovie, découverte dans le fond de son havresac.

Le train était chauffé, et l'air devint bientôt tellement irrespirable qu'à chaque occasion nous descendions sur le quai pour prendre l'air. Nous défilâmes tous, une fois, dans un buffet, pour boire du café et manger des sandwiches. Une bombe avait brisé les vitres, qu'on avait remplacées par du carton; une lumière diffuse éclairait la salle et une demi-douzaine de femmes, derrière un comptoir, versaient des tasses de café dans la demi-obscurité. Elles servirent tout le monde en vingt minutes.

Les troupes partaient évidemment pour l'Isthme. Nous étions le 20 février; les Russes avaient commencé, trois semaines auparavant, leur seconde grande attaque contre la ligne Mannerheim, ils avaient ouvert le plus intense des tirs d'artillerie effectués depuis la grande guerre, dans un effort désespéré pour trouer la résistance finlandaise. Ils avançaient lentement, et les Finlandais, avec leur petite armée, jetaient dans la bataille tous les hommes valides pour repousser la terrible attaque. Je regardais les visages des soldats, autour de moi, me demandant combien reviendraient.

Les Russes avaient essayé également de forcer l'arrière de l'Isthme. Ils avaient envoyé plusieurs divisions au nord du lac Ladoga pour opérer un mouvement tournant afin d'encercler la ligne Mannerheim, mais dans ce secteur les Finlandais avaient pu se servir des tactiques de la guérilla. Ils avaient attaqué et détruit toute une division en la réduisant en groupes isolés, coupés de leurs communications. Ed Battie, Ed Hartrich et moi-même, nous partîmes pour le grand quartier général du lac Ladoga, près de la ville de Sortavala, afin de voir les dépouilles de la victoire.

Le trajet d'Helsinki à Sortavala durait généralement six ou sept heures, mais les voies avaient été bombardées et notre voyage dura près de deux jours. Nous passions notre temps soit à lire, soit à regarder par la fenêtre. La grande étendue de neige n'était pas monotone, elle avait une certaine grandeur ; un paysage, de temps à autre, vous frappait et s'imprimait dans votre mémoire. Je me souviens des trains sanitaires roulant doucement à travers le panorama blanc, tous volets tirés, et les croix rouges peintes sur les côtés couverts de givre. Les trains de marchandises haletant dans les stations, quelques wagons criblés de balles de mitrailleuses ou complètement détériorés quand un obus les avait atteints. Je me souviens d'un train de cavalerie partant pour le front ; les portes des wagons étaient ouvertes, et nous aperçûmes les soldats et les chevaux. Quelques-uns se tenaient debout dans les embrasures ; c'étaient des hommes énormes avec des gestes rudes, vêtus de capotes tombant jusqu'à leurs chevilles et coiffés de bonnets de fourrure, un peuple de géants partant pour la guerre. Le ciel bleu et la neige étincelante pendant la journée vous empêchaient de bien comprendre le drame de la lutte qui était en jeu, mais un voile sinistre tombait pendant la nuit. Nous parvînmes à la ville de Pieksämäki à l'heure du crépuscule.

Une terrible destruction avait déjà commencé sur les cent cinquante kilomètres qui séparaient cette ville d'Elisenvaara ; les avions russes avaient bombardé tout l'après-midi, et notre train était le premier à passer depuis l'attaque. Nous nous arrêtions souvent, pendant des heures, tandis que les ouvriers vérifiaient les rails. Nous traversâmes d'innombrables villages dont on ne voyait plus que les charpentes carbonisées des maisons se détachant sur la neige ; d'autres avaient totalement disparu d'une invraisemblable façon ; d'autres étaient entièrement noircis par le feu et les explosions. L'attente fut si longue, à l'une des stations, que nous nous frayâmes un chemin sur le quai pour demander au chef de gare – un géant emmitouflé dans un manteau blanc et un capuchon – de nous indiquer un hôtel. Il ne parlait pas très bien l'anglais ; il pouvait seulement secouer la tête et montrer le ciel en disant « Molotov ». Nous comprenions très bien ce qu'il voulait dire.

La gare d'Elisenvaara brûlait quand nous y pénétrâmes. Le spectacle était affreux : un vent glacial avait transformé l'incendie en un feu d'enfer, les flammes s'élançaient dans le ciel sombre, rageusement, rougissant la neige à des kilomètres alentour. Des hommes munis de seaux et de lances essayaient de les maîtriser, mais cela semblait une tâche désespérée. Les soldats sautèrent du train pour les aider. Ils étaient debout sur le quai, profilant leur silhouette dans la nuit pourpre, et ce fut la dernière image qui s'offrit à nos yeux.

Nous arrivâmes à Sortavala le lendemain matin. La ville, d'une population normale de treize mille habitants, était à peu près déserte. L'atmosphère y était navrante, malgré les maisons peintes en blanc et en rose. Nous traversâmes des rues et des rues entièrement rasées et où une rangée de cheminées et un tas de briques marquaient l'emplacement des maisons. Il ne restait plus grand-chose à bombarder, mais un officier finlandais, rencontré dans l'hôtel local, nous assura que les bombardiers revenaient cependant plusieurs fois par jour.

Cet officier de la presse, connu par tout le monde sous le nom de Larry, contrairement à la plupart des Finlandais, réservés et austères, était un joyeux garçon. Il nous raconta qu'il avait appris l'anglais en allant voir dix-huit fois Al Jolson dans *Sonny Boy*. Il nous conduisit dans un petit village à vingt-cinq kilomètres en dehors de la ville. La presse y avait installé son quartier général. Cette charmante villa sur les bords du lac devait être pendant l'été une résidence délicieuse. Pendant l'hiver, en revanche, c'était une autre affaire. Nous y dormîmes pendant les deux nuits suivantes, le vent sifflait à travers les murs trop peu épais, et il était impossible d'allumer le moindre feu, de crainte que la fumée n'attirât l'attention de l'ennemi.

— Aucune maison dans ces parages n'allume de feu, nous expliqua Larry. Si les Russes savaient que ces maisons sont habitées, ils viendraient sûrement les bombarder.

En sortant, il fallait prendre la précaution de marcher dans l'allée, afin de ne pas laisser de traces sur la neige. Malgré tous ces ménagements, la maison fut bombardée quelques jours après notre départ. Larry m'annonça gaiement qu'une bombe avait traversé ma chambre. Il organisa pour nous une visite sur le front, le jour même de notre arrivée. On ne pouvait voyager pendant le jour, car les routes étaient continuellement sous le feu des avions ennemis. Nous ne partîmes donc que dans la soirée. Nous nous arrêtâmes au Grand Quartier général pour prendre un officier de l'armée finlandaise, un capitaine qui avait participé à la bataille.

Sauf de rares fermes, la campagne était complètement déserte sur des kilomètres. Aux approches du front, le roulement des camions et le cliquetis des traîneaux se firent entendre. Nous croisâmes une longue file de camions rapportant des canons de campagne pris à l'ennemi, puis une colonne de soldats encapuchonnés de blanc, montés dans de petits traîneaux tirés par des chevaux et chargés de munitions. Plus loin, sur une huitaine de kilomètres, d'autres soldats, emportant leur butin de guerre, allaient et venaient dans les bois et encombraient les chemins. La nuit commençait à tomber, et nous distinguions difficilement les silhouettes que nous croisions sur la route.

La vision du front était pire encore que celle de Suomussalmi, le « pays de l'Homme mort ». La nuit en accentuait le caractère macabre; par instants, la pleine lune apparaissait à travers les nuages, le vent dans les sapins soufflait sur la route des bourrasques de neige pareilles à une procession fantastique de mauvais esprits. Les ravages de la bataille s'étendaient devant nous : des carcasses de tanks retournés, tels des hannetons géants, des cuisines de campagne, des camions démolis et des canons d'artillerie lourde jonchaient de leurs débris la grand-route. Des centaines de cadavres gelés, mottes informes sous la couche de neige fraîchement tombée, gisaient çà et là, dans les bois qui encadraient la chaussée.

C'est seulement en voyant ces carnages que l'on commençait à se rendre compte combien était meurtrière et dramatique la guerre en forêt. On pouvait alors s'imaginer les colonnes russes roulant le long des routes, les tanks lourds et les tracteurs s'enfonçant dans les remblais de neige et empêchant, des heures durant, les autres véhicules d'avancer. On pouvait se représenter par la pensée les soldats russes – dont la crainte superstitieuse des forêts est si profondément ancrée – s'accrochant désespérément à la route, tandis que les invisibles Finlandais, en manteaux blancs, surgissaient de derrière les arbres. L'un des prisonniers russes du camp d'internement me résuma naïvement la situation. Je m'en souviens encore.

— Ce qui était affreux, disait-il, c'est que nous ne pouvions jamais voir les Finlandais.

Après cinq kilomètres de marche, nous aperçûmes la ligne du front russe : une colline sombre, à quelque huit cents mètres de là. On commençait déjà à entendre le sifflement aigu des obus à travers la forêt et, de temps à autre, le bruit sourd de l'artillerie. Des éclairs rapides illuminaient le ciel lorsque les canons finlandais ouvraient le feu derrière nous. Dans les bois, de chaque côté de la route, on trouvait çà et là des centaines de trous, creusés dans la neige et consolidés par des rondins, abris où les Russes avaient habité. Nous découvrîmes un soulier de femme, près d'une tranchée, dans un amas de livres et de cartouchières : c'était un soulier finlandais pris sans doute par un soldat au cours d'un pillage, dans l'intention de le rapporter comme cadeau en Russie.

On devinait aisément les souffrances endurées par les troupes russes vivant durant des semaines et des semaines dans le froid glacial des forêts. Le ravitaillement leur manquait depuis déjà quelque temps et ils s'étaient nourris pendant les dix derniers jours de viande de cheval et de provisions insuffisantes lâchées par les avions.

— Même lorsqu'ils étaient complètement encerclés et dans une situation désespérée, nous dit le capitaine finlandais, ils refusaient de se rendre.

Cette résistance était due sans doute aux brochures de propagande lâchées par les avions et qui promettaient l'arrivée prochaine de renforts, mais aussi à la conviction des soldats russes que les Finlandais fusillaient leurs prisonniers. Karl Meidner, un photographe de *Life*, me raconta qu'ayant demandé au gardien d'un camp de prisonniers de Salla d'amener un prisonnier russe dans une grange pour le photographier, celui-ci, affolé, s'était écroulé sur le sol, au moment où le magnésium de l'appareil photographique avait jeté sa flamme. Il s'était relevé lentement, quelques minutes plus tard, en se frottant, et son visage exprimait la stupéfaction. Il pensait qu'on l'avait emmené dans la grange pour le fusiller et, lorsqu'il se retrouva vivant, il courut jusqu'à Karl, lui prit les mains et le remercia à plusieurs reprises.

Le capitaine finlandais nous mena en dehors de la route, à quelques mètres à l'intérieur des bois. Il nous raconta qu'au moment des attaques les Russes se pressaient les uns contre les autres comme des moutons, et qu'en une occasion cinq cents d'entre eux, ayant refusé de se rendre, avaient été fauchés en une seule fois. Les artilleurs d'une batterie, tués près de là, formaient un des spectacles les plus horribles qui se puissent voir. Ils ressemblaient, sous le clair de lune, à des figurines de cire mal sculptées. L'un d'eux était tombé sur l'affût du canon, les mains encore accrochées à la culasse ; deux autres étaient étendus contre les roues ; un quatrième, appuyé contre un arbre, semblait encore donner des ordres.

— Pauvres bougres ! dit le capitaine avec une compassion soudaine. M'est avis qu'ils ne savaient même pas pourquoi ils se battaient.

Chose curieuse, les soldats finlandais, pourtant engagés dans l'une des luttes les plus désespérées de l'Histoire, avaient, pour la plupart, peu de haine contre les soldats russes ; ils étaient plutôt enclins à la pitié. Ils les plaignaient d'être obligés d'avancer comme du bétail pour des attaques sans espoir.

— Ça nous est indifférent de les tuer avec nos fusils, dit encore le capitaine, mais ce qui est affreux, c'est, lorsqu'ils ne veulent pas se rendre, de les faucher tous avec nos mitrailleuses.

Je me souvenais d'un officier de Suomussalmi me racontant qu'en une occasion semblable un de ses mitrailleurs était devenu fou et avait rejoint la tranchée le visage ruisselant de larmes.

Nous fîmes encore trois kilomètres à pied le long de la route. Les Finlandais avaient, paraît-il, utilisé là quelques milliers d'hommes contre deux divisions russes, soit en tout trente mille hommes environ. Le capitaine semblait attacher beaucoup plus d'importance à l'avance russe sur l'Isthme qu'à sa propre victoire.

— Nous pouvons les maintenir dans les forêts, dit-il, mais sur l'Isthme, c'est une tout autre question.

Puis il nous demanda avec une anxiété presque touchante :

— Croyez-vous que l'armée finlandaise aura déçu l'opinion, à l'étranger ?

Les Finlandais, peuple tranquille et réservé, ne tiraient aucune vanité de leurs victoires fantastiques. La prise du matériel de guerre russe était la seule chose dont ils se réjouissaient ouvertement. Sur presque tous les fronts, les officiers se faisaient un plaisir de vous montrer les canons et les jumelles pris à l'ennemi. Pendant notre marche, le capitaine découvrit un revolver russe à moitié enfoui dans la neige, et son chauffeur eut la chance de dénicher un fusil. Ils discutèrent avec une joie puérile des avantages respectifs de leurs nouvelles acquisitions, pendant tout le chemin du retour.

Nous regagnâmes notre villa de Sortavala aux environs de minuit. Au quartier général, avant de me serrer la main, le capitaine tira de sa poche une étoile rouge accouplée avec la faucille et le marteau, de celles que les officiers russes portaient sur leurs capotes.

J'avais vu une de ces étoiles, pour la première fois, dans le train, en revenant du Nord. Deux soldats blessés étaient montés à l'une des stations. Ils portaient encore leurs capotes blanches et revenaient certainement du front. Ils s'étaient assis en face de moi et m'avaient saluée poliment. L'un d'eux avait la tête bandée, l'autre la jambe dans une gouttière; ce dernier me montra sa blessure et dit :

— Molotov !

Il ne me laissa aucun doute quant aux représailles qu'il avait fait subir aux Russes qui l'avaient attaqué, car il tira un petit portefeuille de la poche de son uniforme et me montra fièrement trois étoiles rouges. Il les collectionnait évidemment avec la même ferveur que mettaient les cow-boys à cocher leurs fusils.

Le capitaine me tendit l'étoile et s'inclina solennellement en disant :

— Avec les compliments d'un major russe.

Je l'ai portée pendant quelques jours sur mon bracelet, mais je ne pouvais m'empêcher de me demander, chaque fois que je la regardais, quel pouvait bien en être le propriétaire. Finalement, je la retirai et la mis de côté.

Nous apprîmes, en retournant à Helsinki, que l'attaque sur l'Isthme s'était intensifiée. Les Russes avaient lancé trente mille obus en vingt-quatre heures dans le secteur de Summa, sur plus de quinze kilomètres, près de trois fois plus que n'en avait utilisé toute l'armée britannique pendant un seul jour de la Grande Guerre. Les Russes avaient également jeté quatre cent mille hommes dans cette attaque, cent mille de plus que le total de l'armée finlandaise combattant sur quatre fronts. Malgré le laconisme des communiqués finlandais, on pouvait se rendre compte, en étudiant la carte, que les Russes, peu à peu, perçaient les fortifications de la ligne Mannerheim. Mais on ne pouvait faire que des suppositions au sujet des événements, car aucun journaliste n'avait le droit d'assister à la bataille.

Nous avions eu l'autorisation de parcourir les positions de première ligne avant le début de l'attaque, de parler aux prisonniers russes, de voir le matériel de guerre capturé, d'être bombardés aussi souvent que nous le voulions... ou que nous ne le voulions pas. Nous avions pu visiter les patrouilles forestières, quelques-uns d'entre nous avaient même eu la chance d'être dans un PC au moment de petites escarmouches, mais aucun journaliste n'était autorisé à aller sur le front au moment d'une bataille importante. Quant aux nouvelles, nous devions nous contenter du laconique communiqué officiel sur les opérations terrestres, composé en général de cent cinquante mots, et délivré tous les soirs à Helsinki.

Les Finlandais observaient ces restrictions, car leurs succès dépendaient du secret de leur activité, de la surprise de leurs attaques de flanc et de la ruse de leur stratégie. Ils ne pouvaient risquer qu'un correspondant au courant de leur tactique quittât le pays et donnât par inadvertance des informations à l'ennemi. La censure interdisait également de critiquer la tactique des Russes, afin que l'ennemi ne profitât pas de ses propres erreurs pour les corriger. Inutile de dire que le nombre des concentrations de troupes finlandaises ainsi que celui des morts et des blessés n'étaient jamais révélés. Les journalistes ne pouvaient donc travailler que sur des suppositions.

Des correspondants d'une dizaine de capitales différentes, discutant, soupçonnant, grognant, questionnant à qui mieux mieux, avaient envahi la salle de presse de l'hôtel Kämp. Le téléphone sonnait sans arrêt. D'un bout à l'autre de l'hôtel, les journalistes hurlaient leurs articles à travers l'Europe, s'adressant à Stockholm, à Copenhague, à Amsterdam, à Paris et à Londres, même à travers l'Atlantique jusqu'à New York. Au grand désespoir de tous, la communication avec New York était la seule que l'on pût entendre comme si l'interlocuteur se fût trouvé dans la chambre voisine. Je télégraphiais généralement mes articles destinés à Londres, mais ils étaient souvent retardés de cinq ou six heures, et je devais dans ce cas les téléphoner. La ligne était si mauvaise qu'il me fallait à maintes reprises répéter chaque mot trois ou quatre fois. Je préfère ne pas songer au montant de la note de frais. Le téléphoniste du *Sunday Times* avait souvent de la difficulté à comprendre mon accent américain, ce qui n'arrangeait pas les choses. Une fois, en dernier ressort, je tendis le téléphone à Eddie Ward.

— Comment ? C'est vraiment monsieur Ward qui parle ? Mais je viens de vous entendre à la radio il y a une heure. Je parle vraiment avec Helsinki ? Mon Dieu ! Comment ça va là-bas ? Il fait très froid, n'est-ce pas ?

Il régnait toujours une animosité folle le soir à 20 heures, au moment du communiqué, parmi les représentants des grandes agences de presse, chacun voulant être le premier à télégraphier les nouvelles. Tous passaient des communications « en urgence », neuf fois plus rapides que les communications ordinaires, pour Stockholm, Amsterdam et Copenhague. Le représentant de l'Associated Press resta une fois suspendu au téléphone pendant vingt-cinq minutes en attendant l'arrivée du communiqué : cinq minutes après qu'il eut raccroché en désespoir de cause, l'United Press obtint la communication, tandis qu'au même instant le communiqué était apporté. Les deux rivaux échangèrent des regards furieux. Toutes les communications, en effet, semblaient réservées à l'United Press, ce qui était dû, je l'appris plus tard, à une entente conclue dans un esprit généreux avec le téléphoniste de l'hôtel Kämp.

Les alertes interrompaient continuellement la routine journalière. Helsinki ne fut bombardé que deux fois pendant la guerre et sans grands dommages ; néanmoins, à chaque alerte l'activité cessait immédiatement. Contrairement à ce qui se passait en Espagne, tout le monde devait aller dans les abris. Les clients étaient renvoyés des magasins et des restaurants, les bureaux étaient vidés et les rues nettoyées des piétons. La ville devenait silencieuse au point que l'on eût pu entendre tomber une épingle.

Les sirènes sonnaient cinq ou six fois par jour, et il régnait un profond marasme. Les sergents de ville, au coin des rues, essayaient de rompre la monotonie de temps à autre en se jetant des boules de neige. Les clients de la salle à manger de l'hôtel Kämp secouaient la tête avec colère, prenaient leurs assiettes et traversaient la rue jusqu'à l'abri situé dans le parc. Les téléphonistes coupaient les communications avec l'étranger, disant : « Excusez-nous, Copenhague, nous avons une autre alerte. »

Les journalistes avaient l'autorisation de circuler, mais il leur était impossible de continuer leur travail ; non seulement les téléphonistes coupaient les communications, mais les officiers du service de presse disparaissaient dans les abris, et les censeurs ne censuraient plus. Les censeurs étaient de mystérieux personnages vivant derrière des portes hermétiquement closes ; personne ne les voyait jamais, on leur apportait votre article et, quand il vous revenait crayonné de rouge, vous auriez bien pu vous plaindre à Dieu le Père que le résultat eût été le même. Nous examinions ceux qui descendaient dans les abris, pour tâcher de deviner les censeurs. Nous fîmes même d'énormes sourires à un vieux monsieur qui portait toujours une serviette noire, persuadés qu'il faisait partie de la censure, pour découvrir bientôt qu'il était le vétérinaire de l'endroit.

Beaucoup de diplomates et d'attachés déménagèrent à Grankulla, à une vingtaine de kilomètres d'Helsinki, pour échapper aux inconvénients des alertes et pouvoir travailler en paix. J'y trouvai Frank Hayne, second attaché militaire à Moscou, avec lequel j'avais voyagé en Ukraine, l'année précédente. Il avait été transféré en Finlande pour la guerre et m'accueillit joyeusement.

— Je pensais bien, dit-il, que vous n'alliez pas tarder à arriver. J'ai rencontré Martha Gellhorn il y a quelques semaines, et nous nous sommes demandé où vous étiez.

Martha était venue en Finlande au mois de décembre, afin d'écrire un article pour le *Collier's*, et elle était repartie quelques jours après la déclaration de guerre. Frank ne l'avait jamais rencontrée auparavant, mais le soir de l'ultimatum des Russes menaçant de supprimer Helsinki de la carte si leur demande n'était pas acceptée, il remarqua une ravissante fille blonde et grave dans un coin du restaurant de l'hôtel Kämp et pensa qu'elle était américaine et avait besoin de d'aide. Après s'être présenté à elle, il la mit au courant de l'ultimatum et lui demanda si elle désirait être évacuée.

— Jésus ! oui, répondit-elle.

Frank, un peu étonné, lui dit de monter chercher ses affaires.

— Cinq minutes plus tard, me raconta-t-il, quand je l'ai vue descendre l'escalier avec une paire de pyjamas et une bouteille de whisky, j'ai compris que cette fille n'en était pas à sa première évacuation.

Les activités de Frank étaient encore plus restreintes que celles des journalistes ; les autorités finlandaises s'opposaient à ce que les attachés militaires allemands et italiens se rendissent sur le front mais, dans l'impossibilité de faire des exceptions, elles avaient dû interdire, en règle générale, la visite du front à tous les attachés militaires. Frank examinait soigneusement les cartes et les positions de la ligne Mannerheim, mais il lui était difficile, avec des informations insuffisantes, de se rendre compte de la véritable situation. Le chauffeur finlandais de Frank reçut, un jour, une lettre de son frère, officier dans l'Isthme. Frank fit traduire la lettre en anglais et nous la montra à Ed Beattie et à moi, un jour que nous déjeunions avec lui. En voici les termes :

Tranchées du Chat, 10 février 1940, 6 h 35

Mon cher frère,

Un barrage d'artillerie n'a plus de secrets pour moi. L'ami « Klim » Vorochilov a certainement fait de son mieux pour apaiser le « père des nations » et assouvir sa soif de sang. Il a essayé maintes et maintes fois de briser notre résistance, il continue toujours. Mais les Russes ont été repoussés à chaque fois.

Des milliers d'entre eux sont étendus, sanglants et silencieux, formes immobiles, sur les champs de neige étincelants, dans ce mois de février. Ils partagent le sort de milliers d'autres qui, en des temps antérieurs, ont invité à un festin les oiseaux amateurs de charogne et les loups de nos forêts.

N'était ce terrible tir d'artillerie qui déchire les airs par ses explosions incessantes, l'on aurait presque pitié de ces masses russes grises aux longues capotes, enfoncées jusqu'aux cuisses dans la neige épaisse, devant le tir de nos mitrailleuses. Silencieux et disciplinés, ils avançaient en essayant de se protéger par leurs armes d'acier ; ce fut en vain. Tout était inutile, un feu meurtrier balayait les champs formant des tas de cadavres emmêlés, bientôt immobiles.

Les tanks à l'avant de l'infanterie ont été détruits par nos armes antitanks et par des paquets de grenades à main attachées ensemble et adroitement jetés. On aurait eu pitié de ces hordes grises allant au carnage si le feu incessant de l'artillerie n'avait éveillé en nous une haine sans merci.

Je n'ai pas honte d'avouer que le tir d'artillerie me révolte, moi comme beaucoup d'autres de mes compagnons. Je n'ai pas encore eu la « maladie de l'artillerie », bien que j'aie souvent envie de me prendre la tête à deux mains et de crier de désespoir. L'explosion d'obus de quinze centimètres toutes les quatre secondes pendant neuf heures consécutives, les détonations continuelles, les sifflements des éclats, les éclairs aveuglants ont une action terrorisante sur l'être humain. Un effort constant de volonté et de courage psychique peut seul la dominer. C'est tuant d'essayer de donner l'exemple à ces hommes, de plaisanter, de sucer tranquillement sa pipe tout en sentant que chacun de ses nerfs est tendu comme la corde d'un violon.

On sait que, si l'on perd pendant une seconde le contrôle de sa volonté, les mains se mettront à trembler, la tête à osciller et les yeux à clignoter, ce qui est déjà arrivé à plusieurs de mes hommes. Rien n'est plus difficile que de forcer de tels hommes à faire leur devoir en les encourageant et en les menaçant à la fois, mais jusqu'ici j'y ai parfaitement réussi. Chaque fois qu'une action rapide a été nécessaire, mes hommes ont été prêts.

Si les Russes avaient été soumis à une fraction des bombardements que nous avons supportés pendant vingt-quatre heures, la septième armée de l'URSS tout entière se serait éparpillée, prise de panique, à travers les steppes. La supériorité du nombre et du matériel est si écrasante qu'il paraît inconcevable que nous puissions résister; mais nous résistons.

Je ne savais pas jusqu'à présent si nous tomberions ou si nous tiendrions, mais nous n'avons plus le choix : nous tiendrons. Il n'y a eu qu'un seul mort. Il est mort dans un hôpital de campagne. Dans tout le bataillon, nous avons eu en moyenne un blessé tous les deux jours. Les blessures généralement n'ont pas été graves. Je n'ai perdu aucun de mes hommes, même parmi les blessés, et cependant nous ne sommes pas dans un secteur tranquille.

Deux ou trois hommes sont devenus fous, deux ou trois autres sont en train de le devenir. Ce n'est pas dû à l'inquiétude et à l'angoisse, mais plutôt au manque de sommeil, à cause des patrouilles et des gardes de nuit. Nous sommes fatigués, nous avons besoin de chasseurs, de canons, d'armement antitank et d'hommes… beaucoup d'hommes qui feraient le travail matériel, les gardes de nuit, afin que nous puissions nous reposer de temps à autre. Je sais que nous allons être bientôt relevés et emmenés au repos à l'arrière; j'espère alors avoir quelques jours de permission. Mais, en même temps, mon esprit est angoissé quand je pense à ceux qui restent ici, non que je craigne une défaite, mais simplement parce que, lorsque les Russes relèvent quatre fois leurs hommes, nous relevons les nôtres une seule fois et nous trouvons toujours des forces fraîches devant nous.

Mon cher frère, que fait la Suède pour nous ? L'Amérique et l'Angleterre vont-elles nous aider ? Écris-moi vite et dis-le-moi. Je suis affamé de nouvelles.

Lassie

5

DRAPEAUX EN BERNE

Un groupe de Finlandais, en patrouillant à travers la baie de Viipuri, tomba sur un soldat russe isolé qui errait depuis des heures sur la glace. Il n'était pas beau à voir, à moitié gelé, hirsute et les vêtements en loques. À la vue des Finlandais, il leva les deux bras pour se rendre et cria :

— Ne tirez pas : je suis un Russe capitaliste !

Je n'ai jamais su si cette histoire était vraie ou non. Tous les journaux finlandais l'ont publiée. Et ce fut une occasion de rire pour tout le monde, pendant ces dernières sinistres journées.

Le communiqué finlandais de mars annonçait que les Russes se battaient dans les faubourgs de Viipuri, c'est-à-dire qu'ils avaient brisé la ligne de défense de Mannerheim. À l'état-major de la presse finlandais, tous les visages étaient pâles, avec des traits tirés. Mlle Helsinkius, la jeune fille qui organisait nos voyages, sanglotait. Quant à nous, nous ignorions tous les pertes finlandaises et ne pouvions que nous livrer à des suppositions sur les possibilités pour les Finlandais de continuer la guerre après la chute de Viipuri.

La situation était vraiment singulière. L'avance russe sur tous les fronts avait été stoppée par les combats les plus spectaculaires de l'Histoire. D'une part, les attaques russes pour tenter de pousser jusqu'au golfe de Botnie, en coupant la Finlande en deux, avaient abouti à un échec et à une perte de quatre-vingt-cinq mille hommes. D'autre part, sur le front arctique, l'avance russe, le long de la grande route de l'Arctique, vers le centre de la Finlande, avait été stoppée après une pénétration de près de cent kilomètres. Enfin, sur le front nord du lac Ladoga, la poussée russe visant à contourner la ligne Mannerheim avait été brisée.

Mais sur l'Isthme, la situation se présentait tout autrement. Les Finlandais avaient réussi à déconcerter et à contrecarrer les Russes chaque fois qu'il ne s'était agi que de stratégie et de tactique, mais sur le front de l'Isthme, l'unique secteur de la Finlande où se livrait une véritable guerre de tranchées, seuls les hommes et les canons entraient en ligne de compte. Des vagues et des vagues de Russes avaient été anéanties les unes après les autres par le feu des Finlandais, mais interminablement de nouvelles vagues venaient les remplacer. Les Finlandais, dont l'armée totalisait trois cent mille hommes – on pouvait en employer la moitié seulement sur le front de l'Isthme –, n'avaient pas pu risquer de grosses pertes en faisant des contre-attaques sur une grande échelle, et les Russes, grâce à une supériorité écrasante, avaient réussi à forcer les défenses.

À part les chefs d'armées, à part des politiciens et une poignée de personnes dans le bureau de la Presse, les Finlandais ignoraient la véritable situation. Les journaux du pays publiaient largement les victoires du Nord, et il était impossible de tirer les conclusions du bref communiqué officiel relatif à la bataille de l'Isthme.

Les Finlandais savaient bien qu'il leur était impossible de tenir indéfiniment contre une supériorité écrasante, mais ils s'accrochaient désespérément à l'idée qu'un événement imprévu leur épargnerait la destruction finale. Le moral était élevé, et vous entendiez dire de tous côtés :

— Les Russes ne seront victorieux que lorsque tous les Finlandais seront morts.

Cette ardente résolution était due pour beaucoup à un mépris inné des Russes. Les Finlandais, intelligents et fiers, les considéraient comme une horde sauvage. Je me promenais, une nuit, autour d'Helsinki, dans un traîneau conduit par un géant finlandais à moustaches tombantes. Une grande décoration qu'il avait gagnée contre les Russes, en 1918, était épinglée sur son manteau. Il m'emmena devant la vieille église orthodoxe, dont les dômes en forme de bulbe luisaient comme des diamants sous le clair de lune, puis dans le quartier bombardé où les ruines carbonisées des maisons formaient avec le blanc linceul de la neige glacée un lugubre contraste.

Les fenêtres de la légation russe abandonnée avaient été brisées par une bombe, et les rideaux blancs flottaient dans la nuit, faisant penser à des centaines de bras fantomatiques et suppliants. À ce moment, le conducteur me demanda :

— Quel est l'animal qui ressemble le plus à un être humain ?

La réponse était si évidente qu'il ne me donna même pas le temps de répliquer :

— C'est le Russe ! hurla-t-il.

Et son rire éclatant réveilla tous les échos de la rue.

Soutenus par ce sentiment collectif, les Finlandais étaient résolus à combattre jusqu'au bout. Le public négligea en riant le paragraphe suivant, publié sans commentaire, le 8 mars :

> *D'après un rapport en possession du gouvernement finlandais, il est à supposer que l'Union soviétique a projeté de présenter à la Finlande des demandes plus exigeantes encore que celles de l'automne dernier. Jusqu'à maintenant, nous n'avons aucun renseignement sur les détails de cette demande.*

Certaines personnes furent intriguées, mais conclurent, optimistes, que les pertes des Russes commençaient à leur peser et qu'ils essayaient d'ouvrir des pourparlers en vue d'une paix qui sauverait la face.

Le ton de la salle de presse était bien différent. Le téléphone sonnait sans arrêt. L'Europe entière posait des questions :

— Est-il vrai que les Finlandais ont perdu le tiers de leur armée ? Est-ce que les négociations de paix ont commencé ? Quels en sont les termes ? Pouvez-vous vérifier si la Suède sert de médiateur ?

Nous ne pouvions rien vérifier du tout. Bloqués dans Helsinki, nous n'étions au courant de rien ; chaque journaliste avait sa version individuelle. Quelques-uns déclaraient que la prise de Viipuri n'avait aucune importance stratégique et que les Russes avaient encore un long chemin à faire ; d'autres, que les Finlandais étaient vaincus ; d'autres encore, qu'ils se battraient jusqu'au dernier.

Ed Battie était pessimiste, il avait une longue liste de guerres navrantes à son crédit : l'Abyssinie, la Chine et la Pologne.

— Tout allait très bien pour les Finlandais jusqu'à mon arrivée, disait-il, maintenant la danse est finie.

Je décidai de partir pour Stockholm, afin de faire un article, car les informations à Helsinki étaient par trop insuffisantes. Eddie Ward partait également ; nous prîmes le train ensemble jusqu'à Vaasa, puis nous traversâmes le golfe en avion.

Que l'on négociât ou non, l'activité des bombardiers russes était plus intense que jamais. Le trajet dura trente-six heures. Toujours ces villes incendiées, ces attentes interminables, toujours ces sifflements des projectiles qui envoyaient tout le monde trébucher dans la neige pour aller s'abriter dans les bois.

Il y avait un Français dans le train, un personnage timide qui, ayant égaré ses billets et ses bagages, demandait sans arrêt au contrôleur, d'une voix fatiguée et nerveuse, l'heure de l'arrivée. Il avait l'air si désespéré que nous avions pitié de lui. Nous apprîmes, au moment de monter dans l'avion à Vaasa, que c'était un fasciste, le colonel de La Rocque, le dynamique chef français des Croix-de-Feu.

Nous atteignîmes Stockholm le 11 mars. Le jour même de notre arrivée, le communiqué finlandais annonçait des pourparlers de paix à Moscou, avec la Suède comme médiatrice. C'était tout. On ne donnait aucun détail. Des journalistes se pressaient dans le hall du Grand Hôtel, pour tâcher d'obtenir des informations sur les pourparlers.

Gordon Young, de l'agence Reuters, m'invita ce soir-là à dîner, ainsi qu'Eddie, avec M. Erkko, le ministre finlandais en Suède. M. Erkko était sympathique, mais peu expansif. Il nous offrit du champagne et ne nous fit aucune confidence. Comme nous allions peut-être nous trouver obligés de retourner à Helsinki dès le lendemain ou le surlendemain, et qu'il n'y avait aucun moyen de réserver des places dans l'avion sans s'y prendre plusieurs jours à l'avance, il nous proposa de les obtenir à la minute où nous le désirerions.

Le lendemain, les rumeurs de paix se multiplièrent. Je rencontrai un journaliste danois – dont j'ignore le nom – qui me déclara être convaincu qu'un accord avait été réalisé à Moscou, mais il ne pouvait obtenir aucune confirmation officielle.

La Suède, disait-il, intimidée par l'Allemagne, avait refusé d'accorder aux troupes anglaises et françaises le passage, et les Finlandais avaient dû se rendre.

Nous décidâmes, Eddie et moi, de retourner à Helsinki la nuit même, et nous téléphonâmes à M. Erkko afin qu'il nous obtînt des places dans l'avion. N'espérant pas une réponse, mais simplement une impression, Eddie lui demanda :

— Est-il vrai qu'un accord a été réalisé à Moscou ?

À notre grand étonnement, M. Erkko répondit affirmativement ; je n'ai jamais compris pourquoi, car il passa le reste de la soirée à soutenir énergiquement le contraire.

La réponse de M. Erkko fournit à Eddie une nouvelle sensationnelle d'intérêt mondial. Le télégramme qu'il envoya à Londres fut transmis par la BBC parmi les nouvelles de 6 heures. C'était le premier rapport semi-officiel de la fin de la guerre russo-finlandaise. Une heure plus tard, sur l'aérodrome de Stockholm, tout le monde en discutait dans la salle d'attente. L'un des passagers, un colonel finlandais, faisait des commentaires irrités. Il se tourna vers Eddie en disant :

— Avez-vous entendu les nouvelles de la BBC ? Ce type – je crois qu'il s'appelle Ward Price – doit être complètement fou. La paix ! Mais nous ne ferons la paix que lorsqu'il n'y aura plus de Russes sur le territoire finlandais, pas avant.

Eddie approuva et s'éloigna rapidement.

Les lumières de Stockholm étincelaient comme des diamants contre la neige au moment du décollage, et je me demandais au prix de quels sacrifices la Suède avait pu les conserver.

Le voyage fut triste. Nous étions les seuls à savoir ce qui nous attendait à Helsinki, ce qui me semblait pis que tout. Je regardais, autour de moi, les visages résolus et confiants et n'osais penser au lendemain.

Le pilote était celui qui m'avait déjà emmenée à Turku deux mois auparavant. Il prit les précautions habituelles pour savoir si la voie était libre, survola l'aérodrome et lâcha ses fusées. Au fond, rien n'avait changé : le trajet était simplement un peu plus dangereux, car six ou sept sièges avaient été supprimés et remplacés par des boîtes portant l'inscription « Explosifs deuxième classe ».

Nous atterrîmes à Turku aux environs de minuit, et nous continuâmes le voyage, le lendemain matin, en bus.

C'était le 12 mars, jour où les termes de la paix furent annoncés. Mais le public ignorait encore ce qui l'attendait. Les journaux du matin de Turku donnaient en tête de page le nombre des avions russes abattus la veille. Un petit entrefilet dans un coin de la première page annonçait que, selon les radios étrangères, une solution avait été trouvée à Moscou : c'était la seule allusion aux négociations. Un grand point d'interrogation encerclait ces quelques lignes.

Personne n'y attachait beaucoup d'importance. Des filles de fermes et des cantonniers du car lisaient les journaux consciencieusement et semblaient n'y trouver rien d'anormal.

Pendant que nous étions arrêtés dans un village pour boire du café, le chauffeur nous conseilla de monter le plus rapidement possible dans le car à la moindre alerte, afin de pouvoir repartir avant d'être arrêtés par la police et d'être forcés de nous abriter.

Il était 11 heures quand nous atteignîmes l'hôtel Kämp. La radio à ce moment précis annonçait la conclusion de la paix. Mais le peuple finlandais ne prit conscience de sa défaite qu'une heure plus tard, par le discours de M. Tanner, le ministre des Affaires étrangères.

Les Finlandais furent frappés de stupeur. Ils ne s'imaginaient pas qu'ils étaient si près d'une capitulation. Pour beaucoup d'entre eux, les Russes en avaient été réduits à demander la paix. Le public, dans les rues, était complètement accablé. Dans la salle de presse, les Finlandaises éclatèrent en sanglots, tandis que les hommes détournaient leur regard. Les journalistes étaient à bout de moyens. Toute commisération semblait déplacée. Pour moi, je me sentais tellement malheureuse que je descendis m'asseoir dans un coin du restaurant à moitié vide. Un groupe d'officiers entra et s'installa à la table voisine. Ils lurent silencieusement les termes de la paix publiés dans la dernière édition du journal du matin ; puis l'un d'eux chiffonna le journal avec colère et le jeta par terre. Tout le monde demeura muet. Les gens restaient là, assis, le regard fixe. Je descendis et marchai le long de la rue. Les drapeaux finlandais étaient en berne.

L'après-midi de ce même jour, les ouvriers commencèrent à changer les ampoules des lampadaires dans les rues et à arracher les planches qui protégeaient les vitrines des magasins. À part ces détails, il y avait peu de changements dans la ville d'Helsinki. Vous vous attendez toujours à ce que l'aspect d'une ville reflète la crise nationale, mais c'est un tort. La guerre ou la paix, la paix ou la guerre, peu importe ! La vie conserve sa routine. Les magasins, les restaurants et les cinémas étaient remplis comme toujours. Il n'y avait de véritable changement que dans la salle de presse ; il y régnait quelques jours auparavant une confusion inouïe, maintenant elle était presque déserte. L'ardoise qui annonçait l'heure à laquelle le communiqué serait délivré demeurait vierge. Un bout de papier était encore cloué au-dessus :

Les nouvelles des bombardements
seront données a vingt-trois heures

Personne ne prit la peine de le déclouer.

Vingt-quatre heures plus tard, drapeaux toujours en berne, le roulement des camions et le cliquetis des traîneaux résonnaient sur les routes des campagnes à des kilomètres à la ronde : l'évacuation de quatre cent mille personnes avait commencé.

Le port de Hanko, à quelque cent trente kilomètres d'Helsinki, était le premier territoire occupé par la faucille et le marteau. J'y allai en auto avec Frank Hayne et Eddie Ward.

Une foule où se mêlaient des pompiers et des fermiers, des commerçants, des sergents de ville et des canonniers, tous volontaires pour aider à l'évacuation, envahissait les rues. Des camions de l'armée et des traîneaux, écrasés sous le poids de mobiliers et d'ustensiles de ménage, circulaient dans tous les sens.

Nous errâmes dans la ville pendant plusieurs heures, par une température de vingt-cinq degrés au-dessous de zéro. Le spectacle était lugubre. Hanko avait été terriblement bombardé, et l'emplacement des maisons était marqué par des trous béants. Lorsque j'avais visité Hanko, deux mois auparavant, dix immeubles de la rue principale brûlaient, fauchés par des bombes incendiaires. Aujourd'hui, il n'y avait ni incendie ni appel de sirène ; seul le vent soufflait au travers des maisons délabrées, sans fenêtres, des magasins aux toits éventrés et des ruines carbonisées, enfouies sous d'épaisses couches de neige et de glace.

C'est parmi ces ruines sinistres que l'on procédait à l'évacuation. Des soldats portant des chaises et des tables empilées sur leur dos sortaient d'une maison, énorme cratère de bombes, à la façade noircie par la poudre.

D'une maison voisine des petits enfants portaient des ustensiles de cuisine et les rangeaient avec précaution sur un traîneau, tandis que, d'un troisième bâtiment, un vieil homme tirait un matelas bourré de lampes et de faïences. Des buffets, des machines à coudre, des bicyclettes, des tableaux, des poêles, posés sur le trottoir, attendaient d'être chargés dans un camion. Un amer ressentiment avait déjà remplacé la tristesse chez la plupart des gens. Pourquoi les Finlandais avaient-ils fait la paix ? Ils n'avaient perdu que quinze mille hommes, d'après le général Mannerheim, qui avait même ajouté :

— Après seize semaines d'une bataille sanglante, de nuit et de jour, sans repos, notre armée tient toujours.

Qu'était-il donc arrivé ? Pourquoi la Finlande n'avait-elle pas continué la bataille ? Le général avait déclaré dans son dernier ordre du jour :

> Nous n'étions pas prêts à faire la guerre contre une grande puissance. Pendant que nos braves soldats défendaient nos frontières,

> nous devions, au prix d'efforts insurmontables, nous procurer ce qui nous manquait. Nous avons dû construire des lignes de défense où il n'y en avait pas, nous avons dû essayer d'obtenir une aide qui n'est jamais venue, nous avons dû trouver des armements et des équipements à une époque où toutes les nations du monde s'armaient fiévreusement en vue de l'orage qui s'abat sur la Terre. Nos exploits héroïques ont fait l'admiration du monde entier, mais, après trois mois et demi de guerre, nous sommes toujours à peu près seuls. L'étranger ne nous a fournis, pour nos fronts, que deux bataillons de renfort équipés avec de l'artillerie et des avions. Nos hommes se surmenant de jour et de nuit, au-delà de toute limite de leurs forces physiques et morales, sans espoir d'être relevés, ont fait face aux attaques des forces ennemies toujours renouvelées. Malheureusement, les importantes promesses d'assistance données par les puissances de l'Ouest n'ont pu être réalisées lorsque nos voisines, la Suède et la Norvège, préoccupées de leur propre sécurité, refusèrent le droit de transit aux troupes.

On reconnaissait bien là l'habile main de l'Allemagne ! Mais pourquoi la Finlande s'était-elle engagée dans une guerre désespérée, si elle devait capituler avant la défaite et accepter les termes d'un traité plus durs que ceux du premier ultimatum ? Tout le monde se posait la question. Non seulement les Finlandais de Hanko, mais aussi ceux d'Helsinki se livraient à des commentaires remplis d'amertume.

— Nos hommes politiques nous ont trahis, entendait-on dire partout. Il est impossible de vivre ainsi ; il eût beaucoup mieux valu se battre jusqu'au bout.

Les évacués ressentaient ces épreuves encore plus durement. Nous interpellâmes, Eddie et moi, un soldat qui allait poussant une bicyclette à travers la neige. Le chauffeur finlandais de Frank nous traduisit sa réponse. Mécanicien dans un garage, il avait passé toute sa vie à Hanko et n'avait pas voulu croire à la paix lorsqu'on la lui avait annoncée. Pour lui, c'était encore un mauvais rêve. « Il aurait fallu, disait-il, faire des concessions dans un autre sens, si c'était nécessaire ; mais pour Hanko, les Russes auraient dû être forcés de se battre centimètre par centimètre.

Près du commissariat de police, nous parlâmes avec la propriétaire d'une petite pension et sa fille. Elles venaient d'inscrire leur nom pour qu'un camion les évacuât avec leurs bagages.

— Quand il arrivera, dit-elle, je ne sais pas du tout où nous irons ; nous n'avons aucune famille et aucun espoir de nous refaire une vie.

La pauvre mère secoua la tête tristement et ajouta :

— J'ai peut-être tort de le dire, mais je serais presque contente d'entendre à nouveau le son des sirènes.

Ce qui affectait le plus tous ces malheureux, c'était d'abandonner les maisons aux Russes. Tous craignaient qu'ils n'en prissent aucun soin. Trois infirmières debout au coin d'une rue nous dirent que, si une autre nation occupait Hanko, ce ne serait peut-être pas si terrible ; malgré tous leurs efforts, elles ne pouvaient considérer les Russes comme des êtres humains. La seconde infirmière abondait dans le même sens.

— En tout cas, dit-elle, ils ne trouveront que les quatre murs de ma maison et le toit, j'ai enlevé jusqu'aux robinets de cuivre.

— C'est vrai, fit la troisième. Malheureusement, nous devons leur laisser notre château d'eau.

Et elle montrait une tour en briques, un ancien point de ralliement au milieu de la ville.

— Oh ! ne vous tracassez pas pour ça, dit quelqu'un, au bout de deux ou trois jours ils l'auront détraqué.

Un vieil ouvrier d'usine rejoignit le groupe, juste avant notre départ :

— Hanko avait été souvent bombardé depuis le 13 novembre, remarqua-t-il, mais la bombe la plus destructive a été celle de la paix.

Tout le monde approuva ces paroles.

Nous quittâmes Helsinki quelques jours plus tard ; Richard Busvine, du *Times* de Chicago, Eddie et moi. Une fois de plus, nous fîmes la curieuse expérience de passer d'une atmosphère de guerre à une autre.

Nous prîmes un avion pour Stockholm, un train pour Malmö, un autre avion pour Londres. La salle d'attente de l'aérodrome de Malmö était bondée. Tout à coup, un homme ordonna d'une voix forte :

— Formez deux rangées, s'il vous plaît. Les passagers pour Berlin à gauche, les passagers pour Londres à droite.

Tout le monde se sépara en se jetant des regards irrités, et chacun franchit la porte pour monter dans son avion respectif.

Les moteurs se mirent à ronfler. Un premier appareil disparut à l'horizon, puis l'autre décolla.

— Qui a dit, demanda Richard, « jamais ces deux-là ne feront la paire » ?

— Tout ça est assez fâcheux, dit Eddie, je préférerais voir ces gens-là rester dans leur sacré pays.

— Des centaines de millions d'hommes partagent votre opinion, dit Richard, non sans mélancolie.

Huitième partie

LA CHUTE DE LA FRANCE

1
LE PRINTEMPS EST LA SAISON DE HITLER

Londres était bien agréable en cette dernière semaine de mars et en cette première semaine d'avril. Les premières fleurs du printemps étincelaient sous le soleil, l'air était doux et chaud. En traversant St James Park, je goûtai le plaisir de revoir l'herbe verte. Je savourai avec ravissement le spectacle qui m'entourait : ici, des enfants potelés et roses accompagnés de leurs nurses; là, deux vieilles dames avec leurs bottines boutonnées et de hauts chapeaux, semblables à un dessin de George Belcher, tranquillement assises sur un banc; plus loin, un monsieur digne, costume rayé, chapeau gris, guêtres, parapluie bien roulé, allait à pas pressés vers Whitehall; devant moi, me précédant, deux messieurs très âgés tenaient une conversation fort animée. Au moment de les dépasser, j'entendis l'un d'eux s'indigner de voir démolir les vieilles maisons et les remplacer par des immeubles modernes. Je souris. Quand le monde était à la veille d'une lutte de Titans, quand on voyait des centaines de milliers de maisons sur le point d'être anéanties, ces protestations de bon goût semblaient presque comiques. C'était cependant exactement le genre de conversation que l'on attendait de deux vieux messieurs se promenant dans St James Park.

Le « flegme insulaire » des Britanniques, ce curieux détachement des contingences, m'avait stupéfaite et alarmée lors de mon premier voyage à Londres. Je trouvais maintenant quelque chose d'étrangement réconfortant à cette atmosphère de calme et de tranquillité. Vous aviez l'impression que Londres resterait toujours debout, quoi qu'il arrivât; tout y était si lent, si méthodique, si précis, la routine de la vie quotidienne y était aussi régulière que les mouvements de la nature. Les maisons massives et les lourds autobus donnaient eux aussi une impression de stabilité. Je me souvins des paroles de Martha :

— Si le monde s'écroule et qu'il ne reste plus qu'une seule personne sur la Terre, ce sera forcément un Anglais.

Et j'eus le sentiment qu'elle ne se trompait pas.

Tout le monde savait bien, malgré cette sérénité générale, que le moment de la grande épreuve était proche, mais personne ne voulait s'en préoccuper à l'avance. Les magasins et les restaurants étaient bondés, et les jeunes filles continuaient de danser toute la nuit au Nut House.

Freda avait fermé sa maison et j'habitais avec Anne O'Neil, à Montagu Square. La moitié de la maison était fermée, car Shane, le mari d'Anne, était mobilisé dans un régiment du Nord de l'Irlande, et ses deux enfants étaient à la campagne. Toutefois, cette demeure n'engendrait pas la mélancolie. Anne, jeune et jolie, ne se laissait pas influencer par les problèmes matériels de la guerre. Des douzaines d'invités venaient chaque après-midi prendre le thé. Sa femme de chambre irlandaise, Lily, qui était avec elle depuis de nombreuses années, se plaignit un jour du désordre de la maison : aucun des domestiques ne faisait son travail :

— Ils profitent de la situation, dit-elle, ils savent bien que madame est jeune et frivole.

Jeune, peut-être, mais loin d'être frivole, Anne allait son chemin, insouciante, et la vie au Montagu Square était toujours aussi joyeuse et aussi bohème. La Finlande était loin. Je restais couchée jusqu'à midi et passais le reste du temps à faire des courses. La vie était pacifique et tranquille, pendant la dernière semaine de la « drôle » de guerre. Les manchettes des journaux n'étaient pas alarmantes :

1er avril : Les Alliés resserrent le blocus.

2 avril : Taxe de guerre imposée aux ouvriers allemands.

3 avril : Les nazis accusent la Norvège d'avoir violé sa neutralité.

4 avril : Reynaud dit : « Pas de paix du compromis. »

5 avril : Chamberlain dit : « Hitler a manqué le coche. »

6 avril : Halifax envoie une note à la Suède et à la Norvège : « Ne craignez pas les menaces nazies. »

7 avril : Le plan britannique de blocus commercial resserre son étreinte sur l'Allemagne.

J'allai, cette semaine-là, faire une visite à Mme Sullivan, afin de reprendre quelques livres que je lui avais laissés. Je fus étonnée de la trouver pleine d'appréhension. L'imminence d'une catastrophe ne la troublait généralement pas. Son gros visage s'éclaira dès qu'elle m'aperçut :

— Mon Dieu, s'écria-t-elle, que vous avez dû avoir froid en Finlande ! La seule lecture des journaux me faisait frissonner. J'ai dit à

Sullivan, lorsqu'il est venu en permission : « Cette pauvre Mlle Cowles, quand je pense à la façon dont elle gelait dans cet appartement sans chauffage central ! Je pense que nous ne la reverrons plus. Ces Américains sont terribles, ils habitent dans des maisons surchauffées, ne mangent jamais rien et n'ont naturellement que la peau sur les os. » Le vieux Sullivan m'a répondu : « Ben ! si ç'avait été moi, j'aurais pas senti le froid. » Il avait un peu de toupet tout de même, n'est-ce pas ! Dites-moi, mademoiselle, comment sont-ils ces Finlandais ? Quelle est la couleur de leur peau ?

Elle fut déçue d'apprendre qu'ils étaient comme tout le monde.

— Moi qui croyais qu'ils étaient rouges comme des Inuits ! Enfin, c'est une bonne chose qu'ils aient fait la vie dure aux Russes. Il y avait une Russe dans le voisinage, mais je ne l'ai jamais beaucoup appréciée. Elle avait des façons étrangères. Elle ne prenait jamais un bain, par exemple. Elle m'a refaite de trois francs, une fois. Après ça, j'ai toujours pensé qu'il valait mieux que les Russes soient morts que vivants.

Mme Sullivan monta chercher les livres qu'elle rapporta dans une boîte en carton.

— Je vous assure que mon vieil homme a eu du plaisir à les lire, dit-elle, surtout celui de M. Lloyd George, *World Crisis*, n'est-ce pas ? Est-ce que vous vous rappelez ses pommes, mademoiselle ? C'est dommage que vous ne puissiez plus aller le revoir, il vous en redonnerait peut-être. Mais Henry, là-bas, à la brasserie, dit qu'il faut qu'il revienne tout de suite au gouvernement, sans cela il va arriver quelque chose de terrible. Il dit qu'il n'a pas beaucoup aimé la phrase de M. Chamberlain, hier : « Hitler a manqué le coche. » Il dit qu'il y a des coches toutes les dix minutes et qu'il vaut mieux ne pas l'oublier.

On ne l'oublia pas longtemps. Lorsque, quatre jours plus tard, Hitler se mit à frapper, je pensai aux paroles de Mme Sullivan. J'écrivis, cette nuit-là, dans mon journal de guerre pour la première et la dernière fois. Quelques jours après la déclaration de guerre, j'avais acheté chez Smythson, dans Bond Street, avec Anne, deux grands agendas dorés sur tranches, avec l'intention d'y noter quotidiennement les événements. Le mien est toujours vierge, exception faite du 9 avril. Voici ce que j'avais noté :

> Les Allemands ont envahi aujourd'hui le Danemark et la Norvège. Je devrais être habituée à ces heures affreuses, mais un

frisson me monte encore le long de la colonne vertébrale. Esmond Harmsworth a téléphoné à dix heures à Anne, pour lui annoncer le bombardement d'Oslo. Seymour nous a envoyé à onze heures un panier d'œufs de pluviers ; à midi, Poppy Thursby et Bridget Parsons sont venus nous faire une visite et les ont mangés. Nous avons mis la radio et nous avons entendu annoncer que les Allemands avaient déjà débarqué en plusieurs points le long de la côte norvégienne. Poppy était d'humeur belliqueuse :

— Ce que je voudrais savoir, dit-elle, c'est ce qui arrive à notre marine. Anne, téléphonez donc à Esmond et tâchez de vous renseigner.

— Chérie, vous savez combien il est alarmant ; il nous répondra qu'elle est au fond de l'océan.

— Mais si nous n'avons pas de marine, insista Poppy, qu'est-ce que nous avons ?

— M. Chamberlain ! dit Bridget.

— Soyez raisonnable, dit Poppy. Vous savez bien que notre armée est ridicule ; elle continue à s'entraîner avec des manches à balai, et le reste à l'avenant. Mais la marine, c'est une autre affaire. Si Hitler, avec ses bateaux de quatre sous, peut croiser partout où il veut, où sommes-nous ?

— Dans les choux, a répondu Anne en riant.

Poppy insiste pour que je téléphone à quelqu'un, afin d'avoir des nouvelles. J'appelle Webb Miller, qui me dit que toutes les communications avec la Scandinavie ont été coupées et qu'on n'a aucun renseignement.

Nous avons déjeuné, Anne et moi, avec Maureen et Oliver Stanley.

Qu'il y ait eu ou non débarquement en Norvège, une invasion de la Hollande est, paraît-il, imminente. Le ministre de Hollande a appelé Maureen pendant le déjeuner. Il lui a dit que le pays est en état d'alerte, que toutes les précautions ont été prises, mais qu'il n'y a rien de nouveau à signaler pour le moment.

Eddie Ward et Richard Busvine sont venus, dans l'après-midi, prendre des cocktails. Ils arrivaient du consulat suédois, où ils avaient essayé d'obtenir des visas pour la Suède. Mais, comme l'a dit si justement Richard, tout ça n'était que des idées en l'air car… comment diable atteindre la Suède ? Je les ai découragés de leurs projets. Il est plus raisonnable d'attendre l'invasion de la Hollande ou de la Roumanie, au point de vue des informations, que de se précipiter pour être bloqués en Suède pendant toute la durée de la guerre ou, pis encore, dans un camp de concentration allemand.

Tommy Thompson, avec qui j'ai dîné, est indigné par les neutres qui jouent toujours sur les deux tableaux et refusent de s'allier à l'Angleterre jusqu'à ce qu'il soit trop tard.

Le gouvernement a supplié les Norvégiens de mobiliser quelques-uns de leurs ports et de leurs aérodromes, quelques heures avant l'attaque allemande, mais ils ne l'ont pas fait ; et aujourd'hui, naturellement, les Allemands occupent leur pays. Quant aux Américains, dit-il, ils ont admis depuis longtemps le principe : « Unis nous tenons, divisés nous tombons. » Pourquoi l'Europe ne peut-elle pas en faire autant ? Au lieu de cela, on dirait que, malgré le proverbe, ces gens-là regardent dans la bouche du vieux cheval qu'on leur a donné.

Avant le dîner, j'ai téléphoné à Freda qui a une cuisinière norvégienne. Sa cuisine est envahie par des Norvégiens qui gémissent, qui pleurent et se tordent les mains : « Ces Anglais sont terribles, disent-ils, ils arrivent toujours trop tard. »

Nous avons dîné chez Scott. Le maître d'hôtel s'est approché de notre table. Il venait d'apprendre que les troupes britanniques s'étaient déjà embarquées pour la Norvège. Je me demande si c'est fait. Il nous a raconté aussi que le gérant de Scott, un Danois dont la famille habite Copenhague, n'a pas tenu le coup et qu'il a éclaté en sanglots en apprenant la nouvelle de l'invasion. « Il n'est pourtant pas homme à pleurer, dit le maître d'hôtel, mais ce sont des jours terribles que nous traversons. » Oui, ai-je pensé, et les pires sont encore à venir.

Mon journal s'est arrêté là. Je n'ai pas besoin de notes pour me rappeler les semaines suivantes. La guerre avait vraiment commencé. Les puissances alliées avaient fait le blocus de l'Allemagne, pendant six mois, pour la forcer à attaquer une ligne de fortifications qu'elles considéraient comme invincible. L'affaire norvégienne vint par surprise. L'Intelligence Service savait que l'Allemagne avait fait d'importantes manœuvres d'embarquement, mais ces manœuvres avaient eu lieu au début de la guerre finlandaise et semblaient avoir atteint leur but lorsque, devant la menace nazie, la Scandinavie eut refusé le droit de transit aux troupes alliées.

La première réaction du gouvernement fut optimiste. M. Chamberlain déclara que l'action allemande était un « geste impulsif ». M. Churchill accentua cette impression en disant : « C'est une erreur stratégique et une faute politique aussi considérable que celle de Napoléon envahissant l'Espagne. »

Mais c'était là une nouvelle forme de guerre, le premier essai de guerre totale de la « cinquième colonne », dans l'Histoire. Le soixante-dix pour cent de la victoire allemande était dû à la trahison ; des documents falsifiés et des ordres truqués avaient interdit aux Norvégiens de tirer sur les navires allemands. Les *quislings* norvégiens étaient si bien organisés que beaucoup de villes et de ports avaient été la proie de l'ennemi, dès les premières heures. La position était déjà stratégiquement impossible lorsque les troupes britanniques débarquèrent.

Le 2 mai, Chamberlain se vit dans la pénible obligation d'annoncer à la Chambre des communes que la Norvège était perdue et que l'Angleterre avait commencé à rappeler ses troupes.

La campagne de Norvège eut des répercussions terribles. Tout d'abord, les gens devinrent conscients du rôle des *quislings* et commencèrent à comprendre l'aspect révolutionnaire du nazisme. Deuxièmement, les Anglais s'aperçurent que des îles n'étaient plus invincibles. Troisièmement, un gouvernement Churchill remplaça celui de Chamberlain.

En effet, Churchill avait eu raison à peu près sur tous les points sur lesquels Chamberlain s'était trompé. Détail curieux, son jugement a été aussi erroné que celui des autres quant à l'événement qui le porta au pouvoir. Dans le débat de la Chambre des communes, il prit sur lui, en tant que Premier Lord de l'Amirauté, toute la responsabilité de l'échec. Mais Lloyd George, dans une attaque féroce contre le gouvernement, s'écria : « Le monde entier sait que notre pays est placé dans la pire position stratégique qu'il ait jamais connue. »

Et, comme M. Churchill revendiquait pour lui seul la pleine responsabilité de l'affaire, Lloyd George répliqua d'un ton mordant qu'il espérait bien que le Premier Lord ne se laisserait pas « transformer en abri pour éviter que ses collègues fussent blessés par des éclats d'obus ».

L'attaque fit tomber M. Chamberlain. Depuis l'occupation de Prague par l'Allemagne, le pays avait peu à peu perdu confiance en son Premier ministre. Maintenant, sa phrase malheureuse – « Hitler a manqué le coche » – était sur toutes les lèvres. Lorsque l'opposition demanda d'aller aux voix, les tories membres du Parlement négligèrent – pour la première fois – la pression de Margesson, et le résultat du vote fut :

Pour le gouvernement : 281 voix.

Contre le gouvernement : 200 voix.

La majorité de quatre-vingt-une voix n'étant pas suffisante pour le Premier ministre, celui-ci demanda à l'opposition de faire partie du Cabinet, mais elle refusa.

Le jour de l'invasion de la Hollande et de la Belgique par l'Allemagne, le 10 mai, Chamberlain démissionna et Winston Churchill devint Premier ministre.

Je n'étais pas à Londres à ce moment-là. Le jour où le gouvernement avait annoncé le retrait des troupes de Norvège, le 2 mai, j'étais partie pour Rome. J'avais rencontré Churchill chez Maureen Stanley juste avant mon départ. Son moral était excellent, malgré les mauvaises nouvelles. Comme je lui annonçais que je partais pour Rome et lui demandais si, à son avis, les Italiens entreraient dans la guerre, il secoua la tête :

— Je ne sais pas, dit-il. En tout cas, j'espère que non. J'aime beaucoup le peuple italien, mais si par hasard ils entrent dans la guerre – et ses yeux brillèrent – il y a une chose dont je suis certain, c'est qu'il ne sera pas nécessaire d'aller à Pompéi pour voir des ruines.

2
LES CHANDELLES ROMAINES BRÛLENT PAR LES DEUX BOUTS

Je n'avais pas vu John Whitaker depuis que nous avions passé la nuit sous la gueule des mitrailleuses allemandes des Sudètes, sur la frontière autrichienne. Près d'un an et demi s'était écoulé depuis lors. Nous étions maintenant assis dans un café en haut de la via Veneto, mangeant une glace à la framboise. Le soleil étincelait et le vent soufflait doucement à travers les arbres, tandis que nous songions combien le monde pourrait être un endroit agréable.

— Mais ce n'est pas le cas, dit John. Pourquoi diable l'Angleterre a-t-elle laissé tomber la Norvège ? Ici, l'effet a été désastreux, surtout à cause de l'optimisme britannique du début. Cette attitude a fait perdre pied au groupe antiallemand. Ceux qui commençaient à en vouloir au Duce de son alliance avec les nazis finissent par croire qu'il a peut-être eu raison en fin de compte. Aucun Italien ne veut être du côté des vaincus. Je ne crois pas qu'ils vont déclarer la guerre maintenant, mais Mussolini tient le bon bout et il faut s'attendre à tout. La température est montée de dix degrés ces derniers jours.

C'était le 4 mai, cinq semaines avant l'entrée en guerre de l'Italie. La tension était déjà perceptible. Elle était loin, l'indifférence qui régnait au mois d'août précédent. Maintenant, tout le monde se penchait sur les journaux, on s'accrochait à la radio, on parlait, on gesticulait, on commentait, on discutait, on grognait. L'étreinte nazie se resserrait. Les Allemands étaient partout. L'état-major de l'ambassade s'était élevé à plus de quatre-vingts personnes. Il y avait des fonctionnaires nazis, des experts militaires, toutes sortes de techniciens et un flot de touristes interminable. On les voyait danser la nuit dans les restaurants des hôtels, errer dans les rues pendant la journée, un Baedeker à la main. Le bureau de tourisme italien placardait des affiches de propagande, annonçant des voyages à moitié prix en Allemagne. Des dépêches au vitriol, signées par le Deutsche

Nachrichtenbüro, étaient publiées dans tous les journaux ; les cafés étaient copieusement pourvus de numéros du *Völkischer Beobachter* et du *Berliner Tageblatt*. À mon grand étonnement, les femmes de chambre, les concierges, les coiffeurs dans les plus grands hôtels avaient été remplacés par des Allemands. Tout le monde murmurait que déjà la Gestapo nazie était sur place et faisait la police.

Au-dessus de cette atmosphère d'appréhension, régnait une gaieté tout artificielle. C'était la grande saison de Rome. Le cycle des réceptions me rappelait les jours de fièvre à Londres, durant l'été qui avait précédé la guerre. Les oisifs et les femmes élégantes de la société romaine, généralement tenus à l'écart parce qu'on les estimait décadents, s'opposaient avec violence – illogiquement peut-être – au courant germanophile. Ils refusaient d'avoir des rapports avec les Allemands. Un de leurs principaux titres de gloire était de n'avoir laissé aucun Allemand franchir le seuil d'un cercle ultra-chic, le Golf Club. Ils se mettaient en quatre pour les membres des ambassades française et britannique et professaient leurs opinions antinazis avec une dangereuse franchise. On dédaignait même la ravissante princesse de Bismarck, femme du Conseiller allemand. Selon certaines rumeurs, les nazis l'avaient envoyée à Rome pour séduire quelques-uns des aristocrates les plus réticents, y compris le comte Ciano. Quant à ce dernier, le gouvernement français avait damé le pion à l'Allemagne en exportant une fort jolie actrice de cinéma, âgée de dix-neuf ans, qui accaparait déjà toute son attention.

J'avais beaucoup d'amis à Rome ; chacun me prenait à part pour me demander anxieusement mon avis sur l'entrée en guerre de l'Amérique. Beaucoup d'entre eux étaient désespérés. « Nous sommes déjà les vassaux de l'Allemagne, disaient-ils. Nous sommes condamnés, quoi qu'il arrive ; nous voilà pris entre l'enclume et le marteau. »

Un Italien me suggéra, avec le plus grand sérieux, de tâcher d'obtenir une interview de Mussolini et de le tuer.

— Vous aurez les remerciements de toute la nation italienne, me dit-il.

— Oui, acquiesçai-je, et avec une harpe par-dessus le marché !

Malgré le pessimisme général, quelques diplomates britanniques et français pensaient que Ciano était pro-allié au fond de son cœur, et ils s'accrochaient à l'espoir qu'il empêcherait Mussolini de se jeter totalement entre les mains allemandes. J'ai toujours été sceptique à cet égard. Des personnes sûres m'avaient trop souvent affirmé que

Ciano était le seul homme en qui Mussolini eût confiance, ce qui, à première vue, ne prouvait pas une divergence d'opinions. D'un autre côté, Ciano ne semblait pas avoir suffisamment de poids pour suivre une ligne politique indépendante ; je sentais qu'il maintenait des relations amicales avec les diplomates français et britanniques afin que Mussolini pût marchander plus facilement avec les Allemands. De toute façon, en cette occasion particulière, je n'eus pas l'opportunité de juger d'après mon expérience personnelle. Ciano et Alfieri déjeunaient ensemble au Golf Club le premier jour où j'y allai. Ils m'aperçurent, puis tournèrent la tête dans la direction opposée. J'en demandai l'explication par la suite à Benedetto Cappo Mazzo, le directeur de la presse étrangère, que j'avais connu à l'ambassade d'Italie, à Washington.

— Votre dernier article ne leur a pas plu, me répondit-il. Vous disiez que le peuple italien ne suivait pas le Duce et qu'il ne voulait pas se battre.

— Mais c'est la vérité, n'est-ce pas ?

— La question est que vous l'avez *dit*. D'autre part, ils estiment que vous êtes dangereuse : vous êtes trop pro-alliée.

J'ai dû rencontrer au moins une demi-douzaine de fois Ciano au Golf Club, pendant la semaine suivante, mais il faisait de tels détours pour m'éviter que je finis par me sentir comme Mata Hari.

J'eus toutefois l'occasion de parler avec son attaché principal, Signor Anfuso, un petit expert brun et nerveux du ministère des Affaires étrangères. Ce fut du reste par suite d'une erreur. On m'avait placée à côté de lui à un grand déjeuner. Il commença par me regarder un peu mal à l'aise, puis se lança dans un violent plaidoyer pro-allemand. Je lui demandai s'il avait lu ce que Claudius, empereur de Rome, avait écrit au sujet des Germains. Il me répliqua froidement :

— Le monde moderne n'a rien à voir avec l'ancien, c'est ce que les démocraties n'ont pas l'air de comprendre. Leurs faibles hommes d'État aiment à s'imaginer que nous autres, Italiens, nous sommes secrètement hostiles aux Allemands. Je puis vous assurer du contraire : nous partageons les mêmes idées, la même philosophie, avons le même but. En fait, nous sommes le parfait complément l'un de l'autre, ce que nous possédons leur manque et ce qu'ils ont nous fait défaut.

Et à quel point ! pensai-je.

— Ne vous y trompez pas, continua-t-il, les Allemands sont nos alliés, et nous sommes déjà comme si nous étions en guerre.

Je lui demandai son avis sur la position de l'Italie dans le cas d'une victoire allemande.

— Il y a bien la place pour deux grandes puissances en Europe, se borna-t-il à répondre.

J'approuvai de la tête et objectai :

— Toute la question est de savoir quelles seront les deux puissances.

À ces mots, Signor Anfuso se retourna vers son autre voisine. Notre conversation était terminée.

Le maréchal de l'Air Balbo fut le seul autre fonctionnaire italien que je rencontrai pendant les dix jours que je restai dans la capitale italienne. Il était venu passer vingt-quatre heures à Rome pour conférer avec Mussolini. Selon de nombreuses rumeurs, fondées, je crois, il était opposé à l'Axe. D'après ce que me dit un de mes amis, il avait conseillé à Mussolini de ne pas juger la résistance alliée sur le seul fiasco norvégien. Il était convaincu que l'Angleterre et la France, avec l'aide des États-Unis, devaient, grâce à une supériorité d'hommes et de matériel de guerre, obtenir la victoire finale. Toujours suivant mon ami, Balbo, bien qu'il ne fût pas demeuré insensible à la défaite norvégienne, avait été vivement impressionné par le débat de la veille – le 8 mai – à la Chambre des communes.

— Il faut bien le reconnaître, s'écria-t-il. Ces gens-là savent se rendre compte de leurs erreurs et les admettre. Voilà ce que j'admire chez les Anglais.

Je rencontrai Balbo dans le hall de l'hôtel Excelsior, au moment où il partait pour prendre son avion, afin de retourner en Afrique. Il était aussi vif et brillant que jamais.

— Pourquoi ne venez-vous pas maintenant en Libye avec moi ? me demanda-t-il. Nous trouverions bien le temps de faire ce petit voyage en avion à travers le désert. Ou bien est-ce que ma barbe vous effraie toujours ? Je la supprimerai un jour, et vous ne me reconnaîtrez plus. « Qu'est-ce que c'est que ce drôle de personnage ? » direz-vous, évidemment. Vous le dites peut-être déjà.

Il riait encore de sa propre boutade, lorsque plusieurs de ses amis vinrent l'interrompre en lui disant de se dépêcher. Quand je lui dis que je partais pour l'Angleterre, il cligna légèrement de l'œil et murmura :

— Bonne chance ! Bonne chance !

Je ne l'ai plus revu depuis.

Je passai la plupart de mon temps à parler avec des experts économiques, avec des attachés militaires et navals, pour essayer d'évaluer le potentiel de guerre italien. Les rumeurs se multipliaient de jour en jour et les conjectures atteignirent leur point culminant lors de l'arrivée soudaine à Rome du prince Philippe de Hesse, un prince allemand qui avait épousé la princesse Mafalda, fille du roi d'Italie. C'était un fanatique du nazisme. Hitler lui avait confié le rôle d'intermédiaire entre Mussolini et lui-même.

J'avais rencontré le prince Philippe à Capri, pendant l'été passé là-bas en compagnie de Mona Williams. C'était un Allemand à l'esprit lourd, un homme entre deux âges, avec des manières agréables, dévoué passionnément à Hitler. Neveu de l'ex-Kaiser, seul membre du vaste clan des Hesse qui eût embrassé le nazisme, il était, d'après ce que je compris, tenu pour la brebis galeuse de la famille. Sa nomination, en 1933, comme gouverneur de la province prussienne de Hesse-Nassau, l'avait récompensé de s'être inscrit au parti avant l'arrivée de Hitler au pouvoir.

Tous les matins, il venait nager quelques brasses chez Mona. Homme aimable et simple, il prenait plaisir à regarder, à travers la puissante longue-vue de la terrasse, les petits bateaux qui allaient et venaient dans le port. Les estivants aimaient à ramer autour de l'île, et il s'amusait follement à surprendre des couples amoureusement enlacés.

Une fois seulement, nous eûmes l'occasion de discuter au sujet de l'Allemagne, ses yeux s'éclairèrent lorsqu'il parla de Hitler, et il se lança dans un éloge dithyrambique de l'extraordinaire personnalité du Führer, de sa gaieté, de son amitié, de sa gentillesse et de son humour. Hitler et Mussolini étaient, à son avis, sans aucun doute, les deux plus grands hommes que le monde eût jamais connus. Le prince Philippe était allé, jusqu'à la frontière, à la rencontre de Mussolini lorsque celui-ci vint en Allemagne pour signer l'accord de Munich. Il me dit que, lorsque Hitler et Mussolini furent en présence, les deux dictateurs mirent leur intelligence en commun, et le problème tchèque fut résolu en cinq minutes.

— Voilà ce que j'apprécie, dit le prince Philippe avec enthousiasme : des hommes qui savent ce qu'ils veulent.

Il ajouta que les deux dictateurs, tout en partageant certaines qualités dynamiques, étaient d'un tempérament opposé : tandis que

Hitler était sociable, Mussolini recevait rarement en dehors de son bureau ; Hitler avait confiance en tout le monde, Mussolini n'avait confiance en personne.

— Évidemment, dit encore le prince Philippe, aucun des deux ne ferait l'affaire dans le pays de l'autre. Peut-on s'imaginer avoir confiance en quelqu'un en Italie ? On serait hors de la place en une semaine.

Or, pendant ce printemps angoissant, le prince Philippe, une fois de plus, jouait son rôle. Je lus la nouvelle de son arrivée avec intérêt, mais je ne m'attendais pas à le voir, étant vraiment moi-même une *persona non grata*. Un jour, toutefois, en revenant à l'hôtel, je trouvai un message où l'on me priait d'être à 18 heures au Palais, pour un cocktail. J'en déduisis qu'il y avait une soirée, mais je m'aperçus en arrivant que j'étais la seule invitée. Le prince m'attendait dans l'allée et m'accueillit chaleureusement ; il me conduisit dans le salon et me prépara un cocktail.

— Il paraît, me dit-il, que vous avez passé l'hiver en Finlande. (Je me demandais comment les Allemands paraissaient toujours au courant de tout.) Parlez-moi donc de votre séjour là-bas. J'admire beaucoup les Finlandais.

Il m'accabla de questions pendant les dix minutes qui suivirent, m'interrompant de temps à autre pour vanter l'énergique résistance de Mannerheim. Sa femme, la princesse Mafalda, entra dans la pièce au milieu de la conversation.

— Je parlais de la Finlande, expliqua-t-il. Je disais à Virginia combien nous avions été navrés à Berlin de ne pouvoir aider les Finlandais : évidemment notre pacte avec la Russie nous empêchait d'intervenir.

— Mais, chéri, dit la princesse Mafalda, vous m'avez dit que vous étiez intervenu, que vous aviez décidé les Finlandais à signer le traité de paix en leur promettant d'arranger les choses plus tard.

Le prince Philippe rougit.

— Mais pas du tout, dit-il, vous vous trompez complètement. Il nous était tout à fait impossible d'intervenir ; nous n'avions nullement à nous mêler de ça.

— Mais, chéri, vous disiez…

Le prince Philippe la regarda sévèrement ; elle resta silencieuse et quitta la pièce quelques minutes plus tard.

Nous plaisantâmes en buvant nos cocktails. Il me parut bizarre d'être la seule invitée, et j'étais curieuse d'apprendre ce que cela pouvait bien cacher. Le prince, tout à coup, fit dévier la conversation sur la guerre. Ses yeux brillaient de plaisir.

— Je vous ai parlé l'été dernier du génie de Hitler ; je crois maintenant que c'est plus que du génie : savez-vous qu'il a organisé lui-même la campagne de Pologne et de Norvège. C'est le plus grand homme qui ait jamais vécu, personne au monde n'a jamais pris deux capitales en un seul jour : Oslo et Copenhague en douze heures ! Les Anglais ont dû être surpris, n'est-ce pas ?

Je voulus bien l'admettre. Il ajouta :

— Naturellement, la vraie guerre n'a pas encore commencé. Quand elle commencera, les destructions se feront sur une échelle sans précédent. La moitié de l'Europe sera détruite. C'est complètement inutile, et voilà ce qui est navrant. Si seulement l'Angleterre voulait bien entendre raison, tout pourrait être évité. Cela impliquerait une petite perte de prestige, mais elle doit se débarrasser de ses idées démodées et reconnaître que le monde est en voie de transformation. J'aime beaucoup les Anglais ; après tout, j'ai du sang anglais dans les veines, ma grand-mère était la reine Victoria. Mais je connais leur entêtement. C'est atroce de penser à la détresse dans laquelle ils plongeraient le monde entier. Hitler en est profondément affligé, je vous l'assure : je l'ai accompagné jusqu'à Varsovie. Son visage est devenu tout pâle, littéralement tout pâle, en voyant les ravages causés. Jamais je ne l'oublierai. Il s'est retourné vers moi pour me dire : « Faut-il que les gens soient devenus des scélérats pour nous avoir résisté et nous avoir forcés à prendre de telles mesures ? »

Goebbels n'aurait pu trouver mieux.

Le prince continua :

— Je n'espère pas que l'Angleterre devienne raisonnable de son plein gré, mais, bien entendu, l'Amérique pourrait l'y contraindre.

Voilà donc pourquoi j'avais été invitée !

— Mais comment l'Amérique interviendrait-elle ? demandai-je, stupéfaite.

— C'est très simple, l'Amérique n'a qu'à dire clairement et simplement qu'elle n'aidera ni la France ni l'Angleterre : ils seront forcés de faire des accommodements, si elle tient bon. Vous autres, écrivains américains, vous devriez tâcher d'influer dans ce sens. Pensez à toutes les beautés d'Europe anéanties, n'est-ce pas tragique ?

— Mais qui est le destructeur ? Certainement pas les Polonais, les Danois ou les Norvégiens.

— Mais vous ne comprenez pas ? Dans toutes ces occasions, c'est l'Angleterre qui nous a forcé la main.

— En ce cas, croyez-vous vraiment que Hitler consentirait à faire la paix ? Je crois que, maintenant, la haine est trop attisée entre les peuples.

— Mais pas du tout : je suis sûr qu'il consentirait. Hitler est à la fois rusé et pratique, c'est même l'homme le plus pratique que j'aie jamais connu. Il ne se laisse jamais influencer par la colère ou par une querelle.

— Le monde ne partage certes pas cette manière de voir. Si jamais homme a paru la vivante image de l'inconstance et de la colère, c'est bien lui.

Le prince Philippe sourit.

— C'est tout simplement, dit-il, la façon d'être allemande. Nous autres Allemands, nous aimons une certaine atmosphère dramatique. C'est une de nos caractéristiques, tout comme la réserve exagérée est une caractéristique anglaise.

Cette conversation extraordinaire a souvent traversé mon esprit pendant les mois qui suivirent. Hitler, après la destruction de la France, annonça que la guerre à l'ouest était terminée. Il était convaincu, j'en suis certaine, qu'il persuaderait l'Angleterre de faire la paix : mais il y avait toujours… cette « petite perte de prestige ».

Le 10 mai, dans la matinée, l'armée allemande commença son attaque si attendue à l'ouest. J'avais écrit mon article pour le *Sunday Times* jusqu'à 2 heures du matin, car je devais le téléphoner à Londres dans l'après-midi. Il m'avait donné beaucoup de mal. Il était difficile de prévoir l'attitude de l'Italie avec tous les courants divergents qui régnaient à Rome, avec toutes les contingences dépendant les unes des autres et la probabilité d'une attaque dans les Balkans et sur le front de l'Ouest. Je commençais mon article ainsi :

> En ce printemps de 1940, les armées allemande, française et anglaise seront amenées indubitablement à une lutte si décisive que l'issue finale influencera les générations futures. Il est encore impossible de prévoir quel sera le rôle joué par l'Italie, mais étant donné la vulnérabilité de celle-ci, il y a toute raison de croire que Mussolini ne renoncera pas à son état de neutralité bienveillante, sauf dans le cas d'importantes victoires allemandes sur le front de l'Ouest. L'Italie

n'est pas en mesure d'aider l'Allemagne trop chèrement à ses dépens ; elle ne peut prendre une part active dans la guerre, à moins qu'elle ne prévoie une victoire allemande dans les trois mois.

On m'appela au téléphone le lendemain matin, à 8 heures. John Whitaker était au bout du fil.

— Déchirez votre article, ma chère, dit-il, il n'intéressera plus personne : Hitler a envahi la Hollande et la Belgique.

Je décidai de dîner avec John et de partir pour Paris le lendemain. Je me levai et commençai à m'habiller. La femme de chambre, une grosse femme entre deux âges, m'apporta mes souliers pendant que je me brossais les cheveux. Il était évident qu'elle venait de pleurer. Elle ferma la porte, regarda avec précaution tout autour de la chambre, décrocha le téléphone – dans la crainte d'un dictaphone – et dit à voix basse :

— Vous avez appris la nouvelle ?

Je ne parlais pas un mot d'italien, elle ne disait pas un mot d'anglais. La conversation était difficile. Je compris néanmoins ce qu'elle me dit :

— *È terribile. Il povero Belgio. Terribile. Odio i Tedeschi. È sempre lo stesso. È terribile*[1].

Son visage était ravagé par l'angoisse. Elle n'était pas la seule. On pouvait voir ce matin-là dans tout Rome des gens lisant leurs journaux d'un air désolé. Tout le monde s'y attendait, depuis des mois, et cependant on avait l'impression d'un choc. Les jours terribles de 1914 paraissaient revenir avec une nouvelle violence. L'atrocité de la répétition les rendait pires encore. Beaucoup d'Italiens avaient gardé un souvenir très vif de la dernière guerre, et ils éprouvaient une sympathie mêlée d'angoisse pour leurs anciens alliés.

Les larmes montèrent aux yeux de la propriétaire d'un magasin de la piazza di Spagna, où j'étais allée annuler une commande. Elle me murmura :

— Si vous allez à Paris, mademoiselle, dites bien aux Français que nous ne sommes pas *tous* au nombre de leurs ennemis.

Un peu plus tard, lorsque je me fis photographier pour mon passeport, le photographe secoua la tête avec dégoût.

1. « C'est terrible. Pauvre Belgique. Terrible. Je hais les Allemands. C'est toujours la même chose. C'est terrible. »

— Ces Allemands...

C'était une belle journée, et j'allai au consulat français dans un fiacre. On avait peine à concevoir que les canons étaient déjà en action et que le sang coulait à flots, lorsque l'on circulait dans les petites rues tortueuses, ou à travers le Campo di Fiori, dans tout l'éclat des fleurs printanières. Mais, quand j'arrivai au consulat, je trouvai une atmosphère bien différente. Les pièces étaient envahies par des individus au visage tiré et anxieux, qui essayaient de retourner en France. *Combien de fois ai-je vu de semblables visages*, pensai-je. *Bientôt plus personne ne saura sourire en Europe.*

Je dînai ce soir-là dans un appartement de la via Nomentana, d'où la vue donnait sur les monts Albains, chez Georges Labouchère, second secrétaire de l'ambassade de Grande-Bretagne, en compagnie de Whitaker et de Taffy Rodd, secrétaire de l'attaché naval britannique. Nous avions été sevrés de nouvelles tout l'après-midi, et à neuf heures nous tournâmes les boutons de la radio pour obtenir Londres.

Toutes les langues du monde envahirent la pièce excepté l'anglais, puis soudainement une voix se fit entendre :

— Hitler a peut-être choisi ce moment parce qu'il lui semblait que ce pays fût en proie aux difficultés d'une crise politique. Il croyait que nos différends intérieurs l'aideraient ; il s'est trompé complètement quant à notre état d'esprit.

C'était la voix de M. Chamberlain.

Il continua pour expliquer qu'après le débat de la Chambre des communes des 7 et 8 mai – le débat sur la Norvège –, il n'avait pas douté « qu'une action nouvelle et radicale devait être entreprise pour rendre la confiance à la Chambre des communes et que la guerre devait être conduite avec la vigueur et l'énergie indispensables pour obtenir la victoire. Il était évident que l'union essentielle pouvait être assurée par un autre Premier ministre ».

— Dans ces circonstances, ajouta-t-il, mon devoir était clair. J'ai demandé audience au roi dans la soirée et lui ai proposé ma démission. Le roi a maintenant demandé à mon ami et collègue (il y eut un léger silence et John murmura « Lord Halifax ») à mon ami et collègue M. Winston Churchill de former le nouveau ministère.

Nous poussâmes des cris de joie, John s'exclama :

— Oh ! mon ami, mon ami, maintenant, tout le monde va se mettre à remuer !

Nous décidâmes de fêter cet événement. Pour manifester notre allégresse, Taffy Rodd, qui connaissait bien l'Italie, nous emmena dans un café, sur une ravissante petite piazza d'un quartier isolé de Rome. Un accordéoniste et un violoniste nous jouèrent tous nos airs favoris, et nous bûmes une cruche de vin en chantant à gorge déployée. Nous n'avions aucune envie de nous coucher ; sur le chemin du retour, nous allâmes en auto jusqu'au Janicule, le point le plus élevé de la capitale. La nuit était admirable, les étoiles étincelaient si nombreuses qu'elles transformaient le ciel en un lustre gigantesque et splendide. On apercevait à l'ouest l'ombre noire du Vatican et à l'est, brillant de toutes leurs lumières, les sept collines de Rome. Le ciel et la terre ne faisaient qu'un ; les étoiles étaient des lumières et les lumières étaient des étoiles, confondant leur pareil éclat à travers le même voile d'obscurité. Vers minuit, nous prîmes le chemin du retour.

Le bruit de la voiture rompait seul le silence des rues désertes. À un tournant, nous remarquâmes un groupe d'hommes qui se tenaient debout dans une encoignure. Un peu plus loin, nous en vîmes un second, puis John regarda, penché en dehors de la voiture, et dit :

— Ils ont l'air de *squadristi*, ces ferrailleurs de l'ancien temps.

— Il va peut-être y avoir un coup d'État, dis-je, remplie d'espoir. Nous assistons peut-être à une seconde marche sur Rome.

Nous traversâmes la piazza Barberini et roulâmes à travers la via Veneto jusqu'à mon hôtel.

Des centaines de grandes affiches blanches étaient placardées sur les immeubles. Il y en avait une de chaque côté de la porte de mon hôtel, le Regina. Georges traduisit les mots en gros caractères. On lisait : « L'Angleterre a manqué le coche. » Suivait une attaque virulente où les Anglais étaient traités de tous les noms : de lâches, jusqu'à dégénérés. Nous lûmes le texte avec indignation :

— Voilà ce que faisaient nos *squadristi*, dit John.

Georges alla tâter une affiche.

— C'est bien cela, dit-il, elles sont encore humides.

L'air résonna à ce moment-là de cris de fureur :

— *Inglesi ! Inglesi !*

L'équipe des sicaires fascistes, qui avaient collé les affiches, était à l'affût au coin de la rue ; croyant que nous avions essayé de déchirer le manifeste, ils se ruèrent sur nous en hurlant et en brandissant leurs poings.

Au nombre d'une cinquantaine, ils tombèrent à bras raccourcis sur Georges, Taffy et John. Le bruit était assourdissant. Le propriétaire de l'hôtel sortit en pyjama sur le trottoir et tenta de rétablir l'ordre, mais il fut immédiatement renversé. Je me tenais près de la porte ne sachant que faire. Georges, le visage en sang, fut précipité contre moi et le propriétaire, qui s'était remis sur pied, réussit à nous attirer à l'intérieur et à verrouiller les portes.

— Quoi que vous fassiez, n'ouvrez pas les portes, dit-il en proie à une vive émotion : je vais téléphoner à la police.

Je lui désobéis rapidement. L'agitation grandissait à l'extérieur et je m'imaginais déjà John et Taffy étendus sur le trottoir dans une mare de sang. Je savais qu'en ouvrant la porte tout le monde s'introduirait à l'intérieur, mais j'espérais aussi créer une diversion. Ne risquant rien pour moi-même, car il y avait peu de chance qu'ils se livrent à des voies de fait sur une femme, je demandai à Georges de se mettre à l'écart et je déverrouillai la porte. Je reculai à une bonne distance, et une seconde plus tard la foule s'engouffrait dans l'hôtel. Au même instant, le gérant sortit de son bureau en criant frénétiquement :

— Qu'avez-vous fait ?

Il fut brusquement renversé pour la seconde fois.

Taffy et John furent entraînés à l'intérieur par la populace. À part quelques coupures et quelques bleus, ils s'étaient bien tirés d'affaire. Mais, de toute évidence, la foule voulait « avoir la peau » de Georges. « *L'altro Inglese !* » hurlait-on de tous côtés. Georges apparut dans un coin à mon grand désespoir.

— Le voilà !

Ce fut une minute atroce. Taffy et Georges répugnaient à frapper sur cette clique, craignant de provoquer un incident international, en une période si critique, et John n'avait aucune envie de perdre sa situation de correspondant permanent à Rome du *Chicago Daily News.*

Il me sembla que je devais sauver la situation. Mais je ne pouvais faire grand-chose, car je ne savais pas un mot d'italien. Je décidai de me montrer pathétique :

— *Messieurs, s'il vous plaît, il est mon mari ! Mon mari !*[1] répétai-je, dans l'espoir qu'il y aurait en italien pour « mari » un mot commençant par un « m ».

1. En français dans le texte.

Je tirai mon mouchoir et le chef du groupe hésita. Il me répondit dans un flot d'italien dont je ne compris rien.

— *Mon mari !* m'écriai-je à nouveau.

L'homme se retourna vers sa suite en l'interpellant. Tout le monde se mit à parler en même temps. Soudain, un nouvel arrivant se fraya un passage à travers la foule. C'était un petit Italien brun et nerveux, en costume noir, avec des bottes de cheval, une cravache à la main. Il se mit à désigner Georges, en parlant sur un ton solennel, et secouant sa cravache. Le chef hésitait toujours, puis il dit quelque chose d'un ton de protestation.

— Qu'elle sorte, alors ! grogna le nouvel arrivant.

Tous les autres reprirent alors sa phrase en brandissant les poings. Le chef du groupe était mal à l'aise.

— *S'il vous plaît, monsieur !* m'écriai-je d'un ton suppliant. *Mon mari*[1] *!*

L'homme à la cravache commençait à s'indigner :

— Entraînez-le dans la rue, alors ! ordonna-t-il.

Une partie du groupe cria :

— *Si, si, si,*

Et se mit à pousser en avant. Les autres, y compris le chef, hurlèrent :

— Non, non, non !

Et ils les repoussèrent.

Avant que j'eusse compris ce qui se passait, la foule s'était séparée en deux groupes, dont tous se battaient, les uns contre les autres, rageusement. C'était exactement comme dans une comédie de Mack Sennett, un *mélange*[2] invraisemblable de bras et de jambes ; les corps roulaient contre le bureau du concierge, les chaises et les tables s'écrasaient sur le sol.

— C'est notre chance, dit John. Venez, laissons-les se battre.

Nous nous précipitâmes tous quatre dans l'ascenseur, pressâmes sur le bouton pour atteindre le cinquième étage. Les échos du pandémonium se faisaient entendre d'un bout à l'autre de l'hôtel. Le tumulte cessa peu à peu, ce qui indiquait sans doute que nos partisans avaient eu gain de cause.

Le gérant, un gros emplâtre sur le front, monta nous prévenir qu'ils avaient quitté l'hôtel. Georges ayant téléphoné à Sir Noel

1. En français dans le texte.
2. En français dans le texte.

Charles, le ministre britannique, pour lui faire un rapport de l'incident. Celui-ci vint chercher mes amis dans sa voiture une demi-heure plus tard pour les ramener chez eux. Je me couchai et ne connus la fin de l'histoire que le lendemain matin.

La foule, toujours à l'affût au coin de la rue, s'était précipitée sur eux et avait encerclé John et les trois Anglais au moment où ils sortaient. Ils les tracassèrent pendant plus d'une heure, en gesticulant, en les poussant et en refusant de les laisser partir. Le *CD*[1] sur la voiture de Sir Noel devait toutefois les avoir intimidés, car ils n'osèrent les frapper. Il était clair que la police, qui brilla pendant tout ce temps-là par son absence, avait été priée de ne pas intervenir. Deux gendarmes qui passaient par là refusèrent leur secours. Un peu plus tard, un troisième se présenta qui, finalement, malgré des cris indignés, dispersa la foule.

Je partis pour Paris le lendemain. En essayant d'encaisser un chèque à la banque de la piazza Colonna, j'appris que l'argent anglais n'avait plus cours. Je rentrai à pied à mon hôtel par la via delle Muratte, en passant devant la fontaine de Trevi. Une vieille superstition conseille aux voyageurs qui quittent Rome de jeter un sou dans le bassin afin d'être assurés d'un prochain retour. Je passai mon chemin en gardant ma bourse solidement fermée.

---

1. Abréviation de *corpo diplomatico*.

3

DIEU EST ANGLAIS

Vingt-quatre heures après mon arrivée à Paris, je rencontrai Fruity Metcalfe, aide de camp du duc de Windsor.

— Ça y est, ils ont réussi ! me dit-il.

— Qui a réussi quoi ?

— Les Huns ont traversé la Meuse en trois endroits et pénétré en France à Sedan.

— Qu'est-ce que cela signifie ?

— Mon Dieu, tout. Cela peut signifier qu'ils seront à Paris dans quinze jours ou même plus tôt.

Je regardais Fruity avec incrédulité. La France et l'Angleterre se préparaient à cette attaque depuis neuf mois. Elles avaient fait le blocus de l'Allemagne pour la forcer à attaquer et à se détruire contre l'invincibilité du béton armé de la ligne Maginot. Elles l'avaient même invitée.

— Venez donc, Hitler ! avait dit le général Ironside, commandant en chef de l'état-major général impérial britannique. Nous sommes prêts à vous recevoir.

L'invulnérabilité des fortifications belges et françaises ne laissait pas de doute, à tel point que l'on commençait à craindre que les Allemands n'attaquent point et que « la guerre où l'on s'ennuie » – la « drôle de guerre » – ne dure des années.

Au moment de l'attaque brutale et sauvage, le public avait eu un soupir de soulagement. « Enfin, disait-on, la fin de la guerre est en vue ! »

— Dieu sait si la Meuse paraissait terrible, continua Fruity. C'est une rivière large et rapide. Il y a à peine une semaine, j'étais sur ses rives, près de Mézières, avec un officier français : « Voici un obstacle qu'ils ne pourront pas ignorer ! » disait-il. Et qu'est-ce qui est arrivé ? Ils ont atteint la Meuse, ils ont jeté des pontons et l'ont traversée aussi facilement qu'une mare aux canards. Ce n'est pas une guerre, c'est une course ! Le mot « *Blitz*[1] » est un mot trop conservateur. Nous ne pouvons même pas clouer une carte sur le mur, encore bien moins y planter des épingles, que tout est déjà fini. Il y a quatre jours, le duc a cherché pendant deux heures, dans tous les magasins, une carte de Hollande; il l'a décrochée de son mur ce matin en disant : « Dans quel pays est-on maintenant, Fruity ? Je pense que ce soir il faudra enlever la Belgique et mettre la France à la place. »

Pour moi, Fruity était par trop alarmiste, et cette conversation me laissa sceptique. Sedan, néanmoins, était d'un mauvais présage. La dernière fois que les Allemands avaient fait leur percée par Sedan, c'était en 1870, lorsqu'ils vinrent à Paris. Je songeais au poème de Chesterton, où se trouvent ces paroles d'une vieille Flamande :

Des granges aux toits bas, chaumes mal réparés,
Où j'ai gardé sept fils jusque hier encore,
Sur l'humble meule éparse un éperon sonore…
Non ! Ce n'est point Paris, ô soldats égarés !

Vous regardez le glaive, et le trouvez bien frêle,
Surpris vous-mêmes, dont surprendre était le plan,
Devant qui maint rempart tantôt tremble ou chancelle,
Vous ne trouverez plus ce seuil de mort : Sedan !

Le seuil de mort, ils l'avaient retrouvé. Cela les mènerait-il jusqu'à Paris ? Par cette admirable journée de printemps, on ne pouvait même y songer. Peut-être était-ce en raison de son inhabituelle quiétude, mais Paris semblait si magnifiquement éloigné que l'on ne pouvait se l'imaginer victime des spoliateurs.

Il n'y avait que peu de circulation sur les boulevards; beaucoup de gens, redoutant les attaques aériennes, avaient quitté la capitale : les restaurants et les magasins étaient à peu près vides. Le Ritz même avait perdu son tenace patronage de femmes aux chapeaux extravagants. Le concierge, le chat et moi-même, nous étions les seuls à occuper mon hôtel à l'écart de la place Vendôme.

L'aspect désert d'un « dimanche matin de bonne heure » donnait à la capitale une beauté nouvelle et inaccoutumée. Il y avait un charme nouveau dans le souffle du vent à travers les arbres, dans la

1. « Éclair ».

courbe harmonieuse des longues avenues et jusque dans les admirables maisons gris bleu du bord de la Seine. Les sirènes rompaient de temps à autre la tranquillité, mais il n'y avait jamais d'avions et personne n'allait dans les abris. Chacun faisait le contraire de ce qu'on lui disait. Tout le monde, par exemple, mettait le nez à la fenêtre et regardait le ciel au moment des alertes.

Un courant d'appréhension existait néanmoins, malgré la tranquillité apparente. Le public se laissait trop volontiers convaincre par les boniments répandus sur l'invincibilité allemande. Le concierge qui m'apportait le journal du matin ajoutait toujours des informations de son cru : les Allemands ne faisaient jamais de prisonniers, mais fusillaient tout le monde sans discrimination ; toute la Hollande était en cendres. Il y avait une série d'histoires extravagantes au sujet des parachutistes : le ciel en était noir et ils descendaient du ciel en mitraillant et en lâchant des bombes.

Le concierge n'était pas le seul dans ce cas. Des histoires de parachutistes étaient sur toutes les lèvres. Il descendait des cieux non seulement des religieuses et des prêtres, mais encore des corps de ballet au grand complet. Le mardi après-midi, tandis que je faisais une visite à la baronne, un ami se précipita dans l'appartement, annonçant qu'un de ces parachutistes (je ne sais de quelle catégorie) venait d'atterrir sur les Champs-Élysées. Nous courûmes sur le balcon. Tout le long de l'avenue, des groupes de gens regardaient le ciel. Je n'ai jamais très bien su la vérité sur cette affaire, mais Alexander Werth, dans *Les Derniers Jours de Paris*, fait allusion à une « saucisse » qui se serait abattue place de la Madeleine. La baronne était indignée.

— C'est déjà assez terrible, dit-elle, que les boches envahissent votre territoire, mais c'est révoltant que, par-dessus le marché, ils descendent du ciel habillés en sœurs de charité – de charité ! –, les cochons !

En sortant de chez la baronne, je descendis les Champs-Élysées et coupai à travers le faubourg Saint-Honoré pour aller voir Sir Charles Mendl à l'ambassade d'Angleterre. La BEF[1] avait pour règle de n'admettre aucune femme correspondant de guerre sur le front. Je demandai à Charles s'il n'y avait aucun moyen de passer outre. L'autorisation lui semblait difficile à obtenir à Paris. Il me conseilla

1. Le corps expéditionnaire britannique (*British Expeditionary Force).*

de me rendre à Londres pour tâcher d'arranger l'affaire sur place. La situation générale n'était pas sans l'inquiéter.

— Les canons et les avions allemands sont déjà terribles, me dit-il, mais ils le sont moins à mon avis que le moral de la France. Si le moral tient, j'ai confiance ; tout pourra s'arranger. Mais s'il ne tient pas…

Je connaissais Charles Mendl depuis quatre ans. Il avait été un de mes premiers amis en Europe, et je ne traversais jamais Paris sans aller le voir. C'était un des hommes les plus avisés que je connusse, et vingt-cinq ans passés en France lui avaient donné une profonde compréhension du pays. Ses prédictions, quelquefois contraires aux convictions du moment, s'étaient toujours avérées justes. Son opinion sur la France, à l'époque de Munich, m'avait laissée sceptique, mais il avait eu raison. L'expérience ne m'avait pas profité. Une fois de plus, j'avais du mal à le croire. Les politiciens français étaient peut-être défaitistes, mais sûrement pas l'armée française ; il était de notoriété publique que, sur leur sol, les Français se battaient comme des tigres. C'est une chose qu'on apprenait dès l'enfance. Comme je lui disais que, à mon avis, ses craintes ne se confirmeraient pas, il me répondit :

— Je l'espère, mais ce peuple n'est plus le même que celui d'il y a vingt-cinq ans.

Je suivis le conseil de Charles Mendl et me préparai à partir pour Londres le lendemain. Je rencontrai Euan Butler, en revenant de l'hôtel. Je ne l'avais pas vu depuis cette fameuse soirée passée au Goldener Hufeisen, ce cabaret de Berlin où Robert et Lucy Byron étaient montés sur les poneys. Dès la déclaration de guerre, il avait abandonné sa situation de correspondant du *Times* et rejoint l'armée. Attaché au Grand Quartier général, il était venu à Paris pour quelques heures, chargé d'une affaire officielle. Il partait pour le front le lendemain matin, et nous décidâmes d'aller dîner gaiement au Bœuf-sur-le-toit. Plusieurs personnes, au restaurant, regardèrent avec curiosité les pantalons d'Euan, en tissu de plaid écossais – il était avec les caméroniens –, quelques-uns sourirent même un peu. L'atmosphère n'était pas gaie, mais le dîner fut bon et Euan d'excellente humeur. Ce fut la seule personne vraiment optimiste que je rencontrai pendant les quarante-huit heures que je passai à Paris. Je lui demandai son avis au sujet des histoires de parachutistes. Il pensait qu'en effet un grand nombre avaient été lâchés à l'arrière des lignes françaises, mais certes pas déguisés en religieuses, ni en archevêques. Un plaisantin avait, paraît-il, conseillé aux Français de prévenir les Allemands que, s'ils lâchaient des parachutistes déguisés en danseuses, il fallait s'attendre à ce que ceux-ci fussent violés par les troupes.

Au ministère de la Guerre, le moral, d'après Euan, était excellent, et les derniers communiqués n'inquiétaient personne : plus les Allemands se dispersaient, plus ils avaient de chances d'être coupés de leurs bases au moment de la contre-attaque. Bien entendu ! Comment n'y avais-je pas songé moi-même ? Je me couchai, complètement rassurée, et partis tout à fait optimiste le lendemain matin pour Londres. Même le communiqué français, qui confirmait les dires de Fruity, en admettant avec laconisme « que les troupes allemandes avaient traversé la rivière en trois endroits entre Namur et Mézières », ne me déconcerta nullement.

En traversant les rues de Paris, dans l'autobus qui m'emmenait au Bourget, je ne m'imaginais pas que, quatre semaines plus tard, lorsque je reverrais la capitale, je précéderais de vingt-quatre heures l'arrivée des Allemands sur les Champs-Élysées.

Tout le monde, à Londres, s'accrochait à l'espoir de la contre-attaque française, qui ne vint jamais.

Les Français, disait-on, sont des improvisateurs admirables. La guerre mobile les a surpris sans doute, mais ils ne mettront pas longtemps à se regrouper et à attaquer avec vigueur. Tout le monde, chaque jour, s'attendait à lire dans le journal du matin la nouvelle de la grande offensive; mais le communiqué annonçait seulement les nouvelles victoires allemandes. Puis, le 28 mai, le roi Léopold de Belgique se rendait.

Je dînai ce soir-là avec un officier d'état-major britannique qui revenait du front.

— Essayez de découvrir pourquoi les Français ne veulent pas se battre, me dit-il, lorsque je lui eus annoncé que j'essayais de partir pour la France. Tâchez de savoir pourquoi ils ne s'accrochent pas à leurs postes, pourquoi ils n'engagent pas le combat avec l'ennemi, pourquoi ils ne font même pas de contre-attaque.

Lorsque j'insinuai que la grande supériorité allemande en était peut-être la cause, il secoua la tête.

— Les armées franco-britanniques de la dernière guerre, dit-il, ont tenu contre un feu bien plus meurtrier. Le tonnage d'explosifs d'un barrage d'artillerie était infiniment plus considérable que celui d'un bombardement aérien.

Il réfuta également les rumeurs selon lesquelles les canons antitanks français étaient trop légers pour pénétrer l'épaisse carapace des tanks allemands. Les experts certifiaient que le canon antitank ordinaire de deux livres, dont les Français étaient abondamment pourvus, suffisait à détruire des tanks de la catégorie la plus lourde. À ma question au sujet des chances de succès de la BEF depuis la reddition du roi Léopold, il répondit sans ménagement :

— Ces chances sont absolument nulles. Ils n'ont aucune possibilité de s'en tirer. Ce sera déjà bien si nous en sauvons dix mille.

M. Churchill avait fait allusion à ce même désastre, quelques heures plus tôt, à la Chambre des communes en déclarant :

> La situation des armées française et britannique engagées dans une bataille terrible, assaillies non seulement de trois côtés mais encore par l'air, est actuellement extrêmement grave. La reddition de l'armée belge accentue le péril… Je ferai un exposé à la Chambre des communes sur la situation générale, dès que le résultat de la lutte qui se joue actuellement sera connu et évalué. Ce ne sera peut-être pas avant le début de la semaine prochaine. La Chambre doit, en attendant, se préparer à de mauvaises nouvelles. Je dois seulement ajouter que, quelle que soit l'issue de cette bataille, rien ne pourra nous faire dévier de notre devoir de défendre la cause mondiale à laquelle nous nous sommes voués. Rien non plus ne pourra détruire la confiance que nous devons avoir en notre possibilité de continuer notre chemin, même à travers des désastres et des afflictions – notre histoire nous en offre déjà plusieurs exemples –, jusqu'à la défaite finale de nos ennemis.

Malgré cet avertissement, le grand public semblait ignorer la gravité de la situation. C'est ainsi que la gouvernante d'Anne O'Neill, Mme Kinch, qui avait deux neveux dans la BEF, se bornait à dire :

— Tout allait aussi mal pendant la dernière guerre. Finalement, tout s'arrangera.

La semaine suivante, néanmoins, fut grosse de menaces, du moins pour les gens avertis. Le mardi 30 mai, on commença l'évacuation. Deux jours plus tard, je partis avec Anne pour Mereworth afin d'aller passer le week-end chez Esmond Harmsworth. Les Allemands avaient déjà atteint les ports de la Manche et, bien que la maison se trouve à une soixantaine de kilomètres de la côte, l'écho de l'explosion des bombes arrivait de temps en temps jusqu'à nous.

Loelia Westminster était des nôtres, tranquille mais très déprimée. Nous en comprîmes la raison vers la fin du week-end lorsqu'elle nous expliqua que son frère faisait partie de la BEF. Elle avait dû être soumise à une dure épreuve, car les bombardiers et les chasseurs, en partance pour la bataille, survolaient la maison pendant des journées entières. Assis sur la terrasse, nous les regardions passer, leurs ailes d'argent presque invisibles dans le ciel. Nous nous mîmes bientôt à les compter, leur nombre nous paraissant toujours plus élevé à l'aller qu'au retour.

Le miracle de l'évacuation appartient maintenant à l'Histoire. Tout le monde sait comment des centaines de petits voiliers, de chalutiers, de dragueurs de mines, de bateaux de pêche traversèrent la Manche et ramenèrent plus de deux cent soixante-dix mille hommes des plages de Dunkerque. Nous allâmes à Douvres, Anne et moi, pour assister au débarquement des troupes. Des centaines d'hommes, fatigués et crasseux, traversaient les docks. Certains étaient en uniforme, d'autres vêtus d'un étrange mélange de chandails et de guenilles. Les uns portaient encore leur fourniment, d'autres ne l'avaient plus. La plupart d'entre eux, dont le moral semblait excellent, saluèrent la foule attroupée derrière les palissades pour les accueillir. Les soldats anglais souriaient d'un air satisfait et plaisantaient entre eux, tandis que les soldats français envoyaient des baisers aux jeunes filles.

Je retournai à Londres par le train. Le drapeau de l'Union Jack flottait tout le long du parcours.

Lord Sysonby, le frère de Loelia Westminster, fut parmi les derniers à revenir. Je déjeunai quelques jours plus tard avec lui chez Loelia. J'étais impatiente d'avoir un récit de la bataille. Mais, comme tout bon Anglais, il se plaisait à diminuer l'importance des faits et, avec des données aussi menues, il était difficile de composer un tableau d'ensemble. Son régiment, disait-il, avait combattu aux côtés d'une unité belge. La situation devint extrêmement délicate quand on apprit la reddition du roi Léopold. Les Anglais sentaient bien qu'il eût été de mauvais goût d'aborder directement ces questions, mais, anxieux de savoir ce qu'il allait arriver, ils eurent finalement recours à des allusions voilées :

— Il est probable que… Croyez-vous que… Allez-vous bientôt nous quitter ?

Les Belges leur jetèrent des regards irrités et déclarèrent qu'avec ou sans roi ils combattraient jusqu'au bout.

Lord Sysonby me décrivit les réfugiés le long de la route et les milliers de tanks, les canons d'artillerie de campagne qui avait dû être abandonnés dans les champs. Les civils avaient été évacués d'un grand nombre de villes et de villages, mais l'évacuation d'un monastère de trappistes français fut parmi les plus étranges qu'il eût vues. Les trappistes ayant fait le vœu de silence, tout s'était passé en gestes et en signes frénétiques.

Bien que son unité fût restée parmi les dernières à se battre, Lord Sysonby ne dit pas tout le rôle qu'elle avait joué dans le combat. Je lui demandai s'il s'était trouvé face à face avec les Allemands.

— Une seule fois, répondit-il, une grande quantité d'entre eux avaient envahi le haut d'une colline : ils étaient extraordinaires à voir, car ils portaient un étrange uniforme, une espèce de pantalon gris et des cravates bizarres. Ils ressemblaient à des élèves d'Eton.

Basil Dufferin, qui assistait au déjeuner, essaya d'être spirituel :

— Étaient-ils capables de courir aussi vite ? demanda-t-il.

— Oui, Dieu merci !

Si l'on n'avait pas pris en considération que Lord Sisonby était anglais, on aurait pu croire que la retraite à travers les Flandres jusqu'à Dunkerque n'avait été qu'une succession d'épisodes bouffons et que son rôle s'était limité à celui de spectateur, mais parce qu'il était anglais, on ne fut pas étonné d'apprendre par le *Times*, quelques semaines plus tard, qu'il avait été décoré du *Distinguished Service Order.*

Je continuai à essayer de gagner la France. Lorsque la BEF s'écroula, je tâchai de partir dans la zone des armées françaises. Il était impossible de m'y accréditer officiellement, d'après ce qui me fut dit par le ministère français de l'Information, mais on ajouta qu'il serait possible, sans aucun doute, de m'organiser un « voyage » sur le front. Les jours passaient et je ne recevais aucune nouvelle quand, finalement, le lundi 10 juin, dans la matinée, j'eus un coup de téléphone du ministère, me conseillant d'aller à Paris pour mettre au point les derniers détails. Le consul français timbra mon visa « valable pour un mois ». Quatre jours plus tard, les Allemands devaient occuper la capitale.

Cela ne semblait pas extraordinaire à l'époque, car les journaux anglais s'obstinaient à maintenir un optimisme tenace. Bien que le général Weygand eût fait un appel désespéré dans son ordre du jour, le dimanche, vingt-quatre heures plus tôt : « Nous en sommes au dernier quart d'heure, tenons ferme ! », le *Daily Telegraph* du lundi annonçait en gros caractères : « LES FRANÇAIS MAINTIENNENT LA POUSSÉE ALLEMANDE. LA PLUS PÉRILLEUSE DÉFENSE DE L'HISTOIRE. LES PRISONNIERS NAZIS AVOUENT UN SÉRIEUX RECUL. L'ATTAQUE SUR L'AISNE COMPLÈTEMENT STOPPÉE. »

La dépêche suivante était publiée en première page :

> (De notre correspondant.)
>
> Paris, dimanche.
>
> Un membre du gouvernement français m'a dit que Paris ne serait jamais entre les mains de Hitler. Comme je lui demandais si Paris serait déclaré ville ouverte, en supposant le pire, afin d'éviter la destruction de la plus belle cité du monde, il m'a répondu :
>
> — Jamais. Nous sommes convaincus que les hordes motorisées de Hitler n'atteindront jamais Paris. Même en cette éventualité, dites-le bien à vos compatriotes, nous en défendrons chaque pierre, chaque motte de terre, chaque réverbère, chaque immeuble, car nous aimons mieux voir notre ville rasée jusqu'au sol que tombée entre les mains allemandes.
>
> Placés dans l'alternative de choisir entre le destin de Varsovie et celui de Rotterdam, les Français, fidèles aux plus belles traditions d'une nation qui n'a jamais demandé grâce, ont décidé qu'ils préféraient voir leur ville détruite avec tous ses trésors artistiques que de capituler devant l'envahisseur. Si « l'armée sans visage » désire Paris, il lui faudra la gagner à la pointe de son épée.
>
> Entre autres choses, les tanks sont impuissants contre une grande ville. Il y aura des amas de cadavres allemands dans les faubourgs avant qu'un seul nazi pénètre dans une masse de ruines.

Il semblait que Paris tiendrait assez longtemps. Toutefois, mes chances d'y parvenir étaient restreintes. Les Italiens avaient déclaré la guerre cette nuit-là. Les Allemands venaient de traverser la Seine à cinquante kilomètres au sud-est de Rouen, et M. Roger, du bureau de Cook, téléphona pour m'annoncer que tous les avions avaient été supprimés.

Je déjeunais ce jour-là avec Baba et Fruity Metcalfe, et Lord Halifax.

— Je n'ai aucune raison d'être optimiste, dit ce dernier, mais j'ai l'impression qu'à partir de maintenant les choses vont s'arranger.

Sa remarque me frappa et me décida à ne pas renoncer à mon projet. D'ailleurs, le lendemain matin, M. Roger me téléphona à 9 h 30 pour me demander si je pouvais être dans le bureau de l'Imperial Airway vingt minutes plus tard ; un avion partait pour la France. J'étais encore couchée.

Je sonnai à toutes les sonnettes de la maison, mis toutes mes affaires au hasard dans une valise, enfilai une robe et sortis précipitamment. Une demi-heure plus tard, j'étais dans un autobus en direction de Croydon. Je pus enfin lire les journaux et vis dans le *Telegraph* :

Tandis que l'armée française se prépare à la défense devant les portes de Paris et que les habitants de la capitale se déversent vers le sud, l'ennemi redouble ses efforts à soixante-cinq kilomètres au nord et un combat furieux a continué toute la journée.

La « défense devant les portes de Paris » ! Le siège pouvait durer longtemps.

4

LES DERNIÈRES VINGT-QUATRE HEURES DE PARIS

Il y avait une douzaine de passagers dans l'avion, mais personne ne savait où nous allions atterrir, tout au plus « quelque part en France ».

Nous traversâmes la Manche, survolâmes Guernesey à basse altitude, pour atteindre la côte française presque en rase-mottes. On avait l'impression d'éviter de très près, par moments, les toits des fermes que nous survolions. Notre avion pointait dans une direction, puis dans une autre, faisant un parcours en zigzag. Au bout d'une heure et demie, nous survolâmes un grand aérodrome, il avait été violemment bombardé et deux hangars étaient détruits.

Un flot de monde surgit des bâtiments en gesticulant et en nous montrant du doigt. L'aérodrome avait été transformé en aérodrome militaire, et une foule d'ouvriers en « bleus » entourèrent l'avion au moment de l'atterrissage, nous regardant curieusement comme si nous avions été des Martiens. Je demandai où nous nous trouvions ; un des ouvriers me répondit :

— À Tours.

Je compris pourquoi nous provoquions une telle curiosité quand j'appris que nous étions le premier avion à avoir atterri là depuis quarante-huit heures. Nous étions arrivés uniquement parce que notre pilote, après avoir discuté avec la compagnie, l'avait finalement convaincue, au dernier moment, de lui laisser prendre le risque du voyage. Il était manifeste que personne ne nous attendait. Après une longue attente à l'aérodrome, un bus vint nous chercher pour nous emmener dans une petite cour située derrière la gare. Nous ne fûmes pas autorisés à descendre du véhicule avant l'arrivée de l'inspecteur de la douane, d'ailleurs introuvable. Nous restâmes dans cette position pendant cinq heures, entourés d'employés fort agités, qui commentaient la situation. Nous tâchâmes d'avoir la permission d'aller dans un restaurant, mais les représentants de l'autorité étaient intraitables. Une discussion fiévreuse s'engagea entre eux et l'un des passagers, un vieux monsieur, quand celui-ci voulut aller aux toilettes. Finalement, on l'y emmena sous surveillance.

La plupart des passagers étaient anglais. Deux d'entre eux restaient à Tours, trois autres voulaient essayer d'aller à Marseille pour continuer vers l'Afrique du Nord, trois autres partaient pour Bordeaux, et une jeune femme désirait rejoindre son mari à la légation britannique de Suisse. Un petit homme, gros, énervé, des cheveux noirs trop longs, un visage luisant et jaune, était, avec moi, la seule personne qui désirait aller à Paris. Il avait un fort accent étranger et je me demandais quelle était sa nationalité. En proie à une vive agitation, il s'informait constamment de l'heure des trains pour Paris et fut sur le point d'éclater en sanglots lorsqu'un employé lui répondit brutalement, en haussant les épaules :

— Il n'est pas question de Paris. Personne ne va plus à Paris.

— Je *dois* aller à Paris, il y a sûrement un moyen.

J'insistai dans le même sens :

— Je dois également aller à Paris, dis-je avec fermeté.

— *Je crois que c'est impossible. C'est très dangereux*[1].

— Il m'est complètement égal que ce soit dangereux, proclama le petit homme, y a-t-il des trains ? C'est tout ce que je veux savoir.

L'employé s'éloigna en haussant les épaules.

— Ne vous tracassez pas, dis-je, nous y arriverons d'une façon ou d'une autre. S'il n'y a pas de train, nous pouvons peut-être louer une voiture.

— Oh ! oui, dit-il en gémissant.

Son visage était plus luisant que jamais, et il s'épongea le front avec un mouchoir.

L'inspecteur de la douane arriva à 17 heures et vérifia nos bagages. Un employé d'Air France l'accompagnait.

Comme nous l'interrogions au sujet des trains, il répondit le plus naturellement du monde :

— Paris ? Certainement ! Il y a un train dans vingt minutes.

Nous nous précipitâmes à la gare, le petit homme et moi. C'était un spectacle extraordinaire. On se serait cru dans une gare en Inde ; des êtres humains gesticulaient, se poussaient les uns les autres, d'autres dormaient ou allaient même jusqu'à manger sur le quai.

---

1. En français dans le texte.

Tout ce monde était encombré de sacs et de paquets. Des centaines de personnes, assises un peu partout, attendaient les trains.

Le petit homme alla se renseigner à l'un des guichets. Le train, lui répondit-on, était attendu à 20 heures. Nous prîmes nos billets et traversâmes la rue pour aller manger quelque chose dans un café.

C'était la première fois que j'avais le temps de regarder autour de moi : des automobiles et des camions transformés en voitures de déménagement traversaient la ville. Les réfugiés fourmillaient. Il y en avait partout ; ils erraient dans les rues et pénétraient dans les cafés et les restaurants uniquement pour avoir une occasion de s'asseoir. Le propriétaire du café refusa de nous laisser entrer au début, jusqu'à ce que nous l'eussions persuadé que nous voulions vraiment acheter quelque chose.

Mon compagnon – je n'ai jamais su son nom –, membre du gouvernement égyptien, sous-secrétaire d'État aux Travaux publics, était venu passer quelques mois en France et, de là, s'était rendu à Londres pour un voyage d'affaires de quelques jours. La suppression du service d'avions l'avait empêché de rentrer en France plus tôt. Il avait laissé à Paris ses deux jeunes enfants et mille livres d'argent liquide qu'il avait retirées de la banque et cachées dans sa maison.

— L'argent m'est complètement indifférent, ne cessait-il de dire, mais mes enfants ?... Ils ont bien une gouvernante, mais elle ne saura pas quelles décisions prendre... Dieu seul sait ce qui va leur arriver, si je ne vais pas à Paris.

J'essayai de le calmer, mais il était dans un tel état d'énervement qu'il ne pouvait pas rester en place. Il allait toutes les dix minutes à la gare pour demander l'heure de l'arrivée du train. Il suggéra en fin de compte d'attendre en gare afin d'être assuré de ne pas le manquer. Ainsi fut fait. Nous nous frayâmes un passage à travers la foule avec armes et bagages pour aller nous asseoir sur le quai, en plein courant d'air.

L'attente dura six heures, car le train, annoncé pour 20 heures, n'arriva qu'à minuit. Mon compagnon avait eu raison d'insister pour que nous fussions près de la voie, car il y eut une bousculade folle et des centaines de personnes se ruèrent sur le train à son entrée en gare. Le compartiment était bondé au point que nous pouvions à peine respirer. Cet entassement ne dura pas longtemps ; tout le monde descendit trente kilomètres plus loin afin de prendre une correspondance pour Bordeaux.

Il ne restait que trois passagers pour le reste du voyage : l'Égyptien, moi-même et un Français entre deux âges, qui possédait un magasin dans le Quartier latin et retournait à Paris pour s'en occuper.

Ce train vide roulant sur la voie, avec un bruit de tonnerre, le vent soufflant à travers les vitres et la terrible tranquillité de la campagne privée de lumières donnaient à ce voyage une atmosphère étrange. Le Français était pessimiste et croyait la situation désespérée.

— Les Allemands, disait-il, seront peut-être à Paris lorsque nous y arriverons.

— Quelle bêtise ! répliquai-je. Ils ne peuvent tout de même pas percer les défenses de la ville en un clin d'œil. Ce ne sera pas facile de se battre rue par rue. La réalité est toujours meilleure que l'on ne croit. La situation à Paris sera probablement plus normale qu'à Tours, lorsque nous arriverons.

Je ne parlais pas ainsi pour réconforter l'Égyptien ; j'étais convaincue de ce que je disais. Je me souvenais des discours alarmants qui avaient précédé mon voyage en Espagne, je me souvenais de l'avance de Franco jusqu'aux portes de Madrid et du siège de la capitale, qui avait duré plus de deux ans. La confusion qui régnait à Tours n'était évidemment pas rassurante, mais l'expérience m'avait enseigné que le calme devient plus sensible à mesure que l'on approche du front. Je ne m'étais pas encore rendu compte que j'assistais au début de l'écrasement de la France. Je ne m'attendais pas à la scène qui nous accueillit lorsque nous pénétrâmes dans la gare d'Austerlitz.

Il était à peu près 5 heures du matin, le jour se levait à peine ; dans la gare déserte, il n'y avait personne pour poinçonner nos billets. Pas un signe de vie humaine ; ni porteurs, ni taxis, ni crieurs de journaux, rien. Ce fut tout autre chose lorsque nous sortîmes dans la rue : une multitude de gens criant et hurlant attendaient devant les grilles de fer verrouillées devant la gare. Ce n'était qu'un immense fourmillement de visages. Tout ce monde était encombré de sacs et de paquets ; on voyait jusqu'à des cages d'oiseaux et toutes sortes de petits animaux familiers.

Une escouade de gendarmes, grimpés sur les barreaux de fer, criaient à la foule de se disperser :

— Plus aucun train ne quitte Paris, le dernier est déjà parti ! Rentrez chez vous : on vous dit qu'il n'y a plus de train !

— Ouvrez les grilles ! Ouvrez les grilles ! hurlait la foule.

Une voix d'homme surmonta le vacarme :

— S'ils ne veulent pas faire marcher les trains, nous les ferons marcher nous-mêmes.

Les sergents de ville, éreintés et exaspérés, répliquaient continuellement, mais sans résultat, qu'il était inutile d'insister. La foule s'accroissait sans cesse, des gens arrivaient de toutes les directions.

— Eh bien, dit le négociant français avec aigreur, qu'est-ce que vous pensez de tout ça ? Est-ce que vous vous y attendiez ? Je crains qu'il n'y ait pas grande chance d'avoir un taxi.

Nous nous faufilâmes à travers la foule et descendîmes le boulevard. Un taxi apparut, s'arrêta près du trottoir : neuf personnes en sortirent. Nous nous précipitâmes sur le chauffeur, lui demandant s'il était libre. Il fit un signe affirmatif.

C'était une chance inouïe. Je m'en rendis mal compte sur le moment. Nous avions mis la main sur le seul taxi qui circulait dans Paris. Le Français, qui n'habitait pas loin, préféra aller à pied. L'Égyptien et moi nous avions déjà pris place dans le taxi, et la voiture allait démarrer quand une jeune Française frappa à la glace, demandant si elle pouvait nous accompagner. Nous déposâmes l'Égyptien. Je lui donnai mon nom en le quittant, lui disant qu'il pouvait toujours avoir recours à moi en cas de nécessité. Je demandais ensuite à la jeune fille où elle désirait aller ; elle était jeune, jolie et bien habillée. Elle me regarda en souriant.

— Je ne vais nulle part, dit-elle, j'avais simplement envie de faire un petit tour.

Elle en fit un long, car nous roulâmes dans Paris pendant deux heures.

J'allai d'abord sonner au Ritz ; le portier ouvrit avec précaution au bout de cinq à six minutes et me dit que l'hôtel était fermé.

— Tout le monde est parti, ajouta-t-il.

Je le suppliai de me donner une chambre.

— Non, non, non, répéta-t-il, tout le monde est parti ; l'hôtel est fermé.

Puis il claqua la porte. Je fus reçue de la même manière à l'hôtel Vendôme, quelques immeubles plus loin. Une course interminable commença alors dans tout Paris. Il me fallut tenter ma chance auprès de quinze hôtels. Quelques concierges me fermèrent la porte au nez, d'autres se mirent en colère, quelques-uns ne répondirent même pas. Ils me regardaient, la mine ahurie, et secouaient la tête négativement quand je leur demandais s'ils connaissaient un hôtel ouvert.

La jeune fille, pendant tout ce temps-là, restait tranquillement assise dans le taxi, fumant des cigarettes, suivant les événements avec intérêt.

— Mais qu'est-ce qui est arrivé ? lui demandai-je. Est-ce que tout le monde a quitté Paris ?

— Oh ! non ! mademoiselle, c'est d'ailleurs assez curieux, n'est-ce pas ? Il n'y a eu aucune évacuation officielle. Ceux qui partent ont peur des bombes, ils craignent que Paris ne soit bombardée.

— Et vous, vous ne partez pas ?

— Oh ! non, à moins que les Allemands ne se rapprochent. Je partirai avant l'arrivée des boches, mais ce ne sera pas avant longtemps.

— Vous voulez dire que tous ces gens partent parce qu'ils ont peur. Les boches sont sûrement très près.

— Oh ! non, mademoiselle, croyez-moi, c'est uniquement à cause des bombes. S'il y avait eu un réel danger, le gouvernement aurait ordonné l'évacuation.

— Avez-vous de la famille à Paris ?

— Non, je suis toute seule ; j'ai vécu ici toute ma vie, je suis parisienne.

— Vous travaillez ? Vous avez un métier ?

— Non, mademoiselle.

Je compris soudain que j'avais affaire à une *cocotte*[1].

— Si c'est uniquement parce que les gens ont peur, pourquoi les hôtels sont-ils fermés ?

— Les bombes, mademoiselle, c'est seulement la peur des bombes.

Le chauffeur de taxi approuvait cette explication, en souriant. Tout cela me paraissait invraisemblable. La capitale n'avait certainement pas l'allure d'une ville prête à se défendre, malgré toutes les assertions émises sur la défense organisée devant Paris : où étaient les barricades, où étaient les troupes, où étaient les canons, au fond où était tout et tout le monde ? Je n'avais vu jusqu'ici qu'une douzaine de concierges, trois gendarmes et une foule de civils pris de panique

1. En français dans le texte.

qui essayaient de s'en aller. Finalement, j'abandonnai la recherche d'un hôtel et partis en quête de quelques amis.

J'allai d'abord au quai de Béthune, où habitait Knickerbocker. Le portail était fermé. Après avoir sonné pendant dix minutes, j'entendis un déclic, je poussai la porte et pénétrai dans la cour.

— Qui est-ce ? demanda la concierge à travers la fenêtre.

— M. Knickerbocker est-il là ?

— Non, non. Il a quitté Paris depuis trois ou quatre jours.

Je commençais tout de même à m'inquiéter. Tout devait aller assez mal, puisque Knickerbocker avait quitté Paris. J'allai ensuite chez Eddie Ward, place de la Madeleine ; lui aussi était parti. Aux Champs-Élysées, chez la baronne mon amie, les portes étaient fermées également et la maison déserte.

Je restai debout au milieu de l'avenue, me demandant ce que j'allais faire. La jeune fille, elle, était toujours confortablement installée dans le taxi, fumant des cigarettes, et le chauffeur, un homme entre deux âges, semblait se considérer comme engagé pour la matinée. Je n'avais que cent francs en liquide et en avais déjà dépensé quatre-vingt-dix pour mon billet jusqu'à Paris. Je ne pouvais le régler qu'avec de l'argent anglais et me tracassais un peu sur ce qui allait arriver.

La rue de Berry était de l'autre côté de l'avenue. Je me souvins vaguement que Walter Kerr m'avait dit un jour, en Finlande, que beaucoup de journalistes aimaient à se réunir à l'hôtel Lancaster pour jouer au poker. Je décidai donc d'aller voir le portier de l'hôtel pour avoir quelques renseignements.

— M. Kerr est-il là ? demandai-je.

— Oui, mademoiselle.

Je pouvais à peine en croire mes oreilles.

— Il faut que je lui parle immédiatement.

Le portier ne voulait pas réveiller Walter, mais je finis par le convaincre et je l'eus bientôt au bout du fil.

— Qui est-ce ? demanda une voix ensommeillée.

— Virginia Cowles. Pouvez-vous me prêter deux cents francs pour payer mon taxi, je n'ai pas d'argent.

— Mais, au nom du ciel, que faites-vous ici ? Vous êtes venue pour l'Occupation ?

— Grand Dieu, non ! Je ne suis venue que pour un jour ou deux.

— Écoutez, dit Walter, ou bien vous ne savez pas ce que vous dites, ou bien c'est moi. Je vous envoie tout de suite cet argent, et je vous donne rendez-vous dans une heure pour le petit déjeuner. Deux cents francs vous suffiront-ils ?

Je donnai les deux cents francs au chauffeur de taxi en lui disant de conduire la jeune fille où elle désirait et lui demandai de venir me chercher dans l'après-midi au cas où j'aurais besoin de lui. Il dut trouver mieux, car il roula à travers les Champs-Élysées et je ne le revis plus.

Tout le monde en Angleterre et aux États-Unis, le mardi 11 juin, dans la matinée, put lire en ouvrant les journaux : LES ALLEMANDS À CENT DIX KILOMÈTRES DE PARIS.

Combien, parmi tous ces gens-là, pouvaient deviner quelle était la véritable atmosphère de Paris ? Personne n'avait jamais vu la capitale ainsi. Une poignée d'étrangers peuvent seuls raconter l'histoire de la ville la plus gaie du monde, tout d'un coup abandonnée et silencieuse, les boulevards déserts, les cafés fermés, les volets tirés, les communications téléphoniques et télégraphiques coupées ; l'histoire d'un Paris où il n'y avait littéralement pas un chat.

J'étais stupéfaite. Les volets fermés et les rues désertes, cela n'avait rien d'étonnant à 5 ou 6 heures du matin, mais il était 10 heures lorsque je descendis en auto les Champs-Élysées avec Walter Kerr.

Le soleil étincelant à travers les marronniers, comme toujours au mois de juin, était tout ce qui rappelait le Paris que l'on avait connu. La foule bruyante, l'odeur épaisse de tabac, l'eau jaillissant des fontaines, comme tout cela était loin ! Il ne restait plus aujourd'hui que silence et solitude. Notre voiture était la seule dans toute l'avenue, et il régnait un tel silence que le roulement de ses pneus sur l'asphalte éveillait des échos.

Je ne pouvais encore me faire à l'idée que Paris ne serait pas défendue, et ne devais pas être la seule dans ce cas, car les affiches annonçant que la capitale était « ville ouverte » avaient été placardées ce matin-là seulement et étaient le premier avertissement donné au public parisien. Je pensai à la petite cocotte. Quel réflexe avait-elle eu en les lisant ? Je ne pouvais comprendre comment le gouvernement n'avait pas donné d'ordres aux civils et ne leur avait pas indiqué ce qu'ils avaient à faire. Walter m'apprit que les dirigeants s'étaient déshonorés par leur conduite depuis le début. Les fonctionnaires avaient d'abord déclaré avec fermeté qu'ils ne quittaient pas Paris, puis ils s'étaient enfuis, le lundi, sans prévenir. Le public n'avait été averti de rien ; on s'était borné à faire surveiller les magasins par la police et à conseiller aux hommes mobilisables et non encore sous les drapeaux de quitter la capitale.

Nous allâmes jusqu'à l'Arc de Triomphe : la flamme du soldat inconnu brûlait toujours ; trois gendarmes y montaient la garde, solitaires.

Nous descendîmes ensuite l'avenue Marceau et traversâmes le pont de l'Alma. Devant les Invalides, cinq ou six cents fiacres, alignés, attendaient évidemment l'évacuation de papiers et de documents à la dernière minute. Nous passâmes devant l'École militaire : là aussi, des hommes portaient des caisses de dossiers qu'ils chargeaient dans des voitures de déménagement. Nous allâmes dans des petites rues du Quartier latin. Il n'y avait pas grand changement dans les endroits pauvres ; les rues y étaient aussi fréquentées que de coutume. Des marchands des quatre-saisons poussant leurs voitures à bras pleines de fruits et de légumes faisaient leurs affaires comme tous les jours, et les ménagères marchandaient avec autant d'âpreté que d'habitude. Les habitants de ces quartiers-là étaient trop pauvres pour s'en aller.

Sur les grands boulevards, quelques groupes de gens encombrés de sacs et de paquets, quittant la capitale à pied, étaient les seuls signes de vie humaine. De temps à autre, on voyait déboucher d'une rue transversale une voiture penchant d'un côté sous le poids des bagages empilés sur le toit.

Walter secoua la tête tristement.

— Nous n'oublierons jamais cette matinée, dit-il.

— Oui, voilà je pense ce qu'on appelle assister à une page d'Histoire. Mais j'aurais préféré ne pas lire ce chapitre-là.

Je voulais effacer de mon souvenir cet aspect de Paris. Cela vous donnait l'impression d'assister à la mort de quelqu'un que vous aimez, de regarder un visage rendu méconnaissable par la maladie. La capitale n'avait plus que vingt-quatre heures à vivre, et son pouls était à peine perceptible.

— Vous ne pourrez jamais sortir d'ici avant l'arrivée des Allemands, dit Walter. Il n'y a pas moyen de partir, on ne peut trouver une voiture dans la capitale pour tout l'or du monde. Je vous prêterais bien la mienne, mais je n'ai que quatre litres d'essence et vous n'iriez pas loin. De toute façon, ils peuvent être ici dans une heure. Dieu sait ! il n'y a rien pour les arrêter.

— Comment ? Vous voulez dire qu'il n'y a aucun combat ?

— Bien sûr ! Écoutez : est-ce que vous entendez le canon ? Les Allemands ne sont certainement pas plus loin qu'à vingt minutes d'ici en auto, et l'on n'entend pas le bruit d'une seule explosion.

Je passai la journée à tendre l'oreille pour tâcher d'entendre le son du canon, il n'y avait qu'un silence de mort. Sur la place de la Concorde, nous aperçûmes un groupe de soldats, une demi-douzaine à peu près, le visage couvert de crasse, les vêtements maculés de boue, traversant lentement la place ; deux d'entre eux boitaient, un troisième avait la tête bandée ; quant au quatrième, il marchait sur ses chaussettes en portant ses souliers. C'étaient manifestement des traînards qui avaient perdu leur unité ou avaient déserté et qui rentraient chez eux. Personne n'y faisait attention, personne n'avait plus le temps de s'occuper des soldats.

Walter, correspondant permanent à Paris du *Herald Tribune*, était l'un des six journalistes américains restés à Paris en prévision de l'Occupation ; tous les autres étaient partis trois jours auparavant. Vraisemblablement, j'allais assister bon gré mal gré à l'Occupation, et je commençais à songer comment je pourrais regagner l'Angleterre.

— Avec l'Italie en guerre, votre seul espoir, me dit Walter, est de passer par la Russie, l'Extrême-Orient et l'Amérique, ou bien peut-être par la Norvège et la Suède pour gagner la Finlande, puis, de là, vous embarquer à Petsamo et traverser la mer du Nord.

Aucune de ces éventualités ne me plaisait. Je me voyais déjà voyageant pendant tout le reste de la guerre.

— Vous voulez me faire croire que vous n'aviez aucune idée de ce qui vous attendait à Paris, dit encore Walter. Ici, tous les journalistes savaient depuis mardi que la ville ne serait pas défendue.

Je lui expliquai que je n'avais pas lu les journaux depuis vingt-quatre heures et que les journaux anglais ne laissaient absolument pas prévoir que Paris serait ville ouverte. Bien au contraire, ils avaient publié des dépêches affirmant qu'elle serait défendue jusqu'à la dernière motte de terre. J'avais encore le *Daily Express* de la veille et lui montrai l'article de la British United Press daté du mardi à Paris. On y lisait :

À partir d'aujourd'hui, Paris est sous le contrôle d'un gouvernement militaire. Toutes les grandes routes menant à la ville ont été barricadées, les préparatifs pour défendre la ville rue par rue, s'il est nécessaire, ont été mis au point. Des avions ont survolé la ville toute la nuit et la défense aérienne s'est fait entendre de temps en temps. On perçoit par moments le bruit de l'artillerie venant du nord. L'exode des civils continue. Des femmes, des enfants et des vieillards ont quitté Paris pendant toute la nuit, allant vers le sud, et cette évacuation volontaire continue aujourd'hui. Il n'y a néanmoins aucun signe de panique. Les magasins sont ouverts comme toujours; il y a encore des bijoux dans les vitrines. Le Matin *résume aujourd'hui le moral de la France en ces termes : « Il y a deux mille ans, les ponts ont été détruits et les faubourgs de la ville incendiés pour résister à l'ennemi. Il n'y a donc rien de nouveau sous le soleil. Paris dans les pires crises reste toujours indomptée. Paris ne se soumet jamais. »*

Walter voulut bien admettre que cet article-là n'avait pas grand rapport avec la réalité.

— Mais que pense le peuple de Paris ? demandai-je. Il admet que la ville soit occupée sans combat ?

— Je n'en sais rien. La plupart des gens sont dans un tel état de panique qu'il est difficile de vous répondre. Ils ne sont au courant de rien, les pauvres, et s'ils étaient renseignés, ils ne pourraient pas faire grand-chose. Jusqu'à maintenant, je n'ai pas encore eu le courage de discuter avec eux ; pendant les dernières vingt-quatre heures, je les ai évités comme la peste, je me suis accroché aux journalistes. Tout cela est trop terrible pour en parler.

Je partageais le sentiment de Walter. On n'avait vraiment aucune envie d'aborder le sujet. Je n'eus qu'une conversation ; ce fut avec un garagiste, à quelques mètres du Lancaster. Pendant que j'attendais Walter, je décidai d'avoir quelques renseignements au sujet du problème des automobiles. J'entrai dans le garage et demandai s'il n'y avait pas une voiture à vendre ou à louer. Le propriétaire, énorme et massif, me regarda avec colère.

— Écoutez bien, s'il y avait une voiture à Paris, une seule, je l'aurais ; s'il y avait une possibilité de voler une voiture, je l'aurais ; je tuerais bien quelqu'un pour en avoir une. Au lieu de cela, il faut que je reste ici à regarder les boches faire leur entrée dans Paris.

Il prononça le mot « boches » d'une voix méprisante et cracha par terre avec fureur.

L'ambassade des États-Unis était mon seul espoir. L'ambassadeur William Bullitt demeurerait à Paris avec son état-major pendant l'Occupation, et le drapeau américain continuait de flotter sur sa hampe. Quand nous arrivâmes devant l'ambassade, un vieux monsieur qui avait erré aux alentours se précipita vers nous, nous suppliant de l'aider à quitter Paris. Il parlait anglais avec un fort accent étranger et déclara être juif allemand, chef d'une organisation antinazie.

— S'ils me trouvent ici, dit-il, ils me fusilleront.

Il était dans un tel état d'énervement qu'il trouvait difficilement ses mots. Nous lui répondîmes que nous ne trouvions pas nous-mêmes le moyen de quitter Paris et lui demandâmes si à l'ambassade on ne pouvait pas l'aider. Il hocha la tête en disant qu'il avait tout essayé. Il s'éloigna, courbé sous le poids de son désespoir.

Des centaines de gens dans le même cas avaient assiégé l'ambassade, d'après ce que me dit Walter, et beaucoup d'entre eux avaient été tirés d'embarras.

— Mais ce pauvre diable n'a pas grande chance d'être secouru, ajouta-t-il : antinazi ou non, personne ne veut aider un Allemand, de crainte qu'il ne fasse partie de la « cinquième colonne ».

Nous pénétrâmes dans le bâtiment et vîmes tout d'abord le colonel Fuller, attaché militaire américain. Son accueil ne fut pas des plus cordiaux, je ne pouvais guère lui en vouloir : des femmes journalistes égarées, c'était vraiment le comble ! Il dit qu'il ferait tout son possible pour m'aider, mais ne nous laissa pas grand espoir. Nous allâmes ensuite dans le bureau du secrétaire d'ambassade, dont l'accueil fut plus chaleureux, mais non moins pessimiste. Nous descendîmes l'escalier de marbre blanc.

— Ce n'est plus la peine de me tracasser, dis-je, me voilà ici, il va falloir que j'y reste.

Une voix tout à coup nous interpella :

— Hep, Walter !

C'était Henry Cassidy, de l'Associated Press. Ils parlèrent tout d'abord des événements, puis Walter le mit au courant de ma situation.

— Oh ! mais je puis peut-être vous aider, dit-il aimablement. Le correspondant du *Daily Mirror* de Londres, Tom Healy, vient d'arriver à Paris ; il est dans votre cas, il ne savait pas ce qui l'attendait. Il était sur la frontière italo-française et est arrivé ici un peu par accident, n'ayant eu aucune nouvelle depuis deux jours. Il a un roadster, une Chrysler, et s'il n'a encore promis de place à personne, il sera ravi de vous emmener.

L'heure qui suivit, pendant laquelle Cassidy essaya de joindre Tom, me parut interminable. Finalement, il m'envoya un message m'annonçant que Healy partait dans la soirée et m'emmènerait...

— ... Si les Allemands ne sont pas déjà là, dit Walter d'une voix sourde.

Je passai les deux heures suivantes à taper mon article dans le bureau du *Herald Tribune*. Walter écrivit une dépêche que je lui promis d'envoyer de Tours.

Nous tâchâmes de trouver quelque chose à manger dans un petit bistro, près du bureau ; nous ne pûmes obtenir que du café. Le ravitaillement ne manquait pas dans Paris, disait-on, mais il n'y avait plus ni camion ni camionnette pour le distribuer. Je fus reconnaissante à Walter de quelques biscuits qu'il me donna. À part une tasse de thé, la veille, et une tasse de café dans la matinée, je n'avais rien mangé depuis quarante-huit heures.

Je quittai Paris vers 17 heures.

— Vous partez aussi ? me dit le portier de l'hôtel Lancaster lorsque je pris mes bagages.

Il était tristement assis derrière son bureau, et sa voix était pleine de reproches. Je me sentis soudain coupable comme si je n'avais pas le droit de partir.

— Votre pays est le seul espoir qui nous reste, ajouta-t-il amèrement. Les Américains ont toujours aimé Paris, ils vont peut-être nous aider.

Quel triste espoir ! pensais-je. Depuis neuf mois, les États-Unis avaient assisté à l'écrasement de huit pays. Le pays de la liberté envoyait ses condoléances et sa sympathie, mais rien d'autre.

— En quoi cela porte-t-il atteinte à nos intérêts ? demandaient les Américains tandis que l'Europe était ensanglantée.

Un sentiment de colère s'élevait en moi : qu'avait donc ma patrie pour rester ainsi indifférente à l'anéantissement du monde civilisé, ce monde qui était le sien ?

La voiture de Tom Healy sortit de Paris, en direction du sud. Nous longions les bords de la Seine et nous apercevions le reflet des ravissantes maisons gris bleu miroitant dans l'eau.

Nous ne jetâmes pas de regard en arrière.

5
LE COMMENCEMENT DE LA FIN

Essayez de penser par millions, essayez de vous représenter un bruit intense et une immense confusion, une forte odeur d'essence, un grincement d'embrayages d'automobiles, des cris, des lamentations, des larmes et des imprécations. Essayez de vous imaginer un soleil brûlant, dardant ses rayons sur un flot humain interminable, se déversant en dehors de Paris, par le sud, et vous aurez peut-être alors une impression du gigantesque exode civil qui faisait présager l'avance allemande.

J'avais déjà vu des réfugiés. J'en avais vu sur les routes de Tchécoslovaquie et d'Espagne, ou traversant la frontière polono-roumaine, ou trébuchant sur les sentiers glacés de Finlande. Mais je n'avais jamais rien vu de semblable à l'exode de Paris. C'était la première évacuation « motorisée » de l'Histoire. Quelques personnes étaient en charrettes, d'autres à pied ou à bicyclette, mais la plupart étaient en autos.

Ces voitures faisaient des embardées, grinçant, crépitant, formaient une arche de Noé de véhicules. Tout ce qui avait quatre roues et un moteur avait été mis en service, quel qu'en fût l'état de décrépitude ; des taxis, des camions frigorifiques, des camionnettes de boulangerie, des voitures de parfumerie, des roadsters de sport et des autobus parisiens, tous invariablement bondés d'êtres humains. J'ai même vu un corbillard chargé d'enfants. Ils avançaient le long de la route, à deux ou trois de front, coupant quelquefois à travers champs, franchissant les fossés. Nous fûmes coincés dans la file, Tom et moi, à quelques kilomètres en dehors de Paris sur la route de Dourdan à Chartres. Il nous fallut trois heures pour faire quinze kilomètres.

Il y avait des scènes atroces. Des voitures en panne d'essence ou détraquées avaient été poussées à l'écart dans les champs. Des vieillards trop fatigués ou malades et qui ne pouvaient aller plus loin restaient là, étendus sur le sol, sous les rayons impitoyables du soleil. Nous aperçûmes une vieille femme assise dans un fossé, au milieu des siens qui essayaient de lui faire avaler un peu de vin. Parfois, des voitures embourbées et incapables de continuer arrêtaient la circulation. Une camionnette de boulangerie conduite par une femme tomba en panne d'essence à mi-côte. Tout le monde se mit à hurler et à klaxonner, tandis que la pauvre femme restait debout au milieu de la route, entourée de ses quatre enfants, suppliant qu'on lui donne de l'essence. Personne n'en avait de reste. Finalement, trois hommes sortirent d'un camion et renversèrent la camionnette dans le fossé malgré les supplications de la malheureuse femme. Le véhicule s'écrasa avec un bruit sourd, l'essieu arrière se brisa et tout le déménagement se répandit dans le champ. La malheureuse hurla frénétiquement contre cet abus, puis s'affaissa en sanglotant. La procession se remit en marche.

Dans cette atmosphère de terreur, de panique et de confusion, on avait peine à croire que l'on se trouvait en présence des citoyens de Paris, de ces citoyens dont les pères avaient combattu comme des tigres pour sauvegarder leur liberté et avaient pris d'assaut la Bastille. Je commençai à comprendre pour la première fois ce qui était arrivé à la France. Le moral est une question de foi, on doit avoir foi en sa cause, foi en son but, mais surtout et au-dessus de tout foi en ses chefs. Comment le peuple pouvait-il avoir foi en des chefs qui l'avaient abandonné, qui ne lui avaient donné aucune directive, aucune information, aucun réconfort, qui n'avaient pas organisé son évacuation ni fait appel à lui, lui demandant de rester sur place et de combattre pour Paris jusqu'au bout. Si nous avions sous les yeux un exemple de la façon dont les Français étaient conduits, il n'était pas surprenant que la France fût condamnée.

Partout le mécanisme semblait s'être cassé. La digue avait d'abord commencé à s'ébouler, et la folie, simple infiltration au début, s'était transformée en torrent. Les routes militaires elles-mêmes étaient encombrées de civils, pris de panique. Tom, correspondant de guerre officiellement accrédité, s'engagea sur une de ces routes. Des gendarmes en surveillaient l'entrée et demandaient nos laissez-passer, mais personne n'empêchait les réfugiés de s'y engager aux croisements et, quelques kilomètres plus tard, nous fûmes une fois de plus coincés entre les voitures civiles qui roulaient à deux ou trois de front. Une unité d'artillerie gagnant la nouvelle ligne du front, au sud-ouest de Paris, fut un moment bloquée par un camion de meubles embourbé et en panne en travers de la route. Le chauffeur, suant à grosses gouttes, tournait fiévreusement sa manivelle, tandis que les soldats l'invectivaient. L'un d'eux marchait de long en large, furieux, en grommelant :

— Ces sales civils, ces sales, sales civils !

Enfin le camion voulut bien repartir et laissa passer le convoi d'artillerie.

En une autre occasion, ce fut un convoi d'ambulances, klaxonnant frénétiquement, qui fut immobilisé par un encombrement aux environs d'un village pendant plus d'une heure. Les conducteurs protestaient avec énergie, mais sans résultat. Quant à moi, je pensais aux pauvres diables couchés à l'intérieur des voitures. Les tanks étaient les seules unités militaires qui obtenaient la voie libre immédiatement. Nous aperçûmes une fois, dans notre dos, de puissants monstres de quinze tonnes qui arrivaient à toute allure. Ils roulaient à soixante-cinq kilomètres à l'heure, et le résultat fut instantané : tout le monde se rangea dans le fossé. Ils passèrent dans un bruit de tonnerre, les chenilles arrachant la terre sur leur passage et projetant des mottes de boue en l'air comme rejaillit l'eau d'une fontaine. Ils étaient suivis de camions rapides et d'un convoi de soldats motorisés ayant des mitrailleuses accrochées au side-car. Leur moral paraissait excellent. Sur un des tanks, on avait inscrit à la craie ce plaisant surnom donné au véhicule : *La Petite Marie.*

Camions et canons étaient couverts de fleurs. Deux des motocyclistes hurlèrent en passant, nous demandant si nous avions des cigarettes. Tom leur jeta deux ou trois paquets. Ravis, ils nous firent signe de les suivre, nous escortèrent à travers le long convoi de civils et nous placèrent carrément entre deux tanks. Nous roulâmes à soixante-cinq kilomètres à l'heure pendant les dix à quinze minutes suivantes. Malheureusement, ils bifurquèrent à une quinzaine de kilomètres plus loin. Les motocyclistes nous firent des signes de la main pour nous dire au revoir en nous envoyant des baisers. Une fois de plus, nous étions obligés de suivre la longue procession des évacués.

Il était près de 21 heures, et nous n'avions fait que trente kilomètres.

— Je me demande si nous arriverons, dit Tom en regardant sa montre.

Lorsque nous avions quitté Paris, à 17 heures, il était déjà question d'un encerclement allemand des deux côtés de la capitale pour couper les routes de l'arrière. Tom avait une carte militaire. Nous décidâmes de tenter notre chance à travers les petites routes de campagne. Quelques-unes n'étaient pas beaucoup plus larges que des sentiers, mais nous pouvions y faire une moyenne de seize à dix-huit kilomètres à l'heure, ce qui était un gros progrès. Il faisait tellement noir que nous pouvions à peine voir, et nous faillîmes renverser deux fois de suite des cyclistes sans lumière. Tout à coup un éclair traversa le ciel et un grondement sourd se fit entendre dans le lointain ; c'était le premier bruit d'artillerie que j'entendais de la journée.

— Quelque chose rampe vers nous, dit Tom, mais si nous continuons à cette allure, je crois que tout ira bien.

Nous roulâmes, sur huit à dix kilomètres, le long des petites routes sinueuses. Conduire était fatigant sur cette route obscure, mais c'était néanmoins un soulagement que d'être en pleine campagne, loin de l'odeur suffocante de l'essence.

Tom avait un peu de vivres à l'arrière de sa voiture, et nous décidâmes de nous arrêter pour nous restaurer. Il préconisait de découvrir une meule de foin pour s'adosser, mais la campagne environnante était aride et pierreuse. Un massif d'arbres se profila enfin dans l'obscurité, c'était le mieux que nous puissions espérer, et nous nous arrêtâmes sur le côté de la route. La voiture dérapa violemment dans un fossé de presque deux mètres ; seules les roues du côté droit demeuraient sur la chaussée. Le côté gauche était aplati contre la terre et la voiture si fortement penchée qu'il nous fut difficile d'ouvrir la porte supérieure ; nous réussîmes cependant à nous extraire du véhicule.

Le grondement de l'artillerie se rapprochait et les éclairs dans le ciel étaient plus fréquents.

— Boches ou pas boches, dit Tom, il semble que nous allons être forcés de nous attarder ici ; installons-nous d'abord pour manger quelque chose, je verrai ensuite si je peux trouver quelqu'un pour m'aider.

Même à ce point de vue, nous fûmes déçus : le champ était trempé d'humidité, et la seule misérable meule de foin qu'on voyait au milieu exhalait la vapeur l'eau dont elle était imprégnée. Revenus sur la route, nous fîmes les cent pas pendant dix à quinze minutes, nous demandant si quelqu'un viendrait à passer. Il commençait à faire froid et je me mis à frissonner. Après avoir maudit l'encombrement pendant des heures, c'était une singulière ironie du sort que d'attendre désespérément la vue d'un être humain. Finalement, Tom partit pour le dernier village à quelques kilomètres de là, tandis que je me glissais dans la voiture – ce qui ressemblait à une descente en toboggan – pour essayer de me sécher et de me réchauffer.

La nuit était admirable, sous le ciel clair et étoilé; seuls, le bruit des criquets et le grondement sourd et intermittent des canons troublaient le silence. Je me demandais où en était l'avance allemande, tout en songeant que le peuple américain en savait probablement plus long que nous.

Tom ne revint qu'aux environs de minuit. Il avait frappé à la porte d'une dizaine de fermes : tout le monde était couché. Il avait enfin obtenu – avec l'aide d'un billet de cent francs – qu'un fermier lui promît de venir à l'aube avec des chevaux pour nous tirer de là.

Sept heures précieuses allaient être perdues dans l'attente; toutefois nous ne pouvions mieux faire.

En tant qu'Américaine, je ne courais aucun danger, mais si Tom était fait prisonnier, cela signifiait pour lui le camp de concentration jusqu'à la fin de la guerre. Il conservait d'ailleurs tout son calme et déclara avec le flegme caractéristique des Anglais :

— Eh bien ! nous n'y pouvons rien. Alors, mangeons ; mon Dieu, que j'ai faim !

Nous nous assîmes sur le bord de la route en buvant du vin et en grignotant du pain et du fromage. Après quoi, enveloppés de tous les manteaux et de tous les tricots qui nous tombèrent sous la main, nous grimpâmes dans l'auto. Sur la banquette inclinée, j'étais si mal à l'aise que je ne dormis que par à-coups, m'attendant à être réveillée d'un moment à l'autre par le bruit des tanks allemands. Heureusement, il n'en fut rien. Le fermier tint parole et arriva vers 5 heures du matin, avec deux gros chevaux blancs qui tirèrent l'automobile du fossé aussi facilement que s'il s'était agi d'une voiture d'enfant. Nous pûmes continuer notre voyage.

Au village le plus proche – dont je ne me rappelle plus le nom –, nous nous arrêtâmes pour boire un peu de café. Une demi-douzaine de *tommies* attirèrent nos regards : ils étaient alignés sur les mauvais pavés de la rue, subissant une réprimande de leur caporal pour quelque délit sans gravité. C'étaient des hommes vigoureux et solides qui auraient pu être découpés dans une page de *Punch*. Ils souriaient d'un air penaud en écoutant le discours du caporal, et se livraient à des plaisanteries quand celui-ci avait le dos tourné. Tandis que Tom demandait à l'un d'eux où les officiers étaient hébergés, je pénétrai dans un café pour essayer de mettre un peu d'ordre dans ma toilette; la salle bourdonnait d'activité, malgré l'heure matinale. Plusieurs personnes se trouvaient attablées, tandis que rugissait la radio. Une voix annonçait : « ... l'héroïque résistance de nos troupes ». Un vieux monsieur fit un geste d'incrédulité en murmurant quelque chose que je ne pus entendre. La femme qui l'accompagnait se mit en colère, sa voix dure résonna à travers le café :

— *Ne dites pas cela, il faut espérer*[1].

La serveuse me regarda avec stupéfaction quand je lui demandai du café.

— Les réfugiés, me dit-elle, ont traversé le village comme une nuée de criquets, ils ont vidé tous les environs.

Après quelques instants employés à me refaire une beauté, je trouvai Tom, en sortant, accompagné de deux officiers qui portaient l'insigne des « Royal Engineers ». Ils nous invitèrent à un petit déjeuner et nous conduisirent au mess. Ni l'un ni l'autre ne paraissaient en savoir beaucoup plus long que nous sur la situation. On venait de leur envoyer l'ordre de se diriger vers une nouvelle position. La plupart de ces officiers étaient en France depuis cinq ou six mois, et ils nous accablèrent de questions sur l'Angleterre. Le moral français était peut-être chancelant, mais il n'y avait aucun signe de détresse dans ce groupe britannique. Ils nous demandèrent :

— Les gens de chez nous ne vont pas être découragés par ce recul, qu'en pensez-vous ?

Pour un recul, c'en était un d'importance, pensai-je à part moi.

Lorsque nous remontâmes en voiture, ils nous entourèrent tous, et l'un d'eux me dit :

— Eh bien ! On se revoit à Cologne pour Noël !

Nous mîmes cinq heures à faire les cent soixante kilomètres qui nous séparaient de Tours. Nous avions appris le bon moyen et nous bornions à utiliser les chemins vicinaux qui, si mauvais fussent-ils, n'étaient pas du moins encombrés. Ce ne fut qu'à quinze kilomètres de Tours, lorsqu'il nous fallut rejoindre la grand-route, qu'une fois de plus nous fûmes ralentis par le convoi de réfugiés. Le radiateur, en

1. En français dans le texte.

outre, se mit à fuir, l'eau commença à bouillir et des nuages de vapeur se déversaient par le bouchon. Nous mîmes une heure à atteindre la ville. Le pont sur la Loire ressemblait à une longue croûte de pain envahie par des fourmis.

La voiture, haletante et comme pantelante, s'arrêta finalement à 1 heure et demie devant l'hôtel de l'Univers. Knickerbocker fut la première personne que j'aperçus sortant de l'hôtel.

— Mon Dieu ! Comment êtes-vous arrivée ici ?

— Vous me posez toujours la même question !

— Mais d'où venez-vous ?

— De Paris.

— De Paris ? Mais les Allemands sont à Paris depuis des heures déjà. Quand avez-vous quitté Paris ?

Je lui racontai mon histoire.

— Ils étaient dans le bois de Boulogne hier soir, dit-il. Vous avez dû les côtoyer au moment de votre départ, vous ne les avez probablement pas reconnus, tous les soldats sont gris dans l'obscurité.

Il n'y avait pas un seul lit vacant dans Tours. Le haut commandement français avait annoncé que la Loire serait la prochaine ligne de défense, et il circulait un nombre incroyable de rumeurs plus ou moins fondées : d'abord, que l'aviation allemande avait menacé de détruire la ville ; ensuite, qu'une unité motorisée allemande avait déjà atteint Le Mans, à quelque quatre-vingts kilomètres de là, et que les Allemands étaient à même d'apparaître dans les rues à tout moment. Le gouvernement avait déjà atteint Bordeaux, et les réfugiés qui, pris de panique, s'étaient précipités à Tours, cherchaient maintenant à s'en aller, en proie à une panique plus vive encore.

Je retrouvai Eddie Ward, de la BBC. Il m'apprit que la Press Wireless était le seul moyen de communiquer avec l'étranger ; les messages parvenaient en Angleterre par les États-Unis au prix de huit pence le mot. Eddie restait à Tours, ainsi que les services de l'agence Reuters, encore une journée. Je décidai de rester également, afin d'avoir l'occasion de faire un article. L'agence Reuters pourrait sans doute me donner un lit, d'après ce que me dit Eddie, qui lui-même m'emmènerait le lendemain à Bordeaux dans sa voiture.

Tout le monde faisait des suppositions au sujet de l'entretien qui avait eu lieu entre Churchill, Reynaud et Weygand, trois jours auparavant. Churchill, supposait-on, avait supplié la France, dans le cas du pire, de continuer la guerre en Afrique du Nord. Londres avait annoncé que l'on était arrivé à un complet accord « quant aux mesures à prendre pour faire face au nouvel état des hostilités ». La plupart des journalistes, néanmoins, étaient pessimistes sur les perspectives d'une continuation de la guerre par la France. Le moral des fonctionnaires français était au plus bas ; il n'y avait même plus de censure, ce dont, d'ailleurs, personne ne se plaignait. Jusqu'alors, les dépêches avaient été contrôlées d'une façon si rigoureuse qu'il était impossible de donner aucun renseignement sur la situation. Soudain, tout le monde était libre d'écrire ce qui lui passait par la tête. Pas un mot ne fut supprimé dans un de mes articles relatif à la panique et à la confusion qui régnaient sur la route de Paris. Un article de Gordon Waterfield spécifiait que la France était menacée d'une défaite semblable à celle de 1870, et Harold King envoya le lendemain matin un télégramme encore plus alarmant. Gordon me raconta plus tard que les censeurs de Londres, en recevant ces dépêches, en avaient retardé la publication afin de s'informer tout d'abord auprès des autorités supérieures si la situation de la France était vraiment aussi désespérée.

Eddie me conduisit au quartier général de Reuters, un grand immeuble situé à un kilomètre et demi de la ville. L'agence avait loué cette maison pour six mois, avec un bail de quarante mille francs, et ne l'occupa finalement que quarante-huit heures. J'y passai la nuit, et ce fut un étrange intermède. Je me vis tout à coup dans une chambre de Hollywood tapissée de perse et ornée de miroirs, avec une épaisse couverture blanche et un téléphone vert pâle, décor qui contrastait étrangement avec l'inconfort et la saleté d'où je sortais.

Ce soir-là, nous fûmes huit convives à dîner, autour d'une table où la lumière des bougies faisait briller des couverts d'argent. On servit un potage de fausse tortue, des tournedos sauce béarnaise, des légumes frais et une excellente tarte aux cerises.

Le monde était peut-être près de sa fin, mais, pour le moment, on avait peine à s'en rendre compte.

Le concierge et sa femme, un couple charmant entre deux âges, s'occupaient de la maison. La gardienne, ronde et maternelle, n'en était pas moins tenace et méfiante ; elle refusait obstinément de se laisser influencer par les mauvaises nouvelles et restait convaincue que la France allait se ressaisir au dernier moment.

— S'il y avait beaucoup de gens comme elle, dit Eddie, on n'en serait pas là ; malheureusement, il n'y en a pas.

J'écrivis mon article pour le *Sunday Times* dans l'après-midi. L'alerte sonna à 19 heures, et j'entendis quelques minutes plus tard le vrombissement des bombardiers. Je continuais à taper sans m'en occuper. Tout à coup, un cri perçant monta du salon. Je descendis précipitamment l'escalier et aperçus les enfants du concierge, des bambins de huit et neuf ans, qui sautaient de joie.

— *Nous avons vu les boches*[1] *!*

Ils se penchèrent par la fenêtre et montrèrent le ciel. Quelques petits points, à peine visibles, décrivaient de larges cercles au-dessus de nos têtes. Je regrettais de ne pouvoir m'enthousiasmer pareillement pour un raid aérien. On parlait beaucoup d'épargner aux enfants la terreur des bombardements, mais ils paraissaient les seuls à en goûter vraiment les joies. J'étais étonnée que leur mère ne les oblige pas à s'abriter. J'appris plus tard qu'elle méprisait les gens qui se réfugiaient dans les abris.

Les avions allemands revinrent le lendemain matin. Plusieurs bombes tombèrent à proximité, et la maison trembla violemment. Je descendis dans la cuisine avec Eddie. La concierge nous lança un regard inquisiteur.

— Vous n'avez pas peur des boches, n'est-ce pas ? demanda-t-elle.

— Oh ! non, dit Eddie timidement, je venais simplement voir si je pouvais avoir une autre tasse de café.

— Mais bien sûr, dit-elle, et son visage s'éclaira. Je n'aime pas qu'on ait peur des boches : ce sont de sales fanfarons et des lâches. Mon mari a fait la dernière guerre, et il raconte que, chaque fois que les boches se heurtaient à un nombre égal au leur, ils décampaient. Ils sont tous les mêmes. Il n'y a pas de quoi avoir peur.

— Certainement, dis-je, en manière d'approbation, le cœur battant, tandis qu'Eddie me jetait un regard malheureux.

Nous partîmes pour Bordeaux après le déjeuner, dans le roadster de Gordon, une Ford, et dans la Citroën d'Eddie, avec une plaque d'immatriculation RAF, qu'il avait ramassée quelque part, entre Bruxelles et Tours. Nous étions six : Gordon Waterfield, Harold King, Courtenay Young, Joan Slocombe – la ravissante fille de George Slocombe du *Sunday Express*, âgée de dix-neuf ans –, Eddie et moi.

1. En français dans le texte.

On avait eu la sagesse de faire pas mal de courses, et il fallut plus d'une demi-heure pour charger les voitures avec les couvertures, les sacs de couchage, des ustensiles de cuisine, des provisions, sans parler des machines à écrire, des bagages, des dossiers, d'une tente de camping et d'un canoë pliant.

Nous nous précipitâmes, Courtenay Young et moi, au bureau de la Press Wireless, juste avant de partir, afin d'envoyer une dernière dépêche. En regagnant la voiture, j'entendis quelqu'un m'appeler et reconnus le petit Égyptien avec lequel j'avais voyagé jusqu'à Paris. Ses cheveux tombaient sur sa figure, ses vêtements étaient couverts de boue et il était plus agité que jamais. Il avait vécu des heures atroces, ayant trouvé sa maison abandonnée et ses enfants disparus. Il ignorait encore ce qui leur était arrivé. Il avait quitté Paris depuis vingt-quatre heures, après avoir assisté à l'entrée des Allemands par la porte d'Aubervilliers. Une unité motorisée était passée à moins de deux cents mètres de lui. L'Occupation, disait-il, avait bouleversé beaucoup de gens et causé des scènes de désespoir inconcevables. Des hommes et des femmes pleuraient en pleine rue.

— Quelques-uns, ajouta-t-il, en sont presque devenus fous. J'ai vu une femme abattre son chien à coups de revolver, puis mettre le feu à sa maison.

L'Égyptien partait pour Bordeaux. Il n'eut pas le temps de m'en raconter davantage, et je n'ai jamais su comment il avait pu s'enfuir de Paris.

6

SÉPARATION NAVRANTE À BORDEAUX

« M'avez-vous gardé votre foi ? Quand tout allait bien,
Sûrement ; moi, je vous suis demeuré attaché quand tout allait mal.
Mais quand la tentation a frappé à votre porte,
Vous vous êtes abandonnés et vous avez oublié
Oublié – ce que vous êtes et la liberté et vos amis,
Et même votre intérêt ; maintenant notre splendeur si vantée
Tourne au rouge de la honte, tandis que la longue histoire s'achève
Dans une séparation navrante à Bordeaux. »

Robert Vansittart

Nous ne prîmes pas la grand-route pour atteindre Bordeaux. Lorsque j'y pense, j'évoque des châteaux majestueux, des rivières aux frais ombrages, des vallées boisées, du vin, du soleil et des fleurs. Tandis que la misère et la terreur régnaient sur les grandes routes empestées par l'essence et où résonnait le roulement des pièces d'artillerie, les chemins vicinaux semblaient appartenir à un autre monde. Les ménagères potinaient dans les rues des villages et les paysans travaillaient dans les champs aussi tranquillement que d'habitude. Leur vie semblait si éloignée du tumulte environnant que nous nous demandions s'ils savaient même que le pays fût en guerre. Très peu d'entre eux, en tout cas, savaient combien les circonstances étaient critiques. La plupart haussaient les épaules lorsque nous leur parlions et déclaraient qu'il leur était impossible de juger la situation n'ayant pas de nouvelles suffisantes. Beaucoup d'entre eux ignoraient même que Paris était occupée depuis la veille. Le communiqué français n'annonça jamais l'entrée des Allemands et se borna à déclarer que les troupes françaises s'étaient retirées de chaque côté de la capitale, « conformément aux plans du haut commandement français », afin d'éviter que Paris fût dévastée. Après quoi, Paris ne fut plus jamais mentionnée. Les villageois n'avaient pas entendu le communiqué ou bien n'en avaient pas compris le sens. De toute façon, ils ne s'alarmaient pas. Seul, un vieux fermier, appuyé sur sa fourche et penché au-dessus d'une haie pour nous parler, parut avoir un doute dans l'espoir : le ton de tous ces communiqués ne lui plaisait pas, nous dit-il. Puis, se grattant la tête, il demanda gravement :

— Sommes-nous si certains de gagner ?

Nous passâmes la nuit près d'un ruisseau, dans le voisinage d'un petit bourg. Nous montâmes d'abord notre tente puis nous prîmes dans la voiture nos couvertures, nos vivres et tout notre appareil culinaire. Des pâtés de foie gras, de la galantine, du poulet, des sardines, des cornichons, des oignons, du pain, du vin et du fromage composèrent notre dîner.

Étendus sur l'herbe, nous commentâmes pendant des heures le sort de la France.

— C'est curieux comme nous parlons déjà de la France au passé, remarqua tout à coup Harold King.

— Oh ! ce n'est pas la peine de se faire des illusions, dit Eddie, c'est déjà le passé, passé et terminé. Mon Dieu ! quand on pense que les Allemands vont boire tout ce bon vin !

Le lendemain matin, nous nous rendîmes à pied jusqu'au village, à un kilomètre de là : le bourg comprenait une dizaine de maisons groupées autour d'une vieille église, un poste d'essence, un café et une espèce de bazar vendant de tout, depuis des rubans jusqu'à du vin. Les cloches de l'église sonnèrent à 11 heures, pour la grand-messe. Des mères et leurs enfants, avec leurs habits du dimanche et des souliers bien cirés, commencèrent bientôt à s'assembler devant le porche.

Une dizaine de personnes étaient attablées dans le café lorsque nous y entrâmes pour demander du vin du pays. Un petit garçon nous apporta un pichet de vouvray. En vérité, c'était un spectacle étrangement paisible pour le dimanche qui comptera dans l'Histoire comme le jour de la chute du ministère Reynaud et celui où la République française entrait dans la dernière phase de son anéantissement.

Les gens, autour de nous, discutaient de la guerre. Ils étaient tous stupéfaits de la situation de Paris, car ils avaient cru que la ville serait défendue jusqu'à la dernière extrémité. Quelques-uns disaient avec une lueur d'espoir :

— Tout ça n'est peut-être qu'un piège pour attraper les Allemands.

Une femme à la figure large, aux mains rouges et rugueuses, déclara :

— Oh ! Paris n'est pas si importante. C'est une ville comme une autre.

Comme les Français aimaient Paris autant que leur propre village, cette observation nous frappa. Nous découvrîmes bientôt que celle qui parlait ainsi était une Belge, une réfugiée de Liège. Quand nous lui demandâmes son avis sur le roi Léopold, elle leva les bras au ciel dans un geste de colère et le traita de *cochon*[1]. La propriétaire du café, une vieille femme de soixante-dix-huit ans, était la personnalité marquante du village. Elle paraissait sortie d'un roman de Flaubert, tout de noir vêtue, avec une jupe volumineuse et un petit bonnet blanc sur la tête. Son visage brun et ridé brillait de malice. Elle était évidemment la « matriarche » du village. Tout le monde l'écoutait avec respect et se précipitait dans toutes les directions au moindre de ses désirs. Notre arrivée l'intéressa à tel point qu'elle tint à nous servir elle-même. Elle s'empressait autour de nous en disant :

— Ces braves, ces braves Anglais ! Nous allons faire reculer les boches ensemble, n'est-ce pas ?

Il fallait lui répondre à chaque fois, et elle inclinait la tête avec une immense satisfaction. Les nouvelles de Paris ne l'accablaient pas, disait-elle ; les Allemands l'avaient inquiétée pendant sa vie entière, mais tout finissait par s'arranger. Elle se souvenait de la guerre de 1870, elle avait alors huit ans. Pendant la guerre de 1914, ses fils avaient été mobilisés. À présent, ses petits-fils étaient sur le front.

— Cette guerre-ci est la plus dure, dit-elle en soupirant, mais, comme il serait préférable de mourir plutôt que de vivre sous la domination hitlérienne, nous ne devons jamais nous rendre, n'est-ce pas ?

Nous approuvâmes.

— Bon, dit-elle. Maintenant, mes braves Anglais, vous allez boire encore un peu de vin, n'est-ce pas ?

Les braves Anglais obéirent. La seule chose qui nous fit quitter ce village, bien à contrecœur, fut la nouvelle reçue par la radio portative

1. En français dans le texte.

de Gordon Waterfield que le Cabinet français se réunissait dans l'après-midi et qu'il ferait le soir même une déclaration importante.

La plupart des Français suivirent peut-être alors Pétain, mais j'ai tendance à croire que notre petit village est toujours fanatiquement antihitlérien et le demeurera tant que la vieille propriétaire aura un souffle de vie.

Pendant la dernière partie de notre trajet, jusqu'à Bordeaux, nous traversâmes bon nombre de villes et de villages envahis par des réfugiés. Partout où nous trouvions des réfugiés, nous trouvions de la panique. Goebbels n'aurait pu imaginer une méthode plus efficace pour répandre le désespoir et le découragement. Ce ne fut que le 16 juin, le jour même de notre arrivée, que le gouvernement français prit des mesures pour y remédier en priant les gens de rester sur place.

Bordeaux était une répétition de Tours : les cafés et les hôtels envahis, les ressorts des automobiles pliant sous le poids des déménagements, le Consulat espagnol assiégé pour des demandes de visas, des rumeurs au sujet des menaces de raids aériens allemands, des histoires sur l'arrivée imminente des tanks et des unités motorisées allemandes, et tout le monde dans un état de fièvre et de confusion.

Le Cabinet discutait toujours la question de savoir si la France devait capituler ou continuer la guerre en Afrique du Nord. Reynaud, Mandel, Marin, Monnet et Delbos étaient, paraît-il, pour la continuation de la lutte, mais le groupe Pétain-Laval faisait fortement pression pour obtenir que l'on capitule. Le visage sombre et lugubre de Laval était très remarqué au restaurant de l'hôtel Splendide. On pouvait voir cet ancien président du Conseil, courbé sur la table, discutant et gesticulant avec véhémence parmi un groupe d'amis. Knickerbocker alla lui parler et lui dit, au cours de la conversation :

— Quoi que vous fassiez, surtout, ne capitulez pas. Si vous continuez la lutte, les États-Unis, j'en suis certain, vous soutiendront, et vous finirez par obtenir la victoire. Mais si vous abandonnez la partie, vous êtes perdus.

Laval sourit.

— Peut-être, dit-il, mais je n'en suis pas certain. Je ne crois pas que la France soit le but principal de l'Allemagne : son but réel est la Russie soviétique.

Cela au moment où l'armée allemande envahissait la France, quand les villes étaient bombardées et que les gens s'enfuyaient pris de panique, d'un bout du pays à l'autre. Laval n'était pas le seul de cet avis, et un grand nombre de Français, principalement des réactionnaires de droite, partageaient son opinion.

Lorsque j'étais revenue d'Italie à Londres, quatre jours avant l'invasion allemande, un Français, membre de la Mission économique française à Londres, déjà pessimiste sur les probabilités d'une victoire française, m'avait dit :

— Dans quelques semaines, la France sera forcée de prendre une des décisions les plus difficiles de son histoire ; elle devra choisir entre le fait d'être complètement annihilée par les Allemands ou de signer une paix qui la transformera en puissance de troisième ordre.

C'était la première fois que j'entendais parler de paix. Je me souviens encore de ma stupéfaction.

— Mais vous ne seriez même pas une puissance de troisième ordre, dis-je, vous seriez seulement une province allemande.

— Oh ! non, répliqua-t-il, on ne peut pas détruire la France ; l'Angleterre peut-être, mais pas la France. Il y a toujours un *bloc* de Français sur le continent, et ils se relèveront un jour pour retrouver leur ancienne puissance, comme l'a fait l'Allemagne.

Cette conversation m'avait tellement bouleversée à l'époque que je la répétai à un ami du ministère des Affaires étrangères. Il y attacha peu d'importance, convaincu que seul un petit groupe de défaitistes chroniques partageaient cette opinion. Malheureusement, c'était le même raisonnement qui, ce dimanche-là, gagnait du terrain à Bordeaux. « Arrêter les pertes et essayer de s'en tirer avec le moins de dommages possible », tel était le plaidoyer du parti de la paix en faveur de la reddition. Le gouvernement britannique, dans un effort désespéré pour convaincre la France de poursuivre les hostilités, soit en France même, soit dans son Empire, proposa un pacte d'union entre les deux pays. L'ambassadeur d'Angleterre apporta un projet de rédaction au gouvernement français dans l'après-midi de ce dimanche décisif. En voici les termes :

En cet instant fatal de l'histoire du monde moderne, le gouvernement du Royaume-Uni et la République française font la présente déclaration d'union indissoluble et d'inflexible résolution en vue de défendre en commun le droit à la justice et à la liberté contre la sujétion à un système qui réduit l'humanité à l'esclavage et à une vie de robots.

Les deux gouvernements déclarent que la France et la Grande-Bretagne ne formeront plus deux pays, mais une seule union franco-britannique. La Constitution de l'Union prévoira des organismes jumelés pour les questions politiques relatives à la défense nationale, aux affaires étrangères, à la vie financière et économique. Chaque citoyen français jouira immédiatement des droits de cité en Grande-Bretagne, chaque sujet britannique deviendra un citoyen français.

Les deux pays partageront les responsabilités pour les réparations des dommages de guerre sur quelque endroit que ce soit de leur territoire ! Les ressources des deux pays seront, en proportions égales et comme s'il s'agissait d'un seul, employées à cet effet.

Il n'y aura qu'un seul ministère de la Guerre pendant la guerre, et toutes les forces britanniques et françaises, tant sur mer que sur terre et dans les airs, seront placées sous sa direction. Il siégera où il aura le plus de commodités. Les deux parlements seront solennellement associés.

Les nations de l'Empire britannique forment déjà de nouvelles armées. La France conservera ses forces disponibles sur terre, sur mer et dans les airs.

L'Union fait appel aux États-Unis, afin de fortifier les ressources économiques des Alliés et d'apporter sa puissante aide matérielle à la cause commune. L'Union concentrera toute son énergie contre la puissance de l'ennemi à quelque endroit où puisse se trouver la bataille. Et ainsi nous vaincrons.

Cette offre fut repoussée par les dirigeants français. Ils n'avaient pas suffisamment foi en leur cause, pas suffisamment foi en la Troisième République. Mandel, fortement et foncièrement antinazi, fut chargé cette nuit-là d'annoncer à une demi-douzaine de journalistes, dans une sordide et sombre pièce de la préfecture, la démission de Reynaud et la nomination de Pétain comme Premier ministre – le Premier ministre de la paix. Je ne l'oublierai jamais. Je le vois encore, petit et pâle, la tête haute, prononçant les paroles contre lesquelles il avait combattu jusqu'au bout, des paroles qui sonnaient le glas de la France.

Son esprit d'anticapitulation était connu, et un des journalistes français lui demanda s'il projetait de quitter la France.

— Oh ! non, dit-il, je resterai ici.

Puis, souriant ironiquement, il ajouta :

— Je commence seulement à connaître un peu Bordeaux.

Mandel fut arrêté le lendemain, en tant que chef du parti « de la révolte » ; il fut bientôt relâché sur l'insistance d'Herriot et du président Lebrun. Il demanda une lettre d'excuses au maréchal Pétain, et la rumeur raconte que, mécontent de la première missive du vieil homme, il aurait dit sévèrement :

— Ça ne fait pas du tout l'affaire, je vais dicter une véritable lettre d'excuses.

Le maréchal aurait accédé à sa demande en couchant par écrit les phrases platement emphatiques qui lui étaient indiquées.

Quelles épreuves avait donc subies le solide moral de la France ? Quelles étaient les causes de cette complète désagrégation ? D'innombrables explications contradictoires ont été données ; je laisse ce problème aux experts. Mais je suis certaine d'une chose, c'est qu'il n'y aurait jamais eu de débâcle si les dirigeants du peuple français avaient été des hommes convaincus et intègres. Reynaud, prophète sincère et qui voyait juste, manquait de la forte personnalité nécessaire pour s'imposer à l'imagination populaire. Sa faiblesse apparut lorsqu'il abandonna la partie pour laisser la place à Pétain. Churchill aurait-il démissionné ? Si les chefs n'avaient pas perdu la foi en leur cause, le peuple n'aurait pas perdu la foi en ses chefs. Les tanks allemands auraient pu enfoncer les défenses du pays, mais chaque rue de Paris aurait été défendue. Les villes auraient été bombardées, mais il n'y aurait pas eu de convois de réfugiés hystériques répandant la panique comme une maladie contagieuse. Le gouvernement français aurait peut-être dû quitter la métropole, mais la flotte française aurait combattu aux côtés de la flotte anglaise. Le peuple de France, au contraire, fut trahi et abandonné. Il fut nourri de fausses nouvelles et laissé sans directives.

Dans son livre *What happened to France ?*[1], Gordon Waterfield a bien résumé la situation, à mon avis, lorsqu'il a écrit :

> Je considère qu'on peut démontrer que ceux qui ont gouverné la France dans ses heures d'épreuve supportent les neuf dixièmes de la responsabilité... Les membres du gouvernement n'ont cessé de répéter qu'ils tiendraient jusqu'au bout. « Paris, ont-ils dit, est en état de se défendre », puis, quelques jours plus tard, ils l'ont déclarée ville ouverte. « Nous combattrons en Afrique du Nord s'il

1. « Qu'est-il arrivé à la France ? »

le faut », ont-ils proclamé, et, peu de temps après, ils ont demandé à l'Allemagne les termes de l'armistice. « Nous n'accepterons pas, ont-ils dit encore, un armistice déshonorant », et ils ont donné à Hitler un chèque en blanc. Non seulement ils étaient impropres à gouverner, mais encore ils déçurent le peuple. Ce sont les demandeurs du procès de Riom qui devraient être au banc des accusés.

Nous partîmes pour l'Angleterre, le lendemain, sur un cargo britannique. Il était ancré dans le port du Verdon, à l'embouchure de la Gironde, à une centaine de kilomètres de Bordeaux. Nous y allâmes en auto.

Il y eut de l'affolement, à la dernière minute, parmi tous les journalistes pressés de se débarrasser des francs. Ils se précipitèrent dans les magasins pour acheter tout ce qu'ils pouvaient. Ils rapportèrent surtout des bouteilles de parfum pour en faire cadeau à leurs amies anglaises.

Les journaux du matin avaient annoncé brièvement le changement de gouvernement, mais la plupart des Français n'avaient pas encore compris la situation. Pétain annonça, par radio, seulement à midi, que la France avait demandé un armistice à l'Allemagne.

J'étais assise dans un café du quai, à la pointe de Grave, à un kilomètre et demi du Verdon, avec Eddie Ward, Knickerbocker et Ed Angly. La journée était admirable. Des centaines de navires étaient ancrés dans le port; devant nous, le sable blanc scintillait sous le soleil, et les grands pins ressemblaient à de splendides sentinelles. La serveuse, souriante et rondelette, remplit nos verres de vin et prit notre commande. D'une radio, dans la cuisine, elle entendit tout d'un coup la voix de Pétain : « C'est le cœur serré que je vous dis aujourd'hui qu'il faut cesser le combat. Je me suis adressé cette nuit à l'adversaire pour lui demander s'il est prêt à rechercher avec moi, entre soldats, après la lutte et dans l'honneur, le moyen de mettre un terme aux hostilités. »

La serveuse, qui était allée écouter l'allocution du maréchal, revint dans la salle, le visage baigné de larmes.

— Nous ne pouvons pas vivre sous la domination des boches, dit-elle. Nous ne pouvons pas, ce n'est pas possible !

Ed Angly essaya bien de la réconforter, mais elle servit le reste du repas les yeux rouges, en sanglotant.

Le canot vint nous chercher à 16 heures. On annonça au dernier moment qu'une seule valise était autorisée. Ce fut une agitation frénétique pour décider ce qui était le plus important à conserver. Lorsque nous quittâmes enfin le quai, il était jonché d'objets abandonnés, de valises et de malles, sans parler de la longue file d'automobiles. La vaillante Chrysler de Tom Healy, la Ford de Gordon et la Citroën d'Eddie étaient parmi celles-ci. Nous restâmes dans le port environ vingt-quatre heures, des canots arrivaient toutes les heures amenant de nouveaux passagers, tant et si bien que notre petit cargo de neuf mille tonnes, le *SS Madura*, transportant généralement cent quatre-vingts passagers, en comptait plus de mille six cents, soit l'équivalence du *Queen Mary*. On y voyait des banquiers, des fonctionnaires, des chefs de cabinet, des épouses, des enfants, des soldats, des infirmières, des hommes d'affaires, des femmes invalides, des colonels en retraite, des tantes vieilles filles et de cinquante à soixante journalistes. La plupart des passagers étaient anglais, mais une centaine de Français étaient également montés à bord, tout en sanglotant de quitter leurs familles et d'ignorer si jamais ils reverraient leur patrie. Dans ce port ensoleillé, avec, dans le lointain, le panorama paisible de la côte française, on avait peine à s'imaginer que la France fût anéantie.

La plupart des gens, d'ailleurs, n'avaient guère le temps de méditer sur la portée des événements, car on était préoccupé par un souci plus urgent, celui de trouver un endroit où dormir. Les couchettes, les tables, les fauteuils des ponts, avaient été enlevés d'assaut. Tout le monde se mit à revendiquer des droits aux ponts et aux coursives. Il n'y eut bientôt plus une seule place de disponible. M. Comert, directeur français de la presse étrangère, installa son lit sur la table de ping-pong. Sur les ponts inférieurs, il y avait un détachement de marins – pour maintenir l'ordre parmi l'équipage indien susceptible d'être pris de panique devant l'éventualité d'un danger –, un groupe d'artillerie de marine transféré d'Afrique, trente ou quarante infirmières et conducteurs d'ambulance et bon nombre de soldats britanniques blessés. Le navire était bondé à tel point qu'il n'y aurait pas eu beaucoup de survivants s'il avait été touché.

Il était difficile de décider du meilleur emplacement pour dormir : s'il était préférable d'être en bas en cas de bombes, il était plus sage d'être en haut en cas de torpilles. Eddie, Gordon Waterfield et moi jouâmes à pile ou face, et nous nous installâmes finalement sur le pont d'en haut. Nous eûmes bientôt des doutes sur notre sagacité, car un bombardier allemand sortit des nuages et piqua sur le port. Notre navire était armé et les canons de la poupe entrèrent en action. Nous aperçûmes les bombes tomber dans le lointain, tandis que l'eau jaillissait comme d'un geyser. Trois chasseurs français apparurent au-dessus de notre tête, et nous apprîmes plus tard que le bombardier allemand avait été abattu. Je ne sais pas si les événements des derniers jours avaient engourdi la sensibilité de tout le monde, mais personne ne semblait attacher d'importance à ce qui se passait. Quelques-uns continuaient tranquillement à lire des romans, assis dans leur chaise sur le pont avec autant de calme que s'ils avaient fait une croisière dans les mers du Sud. Plus tard, dans la nuit, alors que nous étions encore ancrés dans le port, il y eut une autre alerte, mais nous n'entendîmes aucune explosion de bombes, et la fin de l'alerte sonna presque aussitôt. La radio allemande annonça le lendemain que nous avions été coulés.

Nous sortîmes du port du Verdon dans l'après-midi du 18 juin. Nous naviguions de conserve avec un autre cargo de réfugiés, distant de quelques centaines de mètres. Un destroyer, petit point noir réconfortant dans le lointain, nous escortait. Le capitaine fit appel à des volontaires pour surveiller l'horizon en cas de sous-marins. La plupart des journalistes se proposèrent. Il y avait une relève toutes les heures, et les seuls instants d'émotion furent causés par Bill Stoneman, du *Chicago Daily News*, qui décela une petite escouade de bateaux de pêche espagnols. À part cet incident, tout fut parfaitement tranquille. Le capitaine nous raconta qu'il n'avait eu qu'une fois l'occasion de tirer, sur la côte ouest d'Afrique, lorsque, par erreur, ses hommes firent voler en éclats une baleine.

Les passagers de la première heure avaient eu un voyage pour le moins fatigant. Ils étaient perdus parmi le flot de réfugiés, nous ne les distinguâmes pas ; on nous dit simplement qu'ils avaient embarqué sur la côte est-africaine dans l'espoir d'arriver deux semaines plus tard en Angleterre ; le voyage durait déjà depuis deux mois. Au moment où ils avaient atteint Suez, on venait de fermer brusquement la Méditerranée à la navigation britannique, et ils furent obligés de rebrousser chemin jusqu'au Cap. Ils restèrent une semaine dans ce port, tandis que l'on équipait le navire contre les mines magnétiques, puis reprirent leur voyage. En approchant de la Manche, ils reçurent un SOS leur demandant de faire escale à Bordeaux pour prendre des réfugiés. Le capitaine n'avait pu augmenter ses provisions depuis Le

Cap, mais le chef réussissait cependant à alimenter seize cents passagers en leur donnant deux repas par jour. Pour le petit déjeuner, nous avions une tasse de thé et une tranche de pain, et, pour dîner, un morceau de viande, du riz et une pomme de terre. L'équipage avait une ration plus substantielle et fut ravi de partager avec nous en échange d'une pluie de monnaie. Il nous restait encore un peu de nourriture de notre voyage Tours-Bordeaux (rien de très pratique d'ailleurs) : du caviar, du pâté de foie gras que nous dévorions cependant pour notre petit déjeuner.

Pendant les trente-six heures que dura le voyage, un journaliste prit de temps en temps les nouvelles à la radio et les épingla sur le tableau de bord. Une quantité de rumeurs circulaient au sujet des demandes de l'Allemagne et des réponses de la France. Mais la question de la flotte française était sur toutes les lèvres. Les Français étaient formels sur ce point. « On ne doit point la céder aux Allemands, proclamaient-ils avec véhémence : si l'on ne peut la faire passer en Grande-Bretagne, on doit la saborder. » Quoi qu'il arrivât, une seule chose était certaine : l'Angleterre continuait la guerre.

En ce même après-midi où notre bateau quittait le port du Verdon, tandis que les côtes françaises s'estompaient dans le lointain, M. Churchill déclarait à la Chambre des communes :

> Ce que le général Weygand appelait la « bataille de France » est terminé. Je pense que la bataille d'Angleterre est près de commencer. La survivance de la civilisation chrétienne dépend de cette bataille, ainsi que la vie britannique et la continuité de nos institutions et de notre Empire. Toute la fureur et toute la puissance de notre ennemi vont certainement se retourner bientôt contre nous. Hitler sait qu'il devra ou nous anéantir dans cette île, ou bien perdre la guerre. Si nous pouvons lui résister, la liberté de l'Europe peut être sauvegardée et le monde pourra aller de l'avant, vers des horizons ensoleillés. Mais, si nous échouons, le monde entier, y compris les États-Unis, y compris tout ce que nous avons connu et aimé, sombrera dans l'abîme d'un nouvel âge des ténèbres, rendu plus sinistre, peut-être prolongé par les progrès d'une science pervertie. Resserrons-nous donc pour accomplir notre devoir et sachons que, si l'Empire britannique et la nation subsistent encore un millier d'années, les hommes de l'avenir diront : « Cette heure-là, pour eux, fut la plus belle. »

Oui, l'Angleterre continuait la guerre et le peuple anglais s'apprêtait à vivre sa « plus belle heure » avec cette fermeté douce et inébranlable qui le caractérise.

Quand nous débarquâmes à Falmouth, un groupe de femmes entre deux âges, maternelles et dévouées, nous apportèrent de la limonade et des sandwiches et s'empressèrent autour de nous.

— Vous avez dû vivre des moments bien pénibles ! disaient-elles.

— À présent, vous voilà de retour en Angleterre, sains et saufs, ajouta l'une d'elles, tout s'arrangera.

Oui, l'Angleterre était vraiment un autre monde. Une seconde volontaire me tendit une carte d'émigration estampillée avec le mot *Réfugié*.

Je protestai :

— Mais je ne suis pas une réfugiée, je suis une journaliste américaine.

— Quiconque, dit-elle, n'est pas anglais est réfugié.

Je n'avais plus qu'à signer la carte, et profitai de la circonstance pour lui demander ce qu'elle pensait de la situation.

— Oh ! c'est un progrès, dans l'ensemble. Il n'y aura plus personne pour nous lâcher, maintenant.

Cette remarque n'était ni sarcastique, ni amère, ni prononcée dans un esprit de reproche. Le ton de la voix était plutôt satisfait et joyeux. Je pensai, à part moi : « Dieu soit loué pour cet esprit insulaire enragé des Anglais ! »

Neuvième partie

L'ANGLETERRE CONTINUE LA LUTTE

1

AUCUN INSTANT NE FUT PLUS BEAU

> « Les Anglais seront tenus pour les alliés les plus précieux qui soient au monde, tant que nous pourrons attendre de leurs dirigeants et de leurs grandes masses populaires cet esprit implacable et tenace qui les pousse à mener jusqu'à la victoire finale toute lutte, une fois qu'ils l'ont entreprise, indifférents au temps et aux sacrifices... »
>
> Adolf Hitler, *Mein Kampf*

Les fermiers chargèrent leurs fusils de chasse, les soldats barricadèrent les grandes routes, les ouvriers arrachèrent les poteaux indicateurs, les villageois surveillèrent les routes des campagnes, des volontaires affluèrent à la Home Guard, dans les équipes de pompiers et les services d'ambulance. Tous les yeux se tournèrent vers le ciel : la nation attendit que l'aviation allemande attaque avec toute la furie dont elle était capable. L'Angleterre continuait la lutte.

Huit États souverains d'Europe avaient été anéantis et subissaient désormais l'étreinte allemande, d'autres étaient devenus les vassaux de l'Allemagne. Les ports et les aérodromes, de Stavanger jusqu'à Brest, étaient entre les mains de la force aérienne nazie. L'Angleterre, dernier bastion de la civilisation européenne, était solitaire. Sa flotte était engagée dans la mer du Nord, dans l'Atlantique, en Méditerranée, et il y avait menace d'une nouvelle agression en Extrême-Orient. Ses canons, ses tanks et ses camions étaient restés éparpillés à travers la Flandre et sur les plages de Dunkerque. Sa flotte aérienne était le tiers de celle de l'Allemagne. Serait-elle forcée de marchander la paix ? Elle avait déjà répondu par cette déclaration de Winston Churchill :

> Nous irons jusqu'au bout... Nous défendrons notre île à n'importe quel prix. Nous combattrons sur les plages, nous combattrons sur les terrains d'atterrissage, nous combattrons dans les champs et dans les rues, nous combattrons dans les montagnes. Nous ne capitulerons jamais. Et même, dans le cas, que je ne prévois pas un instant, où une grande partie de cette île serait asservie et affamée, notre Empire au-delà des mers, armé et gardé par notre flotte, continuerait la lutte jusqu'à ce que, « à l'heure de la volonté de Dieu », le Nouveau Monde, avec toute sa puissance et toute sa force, fît un pas en avant pour la libération du Vieux Monde.

J'admirais l'Angleterre depuis ma plus tendre enfance. Mes premiers livres avaient été des livres d'histoires illustrées sur les *Chevaliers de la table ronde, Alfred le Grand, Richard Cœur de Lion, Robin des Bois* et *Drake*. L'Angleterre me paraissait un monde merveilleux où tous les hommes non seulement étaient braves, mais aussi portaient des vêtements magnifiques. Mon admiration s'accrut plutôt qu'elle ne s'amoindrit avec le temps. Pendant les dernières années elle était devenue plus vive parce que je comprenais mieux la lutte longue et persistante que menait l'Angleterre pour sauvegarder sa liberté et ce que signifiait cette lutte, à savoir : la sécurité des mers, la garantie des lois et de la justice, répandues par elle jusqu'aux régions les plus reculées de la terre, enfin cet esprit de raison et de bienveillance qu'elle avait donné à son peuple.

Mais je ne l'ai jamais autant admirée que pendant ces journées dramatiques de juin et de juillet. Pour la première fois, j'ai compris la signification de cet adage : « L'Angleterre ne sait jamais quand elle est vaincue. »

Les chefs britanniques, tout en sachant parfaitement combien la situation était précaire, ne chancelèrent jamais. Il n'y avait pas de parti de la paix, en Angleterre. Quant au public, non seulement il suivait ses gouvernants, mais il prenait la nouvelle situation très à cœur. Sur tout le chemin du retour, je m'étais demandé quelle serait la réaction. Je m'attendais certes à trouver un réflexe de courage, mais il était néanmoins stupéfiant que le public fût en quelque sorte fortifié par l'anéantissement de son dernier allié, et l'on ne pouvait considérer ce sentiment que comme étant typiquement anglais.

— Maintenant, disaient-ils, nous sommes à nouveau entre nous.

Les Anglais ont toujours considéré les étrangers comme bizarres et imprévoyants, et ils se plaisaient à constater que l'on pouvait tabler davantage sur leur propre peuple ; au point de vue psychologique, c'était déjà une explication de cet optimisme ; en outre, les femmes éprouvaient un curieux soulagement en pensant que leurs fils et leurs maris ne combattraient plus sur le continent. Les soldats britanniques, pendant des siècles, avaient versé leur sang en terre étrangère. Ils avaient été enterrés en Crimée, en Afrique, en Inde, et dans presque tous les pays d'Europe. Le peuple d'Angleterre avait maintenant la perspective de faire la guerre sur son propre territoire.

Je n'étais pas seulement impressionnée mais frappée de stupeur. Non seulement je compris l'adage, mais je compris aussi pourquoi l'Angleterre *n'avait jamais* été vaincue. Le 29 juin, je fis un discours radiodiffusé à la BBC pour les États-Unis.

> Les bruits qui courent en Amérique suivant lesquels l'Angleterre sera forcée de négocier un compromis – ce qui signifie sera forcée de se rendre – sont sans fondement et contraires à la vérité. Quiconque connaît l'Angleterre sait à quel point ils sont faux. Le caractère anglo-saxon est tenace. Les Anglais sont toujours fiers d'être des Anglais. Depuis plus de trois cents ans, ils ont été le peuple le plus puissant d'Europe. Ils ont foi en eux-mêmes avec une conviction passionnée. À travers l'histoire britannique, les « Guards Regiments » ont combattu jusqu'à la mort. Lorsqu'un Anglais dit : « Mieux vaut mourir que de vivre sous la domination de Hitler ! », faites attention à ses paroles. Il est tout à fait sérieux.

N'importe quel Anglais aurait été stupéfait que l'on pût même se livrer à des hypothèses sur la détermination britannique et sur les chances de survivre de l'Angleterre. Je fus moi-même légèrement gênée en présentant mon discours au bureau de la BBC.

Le peuple savait qu'il serait bombardé, soumis à un blocus et à un siège. Mais il tirait profit de sa qualité d'insulaire enraciné dans près de mille ans d'indépendance. Il était convaincu que son île ne pourrait être envahie. Il savait que l'Angleterre, à une certaine époque, n'avait disposé que de petits navires, et en petit nombre, et qu'elle avait cependant vaincu l'Armada espagnole. Il savait que toutes les armées napoléoniennes n'avaient jamais réussi à traverser la Manche. Il gardait une foi inébranlable en sa marine, et la boutade qui lui plaisait le plus consistait à rappeler que Hitler était un terrien qui ne savait rien de la mer.

Quoi d'étonnant, après cela, qu'il fît la sourde oreille aux offres de paix faites par Hitler le 19 juillet, quand celui-ci avait dit : « Il n'y a aucune raison pour que cette guerre continue. Je suis désespéré à la pensée des sacrifices qu'elle va imposer... Churchill devrait peut-être, pour une fois, me croire, lorsque je prophétise qu'un grand empire sera détruit, un empire que je n'ai jamais eu l'intention de détruire ni même de mutiler. Je me rends compte, toutefois, que si cette lutte continue, elle ne pourra se terminer que par l'anéantissement total de l'un des deux adversaires. Churchill croit peut-être que ce sera l'Allemagne ; je sais que ce sera l'Angleterre. »

La réponse de l'Angleterre fut :

— Oh ! vraiment ?

La situation était plus tragique qu'à l'époque napoléonienne, mais elle présentait un tel parallélisme que je fouillais dans mes livres pour trouver le volume intitulé *England's Years of Danger* de Paul Frischauer. C'était une compilation de lettres et de documents datant de l'époque où menaçait l'invasion napoléonienne. Je le relus, fascinée ; l'Histoire se renouvelait, événement par événement. Napoléon, qui, comme plus tard Hitler, tenait tout le continent sous sa botte, également comme Hitler fit des propositions de paix, qui furent repoussées de même. L'Angleterre combattait seule, néanmoins sa flotte fit un suprême effort pour assurer sous son contrôle le blocus des ports. Napoléon, désagréablement surpris d'être défié par cette île solitaire, écrivit dans une lettre à l'amiral Decrès, au mois de juin 1805, exactement cent trente-cinq ans avant la guerre de Hitler :

> *Lorsque l'Angleterre comprendra la gravité de la partie qu'elle joue, elle abandonnera le blocus de Brest. Je ne vois pas quelles sont les mesures préventives qu'elle peut prendre pour se protéger contre la terrible menace suspendue sur elle. Une nation sans armée et sans fortification doit être insensée pour s'exposer au risque d'être envahie par une armée de cent mille hommes d'élite. Cette invasion sera le chef-d'œuvre de notre flotte. Cela coûte de l'argent, mais nous n'avons besoin que de six heures pour être les maîtres de la mer et l'Angleterre aura cessé d'exister.*

Quelques mois plus tard, Napoléon ordonna à l'amiral de Villeneuve, qui était à Cadix, de faire voile immédiatement pour

Brest et de nettoyer la Manche pour préparer la voie à sa puissante flotte de bateaux à fond plat dans lesquels l'armée, l'artillerie et les chevaux étaient déjà installés. L'ordre était ainsi conçu :

> *Boulogne, 22 août 1805.*
> *Amiral,*
> *J'espère que vous êtes maintenant arrivé à Brest, partez immédiatement. Ne perdez pas un moment et, avec nos escadres réunies, entrez dans la Manche. L'Angleterre est à nous. Nous sommes prêts. Tout est à bord. Soyez-y seulement dans les vingt-quatre heures, et tout sera accompli.*

Le pauvre vieil amiral ne pouvait quitter le port de Cadix, car il était serré de trop près par la flotte anglaise qui l'environnait. Une fois de plus, l'invasion fut ajournée. Et quelle fut la réaction des Anglais ? Confiants dans la puissance de leur flotte et dans leur Home Guard, ils considérèrent toutes ces tentatives comme une plaisanterie. Des caricatures de Napoléon – du même style que le moderne : « Vous avez manqué le coche ! » – furent publiées dans les journaux en vogue. Frischauer reproduisit une parodie publiée dans un périodique de Londres. C'était une prétendue proclamation destinée à être affichée après l'entrée victorieuse de Napoléon à Londres ; elle était datée suivant le calendrier de la République française.

> *11 Thermidor. St James Palace.*
> *Habitants de Londres, soyez tranquilles ! Le héros, le Pacificateur, est venu parmi vous. Sa modération et sa clémence vous sont déjà bien connues, il se plaît à donner la liberté et la paix à toute l'humanité.*
> *Aucun obstacle ne doit être apporté aux mesures dont l'exécution a été confiée aux soldats français.*
>
> *Aux soldats français !*
> *Soldats ! Bonaparte vous a conduits jusqu'aux plages et jusqu'à la capitale de cette île orgueilleuse. Londres, la seconde Carthage, vous est abandonnée pour le pillage pendant trois jours.*
>
> *12-13-14 Thermidor.*
> *Londres est mise à sac ! Les portes des maisons privées sont forcées, des bandes de soldats ivres enlèvent les femmes des bras des maris et les filles d'entre les bras des pères. Les incendies étincellent en une centaine d'endroits différents. Les portes des églises sont*

enfoncées, les vases sacrés sont volés, les bancs et les autels transformés en étables, quatre évêques ont été assassinés.

15 Thermidor.

Les généraux français s'approprient les maisons des notables et de la haute bourgeoisie.

16 Thermidor.

Des insurrections ont éclaté dans différentes parties de la capitale. Des canons ont été posés dans les principales avenues, les lords Nelson, Saint-Vincent et Duncan, MM. Addington, Pitt, Shéridan, Grey, et trente pairs et membres de la Chambre des communes ont été condamnés à être fusillés. L'exécution a eu lieu immédiatement à Hyde Park.

L'île va être divisée en départements. Londres deviendra Bonapartopolis ; quant au pays lui-même, il deviendra la France insulaire.

L'idée d'une « Hitléropolis » n'était pas plus plaisante. Une fois de plus, tous les Anglais se préparaient dans l'attente de l'invasion. Un certain humour se mêlait à leur volonté bien arrêtée de résister. La perspective d'envahisseurs tombant du ciel, habillés en évêques et en curés armés de mitrailleuses, paraissait à tout le monde quelque chose d'extrêmement comique. Personne, toutefois, ne voulait être pris au dépourvu.

Les villageois, le long de la côte, barraient les routes avec des vieilles charrettes et des automobiles. Je vis également, tandis que je longeais la côte en auto, les paysans semer des obstacles dans les champs pour empêcher l'atterrissage des transporteurs de troupes, des volontaires de la Home Guard rôder çà et là sur les chemins vicinaux à la recherche des parachutistes.

En compagnie d'Anne O'Neill et de Margaret Douglas-Home, j'étais allée passer un week-end chez des amis près de la côte ; une nuit, pendant que nous roulions sur une route isolée, deux hommes surgirent tout à coup des buissons en agitant une lanterne et en nous criant de nous arrêter. Ils passèrent les canons de leurs fusils à travers la portière, éclairèrent notre visage et nous demandèrent nos noms et le but de notre randonnée.

L'un d'eux, après nous avoir posé un certain nombre de questions, déclara :

— Nous pouvons aussi bien les laisser partir, elles n'ont pas l'air de parachutistes.

— Ma foi, dit l'autre, sceptique, on n'est jamais trop prudent; on m'a prévenu qu'ils aimaient bien à descendre en jupons.

Nous partîmes précipitamment, sans donner à leurs soupçons le temps de s'aggraver.

Les paysans n'étaient pas les seuls qui s'attendaient à un danger immédiat. Chaque village, chaque ville fournissait des milliers de volontaires à la Home Guard. À Osterley-Park, Tom Wintringham, soutenu par Edward Hulton, du *Picture Post*, organisa des cours d'entraînement pour les tactiques de la guérilla. Des mineurs des Asturies, qui avaient pris part à la guerre espagnole, apprenaient à de dignes notaires et courtiers à ramper sur l'herbe à plat ventre, à lancer des grenades et des cocktails-molotov, à tirer, à poignarder, à étrangler. J'allai un jour là-bas avec Eddie Ward. Un petit homme doux, un inspecteur de magasin, interrompit tout à coup son instructeur, un officier en retraite de l'armée britannique :

— Pardonnez-moi, monsieur, dit-il, pourriez-vous m'indiquer la façon la plus rapide et la moins coûteuse de tuer une grande fournée de prisonniers ?

L'instructeur fut stupéfait.

— Mais, en Angleterre, nous ne tuons pas les prisonniers.

Le petit homme insista.

— Il peut y avoir des cas d'urgence. Il pourrait être gênant d'avoir à s'en occuper ; vous savez, on peut avoir des choses plus pressantes à faire.

L'instructeur, le regardant toujours de travers, recommanda froidement l'emploi de la baïonnette. Le petit homme hocha la tête avec une immense satisfaction.

Il n'y avait aucun doute, l'Angleterre devenait consciente de la guerre.

2

PER ARDUA AD ASTRA

Par une belle journée d'août, je longeais les côtes de Douvres à Southampton en compagnie de Knickerbocker. Il y avait un combat aérien depuis plus d'une heure au-dessus de nos têtes. Nous entendions continuellement le bruit des moteurs. Mais les avions volaient si haut, et le soleil était si éclatant que nous ne pouvions apercevoir que de temps à autre leurs petites ailes d'argent pareilles aux lueurs rapides des vairons frétillant dans le bleu d'une rivière.

Le combat se poursuivait encore lorsque nous atteignîmes Hastings, où avait eu lieu la grande bataille de 1066, à l'époque de l'invasion de l'Angleterre par les Normands. Il nous parut intéressant de visiter le champ de bataille.

Trois hommes étaient assis sur un talus, les regards tournés vers le ciel. Nous leur demandâmes notre chemin.

— La bataille de 1066 ? répéta l'un d'eux. Je n'en ai jamais entendu parler.

— Regarde ! Regarde ! dit le deuxième, en proie à une vive émotion, il est sur sa queue maintenant. Oh ! regarde-les partir.

Il était clair que personne ne s'intéressait à la bataille de Hastings, et Knickerbocker me dit, d'un air pensif :

— Croyez-vous qu'un jour, dans un millier d'années, quelque jeune écrivain de talent intitulera son livre *1940 et tout le reste* ?

La réflexion ne laissait pas d'être surprenante ; en tout cas, il demeurait certain que « tout le reste » serait assez long à décrire.

La grande flotte aérienne allemande était aux prises depuis le 8 août avec les chasseurs de la Royal Air Force et faisait un effort de titan pour écraser la résistance britannique, puis dévaster l'île entière et sceller enfin sa condamnation en envahissant le pays. La paisible ville de Douvres, à trente-deux kilomètres de la base aérienne allemande la plus proche, était tout à coup devenue le centre des nouvelles mondiales relatives aux batailles furieuses et atroces qui avaient lieu au-dessus de la côte. Des centaines de journalistes et de photographes envahissaient le hall du Grand Hôtel, un hôtel provincial, situé sur la digue, et dont la principale clientèle se composait auparavant de touristes à tarifs de faveur, *en route*[1] pour un week-end en France.

J'avais vu tous ces mêmes journalistes dans les hôtels de Prague, de Berlin, de Varsovie, d'Helsinki et de Paris. Cette fois-ci, c'était différent, c'était la dernière étape. Ensuite, il n'y aurait plus d'hôtels où l'on pourrait aller. Il régnait d'ailleurs toujours cette même atmosphère que les journalistes semblaient apporter : une atmosphère d'émotion, de confusion et d'activité.

Beaucoup de civils avaient été évacués de la ville ; la plage était complètement déserte, barricadée avec des fils de fer, afin d'en éloigner les promeneurs. Néanmoins, des soldats, des marins, des employés de ballons de barrages et de l'ARP envahissaient les rues. Le pavillon de patinage à roulettes, situé sur la petite place, à côté de l'hôtel, était bondé de clients. Le gramophone se faisait entendre le long de la côte tout aussi joyeusement qu'en temps de paix.

Au moment des alertes, un drapeau rouge était hissé sur le château de Douvres, tout en haut d'une colline surplombant la mer.

On pouvait voir alors les commerçants verrouiller leurs portes, les piétons courir pour aller s'abriter, les employés de la défense passive prendre leur poste dans les rues ; bref, les scènes que l'on avait déjà vues partout, mais qui cependant semblaient légèrement étranges parce que, cette fois-ci, elles se passaient en Angleterre. On entendait ensuite le son lointain des moteurs s'intensifiant à mesure qu'ils s'approchaient, jusqu'à ce que ce fût un vrombissement puissant comme le grondement d'une cascade... Et la bataille commençait.

Quelques-uns d'entre nous montaient sur le haut de la falaise de Shakespeare, à deux kilomètres de la ville, et de là, observaient la bataille. Le tableau était majestueux : l'eau bleue de la Manche s'étendait devant vous, la perspective confuse des côtes de France se distinguait dans le lointain, à vos pieds les maisons villageoises étincelaient dans le soleil et les petits bateaux et les chalutiers se tenaient à l'ancre dans le port. Sur la colline, de l'autre côté, les tours imposantes du château se profilaient dans le ciel et, dominant

1. En français dans le texte.

le tout, vingt ou trente énormes ballons gris flottaient dans le bleu du ciel, se balançant doucement, un peu comme des baleines haletantes.

Vous restiez là, étendu dans l'herbe haute, le vent vous caressant doucement, tandis que vous observiez les centaines d'avions argentés tourbillonnant dans le ciel comme des nuages de moucherons. Des canons de défense aérienne tonnaient tout autour de vous, pailletant le ciel de petits flocons blancs. Vous aperceviez le scintillement des ailes et la longue traînée blanche des gaz d'échappement. Vous entendiez le sifflement des moteurs et le crépitement des mitrailleuses. Vous saviez que le destin de la civilisation se jouait à deux mille mètres au-dessus de votre tête, en plein ciel, dans un monde de soleil et de vent.

Vous le saviez, mais il vous était tout de même difficile de vous faire à cette idée.

Les avions descendaient quelquefois en tourbillonnant, piquant avec un étrange hurlement qui vous coupait le souffle. Ils tombaient parfois en flammes, laissant comme dernier testament un long nuage noir dans le ciel. Beaucoup s'écrasaient dans la mer, et l'on pouvait voir au loin, tout en bas, les bateaux de secours se précipiter au milieu de la Manche pour aller recueillir les survivants. Souvent, lorsque les avions allemands étaient abattus, on entendait les artilleurs, sur la falaise, pousser des hourras et faire des ovations. Personne n'avait plus qu'eux de respect pour les pilotes des chasseurs.

— Bon Dieu, me dit l'un d'eux, il faut vraiment les voir, ces garçons-là, pour se rendre compte de leur courage !

Je les avais vus, j'étais allée quelques semaines auparavant avec Knickerbocker visiter l'aérodrome de l'escadrille 601. Nous étions restés sur le champ d'aviation, regardant les Hurricane décoller aussi vite qu'un obus pour, en très peu de temps, ne devenir qu'un petit point à l'horizon. Ce jour-là, ils avaient été envoyés pour intercepter une escadrille de bombardiers allemands qui approchaient de la côte près de Brighton, mais ce fut une fausse alerte, car les bombardiers rebroussèrent chemin, et les Hurricane revinrent bientôt atterrir sur l'aérodrome. Au moment où ils survolaient le terrain avant de se poser, un aviateur qui nous faisait visiter – un grand brun de dix-neuf ans – me demanda si j'aimerais à parler avec un des pilotes encore en plein vol. Il m'emmena vers un avion près d'un hangar, mit le contact de la radio et me dit de demander X n° 1.

— Mais que vais-je lui dire ?

— Dites : « X n° 1, vous êtes en train de rater votre atterrissage ! » Dites-le deux fois de suite très distinctement.

Docile, j'obéis, puis je mis le contact pour écouter la réponse.

— Dites donc au contrôleur qu'il ferme sa grande gueule.

Mon guide éclata de rire. Lorsque X n° 1 atterrit, il l'accueillit chaleureusement et lui dit :

— Il faut vous présenter à cette dame : vous venez de lui parler à la radio.

— Grand Dieu, murmura X n° 1, je n'avais aucune idée… Mais j'espère que…

C'était un jeune homme atrocement timide ; il était déjà devenu écarlate. Il portait la DFC, car il avait, paraît-il, abattu onze avions. Je n'eus pas l'occasion d'en savoir plus long, car il disparut rapidement, et nous ne l'aperçûmes plus pendant tout le reste de l'après-midi.

L'escadrille était divisée en trois équipes : « Readiness », dont les appareils, tout prêts, pouvaient prendre l'air en quelques secondes ; « Advanced available », dont les avions étaient disponibles dans les dix minutes ; enfin « Available », dont les avions étaient susceptibles d'emploi une heure ou deux plus tard.

Les pilotes du Readiness étaient logés dans de petites cabines longeant le terrain d'atterrissage. Un officier supérieur nous y conduisit et nous présenta à un certain nombre d'entre eux. Ils avaient des visages ouverts, des mines éveillées, et portaient des décorations qu'ils avaient gagnées au moment de Dunkerque. Tous étaient extrêmement modestes au sujet de leurs exploits. Ils auraient été fortement embarrassés si vous leur aviez fait part de votre admiration. À ce propos, on citait ce trait : Winston Churchill avait déclaré, durant un discours : « Jamais, dans le domaine des conflits humains, on n'a vu un si grand nombre d'êtres contracter une telle dette envers si peu de leurs semblables. » Un aviateur, dans un commentaire embarrassé, aurait dit alors :

— Il doit certainement faire allusion à nos additions du mess !

Deux Polonais venaient d'intégrer l'escadrille et n'avaient pas encore pris part à leur premier combat. Comme ils ne savaient que quelques mots d'anglais, Knickerbocker leur adressa la parole en allemand, langue qu'ils parlaient couramment.

— Si cela vous est égal, dit l'un d'eux, sur un ton d'aimable reproche, nous préférerions parler anglais.

La conversation fut à peu près inintelligible, mais je me souvenais des pilotes polonais que j'avais vus en Roumanie suppliant qu'on leur donne une autre occasion de se battre contre les Allemands. Je n'avais donc plus besoin de comprendre leurs paroles pour connaître leurs sentiments.

La journée se termina par un goûter dans un jardin, derrière une vieille ferme, située en bordure du champ d'aviation. Le fermier, épouvanté à l'idée de vivre dans le voisinage de l'aérodrome, avait quitté les lieux. Un groupe de pilotes avait pris la maison et s'en occupait, avec une joie puérile. Ils firent un effort particulier pour notre goûter, allant et venant entre la salle et la cuisine pour voir si tout se faisait dans les règles, apportant des assiettes de gâteaux ou de sandwiches et déplorant que nous soyons venus pour assister à une journée si creuse. Ils n'avaient pris l'air qu'une seule fois, alors qu'ils décollaient habituellement cinq ou six fois par jour.

Je ne pouvais m'habituer à cette jeunesse. La place de ces petits garçons aux cheveux blonds et aux joues roses semblait devoir être à l'école. Je ne cessais de les regarder pour me persuader de leur réalité : c'étaient donc là les hommes qui sauvaient l'Angleterre ! Chaque fois qu'ils prenaient l'air, ils luttaient jusqu'au bout, jusqu'à leur propre mort ou jusqu'à celle de l'ennemi. À cet instant précis, un pilote interrompit le cours de mes pensées :

— Vous devriez, dit-il, visiter un jour une de nos escadrilles de bombardiers.

Et, sur un ton devenu soudain respectueux, il ajouta :

— Ces hommes-là sont *vraiment* courageux.

Pour une fois, je ne sus trop quoi répondre.

À peu près une semaine plus tard, Knickerbocker et moi nous suivîmes son conseil et allâmes visiter une base de bombardiers dans le Lincolnshire. Il y a déjà un an de cela ; l'Angleterre à ce moment-là[1] était encore numériquement très inférieure en matière d'aviation, et cependant les bombardiers britanniques attaquaient l'Allemagne cinq fois plus vigoureusement que les Allemands n'attaquaient eux-mêmes l'Angleterre. Le 15 août, selon des statistiques officielles, la Royal Air Force avait lâché plus de trente mille bombes sur l'Allemagne, contre sept mille de cette dernière sur l'Angleterre. Depuis l'invasion de la

1. C'est-à-dire en 1940. *(N.d.T.)*

Hollande, trois mois et demi plus tôt, des objectifs ennemis avaient été attaqués toutes les nuits, sauf deux.

Debout sur l'aérodrome avec Knickerbocker, nous observions six bombardiers lourds pendant qu'ils décollaient dans la nuit tombante pour entreprendre le long trajet qu'ils commençaient à connaître si bien.

La scène était assez émouvante : les hélices tournaient, les feux pour le signal du départ étincelaient à travers le champ, puis, tout à coup, c'était le vrombissement puissant des appareils roulant sur l'aérodrome pour disparaître ensuite dans la brume. Le radio du poste au sol entrait en contact rapidement avec les pilotes pour vérifier le fonctionnement des appareils de sans-fil.

— M'entendez-vous ? M'entendez-vous ?

Et la réponse arrivait, sortant de l'obscurité à quelques kilomètres de là :

— Okay ! Tout va bien !

Les bombardiers devaient aller attaquer des raffineries de pétrole dans la Rhur. Chaque avion avait six hommes à bord : deux pilotes, deux mitrailleurs, un navigateur et un radio qui était aussi un mitrailleur expérimenté.

Une ou deux heures avant le départ, le commandant de groupe donnait ses instructions. Il appelait ses pilotes et leur désignait les objectifs, classés principaux et secondaires, pour terminer par des ordres sévères de ramener les bombes s'ils n'avaient pu repérer ces mêmes objectifs.

— Naturellement, ajouta l'officier, si l'un de vous survole l'aérodrome de Skipol et que vous avez encore vos bombes…

Tout le monde se mit à rire. Le Skipol, à Amsterdam, était un endroit de prédilection. Les pilotes posèrent des questions pendant les dix minutes qui suivirent et marquèrent les positions sur leurs cartes.

Ils formaient une poignée d'hommes courageux, éveillés et d'un bon naturel. Cette escadrille avait fait une moyenne mensuelle d'une centaine de raids sur l'Allemagne depuis les cinq derniers mois.

En les voyant la tête penchée sur leurs cartes, étudiant leurs objectifs, je me souvins d'une histoire que l'on m'avait racontée lorsque Sir Archibald Sinclair, ministre de l'Air, avait visité une escadrille de bombardiers au moment des instructions. Le ministre désirant dire quelques mots aux pilotes, le chef de groupe l'introduisit dans la pièce où ceux-ci devaient être occupés à étudier les instructions qu'ils venaient de recevoir. Ils étaient tous penchés sur une table, secoués par un fou rire et fort occupés à faire un énorme paquet ; plusieurs couches de papier d'emballage enveloppaient déjà… un chat mort. Les hommes avaient pris beaucoup de peine pour lui donner la forme d'une formidable bombe ; ils y avaient inscrit des quantités de plaisanteries libertines, et leur intention était de lâcher le paquet sur Berlin « avec les bons baisers et les souvenirs de l'Air Force ». Ils escomptaient, bien entendu, qu'un Allemand conscient de ses responsabilités se précipiterait dans un laboratoire pour faire analyser scientifiquement ce projectile non éclaté.

Nous attendîmes, Knickerbocker et moi, jusqu'au petit jour, le retour des bombardiers sur l'aérodrome. Durant ces heures d'attente passées dans l'angoisse de se demander s'ils reviendraient tous, je compris la tension nerveuse que provoquaient ces longs raids, qui étaient cependant devenus pour ces braves une sorte de routine. J'imaginais les appareils volant à travers le vent et le brouillard, survolant des kilomètres de mer, et je me demandais comment l'endurance humaine pouvait y résister chaque nuit.

Le silence du poste de commandement semblait ajouter au drame. Plusieurs hommes étaient penchés sur d'énormes cartes notant les vitesses et les positions ; le chef d'escadrille travaillait à son bureau, le radio écoutait les messages ; seul le ronronnement du samovar, qu'une ordonnance avait installé sur un poêle improvisé, rompait le silence.

Les pilotes ne devaient communiquer avec leur base que lorsqu'ils étaient sur le chemin du retour, de peur que les Allemands ne pussent découvrir leurs positions. Le premier avion envoya un message vers 2 heures du matin. Ils furent bientôt tous l'un après l'autre notés sur le tableau de route.

Au bout d'une demi-heure, le son d'un moteur traversa l'obscurité. Nous sortîmes précipitamment. Déjà, les feux de la piste éclairaient l'aérodrome. L'avion décrivit des cercles pendant quelques minutes avant de terminer par un atterrissage parfait.

Cinq des bombardiers arrivèrent à peu près à trois quarts d'heure d'intervalle, mais le sixième fut porté manquant. Le chef d'escadrille marchait de long en large, anxieux, car l'essence du pilote était, paraît-il, restreinte. Une heure passa, puis deux, puis trois, il paraissait improbable, désormais, qu'il pût revenir. Mais le quartier général, tout à coup, signala un bombardier à proximité des côtes anglaises et, une demi-heure plus tard, nous entendîmes le vrombissement familier d'un appareil Wellington.

Le pilote pénétra dans le poste de commandement en enlevant son casque et en déboutonnant sa veste de cuir doublée de fourrure. Il était rouge et embarrassé. Il avait, expliqua-t-il, dépassé son but, puis s'était perdu. Il s'était tout à coup rendu compte qu'au lieu de se trouver au-dessus des côtes britanniques il survolait la Hollande, et il avait dû lâcher ses bombes dans la mer, sa réserve d'essence diminuant à vue d'œil. Il n'avait finalement rejoint sa base qu'avec quelques litres dans son réservoir. Le commandant lui demanda s'il ne fallait pas s'en prendre à son navigateur. Le pilote secoua vigoureusement la tête :

— Oh ! non, dit-il, je suis le seul responsable.

Et il s'éloigna en continuant à marmotter des excuses. Mais le commandant nous dit :

— Je crois qu'il couvre son navigateur. C'est un des meilleurs pilotes, et nous avons déjà eu des ennuis avec ce navigateur-là. Mais essayez de le lui faire admettre !

Un officier de l'Intelligence Service interrogeait chaque équipage au retour, car il devait établir exactement quels étaient les résultats obtenus et les observations qu'ils avaient pu faire. Exception faite d'un seul pilote qui avait dû rebrousser chemin parce que son canon arrière s'était bloqué, ils avaient tous bombardé leur objectif principal.

Ils avaient subi un feu nourri de défense aérienne. Des éclats d'obus avaient atteint à plusieurs reprises un bombardier dont les ailes avaient été endommagées et le réservoir d'essence criblé de trous. Le pilote, un joyeux jeune homme à qui une moustache en guidon de vélo avait valu le surnom de « Hank la moustache », et qui avait déjà fait trente raids sur l'Allemagne, examinait les dégâts avec la nonchalance d'un vieil habitué. Il croyait bien avoir entendu un peu de bruit, nous dit-il, mais il n'en avait pas été certain.

Lorsque tous les interrogatoires furent terminés, nous allâmes prendre au mess un copieux petit déjeuner composé d'œufs au lard et de haricots grillés. Tout le monde était d'excellente humeur, et il était difficile de se rendre compte qu'ils revenaient d'un raid éreintant en territoire ennemi. Un des pilotes, qui avait fait son premier raid quelques jours auparavant, me déclara qu'il avait été surpris du mal que se donnaient les *jerries*.

— Il y a tant d'explosions d'obus de défense aérienne, dit-il, que cela ressemble presque à l'Empire Day. Quand je me suis rendu compte que tout ce mal que l'on se donnait était uniquement pour nous, j'eus l'impression d'être aussi important que le diable en personne.

Et le jeune pilote souriait à cette pensée.

C'était évidemment là un point de vue qui ne me serait jamais venu à l'esprit.

Les bombardiers et les chasseurs n'étaient pas les seuls groupes de défense aérienne qui attaquaient l'ennemi. Les gros hydravions Sunderland quittaient chaque matin à l'aurore leur port tranquille et vrombissaient à travers les brouillards de l'Atlantique. Ils avaient pour tâche d'aider la flotte à protéger les voies maritimes importantes dont l'intérêt était vital pour les îles britanniques.

Tantôt leur travail consistait simplement à faire des patrouilles solitaires, tantôt ils signalaient les positions des bateaux ennemis, attaquaient les sous-marins, secouraient les victimes de ces mêmes sous-marins, protégeaient les navires venant vers l'Angleterre et attaquaient quelquefois les avions ennemis.

Pendant un week-end, je visitai les bases d'une escadrille australienne d'hydravions. Durant les six mois précédents, cette escadrille avait établi un record surprenant : elle avait couvert une fois et demie la distance de la Terre à la Lune.

Je demandai à l'un des officiers si j'avais une chance de pouvoir les accompagner une fois dans leur patrouille. Ma bonne étoile permit que je fusse engagée comme pilote en extra et emmenée pendant une patrouille de treize heures et de dix-sept mille kilomètres, ce qui indigna fort le ministère de l'Air.

Il y avait deux officiers – un pilote et un mécanicien – et sept hommes d'équipage. Les officiers étaient des hommes courageux avec une longue expérience. Ils s'amusèrent beaucoup des regards ahuris qu'échangèrent les membres de l'équipage lorsque je montai à bord.

— J'espère seulement que vous ne vous ennuierez pas trop, me dit l'un d'eux avec une mine inquiète. Un navire vient d'être torpillé il y a quelques heures près de la côte irlandaise, et Jim (un des autres pilotes) est parti au secours des survivants. Nous aurons peut-être là l'occasion de nous amuser un peu.

Nous partîmes à 6 heures du matin et volâmes à deux cent quarante kilomètres à l'heure. Nous eûmes tôt fait de gagner le large. Une immensité bleue s'étendait au-dessus de nous et une autre au-dessous. Le soleil faisait scintiller les vagues. Tout le monde s'affairait. Le râtelier à bombes était garni. Les mitrailleurs, à leur poste, scrutaient l'horizon étincelant, à la recherche des sous-marins ennemis. Le mécanicien était assis à la double commande avec le pilote ; le chef mécanicien, installé derrière eux, à son poste de travail, enregistrait les températures et les pressions. Le navigateur, penché sur ses cartes, calculait la vitesse et les positions et le radio écoutait les messages.

Notre hydravion avait deux ponts et était entièrement de construction métallique. Il emportait des réserves d'essence pour trois mille kilomètres et était muni de canons à la proue comme à la poupe, à bâbord comme à tribord. Le pilote disait qu'il crachait le feu par tous les côtés, tant et si bien que les Allemands l'avaient surnommé le *Fliegende Stachelschwein*[1]. Il était également muni d'appareils photographiques pour les reconnaissances, de fusées éclairantes à parachute pour les atterrissages de nuit, d'un bateau de caoutchouc pliant qui se déployait dès qu'il était en contact avec l'eau et d'une cage de pigeons voyageurs. Aux dires d'un des mitrailleurs, il y avait eu si peu de travail, durant tous les derniers temps, que les pigeons avaient fini par pondre des œufs, tellement ils s'ennuyaient. L'instrument le plus indispensable à bord était un pilote automatique surnommé « George ». George était un appareil inventé pour les vols de longue distance ; il maintenait l'équilibre et la direction de l'hydravion si parfaitement que, le cas échéant, pendant des heures, le pilote n'avait pas besoin de contrôler les commandes.

Peu de temps après notre départ, le radio capta un message de l'hydravion parti au secours des survivants du navire torpillé. On signalait deux appareils ennemis. Ceux-ci, manifestement, n'avaient pas envie d'engager le combat, car un autre message parvint quelques minutes plus tard annonçant : « Ennemi hors de vue. » Durant les quatre heures qui suivirent, nous aperçûmes seulement un petit chalutier de pêche espagnol. Des centaines de mouettes suivaient le sillage ; c'était, selon le pilote, la façon la plus indiscutable de se rendre compte si l'appareil était « à plat ».

1. « Le porc-épic volant. »

Nous prîmes notre petit déjeuner à 10 h 30 : des œufs, du bacon, des fruits, du café, des toasts et de la confiture.

Le mitrailleur d'avant, également habile mécanicien, était aussi le cuisinier.

— On se rend compte qu'il a été très occupé, dit le pilote, à la façon dont les pommes de terre ont un goût d'essence.

C'était un petit homme d'un bon naturel, à l'esprit vif, extrêmement fier d'avoir appris la cuisine dans les forêts australiennes. Il disait bien de temps à autre qu'il était difficile de nourrir dix personnes avec un si petit espace à sa disposition, mais évidemment, ajoutait-il, on ne pouvait s'attendre à la cuisine du Ritz. Comme je lui demandais s'il aimait les patrouilles sur l'Atlantique, il m'avoua qu'il les apprécierait davantage une fois qu'il aurait attaqué un *jerry*. Notre hydravion, selon lui, avait la déveine, car il était le seul de toute l'escadrille qui n'eût jamais eu l'occasion d'engager le combat.

Peu après le déjeuner, j'eus l'impression qu'il allait se passer quelque chose. Le mécanicien était aux commandes tandis que le pilote et moi nous finissions de déjeuner. L'appareil tout à coup dévia de sa voie. Le pilote se précipita à la fenêtre. Nous descendions rapidement. Une longue tache d'huile était visible sur l'eau, juste en dessous de nous.

— Un sous-marin, murmura le pilote, qui, par l'échelle, grimpa aussitôt jusqu'au cockpit.

Un premier son, semblable à celui d'un klaxon démodé, résonna à travers l'hydravion, puis un second. C'était le signal : mitrailleurs à vos postes ! Un fracas de vaisselle et de casseroles éclata dans la cuisine. Le cuisinier se précipita au canon d'avant. Nous tournions doucement, tel un oiseau géant qui fonce sur sa proie. Soudain, tout fut terminé. La fin d'alerte sonna, l'appareil reprit de l'altitude et se remit à voler en ligne droite. Le cuisinier revint à ses assiettes comme un enfant désappointé.

— Ce n'était qu'une vieille épave, grogna-t-il. J'espérais qu'on allait au moins en lâcher quelques-uns, cette fois-ci.

Il n'était pas le seul à être déçu. Le chef mécanicien secoua tristement la tête et murmura :

— Par une journée claire comme aujourd'hui, les *jerries* peuvent nous voir à soixante-cinq kilomètres à la ronde. C'est toujours du travail ennuyeux, par ce temps-là.

Le mécanicien s'excusa de la monotonie de notre patrouille et, en guise de compensation, proposa de me mettre dans la tourelle du canon arrière. Ce fut une des expériences les plus terrifiantes que j'eusse jamais vécues. La tourelle était une espèce de petite niche ronde vitrée qui se balançait au-dessus de la mer. Je me trouvai tout à coup enfermée là-dedans, le vent soufflant à travers la gueule du canon, avec au-dessous de moi rien que la vue des flots, de quoi en avoir le mal de mer.

— Faites-moi sortir d'ici ! hurlai-je.

— Mais qu'est-ce qui se passe ? me demanda en souriant le mécanicien, lorsque je fus de retour dans la cabine. Nous allions justement vous proposer de signer un engagement permanent comme canonnier d'arrière !

L'incident donna au mécanicien l'idée d'organiser un petit exercice de tir. L'équipage mit ses casques équipés avec des fils téléphoniques et des microphones afin de pouvoir communiquer les uns avec les autres. Le mécanicien annonça par radio une attaque ennemie, avec un réalisme effrayant.

— Attention, ils sont sur votre arrière ! Ils piquent à tribord ! En voici deux autres, à bâbord !

Après avoir effectué la manœuvre des canons, on jeta des cibles dans le vide, et les mitrailleurs exercèrent leurs talents. Ce fut bientôt terminé, mais deux canonniers oublièrent d'enlever le contact de leur microphone et le pilote entendit tout d'un coup l'un d'eux dire :

— Combien de temps va-t-il falloir encore attendre avant qu'on nous autorise à emmener une de *nos* petites amies faire un tour ?

L'officier dit simplement :

— Je conseille à la personne qui est en train de parler d'enlever son casque.

On entendit un petit déclic, puis ce fut le silence.

Il n'y eut pas d'autre incident cet après-midi-là, et nous continuâmes à patrouiller pendant des heures entre le ciel et la mer. Nous amerrîmes dans le port à la tombée de la nuit.

La suite de l'histoire est plus triste. Le lendemain matin, le petit cuisinier australien qui désirait tellement combattre un *jerry* partit pour un vol en direction de Gibraltar. Son appareil attaqua un Dornier 18 et, bien que celui-ci eût été descendu, le cuisinier qui remplissait son rôle de mitrailleur d'avant fut grièvement blessé et mourut quelques heures plus tard.

J'eus l'impression d'avoir perdu un vieil ami.

3

HOURRA ! LE PONT DE LONDRES EST INTACT

Anne continuait à avoir table ouverte, et il y avait foule chaque après-midi à l'heure du thé. L'atmosphère y demeurait si paisible, avec les fenêtres donnant sur les arbres verdoyants, au milieu de la petite place tranquille, que la guerre semblait être bien éloignée de là. Vous aviez peut-être, des hautes falaises de la côte, observé les combats aériens, vous saviez aussi, peut-être, que la grande bataille d'Angleterre se livrait là-bas, heure par heure, et, malgré tout, à Londres, on se faisait difficilement à cette idée-là.

Londres, en effet, conservait toujours sa quiétude centenaire. Assurément, l'apparence extérieure avait été modifiée. Auparavant, les carrefours étaient encombrés par les véhicules et les passants, les hôtels bondés de touristes venus de l'étranger, et plus de diamants qu'en aucune autre salle du monde entier scintillaient dans la salle de bal du palais de Buckingham. Les rues maintenant étaient à peu près désertes. Les entrées des immeubles gouvernementaux étaient protégées par des sacs de sable et par des barricades de fil de fer. Des troupes de défense aérienne remplissaient les parcs. Des casques et des uniformes kakis avaient maintenant remplacé les tuniques écarlates et les toques d'ours noir des gardes postés devant le palais. Mais, malgré ces changements, la capitale avait peu perdu de son charme tranquille. C'était toujours pour moi un endroit merveilleux à habiter. La vie y était moins conventionnelle que jamais : des femmes déambulaient le long de Bond Street, en pantalon d'homme et en chandail, portant quelquefois un chapeau ridicule et accompagnées d'un pékinois. On déjeunait et on dînait à la mode hollandaise, on se pressait aux restaurants de plein air, on allait au cinéma, aux matches de football, aux courses. Les sirènes résonnaient bien de temps en temps, mais seuls quelques bombardiers réussissaient à forcer la défense de la capitale pendant l'été, et la plupart des gens ne prenaient même pas la peine de s'abriter.

Le premier après-midi de septembre, je partis avec Anne en auto jusqu'à Mereworth, à une soixantaine de kilomètres au sud de Londres, pour aller passer le week-end avec Esmond Harmsworth. Il faisait chaud, le soleil brillait. Nous prîmes le thé sur le gazon. Soudain, des vrombissements d'avions se firent entendre, nous n'aperçûmes rien tout d'abord, mais bientôt le son s'intensifia comme le grondement lointain d'une puissante cascade. Nous étions étendus sur l'herbe, les yeux tournés vers le ciel, et nous remarquâmes bientôt une quantité de petits points blancs, comme un nuage d'insectes, volant vers le nord-ouest, en direction de la capitale. Quelques-uns, les bombardiers, volaient en formations ordonnées, tandis que les autres, les chasseurs, tourbillonnaient autour d'eux pour les protéger.

Un vieux monsieur, un des invités d'Esmond, myope et dur d'oreille, refusa d'y croire. Pour lui, le monde était un endroit paisible, et il avait décidé qu'il le resterait. Lorsque la défense aérienne tira et que les shrapnells éclatèrent dans le ciel, il resta sur ses convictions, déclarant qu'il ne s'agissait que d'un exercice d'artillerie.

Pendant l'heure qui suivit, nous dénombrâmes, Anne et moi, plus de cent soixante avions. Ils ne rencontraient aucune résistance et arrivaient en telle quantité que nous estimâmes qu'ils avaient déjà probablement traversé les lignes de défense.

— Pauvre Londres ! dit Anne.

— Bêtises ! dit le vieux monsieur. Vous vous êtes couchées trop tard, vous feriez mieux d'aller vous reposer.

C'était le samedi 7 septembre, date à laquelle commencèrent contre Londres des attaques nocturnes sauvages. De 17 heures, pendant toute la nuit, jusqu'au petit jour, une pluie de bombes fut lâchée sur la capitale. Ce fut une des plus fortes attaques aériennes que le monde eût jamais connues jusqu'alors.

La radio allemande diffusait des nouvelles toutes les heures. Le speaker annonçait avec fièvre :

— Des bombes tombent partout, des incendies s'allument, des nuages de fumée s'étendent au-dessus des toits de la plus grande cité du monde. Les explosions jaillissent à une hauteur presque égale au vol des avions allemands. Les efforts de la défense aérienne britannique restent vains. De nouvelles vagues d'avions arrivent constamment, tandis que les avions qui ont lâché leurs bombes prennent le chemin du retour. Le cœur de l'Empire britannique est en proie à l'attaque de la force aérienne allemande.

Les Allemands marquaient les coups portés aux docks, aux usines, aux communications de chemin de fer, aux centrales du gaz et de l'électricité, mais les plus grandes flammes s'élevaient des entrepôts, qui brûlèrent toute la nuit. Des stocks – valant des millions de livres – de laine, de tabac, de caoutchouc et de sucre, flambèrent dans le plus fantastique incendie que Londres eût connu depuis celui d'un autre mois de septembre, en 1666.

Nous apercevions le ciel embrasé, même d'où nous étions, à plus de soixante kilomètres de là. La ligne téléphonique normale avec Londres était coupée, mais Esmond avait une ligne privée avec son journal, le *Sunday Dispatch*. Le directeur n'avait guère de nouvelles. Il savait seulement que le ciel rougissait de plus en plus, que les avions arrivaient sans cesse, que les bombes continuaient à tomber et que personne ne serait plus surpris que lui si le journal réussissait à être imprimé. Le vieux monsieur lui-même commençait à avoir des doutes. Nous allumâmes la radio à 9 heures, pour entendre la voix monotone du speaker de la BBC qui lisait le communiqué du ministère de l'Air :

> Les avions ennemis, en formations massives et nombreuses, ont franchi la côte de Kent vers la fin de cet après-midi et se sont approchés de Londres. Nos chasseurs et nos canons antiaériens les ont attaqués violemment, mais un certain nombre d'entre eux ont réussi à pénétrer jusqu'aux quartiers industriels à l'est de Londres. Il en est résulté que des incendies se sont allumés parmi les objectifs industriels de ce quartier. L'éclairage électrique et quelques services publics ont subi des dégâts, et il y a eu un peu de désorganisation dans les voies de communication. Les docks ont été attaqués également.

Ce texte, évidemment, ne nous renseignait guère. Le laconisme de ce communiqué augmenta notre inquiétude. Nous entendions toujours le bruit des appareils au-dessus de nos têtes.

— En temps de paix, nous dit Esmond, Mereworth se trouvait sur la ligne directe des pilotes civils allemands qui venaient de Berlin à Londres, par la Hollande. Les pilotes militaires suivent évidemment le même itinéraire.

Le bourdonnement des avions dura toute la nuit, et nous nous demandions avec angoisse ce qui subsisterait de la capitale.

À peine étions-nous couchés qu'une bombe d'une tonne éclata à peu près à quatre cents mètres de là. L'explosion fut si violente qu'à Mereworth une maison du XVIIIe siècle, solidement construite, trembla violemment. Nous nous retrouvâmes bientôt dans le corridor, nous demandant ce qui était arrivé. Seul le vieux monsieur manquait à l'appel. Il était tranquillement assis dans son lit et lisait, les fenêtres ouvertes, et sa chambre entièrement éclairée. Nous éteignîmes ses lumières aussitôt en le réprimandant avec indignation, puis nous descendîmes sur la terrasse. On entendait encore le son de l'artillerie dans le lointain. Dans le ciel embrasé, les lueurs semblaient devenir plus vives. Nous allâmes au salon pour écouter la radio, espérant avoir des nouvelles, mais nous ne pûmes entendre qu'une série de mélodies hawaïennes diffusées d'Amérique. Anne réconforta tout le monde en disant que le dôme du toit ressemblait probablement, vu d'en haut, à un immense gazomètre, et serait sans doute pris pour un objectif militaire. Avec cette pensée fortement ancrée dans la tête, nous allâmes nous coucher tristement.

Le lendemain matin, nous apprîmes que Londres était encore debout, bien que les maisons, sur une longueur de plusieurs kilomètres, dans les quartiers de l'est, eussent été complètement détruites et que des milliers de personnes fussent sans foyer.

Je retournai à Londres dans l'après-midi. J'avais prévu de rencontrer un de mes amis à l'heure du thé à Brentwood, sur la route. Pour y arriver, je devais d'abord aller à Gravesend, à quelque vingt-cinq kilomètres de là et, en bac, traverser la Tamise. Il paraissait douteux à première vue que la circulation des routes fût libre. Je partis néanmoins à 15 heures. La campagne était si calme que l'on avait peine à croire qu'il fût arrivé quelque chose d'anormal. J'aperçus les premiers indices des sinistres en arrivant près du bac ; c'étaient de gros nuages de fumée noire qui envahissaient l'estuaire ; ils provenaient des docks de Woolwich. L'ambiance de ce dimanche après-midi demeurait néanmoins aussi paisible que d'habitude. Personne ne semblait désorienté. Les deux employés du bac se grillaient paresseusement au soleil ; un ouvrier des docks lisait le journal du matin. Le contrôleur des tickets déclarait d'un air grognon que, pendant toute la nuit, les Huns l'avaient empêché de dormir. D'après le ton ennuyé de sa voix, on aurait très bien pu s'imaginer que le tapage dont il se plaignait n'avait pas eu plus d'importance que le miaulement d'un chat sur une palissade.

Entre Tilbury et Brentwood, sur une distance de vingt-cinq kilomètres, je passai devant une demi-douzaine d'immeubles bombardés, et il me fallut faire plusieurs détours par peur des bombes à retardement, mais dans l'ensemble les dégâts ne semblaient pas avoir été considérables en cet endroit.

En arrivant à l'hôtel, je trouvai mon ami, un officier d'un régiment d'artillerie, d'excellente humeur. Comme je faisais quelques commentaires au sujet de l'incendie des entrepôts, il affirma avec insistance que le but principal des Allemands était non pas de bombarder les docks, mais plutôt d'essayer de semer la panique et le désespoir en brisant le moral des brasseries et des salons.

Les bombardiers étaient réapparus dans l'après-midi, et les chasseurs britanniques avaient bien fait leur travail et tenaient toujours l'air. Mon ami revenait d'un aérodrome qui servait de base à une escadrille de chasseurs, et il me raconta que beaucoup de pilotes atterrissaient en décrivant un cercle qu'ils appelaient le « tour de la victoire », indiquant ainsi qu'ils avaient « eu leur homme », c'est-à-dire abattu un avion. L'un des chasseurs fit trois fois le « tour victorieux », et les employés de l'aérodrome l'acclamèrent longuement.

Je partis pour Londres, à trente-deux kilomètres de là, vers 19 h 30. Si j'avais pu croire que la nuit précédente se répéterait cette nuit-là, j'aurais pris soin de rentrer chez moi avant l'alerte. En fait, le hurlement lugubre des sirènes résonna quelques minutes après mon départ. La nuit commençait à tomber. Je conduisis aussi vite que possible afin de profiter encore du jour, bien que traversant un des faubourgs de Londres les plus animés, Stratford, à peu près à un kilomètre et demi de Heast Ham. Les rues se vidèrent rapidement; les gens coururent dans toutes les directions à la recherche d'un abri; les autobus et les camions stoppèrent. Bientôt ce fut le silence, et ma voiture demeura à peu près la seule sur la route. Deux soldats égarés me firent signe de m'arrêter et je les emmenai dans ma voiture.

Il était difficile de conduire dans la demi-obscurité, et le silence devenait angoissant. Tout à coup, nous entendîmes un sifflement sourd et une explosion assourdissante. Une bombe éclata au beau milieu de la rue, à quelques centaines de mètres devant nous, provoquant une pluie de débris et de morceaux de vitres de chaque côté de la chaussée. Des coups de sifflet se firent entendre, et les employés de l'ARP et de la police spéciale furent presque immédiatement à leur poste. Il faisait trop sombre pour se rendre compte des dégâts, mais la rue était jonchée de moellons.

La police nous conseilla de nous méfier, et nous fîmes un détour par une autre route. Nous entendîmes bientôt le klaxon d'une ambulance. Au-dessus de nous, le ciel était complètement embrasé, et nous percevions, dans l'obscurité, la chute de nouvelles bombes.

Nous relevâmes toutes les vitres, pour nous abriter des éclats d'obus – exactement le contraire de ce qu'il fallait faire –, et nous continuâmes notre route. Les soldats étaient silencieux ; je ne pouvais les apercevoir dans l'obscurité, ils formaient deux ombres à l'arrière de la voiture. De temps à autre, l'un d'eux murmurait :

— Nous les *aurons* pour tout ça !

Et c'était tout. Ils allaient vers le pont de Londres, et je ne pouvais m'empêcher de penser, au milieu de toutes ces bombes, de toute cette artillerie, et sous l'embrasement du ciel, à la vieille chanson d'enfants *Le Pont de Londres s'écroule*. Ils partageaient évidemment mes pensées, car j'entendis l'un d'eux dire à l'autre :

— Je parie bien que le vieux pont ne s'est pas écroulé.

Et il avait raison car, deux kilomètres plus loin, il apparut devant nous, solide et vigoureux comme toujours.

Je traversai ensuite le cœur même de la ville, qui paraissait aussi fantomatique et désertique qu'un cimetière. Je m'arrêtai pour demander mon chemin à un gardien de l'ARP, qui me pria d'emmener deux de ses hommes à Piccadilly. Les deux malheureux n'avaient pu se déshabiller depuis quarante-huit heures ; ils venaient de tirer des décombres cinq personnes – trois femmes et deux enfants – me dit l'un d'eux, qui ajouta d'un air menaçant :

— Les Allemands devront payer tout cela bien cher, quand la guerre sera finie.

J'atteignis enfin Montagu Square et trouvai M. et Mme Kinch, le gardien et sa femme, en train de dîner tranquillement dans la cuisine. On entendait le son des avions au-dessus de nos têtes et la maison tremblait de temps à autre ; les vitres vibraient lorsqu'une bombe tombait dans le voisinage. Comme je leur demandais s'ils n'avaient pas peur, Mme Kinch me répondit :

— Oh ! non ! Et même si nous avions peur, à quoi cela nous servirait-il ?

Cette question, évidemment, ne comportait pas de réponse.

Bien que je me sentisse le cœur serré, je songeai que si ces gens-là acceptaient la situation avec autant de calme, je devais en être également capable. J'allai me coucher en souhaitant que, si la mort venait, elle fût instantanée.

Le lendemain matin, le ciel était bleu et pur, et, si vous n'aviez vu les énormes cratères et tous les dégâts du bombardement, vous auriez presque pensé que vous aviez rêvé. La circulation était normale, les magasins étaient pleins, les vieilles dames se chauffaient au soleil, dans le parc, les soldats déambulaient le long de Piccadilly, avec leurs bonnes amies bras dessus, bras dessous.

Je déjeunai au restaurant Berkeley, aussi brillant et aussi comble que de coutume. Tout à coup, on entendit une explosion. La salle trembla. Une bombe à retardement avait éclaté, quelques immeubles plus loin. Une jolie fille, coiffée d'un chapeau coquin, et dont la voix traversa le restaurant, demanda au jeune lieutenant qui l'accompagnait :

— Avez-vous laissé tomber quelque chose ?

Il est possible d'écrire sur les lueurs aveuglantes d'un tir d'artillerie, sur le long sifflement des bombes, sur le bruit des éboulements d'immeubles semblable au grondement d'énormes vagues sur la plage, on peut aussi écrire sur le rougeoiement des flammes à travers l'obscurité, sur le feu des projecteurs, sur les lueurs d'incendie se mêlant aux étoiles dans le ciel. On peut écrire sur toutes ces choses, mais il est peu probable que l'on rendra l'impression exacte du moment. Le bruit des avions faisant un bourdonnement inégal, pareil au son d'un foret de dentiste, était pire que tout. Il devenait quelquefois si puissant que vous reteniez votre haleine, vous demandant si les bombes allaient être lâchées. Vincent Sheean s'arrêta une fois, au milieu d'une phrase, et fixa l'espace avec colère :

— Mais qu'est-ce qui se passe ? demandai-je.

— Rien, j'attends seulement que ce bâtard sorte de la salle.

Cette petite phrase résumait assez bien l'impression du moment. Tout le monde se demandait si ces raids étaient semblables à ceux de Barcelone et d'Helsinki, en me disant :

— Vous êtes probablement tellement habituée à ce genre de choses que cela ne vous fait plus rien du tout.

Eh bien ! c'était une erreur. Ces bombardements étaient pires que tous ceux que j'avais connus. Les raids auxquels j'avais assisté jusqu'alors duraient quinze ou vingt minutes, puis s'arrêtaient ; ceux-ci duraient toute la nuit. Et il n'y avait pas un seul quartier de Londres où vous eussiez l'impression d'être en sécurité.

La vie était complètement sens dessus dessous, et tout le monde essayait de s'adapter à cette nouvelle routine. Trouver un endroit pour se coucher était le seul sujet de conversation. Les riches n'étaient pas plus favorisés que les pauvres, car il n'y avait pas un seul abri à Londres, y compris celui du palais de Buckingham, qui vous garantît contre la chute verticale des bombes. Chacun avait d'ailleurs sa théorie propre sur la question. Les uns préféraient les caves, les autres disaient que le haut des maisons était infiniment préférable, car on n'y risquait pas d'être enterré sous les décombres. D'autres recommandaient une tranchée étroite dans un jardin, enfin quelques-uns insistaient sur le fait qu'il valait beaucoup mieux mourir confortablement dans son lit.

Lord et Lady Camerose eurent à ce sujet la première discussion de leur vie maritale. Lord Camerose décrétait que, puisqu'il y avait un abri à quelques mètres de la maison, il était ridicule de ne pas y aller. Lady Camerose rétorquait que la plus petite des concessions était déjà une victoire morale pour les Allemands. Je crois que Lady Camerose eut gain de cause.

Les autobus, les voitures, les taxis stoppèrent au moment des alertes pendant les premières nuits. Tout le monde était alors éparpillé dans Londres sans aucun moyen de rentrer chez soi.

Je rencontrai Eddie Ward, de la BBC, et lui demandai où il habitait.

— Nulle part, dit-il, je dors à l'endroit où je mange.

Il n'était pas le seul à agir de cette façon. Bientôt des habitudes furent prises, et l'on couchait où l'on pouvait trouver un lit disponible. Quelques rares personnes avaient des voitures particulières et étaient littéralement assiégées par les piétons qui désiraient rentrer chez eux. De toute façon, personne ne voulait rester seul, et l'on pouvait entendre des jeunes femmes parfaitement respectables dire à leur accompagnateur :

— Je ne rentre chez moi qu'à une seule condition : c'est que vous me promettiez de rester pour la nuit.

Les halls des hôtels offraient un tableau singulier. En dehors des visiteurs de passage égarés, dormant dans les fauteuils, la plupart des clients craignant de rester dans les étages supérieurs descendaient leur matelas et leur oreiller et faisaient leur lit où ils pouvaient trouver de la place. Ils déambulaient en d'étranges accoutrements : des pyjamas de plage, des déshabillés, des habits de défense passive. Mais la plupart revêtaient simplement une robe de chambre, leur chemise de nuit balayant le plancher. Quelques femmes étaient assises sur leur lit improvisé et tricotaient, tandis que le son de l'orchestre de danse résonnait à travers le hall et que tout le monde allait et venait. Je trébuchai une fois sur la sœur du roi Zog, qui dormait tranquillement devant la porte du restaurant du Ritz.

Les défenses de Londres furent renforcées quelques jours plus tard. Tous les canons de défense aérienne disponibles furent amenés dans la capitale. Ils crépitaient, la nuit durant, d'une manière assourdissante. Pendant la nuit où l'on inaugura le barrage de défense, je dînais avec un groupe d'amis au Dorchester Hotel, à quelques mètres des batteries de Hyde Park ; les vitres vibraient et le bruit couvrait même le son du saxophone. À un moment donné, une bombe incendiaire éclata sur le trottoir. Quelqu'un tira le rideau et la fenêtre ne refléta plus qu'un brasier. L'orchestre se mit à jouer plus fort et les couples continuèrent à danser. Vincent Sheean fit remarquer que cette scène rappelait avec une précision suggestive une scène semblable de *La Ronde des pantins*.

Cette nuit-là, Seymour Berry nous reconduisit, Anne et moi, jusqu'à la maison. Il y avait quelques incendies dans le parc, et nous entendîmes une femme dire, la voix pleine de larmes :

— Hyde Park est en train de disparaître ! Moi qui *l'aimais* tant !

Au-dehors, des lueurs incessantes éclairaient le ciel et le vacarme était épouvantable. Nous avions peur, Anne et moi, tandis que Seymour, capitaine dans un régiment de défense aérienne, pensait que le son des canons était admirable et s'obstinait à ne pas dépasser huit kilomètres à l'heure le long de Park Lane afin de goûter avec délices la splendeur de l'instant.

— Mais dépêchez-vous donc, espèce d'imbécile ! disions-nous, exaspérées.

— Ah ! vous deux, calmez-vous ! Il n'y a aucune raison d'avoir peur. Tâchez de vous imaginer un jeune homme de dix-neuf ans qui tournoie là-haut, dans l'obscurité, et qui a deux fois plus peur que vous.

— Oh ! taisez-vous ! dit Anne.

Nous arrivâmes enfin à la maison ; mais, à partir de ce jour-là, je me donnai la peine de prendre toujours ma voiture.

Tout le monde acceptait non seulement avec calme, mais aussi avec beaucoup d'humour, les situations bizarres dans lesquelles on pouvait se trouver. La nuit où l'entrepôt John Lewis brûla jusqu'au ras du sol, un groupe d'entre nous avait échoué au Claridge's Hotel, quelques immeubles plus loin. Le brasier illuminait le ciel à des kilomètres à la ronde, et les Allemands bombardèrent sans arrêt, toute la nuit, la zone de l'incendie. Je dînais avec Basil Dufferin ; vers 23 heures, nous essayâmes de nous en aller. Ma voiture était gardée à proximité de l'hôtel. Nous avions fait à peine quelques pas qu'un sifflement se fit entendre. De l'autre côté de la rue, un homme de l'ARP nous cria :

— À terre !

Basil était un soldat, et je le couvris de honte par la rapidité avec laquelle j'obéis. Heureusement, la bombe n'éclata pas. J'insistai pour retourner à l'hôtel. Un grand soldat à lunettes était debout au milieu du hall et discutait avec sa femme parce qu'il voulait s'en aller. Elle redoutait le danger, ce qu'il n'admettait pas ; finalement, il sortit tout seul dans l'obscurité. Il revint cinq minutes plus tard, blême, pareil à un fantôme, et s'écroula dans un fauteuil, haletant. Sa femme l'éventa avec un magazine, tandis qu'un garçon de restaurant lui apportait un verre de brandy. Au moment précis où il avait tourné au coin de la rue, une bombe était tombée, le déplacement d'air lui avait fait faire un double saut périlleux, et il s'était retrouvé sur le trottoir opposé, sain et sauf par miracle.

Cependant, le hall devenait plus encombré que jamais. Des dizaines de personnes descendaient l'escalier avec leurs vêtements de nuit sur les bras. Tout le monde s'interpellait, on commanda des boissons, et, à en juger par l'allégresse générale, on aurait cru assister à un bal costumé, d'un genre un peu spécial, il est vrai. Finalement un ARP entra et nous conseilla à tous de nous réunir dans un seul côté de l'hôtel, car une bombe à retardement était tombée dans la rue Davies et pouvait éclater d'un moment à l'autre. Quelques minutes plus tard, une vieille dame descendit l'escalier ; elle portait un long manteau noir, un chapeau noir également et une paire de lunettes fumées. Nous la reconnûmes : c'était la reine Wilhelmine de Hollande. Trois dames d'honneur l'accompagnaient. Pendant qu'elle traversa le hall, un lourd silence pesa sur la foule. Toute sa personne était empreinte d'une grande noblesse ; elle avait l'air courageux, et il était visible que, si elle n'avait pas été évacuée d'office, par ordre, pour rien au monde elle ne serait allée dans un abri.

Les amis d'Anne avaient surnommé Montagu Square le « Coin de l'Enfer ». En effet, un assez grand nombre de bombes étaient tombées autour de sa maison, mais Anne refusait obstinément de la quitter.

— Autrement, disait-elle, où irions-nous prendre le thé l'après-midi ?

C'était là, en effet, un motif qui valait d'être pris en considération.

M. et Mme Kinch emportaient leurs couvertures et passaient les nuits dans un abri, à quelques mètres de là. Mais comme cela n'offrait pas plus de sécurité contre la chute verticale d'un obus que de rester chez soi, nous préférâmes, Anne et moi, le confort de nos lits. Nos nerfs furent cependant mis à rude épreuve lorsque la maison d'en face fut démolie. C'était un spectacle macabre. Des morceaux de pierre et de mobilier pulvérisé jonchaient la rue ; une jupe rouge, une blouse, un bas flottaient sur la branche d'un arbre, juste devant la maison. Les ouvriers creusèrent toute la journée à travers les décombres, afin de retrouver sept corps ensevelis. La femme de chambre, qui habitait au dernier étage, fut la seule survivante. Elle s'était effondrée avec la maison et s'en tirait avec seulement quelques coupures et quelques bleus.

Anne ferma sa maison, mit le mobilier dans un garde-meubles et s'installa à l'hôtel. Elle partit à la campagne se reposer quelques jours, mais il faut croire que les bombes la poursuivaient, car la maison en fut entourée. La femme de chambre se précipita dans sa chambre :

— M. Harmsworth (c'était l'hôte d'Anne) est enseveli sous quatre pieds de décombres.

Anne, qui avait retrouvé son équilibre et ses ressources intellectuelles, répliqua :

— Quoi que vous fassiez, n'allumez pas la lumière, il nous faut le découvrir dans l'obscurité.

En fin de compte, on s'était trompé, car M. Harmsworth n'était pas du tout sous les décombres.

— Si pareille chose m'arrive jamais, dit-il aigrement, vous pourrez au moins me chercher avec une torche.

Pendant ce temps-là, j'habitais avec Freda Casa Maury, à St John's Wood. Elle avait emménagé dans une petite maison aux murs blancs et aux tables-glaces. Il y avait un canon de défense anti-aérienne dans la rue et, quand on tirait, les rideaux volaient à l'intérieur, les candélabres tremblaient et les vases de fleurs s'écrasaient invariablement sur le plancher. De toute façon, une pièce de campagne à grande puissance, installée devant votre seuil, semblait si grotesque que c'en était presque comique. Le bruit était assourdissant, et il fallait véritablement hurler pour continuer la conversation. Pendant la première nuit, Vernon, le maître d'hôtel, dégringola l'escalier à 4 heures du matin en criant :

— Une mine vient d'atterrir sur le haut de la colline. Sortez le plus rapidement possible.

Nous nous entassions, cinq minutes plus tard, dans la voiture de Freda – Vernon, la cuisinière et moi – revêtus des plus étranges accoutrements, et nous descendîmes rapidement la colline. Vernon avait les nerfs en mauvais état, et Freda le soupçonna d'avoir fait un mauvais rêve. Nous découvrîmes le lendemain matin qu'il avait eu raison. Une mine, attachée à un parachute, avait échoué en haut de la colline et, par une chance inouïe, atterri dans une plate-bande de légumes, sans éclater. J'appris par un de mes amis, qui était allé l'examiner, qu'un officier et un groupe de soldats l'avaient vue descendre et avaient cru à un débarquement de troupes parachutées. Ils s'étaient avancés, revolver au poing : « Halte ! cria le major. Qui va là ? » Quand il s'aperçut de « qui » il s'agissait, il descendit précipitamment la colline. Je racontai l'histoire à Basil Dufferin, qui la répéta à un vieil officier au Bucks Club. L'histoire n'amusa pas ce dernier. Ce n'est guère étonnant : c'était le major lui-même.

Tout le monde avait subi de pareilles épreuves. Je ne crois pas qu'il existât alors une seule personne, sur les huit millions d'habitants de Londres, qui ne connût le sifflement d'un obus tout proche. Il y eut des milliers de morts, des milliers de blessés et des milliers d'êtres dépourvus de tout. Si je n'ai pas insisté sur l'horreur de ces épreuves, ce n'est pas par manque de sensibilité. Je laisse à l'imagination du lecteur la terreur de l'obscurité, le hurlement des sirènes des ambulances, les cris des blessés. La souffrance et l'horreur ne supportent pas de descriptions détaillées. Et cependant, c'est à travers ces épreuves-là que l'Angleterre a remporté sa seconde grande victoire. Les chasseurs britanniques s'étaient dressés contre les attaques diurnes, et à présent le moral britannique se dressait contre les attaques nocturnes. C'était cette même valeur morale qui avait fait partir les Britanniques à la conquête des mers et leur avait fait explorer les quatre coins de la terre, qui avait écarté de ses plages les ennemis de l'Angleterre et avait conduit les habitants de cette île jusqu'à la possession du plus grand empire que le monde eût connu.

À l'encontre de la France, il n'y avait ici aucun éboulement dans la digue. Le plus mince anneau de la chaîne était digne de confiance. Du plus grand jusqu'au plus humble, chacun jouait son rôle. Les gardiens de la défense passive, la police, les unités de pompiers, les médecins, les infirmières, les opérateurs du téléphone, les producteurs de camions, les imprimeurs de journaux, les ouvriers d'usines, les fonctionnaires et des centaines d'autres s'accrochaient à leurs métiers et continuaient à faire marcher l'organisation de la capitale. La coordination entre le gouvernement et le peuple était un magnifique hommage à la solidarité et à l'efficacité de la démocratie anglaise. Freda travaillait toute la journée à ses « Feathers Clubs » envahis à présent par les sans-abri. Elle servait cinq ou six repas par jour, aidait des centaines d'entre eux à se réadapter et à trouver de nouveaux locaux. Elle revenait à la maison, le soir, bouleversée par ce qu'elle avait vu.

— Lorsque l'on voit à quel point les êtres humains peuvent être admirables, disait-elle, il est impossible de comprendre comment de telles horreurs peuvent avoir lieu dans le monde.

Je pensais qu'elle était elle-même admirable, mais c'était la dernière chose qui lui aurait traversé l'esprit. Chacun était impressionné par le courage des autres, mais nul ne semblait se rendre compte qu'il faisait lui-même quelque chose d'étonnant.

On restait quelquefois perplexe devant une telle maîtrise de soi, qui, cependant, était considérée comme normale.

Je me souviens qu'un certain soir une bombe tomba sur la colline, à quelques mètres de là. Des nuages de poussière et de fumée s'élevèrent dans l'obscurité. Vernon mit son casque et traversa rapidement la rue. Il revint quelques minutes plus tard avec un concierge et son épouse, un soldat et un chien. La déflagration avait ouvert la porte de leur maison, détérioré le mobilier et fait tomber les plâtres. Ils avaient réussi à en sortir sains et saufs, exception faite de quelques coupures et de quelques bleus. Vernon les emmena dans la cuisine pour leur donner un peu de thé. La femme du concierge était pâle et avait l'air effrayée. Je n'oublierai jamais le ton sévère de son mari, quand il lui dit :

— Ne soyez pas dans un tel état, Elizabeth, tout va très bien. Je ne vous reconnais pas d'être ainsi sens dessus dessous.

L'on aurait pu croire, à la façon de parler du mari, que la pauvre femme avait une crise d'hystérie au lieu d'être tranquillement assise dans un coin.

Le soldat, en permission de vingt-quatre heures, était venu faire une visite à ses amis. Son visage était empreint d'une expression de satisfaction que je ne comprenais pas, jusqu'au moment où il expliqua que c'était sa première expérience de bombardement, et qu'il aurait désormais une bonne histoire à raconter lorsqu'il retournerait sur le « front ».

Le East End avait été le plus fortement attaqué, mais là non plus le moral ne faiblissait pas. J'y allai un après-midi avec Eddy Ward. Pendant des kilomètres, nous traversâmes des entrepôts détruits près des stocks et des zones de centaines de maisons ouvrières anéanties par les explosions et les déflagrations. Il était environ 17 heures, et tout le monde se précipitait vers les abris avant la nuit. Nous nous arrêtâmes à un endroit particulièrement désolé. Les blocs d'immeubles de l'autre côté de la rue n'étaient plus qu'un amas de décombres, et ceux du côté opposé avaient été balayés par la déflagration. J'interpellai deux jeunes filles qui marchaient, les bras chargés d'oreillers et de couvertures. Je leur demandai si les avions continuaient à bombarder ce quartier ; l'une d'elles me répondit :

— Chaque sacrée nuit… Sapristi, vous ne savez donc pas que nous sommes en première ligne ?

Elles éclatèrent de rire toutes les deux et partirent pour installer leur lit dans un abri, sous un amas de décombres. Hitler n'avait pas beaucoup de chances de briser le moral d'un tel peuple.

Tout le monde réorganisa rapidement sa vie. Le *Daily Express* fit une campagne dont le slogan était : *Ne vous laissez pas gagner par le « mal de bombes ».*

Les magasins affichèrent : *Ouvert comme d'habitude*. Un coiffeur, voisin d'un immeuble détruit, placarda cette affiche : *On rase de près*, et Florence Desmond chanta avec une voix ardente :

I got a cosy flat,
There's a place for your hat;
I'll wear a pink chiffon negligee gown
And do I know my stuff?
But if that's not enough,
I've got the deepest shelter in town[1]

Dans les halls d'hôtels, les matelas disparurent. Les taxis, les autobus et les fiacres se remirent à circuler, les abris furent améliorés, des locaux furent trouvés pour les sans-abri. Une nouvelle routine s'organisa. La foule ne lorgnait plus les cratères des bombes dans les rues… Le charme de la nouveauté était terminé.

Lord Londonderry sortit une nuit du Dorchester Hotel. L'atmosphère était d'une tranquillité inaccoutumée. Il demanda au portier si l'on était en état d'alerte :

— Oui, mylord.

— Y a-t-il eu des bombes ?

— Non, mylord. En fait, si je puis dire, jusqu'à présent, le spectacle n'a pas été intéressant.

Peuple d'Angleterre : *Salaam !*

1. J'ai un appartement douillet / Il y a de la place pour votre chapeau / Je porterai un déshabillé rose / Est-ce que je ne connais pas mon métier ? / Mais si cela ne suffit pas / J'ai l'abri le mieux caché de la ville…

Florence Desmond, « The Deepest Shelter in Town ».

4

LE WEEK-END DE L'INVASION

Le vendredi 13 septembre marqua le début du « week-end de l'invasion ». C'était la pleine lune et période de haute marée. De l'autre côté de la Manche, les ports fourmillaient de soldats allemands, et les péniches de transport à fond plat encombraient les ports. C'était, avant le début des tempêtes d'équinoxe, la dernière chance qui restait à Hitler de déclencher une invasion. La flotte anglaise doubla ses patrouilles d'éclaireurs, l'armée dressa ses batteries, et l'aviation martela les bases ennemies. L'Angleterre était dans l'attente.

Ce vendredi-là, je descendis en voiture à Douvres avec Knickerbocker. Nous quittâmes Londres vers 11 heures. Les bombardements nocturnes duraient depuis plus d'une semaine, et nous fûmes surpris de voir néanmoins combien les routes principales étaient peu endommagées. À travers les faubourgs populeux, nous ne fûmes détournés de notre chemin que deux fois. Nous passâmes devant plusieurs maisons qui, privées de leurs murs, ne nous offraient que le décor de leurs façades ; les ouvriers balayaient les débris de vitres devant une rangée de magasins ; et un groupe de badauds regardaient avec curiosité dans le fond d'un cratère de bombe, au milieu de la rue. C'était tout. Après le terrible bombardement des dernières nuits, des dégâts si légers paraissaient surprenants.

Nous fûmes bientôt sur la grand-route, en pleine campagne. Peu de circulation jusqu'à Maidstone ; mais de là jusqu'à Douvres, sur une soixantaine de kilomètres, l'ambiance devenait toute militaire. Des camions de l'armée et de l'aviation, des motocyclettes, des tanks légers nous dépassèrent à grand fracas, roulant à toute vitesse. Le roulement des divisions blindées allemandes résonnerait-il un jour sur cette route comme sur tant d'autres, où il avait apporté sa rumeur inattendue ? Nous contemplions les petits champs qui s'étendaient de chaque côté de la route, nous nous demandions si bientôt des hommes donneraient leur vie pour les défendre pied à pied, si un jour des maîtres amèneraient leurs élèves – peut-être là-bas, sur cette petite hauteur – pour voir un monument qui marquerait l'endroit où aurait été livrée une des grandes batailles de 1940.

Voilà quelles étaient nos pensées, en ce beau matin de septembre. Soudain, Knick me dit :

— Croyez-vous qu'un jour nous roulerons à un train d'enfer sur les routes de Norfolk, de Virginie, de Portland, du Maine ou de Los Angeles et de Chicago pour nous protéger contre une invasion ?

— Vous, peut-être, répondis-je, mais moi j'irai dans l'autre sens.

— Eh bien ! cela n'est pas impossible. Supposez que les flottes anglaise et française soient aux mains de l'Allemagne, représentez-vous un Japon hostile, les États-Unis et le Canada sous la domination de l'Axe. C'est exactement ce qui arriverait. Imaginez-vous cela ? Vous représentez-vous les colonnes motorisées nazies roulant sur ces longues routes droites de chez nous ? Les membres de la « cinquième colonne » sabotant les usines hydroélectriques et coupant les fils téléphoniques ? Les flots de réfugiés quittant New York et Chicago ? Et les avions en piqué qui les bombardent et les mitraillent ? Imaginez-vous la panique ? C'est arrivé partout ailleurs ; pourquoi cela n'arriverait-il pas chez nous ? Sapristi ! je crois que c'est comme ça que je vais commencer ma tournée de conférences. Qu'en pensez-vous ?

— Je pense que personne ne s'endormirait !

Nous nous arrêtâmes à Canterbury pour déjeuner. La guerre, ici, paraissait lointaine. La silhouette de la belle cathédrale vous reportait à un autre siècle, et même le menu du déjeuner semblait nier que l'Angleterre soit une forteresse cernée et assiégée. Il se composait, ce menu, de langouste à la mayonnaise, de poulet rôti, de salade de légumes et de glace. Ce dernier entremets était intitulé : *Gloire de Knickerbocker*. Flatté et ravi, mon compagnon demanda à la serveuse d'où était venue cette heureuse inspiration.

— Oh ! je ne sais pas, dit-elle, nous aimons donner à nos friandises des noms sophistiqués.

Knick paya l'addition avec un billet de cinq livres qui exigeait une signature au dos. La serveuse ne goûta pas la drôlerie de la chose ; elle lui jeta un regard furieux, pensant probablement qu'il s'agissait d'une tentative d'humour maladroite de la part d'un Américain.

Durant les derniers vingt-cinq kilomètres parcourus avant d'arriver à Douvres, nous passâmes devant de nombreuses barricades et devant des blockhaus camouflés ; de chaque côté, les champs étaient pleins de pieux en fer, de rouleaux de barbelés et même de vieilles charrettes destinées à empêcher l'atterrissage d'avions allemands. Un de ceux-ci avait atterri par mégarde. Il n'en restait qu'un amas de ferraille, avec un svastika plus tortillé que jamais. Il me parut être un Messerschmitt 109, mais, n'étant pas experte en la matière, je voulus me renseigner auprès de la sentinelle de garde.

— Je ne peux pas vous dire, mademoiselle, répliqua-t-il d'un air las. Il y a tellement de types d'avions différents dispersés partout qu'on finit par s'y tromper.

D'un signe de tête, je montrai que j'avais compris, et remontai dans la voiture, en pensant à cette remarque d'un journaliste américain : « Nous ne devons pas exagérer. Dans le comté de Kent, on n'a pas des avions jusqu'aux genoux, on en a seulement jusqu'à la cheville. »

La zone interdite commençait à quelques kilomètres de Douvres. Une patrouille routière nous arrêta, et nous dûmes montrer nos laissez-passer. Ma voiture avait été enregistrée par la police quelques semaines auparavant, et la raie jaune ainsi que le numéro de défense côtière que portait le permis de circuler collé sur le pare-brise nous autorisaient à pénétrer dans la ville.

Du haut de la colline, nous apercevions sur la falaise la silhouette austère du château ; à nos pieds, tout en bas, les maisons endormies, et au-delà les eaux bleues de la Manche s'étendant à perte de vue.

De loin, rien ne paraissait changé, mais, en atteignant la jetée ; on se rendait compte qu'une atmosphère de mélancolie et de tristesse avait remplacé la gaieté des jours précédents. Le grand hôtel, où nous habitions quelques semaines auparavant, était en ruines. Ses décombres jonchaient la place, et, tout à côté, le ciel servait de voûte au pavillon de patinage à roulettes. Les aérostiers des ballons de barrages étaient toujours logés dans une maison de l'autre côté de la rue ; les vitres avaient été brisées, seuls les murs et le toit tenaient encore debout.

Nous nous promenions autour de la place, lorsque O'Dowd Gallagher, du *Daily Express*, et H.A. Flower, du *Daily Telegraph*, arrivèrent en auto. Ils nous racontèrent que le bombardement avait eu lieu quelques jours plus tôt et que, par miracle, deux personnes seulement avaient péri. Des soldats, à quelques pas de là, nous apprirent que les corps gisaient encore sous les décombres. Au même instant, un bombardier apparut à travers les nuages, à trois cents mètres au-dessus de nous. Surpris, nous le regardâmes, mais un des soldats nous rassura :

— Oh ! ça, c'est un Wellington !

Et nous reprîmes notre conversation...

Tout à coup, j'aperçus quatre petits points noirs semblables à une grappe de raisin, lâchés par l'avion, et qui parurent un moment suspendus dans l'air.

— Des bombes ! hurla l'un des soldats. À terre !

Nous nous jetâmes au sol, face contre le trottoir. J'enfouis ma tête dans mes bras et j'attendis. Cela parut interminable. La terre trembla violemment à quatre reprises. Nous nous relevâmes, les vêtements couverts de boue. Les bombes étaient tombées sur la plage et dans l'eau, cinquante mètres plus loin. C'était en effet un Wellington... Mais sans doute un de ceux que les Allemands avaient saisis en France.

Nous tâchâmes de reprendre notre conversation mais, par deux fois encore, des bombardiers isolés apparurent à travers les nuages et nous forcèrent à nous mettre en sûreté dans un petit abri de briques, au milieu de la pelouse. Je n'oublierai jamais la fille joufflue aux boucles brunes qui, jusque-là, s'était promenée sur la place en flirtant avec les soldats, et qui respirait bruyamment sur mon cou en disant : « Doux Jésus ! Ça suffit pour troubler la digestion ! »

La mienne était indiscutablement troublée.

Je décidai que j'en avais assez de la place de Douvres. Tout le monde monta dans ma voiture pour aller jusqu'à la falaise de Shakespeare, d'où nous avions, trois semaines auparavant, assisté aux grandes batailles aériennes au-dessus de la côte. Nous y trouvâmes Arthur Menken, le photographe de *Life*, qui prenait des photos du port. Le vent soufflait violemment et la Manche était moutonneuse.

La côte de France apparaissait plus nettement qu'à l'ordinaire, et avec mes jumelles je pouvais distinguer le phare près de Calais, et la haute et fine silhouette de la colonne Napoléon.

— Si seulement nous pouvions voir quelques-uns de ces bateaux à fond plat destinés à l'invasion, dit Knick. Cela ferait un rudement bon article.

— En effet, je vois cela très bien, dit Arthur. « J'étais aujourd'hui sur les falaises escarpées de Douvres, quand j'aperçus la grande flotte allemande qui levait l'ancre et faisait les derniers préparatifs en vue de son attaque meurtrière à travers le détroit... »

— Attendez une minute, dit Knick, en regardant à travers ses jumelles. Qui est donc ce gros personnage que j'aperçois là-bas avec toutes ses décorations ?

— Mon Dieu ! s'écria O'Dowd. Et ce petit bossu brun qui est à côté de lui !

— Mais oui ! dit Arthur. Et celui-là, avec la moustache de travers !

— Vous ne pensez pas que ce pourrait être Charlie Chaplin ? dit Knick.

De toute évidence, les bombes avaient fait leur effet.

Ce fut un week-end étrange, qui restera sans doute dans l'Histoire comme ayant été celui pendant lequel Hitler n'envahit pas l'Angleterre.

Les experts navals et militaires avec lesquels nous eûmes l'occasion de parler n'étaient pas tous du même avis sur la vraisemblance d'une attaque. Mais tout le monde était d'accord qu'un intense bombardement par avions et par canons précéderait les convois de bateaux à fond plat à travers la Manche, et qu'ensuite, simultanément, un effort serait tenté pour lâcher des troupes parachutées à plusieurs kilomètres à l'intérieur des terres, pour attaquer les arrières et, en dernier lieu, se joindre aux forces maritimes.

L'ambiance était singulière. Nous venions de nous installer, Knick et moi, dans une maison de campagne qu'un ami nous avait prêtée, à cinq kilomètres de la côte. Après le Blitz[1] de Londres, la paix de Douvres avait quelque chose d'oppressant. Plus d'alertes, plus de grondements d'avions, plus de tirs d'artillerie. À part un rare bombardier et quelques obus égarés dans Douvres, le spectacle offert chaque nuit par les raids de la RAF constituait nos seuls feux d'artifice. À bon vent, l'on pouvait entendre les bombes tomber de l'autre côté de la Manche. Une nuit, on put apercevoir de la jetée le ciel embrasé par des éclatements d'obus et la lueur rouge des fusées éclairantes.

Quoique l'armée dormait toute bottée et que chaque nuit la population civile se couchait prête à entendre le son des cloches de l'église annonçant que l'heure était venue, personne n'avait d'hésitation quant au résultat final. Lorsque l'on parlait avec les habitants de l'endroit, ils vous riaient au nez en disant : « Laissez-le donc essayer. »

1. Bombardement aérien de 1940.

Le son des camions et des motocyclettes résonnait à travers toute la campagne. Les patrouilles militaires donnaient aux champs une activité particulière. Malgré tout, les villageois continuaient leur routine habituelle, comme s'ils étaient éloignés de la guerre par des centaines de kilomètres. Leurs fermes pouvaient être en une heure transformées en champs de bataille, et cependant les enfants jouaient tranquillement sur les routes poudreuses, les fermiers labouraient avec calme leurs champs. Quelques-uns pensaient que « cela » ne pouvait pas arriver ; d'autres, que « cela » n'arriverait pas. D'autres n'y pensaient pas du tout.

La femme de chambre qui m'apportait mon petit déjeuner chaque matin me demanda des détails sur le bombardement de Londres.

— Ce devait être effrayant, dit-elle. Vous êtes venue ici pour vous reposer ?

Pendant ce temps-là, Goebbels annonçait à ses compatriotes que l'Angleterre tremblait dans ses bottes – exactement de la même façon que *Le Moniteur*, en 1803, publiait des dépêches de reporters de la « cinquième colonne » de l'époque :

> Correspondance de Londres, 13 octobre. – Les gens aisés de Douvres et des côtes environnantes ont une telle crainte des Français qu'ils ont précipitamment abandonné leurs maisons pour s'installer à Canterbury ou à Londres. Tout le monde est d'accord que cette saison de l'année et les nuits longues sont extrêmement favorables aux desseins de l'ennemi. L'opinion générale à Londres est que l'expédition aura lieu d'ici à la mi-novembre.
>
> Correspondance de Londres, le 18 octobre. – Un grand nombre d'ouvriers sont actuellement employés à construire des écluses sur la rivière Lea afin qu'une partie de l'Essex puisse être inondée en cas de nécessité.
>
> Correspondance de Douvres. – L'inquiétude et la consternation à cause des rumeurs qui circulent sur la possibilité d'une visite de la part de ceux qui habitent l'autre côté du détroit et dont nous sommes menacés s'intensifient chaque jour.
>
> … Lorsque des feux furent allumés à Boulogne en l'honneur de la visite du Premier Consul, la population anglaise de la côte, entre Sandgate et Folkestone, prit peur et se dispersa dans la campagne.
>
> Un convoi de bateaux arrivant de Torkay, venant d'Amérique, fut pris pour la flotte française, et une panique s'ensuivit.

Pendant toute la matinée et tout l'après-midi du dimanche, le vrombissement des avions résonna dans l'air sans discontinuer avec cette sonorité grave et sourde qui décèle les formations massives. On entendait de temps à autre le bruit d'un appareil volant en piqué, et le crépitement de la mitrailleuse, mais le ciel bas empêchait de rien voir. Même du haut de la falaise de Shakespeare, il n'y avait aucune éclaircie dans le rideau gris des nuages. Le seul avion que nous aperçûmes de toute la journée fut un insupportable bombardier. Tout cela se passait dans l'après-midi, alors que nous étions allés au château de Douvres pour rendre visite à un officier de l'Intelligence Service.

La personne que nous désirions voir était absente, mais un vieux capitaine se mit à notre disposition et demanda s'il pouvait nous être de quelque utilité. Lorsqu'il entendit le nom de Knickerbocker, il lui jeta un regard furieux et s'écria :

— C'est vous qui dites que les Allemands vont essayer de nous envahir ?

— C'est l'opinion à Londres.

— Eh bien ! si c'est pour ça que nous payons nos hommes politiques, et si c'est ainsi qu'ils raisonnent, il vaudrait mieux changer toute l'équipe. L'invasion ? Quelle stupidité ! Les Allemands ne parviendront jusqu'ici que si nous leur construisons un pont. Hitler n'est qu'un colossal bluffeur.

Nous étions debout à l'extrémité d'un petit promontoire en saillie sur la falaise, avec la Manche qui s'étendait au-dessous de nous. Le capitaine avait à peine prononcé ses derniers mots qu'un bombardier allemand sortit des nuages et lâcha une série de bombes qui nous donnèrent l'impression de siffler juste devant nos nez. Trois tombèrent dans l'eau, tandis que la quatrième éclatait au bout de la jetée, un kilomètre et demi plus loin.

— Je ne sais si bluff est le mot juste, dit Knick.

Le capitaine toussota mais ne fit aucun commentaire.

Bluff ou non, personne ne voulait se laisser prendre de court. Et sur des kilomètres en profondeur derrière la côte, les villes et les villages étaient encombrés de troupes.

Nous dînâmes trois soirs de suite, Knick et moi, avec quelques-uns des officiers du Queen's Westminsters qui logeaient à proximité de l'endroit où nous habitions. Tom Mitford, qui était l'adjudant du régiment, persuada la propriétaire de la brasserie voisine de nous autoriser à venir cuire notre propre dîner.

Nous passâmes des heures, Knick et moi, à acheter de la nourriture en boîtes, tout ce qu'on pouvait imaginer, depuis des haricots bouillis jusqu'à de la salade de légumes, des oignons aux aromates et des poires de Californie. Les jeunes gens apportèrent des œufs et du beurre et, avec la confiance que les hommes semblent toujours avoir en leurs capacités culinaires, ils envahirent la cuisine, proposant de faire l'omelette et de réchauffer les haricots. Il était curieux de voir les jeunes gens avec lesquels vous aviez dîné et dansé faire partie maintenant d'un régiment de troupes d'assaut, attendant de s'élancer au-devant de l'invasion nazie. Eux-mêmes considéraient que la situation était comique et, lorsque l'un d'eux exprima des doutes sur la possibilité d'une attaque allemande, Anthony Winn dit gaiement :

— S'ils n'attaquent pas, je vais démissionner avant que des hordes furieuses de civils bombardés s'avancent vers nous en nous présentant des plumes blanches[1].

Le lundi, l'ordre fut donné à l'armée d'enlever les bottes avant de se coucher. Il y avait une détente. Je retournai à Londres avec Knick, tandis que le week-end de l'invasion s'estompait pacifiquement à l'arrière-plan. Qu'était-il arrivé ? Il était difficile, à l'époque, de tirer des conclusions. Mais maintenant, avec du recul, la réponse est plus facile. Ce dimanche 15 septembre, pendant lequel nous errions dans les rues de Douvres, achetant des boîtes de conserve de haricots et de salade de légumes, fut une des journées les plus importantes de la RAF. Les exploits de ce jour-là ont été décrits par le Premier ministre à la Chambre des communes comme constituant la bataille la plus brillante et la plus fructueuse entreprise sur une grande échelle jusqu'à cette date par les chasseurs de la RAF. L'ennemi avait perdu cent quatre-vingt-cinq appareils.

Ce fut le dernier grand coup porté aux Allemands. Le soir du 15 septembre, la statistique démontrait que les pertes allemandes s'élevaient à mille huit cent trente-cinq appareils – plus du tiers de la totalité de leurs pertes pendant les trois mois de leurs attaques diurnes intensives. Ce jour mémorable marqua le renversement de la vapeur. L'arrière de la force aérienne nazie était brisé, et l'Allemagne

1. Symbole de lâcheté.

n'avait pas réussi à prouver son écrasante supériorité indispensable pour le succès d'une invasion.

D'après la brochure publiée par le ministère de l'Air, *The Battle of Britain*, l'échec de l'Allemagne dans sa tentative de détruire la puissance des chasseurs britanniques signifiait :

> Échec de la force aérienne allemande elle-même. Échec d'un plan stratégique minutieusement préparé. Échec du plus grand désir de Hitler : l'invasion de cette île. La Luftwaffe, qui, selon les propres paroles de Goebbels à la veille de la bataille, avait « préparé la conquête finale du dernier ennemi : l'Angleterre », fit un effort suprême et paya chèrement cette tentative. Entre le 8 août et le 31 octobre, il a été reconnu que 2 375 appareils allemands ont été détruits pendant les combats de jour. Cette statistique ne tient pas compte des pertes nocturnes ou des appareils qui, par milliers, regagnaient leurs bases françaises, les ailes et le fuselage remplis de trous, sans ailerons, laissant une traînée de fumée derrière eux, lâchant leur essence, avec leur train d'atterrissage détérioré – restes en déroute d'une Armada désorganisée et dispersée. Cette procession mélancolique des vaincus, on a pu l'observer non seulement une fois, mais plusieurs fois, pendant les journées d'été et d'automne de 1940. Ce fut, à vrai dire, une grande délivrance.

Nous quittâmes la paisible côte anglaise avec regret, pour regagner Londres et retrouver son vacarme et ses alertes.

— J'ai repensé aux paroles du vieux capitaine du château, me dit Knick pendant le trajet. Il ne m'était pas particulièrement sympathique. Mais je commence à croire qu'il avait raison. Hitler a *vraiment* besoin d'un pont.

5
C'EST SEULEMENT UNIS QUE NOUS TIENDRONS

Ici, dans la West End Farm, à cinquante kilomètres de Londres, les problèmes immédiats qui se posent sont d'empêcher les canards d'attraper froid, les cochons d'avoir la maladie, et les vaches de grignoter les branches des pêchers.

C'est ici que Maureen et Oliver Stanley habitent, et j'y suis installée depuis ces derniers mois pour y écrire mon livre. La vie de Maureen s'est beaucoup transformée durant cette dernière année ; *The Spectator* et *Harper's Bazaar* ont été remplacés par le *Feathered World* et *The Egg*. Les ambassadeurs sont priés d'attendre au bout du fil lorsqu'ils téléphonent, pendant qu'elle discute avec le garçon de ferme au sujet d'une nouvelle pâtée pour les poules. Et nous sommes tous assez raisonnables pour comprendre que le commissaire-priseur local ainsi que la laitière doivent être traités avec déférence.

La maison de Maureen à Londres, 58 Romney Street, avait été endommagée pendant le premier mois du bombardement. Mon amie s'installa peu de temps après ici et s'intéressa au fermage. Elle fait de temps en temps un petit voyage vers le nord, et prononce un discours pour le ministère du Ravitaillement ou le ministère de l'Information. J'aperçus, il y a quelques semaines, sur son petit agenda : *25 mars : Envoyer les quatre plus gros cochons au marché. Maureen parle au Queen's Hall* (Commentaire d'Oliver : *Faites bien attention à ne pas tout mélanger.)*

À la campagne, tout est paisible. On entend bien, la nuit, quelques bombardiers allemands, mais jusqu'à présent, une seule bombe a été lâchée dans les environs. Elle a éclaté dans un pâturage à proximité de la maison. Duff Cooper était là pour le week-end, et les potiniers du village ont prétendu avec insistance que sa présence était cause du bombardement. Je suis allée examiner, le lendemain matin, le cratère de la bombe. Quatre vaches le regardaient avec des yeux mélancoliques. Les vaches ne comprennent rien à ce genre de choses.

Je vais, une fois par semaine, à Londres, pour travailler dans une bibliothèque. Les rues sont encore plus désertes qu'auparavant, et il y a de nouvelles maisons détruites. Mais le moral est aussi solide que d'habitude. Je suis allée voir Mme Sullivan, l'autre jour. Elle portait le bras en écharpe et avait la jambe enflée de rhumatismes – elle n'avait jamais été capable de prendre son service à l'ARP –, mais son moral ne se laissait pas abattre.

Comme je lui demandais son avis sur la durée de la guerre, elle m'annonça qu'elle se terminerait cette année.

— Mais pourquoi ?

— Oh ! ces Allemands sont toujours les mêmes. Ils font beaucoup de bruit au départ, mais le vieux Sullivan dit qu'en fin de compte ça finit toujours par un fiasco. Et d'ailleurs s'ils croient pouvoir débarquer ailleurs que dans le ruisseau, avec ce vaurien de Hitler à leur tête, cette canaille, ils se trompent fort. Mais, dites-moi, mademoiselle, ces gros bombardements, c'était tout de même quelque chose ! Ils ont *vraiment* essayé de nous en faire voir. Ça me faisait penser à quelqu'un qui aurait été assis là-haut et qui aurait égrené sur nous des petits pois. Je le disais justement à Sullivan. Je me couchais tout habillée. Je ne voulais pas me retrouver dans la rue comme certaines personnes, avec seulement ma chemise de nuit. Je veux bien vous avouer que tous ces sifflements de bombes me faisaient réfléchir, je faisais un retour en arrière et je me demandais quel genre de vie j'avais menée. Mais je suppose que tout ça est une question d'habitude. Comme dit le vieux Sullivan, on n'entend jamais la bombe qui nous tue. Alors, à quoi bon s'en faire ?

Elle me sourit avec un visage rayonnant, et j'éprouvai une sensation de chaleur et de réconfort.

Je me souviens encore de cette matinée où je suis retournée à la ferme. Elle est pour moi inoubliable car, après avoir traversé le village de Datchet et pris la petite route de campagne qui menait à Windsor, le grand château m'est apparu sur le haut de la colline dans une telle auréole de splendeur que cela m'en coupait la respiration. Les tours grises, comme flottant dans l'espace, se dégageaient d'un épais brouillard étendu sur la plaine. J'avais déjà fait plusieurs fois le même chemin et aperçu le château à toutes les heures du jour : à midi, lorsqu'il se dressait fièrement, se découpant sur le ciel bleu ; au crépuscule, avec ses contours estompés par la lumière du soir ; très tôt dans la matinée, étincelant d'une splendeur qui l'a fait décrire par Samuel Pepys comme le « château le plus romantique du monde ». Mais il ne m'était jamais apparu plus beau que ce matin-là.

Tandis que je roulais le long de la route tortueuse, que l'étroit filet d'eau de la Tamise coulait à travers les champs et que le parc de Windsor, gardé par de vieux chênes rugueux, s'étendait devant moi, je songeais à ce long épisode de l'histoire humaine qui est contenu entre les murs du château. Le Doomsday Survey[1] de 1086 mentionne un château sur la montagne, et ce fut là que Guillaume le Conquérant tint sa cour. Édouard III construisit la tour ronde pour réunir ses chevaliers de l'ordre de la Jarretière autour de sa « Table Ronde ». Henri VIII et Édouard VI terminèrent la construction de la chapelle de Saint-Georges ; Charles Ier construisit le pont-levis, et Charles II planta les arbres du parc. Le roi Jean partit de ce château pour signer la Magna Charta – la Grande Charte – ; la reine Élisabeth y passa son enfance, chassant dans les forêts, entourée d'une « cinquantaine de dames et de chevaux dressés ». C'est encore là que la reine Victoria s'installa et acquit le surnom de « la veuve de Windsor ».

Les remparts du château ont été les témoins de près de mille ans d'histoire pendant lesquels aucun envahisseur n'est parvenu à prendre pied sur les plages d'Angleterre. À travers ce long épisode, ils ont assisté à de nombreux changements violents à l'intérieur de la nation et l'ont vue survivre à plusieurs guerres hasardeuses. Mais maintenant, en l'année de Dieu 1941, ils s'élèvent au-dessus des brouillards d'avril comme les témoins de l'instant le plus critique de l'Histoire. Non seulement l'existence de l'Angleterre est en jeu, mais aussi tout ce qu'elle a acquis au cours des siècles. Les espoirs des peuples de tous les coins de la terre s'appuient sur sa victoire. J'en ai vu quelques-uns, et leur longue procession animée traverse mon esprit : soldats en haillons combattant dans les montagnes près de Madrid, femmes en pleurs dans les rues de Prague, déferlement tragique des réfugiés traversant les frontières polonaises, patrouilles

1. Doomsday Survey ou Doomsday Book est une sorte de relevé cadastral établi sur l'ordre de Guillaume le Conquérant et mentionnant les propriétés, pâturages, forêts, etc. *(N.d.T.)*

finlandaises glissant dans les forêts glacées de l'Arctique, flot d'êtres terrifiés obstruant les routes de Paris à Tours.

Ce qui arrive aujourd'hui n'est pas nouveau, mais les conséquences en seront plus importantes qu'en aucun autre conflit précédent. À toutes les époques de l'Histoire, des tyrans se sont élevés, convoitant le pouvoir, essayant de l'obtenir en réduisant leurs contemporains à l'esclavage. À toutes les époques de l'Histoire, les hommes ont lutté pour secouer le joug qui pesait sur eux. Les enseignements du Christ ont apporté la première conception de la sainteté de la vie individuelle. Notre civilisation a été fondée sur cette idée. Les pierres des fondements ont été scellées avec du sang, de la sueur et de l'idéal. Semblable au château de Windsor, sa structure a été constamment reconstruite et amplifiée à travers les années, et la splendeur de chaque apport a marqué notre progrès.

Mais ce progrès lui-même ne s'impose pas d'une manière inévitable. Nous avons progressé parce que nous avons combattu et vaincu tout ce qui est venu s'opposer à notre principe de vie. Une régression sauvage nous menace maintenant. Les tyrans de notre temps ont emprunté leurs croyances à l'âge de la barbarie. Ils tuent, ils pillent, torturent et refusent à l'homme le droit d'avoir une âme. La grande masse des peuples civilisés est révoltée par ces principes. Mais la science a apporté aux oppresseurs une telle puissance d'armement que, s'ils remportaient la victoire finale, la résistance humaine serait brisée à tout jamais. Les chemins de fer, les routes, les machines, la radio, tout a sa part active dans le plan de corruption, de dévastation et d'asservissement. De gigantesques armées sont mises en mouvement, d'énormes collectivités sont détruites, d'immenses territoires asservis. Si Napoléon avait eu à sa disposition le mécanisme de ce siècle pour renforcer ses conquêtes, le cours de l'Histoire aurait peut-être été changé. Au contraire, les peuples qu'il avait détruits s'élevèrent à nouveau comme des fantômes et, conduits par la Grande-Bretagne, l'anéantirent en fin de compte.

Actuellement, aucun pays ne se relève. Lorsqu'une conquête est accomplie, elle est totale. Les ténèbres de la nuit s'étendent partout.

Comment de tels faits ont-ils pu se produire ? Il y a à peine vingt ans, tous les peuples du monde se réjouissaient de l'armistice. On avait fait la guerre pour en finir avec les guerres et l'on avait été victorieux : *En cette soirée de novembre,* écrivit M. Winston Churchill, *les trois hommes à la tête de la Grande-Bretagne, des États-Unis et de la France, semblaient être les maîtres du monde... Ensemble, ils avaient atteint leur but. Une victoire absolue sans précédent était entre leurs mains. Qu'allaient-ils en faire ?*

Ces trois hommes jetèrent les fondements de la première cour de justice internationale que la civilisation eût jamais connue. Les peuples avaient souffert, et la paix était un bien plus inestimable qu'à toute époque précédente. Vingt ans plus tard, l'édifice tombait en ruines ; déjà la bonne intelligence des peuples avait déserté la terre. Ce que j'ai vu de son écroulement n'est qu'une menue partie d'un vaste ensemble. Toutefois je sais que cet écroulement n'est pas dû à la négligence, mais plutôt à l'incapacité de trouver les moyens de l'éviter. Chacun de nous préférait les expédients momentanés du présent aux plans de longue durée pour l'avenir.

Quoique notre pacifisme ait fourni aux dictateurs une arme puissante pour nous jeter finalement dans la pire de toutes les guerres, notre immense attachement à la paix ne doit pas maintenant être méprisé. C'était en soi un énorme progrès. Lorsque la paix renaîtra de nouveau, si notre dévouement pour elle se trouve consolidé par la sagesse de savoir la conserver et la défendre progressivement dès ses débuts, alors tous les espoirs sont permis pour l'avenir.

En quoi nous sommes-nous trompés ? La question est aujourd'hui si simple qu'un enfant même peut la comprendre. Le monde était notre village, et c'était nous qui avions lutté désespérément pour débarrasser notre communauté des bandits. Une fois la victoire acquise, nous nous étions joyeusement délestés de nos armes, convaincus que la question était réglée une fois pour toutes. Le fait même de notre désarmement suscita de nombreux bandits. Nous leur étions encore supérieurs, en nombre. Si nous nous étions décidés à une action d'ensemble et immédiate, nous aurions réussi à les anéantir avec peu d'efforts avant qu'ils devinssent trop puissants. Au lieu de cela, épouvantés à l'idée de répandre du sang, nous avons fermé nos portes et verrouillé nos fenêtres, chacun de nous se raccrochant à l'idée qu'il serait épargné, même si son voisin était volé et pillé. Nous commîmes l'erreur de ne pas comprendre que le malheur de notre voisin était notre propre malheur, que nous formions tous partie d'un ensemble, que lorsque sonne le tocsin, il sonne pour nous.

Et actuellement encore[1], nous autres, ceux des États-Unis, nous ne paraissons pas le comprendre. Nous supportons déjà une grave responsabilité à l'égard de l'Histoire. Des trois grandes puissances victorieuses de 1918, nous avons été les premiers à nous écarter de nos obligations. Nous avons été les premiers à déserter l'ensemble ; parce que notre maison était à l'écart du centre de la communauté, nous nous sommes sentis plus en sécurité que nos voisins. Leurs maisons ont été détruites l'une après l'autre. Maintenant, à part nous, il n'y a qu'un seul point solide capable de résister à l'ennemi. Nous continuons à vivre dans les faubourgs du village, mais lorsque le village aura disparu, même si nos toits et nos murs tiennent encore debout, nous aurons peur de marcher dans nos jardins et dans nos champs, ou même de mener nos cochons au marché, car nous craindrons d'être surpris. Nos isolationnistes continuent à nous murmurer de fermer les yeux devant le combat du village. La liberté d'action sera refusée à nos enfants et aux enfants de nos enfants ; ils n'auront plus d'espace pour travailler ou pour jouer, et malgré cela on nous conseille de ne penser qu'à préserver notre vie et nos biens. Mais il est peu probable que nous réussissions. Les autres maisons du village sont en cendres. Pourquoi la nôtre serait-elle épargnée ?

Le 15 mars, quatre jours après le contrat « prêt-bail », le président Roosevelt dit, dans un de ses discours :

> Les forces nazies ne recherchent pas de simples modifications sur les cartes coloniales ou sur les frontières des minorités européennes. Elles recherchent ouvertement la destruction de tout système collectif de gouvernement sur tous les continents, même sur le nôtre. Elles cherchent à établir un système basé sur l'enrégimentement de tous les êtres humains, par une poignée d'individus qui se sont emparés du pouvoir par la force…
>
> Cela ne fait plus aucun doute. Le peuple américain reconnaît la suprême gravité de la situation actuelle. C'est la raison pour laquelle il a réclamé et obtenu une politique immédiate d'aide totale à la Grande-Bretagne, à la Grèce, à la Chine et à tous les gouvernements en exil dont les territoires sont provisoirement occupés par les agresseurs.

1. Juin 1941. *(N.d.T.)*

Ne nous laissons pas griser de mots. Nous ne donnons pas « une aide totale » à l'Angleterre. Nous ne pouvons pas acheter la victoire avec notre carnet de chèques. Si nous avons fini par comprendre que le progrès du monde est indivisible, et que non seulement l'avenir de la civilisation européenne est en jeu, mais aussi celui de notre propre civilisation, pourquoi nos navires ne combattent-ils pas sur l'Atlantique ? Pourquoi nos soldats, nos pilotes ne défendent-ils pas notre idéal de vie ? Nos ancêtres nous ont laissé un héritage gagné par l'effort de leurs exploits, ils ont maîtrisé les rivières impétueuses et les forêts. Ils ont, par le feu, ouvert des routes vers l'ouest ; ils ont supprimé l'illégalité dans les contrées abandonnées du continent. Ils ont versé leur sang pour établir les principes de justice et d'égalité que nous admettons actuellement. Ils ont entrepris une de leurs guerres les plus farouches pour l'idéal qui a fait de nous la plus puissante démocratie que le monde ait connue : « Unis nous tenons, divisés nous succombons. »

Aujourd'hui, sur une plus grande échelle, le même principe trouve encore son application. Divisés, nous tomberons. Unis – et seulement unis –, nous tiendrons. Avec une conviction désespérée, je dis : retrouvons l'ardeur de nos ancêtres, dressons-nous maintenant, avant qu'il soit trop tard, pour déclarer la guerre aux forces nazies qui menacent notre idéal de vie. Dressons-nous maintenant dans toute notre splendeur, combattons côte à côte avec la Grande-Bretagne, jusqu'à une victoire totale, afin que la liberté règne à travers les siècles à venir avec une telle vigueur que personne n'ose plus la défier.

TABLE DES MATIÈRES

Photocomposition PCA, 44400 Rezé

Achevé d'imprimer en octobre 2023
par CPI BUSSIÈRE (18200 Saint-Amand-Montrond)
pour le compte des Éditions Calmann-Lévy
21, rue du Montparnasse, 75006 Paris

PAPIER CERTIFIÉ

CALMANN LÉVY s'engage
pour l'environnement en réduisant
l'empreinte carbone de ses livres.
Celle de cet exemplaire est de :
1,2 kg éq. CO_2
Rendez-vous sur
www.calmann-levy-durable.fr

N° d'éditeur : 2572130/01
N° d'imprimeur : 2074252
Dépôt légal : novembre 2023
Imprimé en France.